동아시아의 근대
장기지속으로
읽는다

동아시아의 근대, 장기지속으로 읽는다

2021년 2월 20일 제1판 1쇄 인쇄
2021년 2월 28일 제1판 1쇄 발행

엮은이   배항섭
지은이   미야지마 히로시 외
펴낸이   이재민, 김상미

편집   이상희
디자인   정계수, 정희정

종이   다올페이퍼
인쇄   천일문화사
제본   국일문화사

펴낸곳   너머북스
주소   서울시 서대문구 증가로20길 3-12
전화   02) 335-3366, 336-5131 팩스 02) 335-5848
등록번호   제313-2007-232호

ISBN 978-89-94606-64-4 93910

이 책은 2018년 대한민국 교육부와 한국연구재단의 지원을 받아 간행되었다
(NRF-2018S1A6A3A01023515).

너머북스와 너머학교는 좋은 서가와 학교를 꿈꾸는 출판사입니다.

동아시아의 근대
장기지속으로
읽는다

배항섭 엮음
미야지마 히로시 외 지음

19세기의
동아시아
5

너머북스

차__례__

머리말 9

1부_ 전통과 장기지속

1장__ 한국 소농사회의 장기지속성에 대해_미야지마 히로시
    1. 이 글의 목적 22
    2. 소농사회와 그 장기지속성에 대해 23
    3. 한국 소농사회의 장기지속성에 관한 새로운 연구 성과 26
    4. 장기지속을 묻는 의미에 대해 32
    5. '소농'이라는 개념에 대해 36

2장__ 식민지기 농촌 지역사회의 중첩된 시간:
'전통적인 것'의 향방과 함의_이용기
    1. 식민지 근대 인식의 맹점 41
    2. 식민지기 지역엘리트의 동향과 '전통적인 것'의 향방 46
    3. 식민지기 '전통적인 것'의 지속의 기반과 동력 58
    4. 식민지-근대-전통의 삼각관계 67

3장__ 장기사의 관점에서 본 나주의 농지개혁:

전남 나주군 금천면의 사례_정승진

　1. 한국의 농지분배는 성공적이었는가 72

　2. 영산강 유역의 농촌 경관 77

　3. 한말 일제하 궁삼면사건 83

　4. 식민지기 영산포의 부상과 농촌 모순의 심화 93

　5. 1948년 귀속농지의 분배 103

　6. 1950년 농지개혁: 상환과정을 중심으로 115

　7. 맺음말을 대신하여 129

2부_ 정치·사회질서의 지속과 변화

4장__ 19세기 조선 향촌사회의 변화와 새로운 공론의 대두:

아래로부터 형성되는 새로운 정치질서_배항섭

　1. 향촌사회의 변화와 새로운 질서 모색 136

　2. 향촌지배질서의 변화 139

　3. 새로운 공론의 창출 146

　4. 아래로부터 새로운 질서의 형성 151

　5. 새로운 질서의 가능성과 '근대'에 의한 억압 155

5장__ 1888년 영해부 호구분쟁에 나타난 관법과 핵법_송양섭

　1. 호적연구와 영해부의 호구분쟁 사례 162

　2. 자료에 대하여: 영양남씨 괴시파 영감댁의 호구분쟁 문서 164

　3. '분쟁'의 재구성: '봉뢰감호' 사건과 그 파장 171

　　　4. '분쟁'에서 드러난 군현 내 호구운영의 정치성 184

　　　5. 정리와 종합: 관법과 핵법의 통일과 모순 203

6장__ 순치시기 휘주의 청장과 향촌사회_홍성구

　　　1. 입관 직후의 청장 시도 208

　　　2. 휘주부 각 현의 청장 212

　　　3. 향촌에서의 실상 228

　　　4. 청장의 이중성 239

　　　5. 문서의 이면 245

7장__ 국운과 가운:

대만 무봉 임가의 성쇠로 본 국가권력의 교체와 지역엘리트의 운명_문명기

　　　1. 가문의 성쇠에 비추어보는 근대 대만의 시대상 249

　　　2. 청대 대만의 족군정치와 지역엘리트 251

　　　3. 호수분류-지역정치의 변동과 무봉 임가 258

　　　4. 세수장류-국가권력의 교체와 무봉 임가의 쇠퇴 263

　　　5. 지역엘리트, 공치자에서 피치자로 275

3부_ 비교사로 본 정치·경제의 지속과 변동

8장__ 책봉체제하에서 국역:

조선왕조 재정 시스템의 특징과 관련하여_손병규

　　　1. 국역체계로 전근대 동아시아 국제관계를 본다면? 280

　　　2. 조공책봉체제에 대한 문제인식 282

3. 18세기 동아시아 각국의 군비지출 비중 290

4. 동아시아 각국의 '국역'과 재정 시스템 298

5. 근세 동아시아 각국의 재정체제에 대한 관점 305

9장__ 19세기 청조의 경제성장과 위기_홍성화

1. '성장과 위기'의 비교경제사 308

2. 명조의 유산: 거대한 지역차 314

3. 18세기 강남 지역: '스미스적 성장' 316

4. 18세기 장강 중상류 지역: '맬서스적 함정' 322

5. 19세기 초 강남 지역: '맬서스적 함정' 328

6. 경제성장에서 위기로 336

주 339

참고문헌 390

찾아보기 410

머_리_말 __

19세기 동아시아의 장기지속과 변동

1
C-19바이러스의 팬데믹과 역사에 대한 새로운 이해

이 책은 동아시아학술원의 '19세기의 동아시아' 연구 모임이 그동안의 성
과를 엮어 출간하는 다섯 번째 단행본이다. '19세기의 동아시아' 연구 모
임이 시작된 지도 어언 10년째에 접어들었다. 서구중심주의와 근대중심
주의를 동시에 극복함으로써 서구와 근대를 상대화하고 동아시아사의 역
사, 나아가 근대의 서구가 구성한 세계사의 재구축을 추구한다는 취지에
서 출발한 연구 모임이다. 주로 18~20세기 중반에 걸친 '근대이행기' 내지
'장기 19세기'의 동아시아를 대상으로 하여 2012년부터 매월 1회의 정례
세미나와 매년 1회 이상의 국내외 학술회의를 진행하였고, 세미나 모임
이나 학술회의에서 발표된 글들을 바탕으로 하여 '19세기의 동아시아'라
는 시리즈로 책을 출간해왔다. 그동안 간행된 책들은『동아시아는 몇 시인

가?』(2015), 『동아시아에서 세계를 보면?』(2017), 『19세기 동아시아를 읽는 눈』(2017), 『비교와 연동으로 본 19세기의 동아시아』(2020) 등 4권이다.

2015년 11월 제1권을 발간하면서 2017년까지 도합 5~6권의 '19세기의 동아시아' 시리즈를 출간할 계획이었으나 여러 가지 사정으로 늦어져 5년 정도가 지난 이제야 제5권을 출간하게 되었다. '19세기의 동아시아'라는 표제 아래 출간된 단행본 다섯 권은 물론 (장기) 19세기의 동아시아를 대상으로 한다는 점에서 공통성을 가지고 있다. 또한 이번에 출간하는 제5권에 실린 글들이 모두 '장기지속'을 키워드로 한 연구 성과라는 데서도 알 수 있듯이, 권마다 나름대로 공통적 문제의식을 담고자 하였다. 그러나 각 권의 구성이나 내용에 원래 의도했던 문제의식을 온전히 반영했다고 보기는 어렵다. 예컨대 제1권 『동아시아는 몇 시인가?』를 출간할 때부터 동아시아사 연구의 시각과 방법으로 서구중심주의와 함께 '근대중심주의moderno-centrism'도 극복해야 한다는 점을 강조하였고, 그를 위해 트랜스히토리컬trans-hastorical한 방법도 제안했지만, 그 이후 단행본들에서 이러한 문제의식을 충실히 드러내지 못했다는 점을 시인하지 않을 수 없다. 이번에 발간하는 제5권까지의 경험을 바탕으로 삼아 앞으로는 좀더 짜임새 있는 단행본을 발간하게 되기를 기대해본다.

다만 향후 연구 방향에는 큰 변화가 예상된다. 2020년 전 세계를 휩쓴 코로나-19바이러스의 팬데믹pandemic이라는 재난은 역사학을 비롯한 인문학, 사회과학 등 학문뿐만 아니라, 특히 근대 이후 인류가 살아온 방식, 나아가 근대문명 자체에 매우 근본적인 질문을 던지기 때문이다. 바이러스의 팬데믹은 '근대' 이후 인간사회의 '발전'이 초래한 가장 심각한 문제,

곧 환경파괴와 그에 따른 기후 위기가 멀리 있는 것이 아니라 이미 우리 일상 속으로 들어와 있다는 점을 새삼 실감 나게 확인해주었다. 또한 팬데믹에 대응하는 과정에서 그동안 숨겨져 있거나 외면했던 많은 문제가 드러났을 뿐 아니라 심화되고 있다. 그중 하나로 들 수 있는 것은 근대가 만들어낸 최고의 성취로 이해되던 민주주의에 대해 근본적 질문을 하지 않을 수 없게 되었다는 점이다. 특히 우리에게 민주주의를 대표하는 '선진국'으로 알려져 있던 미국의 현실은 그동안 민주주의의 이면에 잠재되어 있던 인종차별, 그리고 현대사회의 가장 심각한 기저질환이라는 평가를 받는 빈부격차 등 '근대'가 안고 있던 온갖 병통을 여지없이 드러내고 있다. 나아가 우리는 매일매일 미국만이 아니라 전 지구적 차원에서 팬데믹이라는 전대미문의 대위기가 국가 간, 국내 계층 간 불평등과 차별을 더욱 심화해나가고 있음을 목도하고 있다. '근대'에 대해 다시 질문해야 하고, 근대 너머를 상상하지 않을 수 없는 이유이다. 근대중심적 역사인식에 대한 근본적 성찰과 새로운 이해를 더는 외면할 수 없음이 더욱 자명해졌다.

² 장기지속에 의한 접근의 필요성

제5권에서 다루는 주제는 장기지속과 변동이다. 이것은 연구 모임 초기부터 제시된 19세기의 동아시아를 바라보는 시각 가운데 하나였으며, 제3권 『19세기 동아시아를 읽는 눈』에서도 중요한 주제로 다룬 바 있다. '장기지속'이라는 관점에서 역사를 바라보는 것은 여러 측면에서 의미가 있지만, 제3권에서 서구중심주의와 근대중심주의에 의거한 역사적 시간관에 대한 비판과 함께 강조한 것은 비교사와 관련된 문제의식이었다. 곧, 비교사적 접근을 통해 드러난 각국 간의 차이와 공통점이 어떤 의미가 있는지 확인하려면 장기적 전망 속에서 그 지속과 변화상을 추적하는 것이 필요하다는 점이었다. 동아시아 각국의 역사적 경험에 대한 비교도 장기적인 시간의 추이와 결합할 때 각국의 특징이 한층 선명하게 드러날 것이며, 특정 시점에 국한된 비교와는 전혀 다른 양상으로 포착될 수 있을 것이기 때문이다.

이 책에서 장기지속을 강조하는 데도 마찬가지 문제의식이 전제되어 있음은 물론이지만, 근대중심적 역사인식의 극복과 관련하여 하나 더 강조해두고자 한다. 전근대의 시간들은 예정조화설이 주장하는 것처럼 신의 의지에 따라 근대를 향해 달려가도록 미리 설정되어 있는 것이 아니었다. 또 이 책에 실린 미야지마 히로시의 글에서 인용된 브로델Fernand Braudel이 18세기 이전 영국의 경제·사회와 산업혁명의 관계에서 지적한 것처럼, 근대 이전 인간의 삶과 노력이 근대라는 목적지를 미리 설정해두고 마냥 그것을 향해 매진해 나간 것도 아니었다. 그러한 인식은 '근대' 이후 지식인들에 의해 조작된 하나의 환상에 불과하다는 점에서 근대중심주의의 역사인식과 시간관을 잘 보여준다. 근대중심주의에 입각한 시기 구분이 묘사하는 시대상과 달리 어느 시대, 어느 사회나 매우 다양한 지향성 내지 방향성을 가진 요소나 움직임들로 구성되어 있었으며, 특히 '근대전환기' 사회에는 근대적인 것과 전근대적인 것들, 또는 이도 저도 아닌 것들이 병존하며 얽혀 있었다. 근대전환기의 역사는 무수하게 많은 그러한 요소와 움직임들이 서로 중층적·복합적으로 작용하는 속에서 전개되었다. '근대'는 그러한 다양한 움직임들의 복합적 작용과 우연도 결부된 연쇄에 의해 이전과는 다른 새로운 시스템이 구축된 결과일 따름이다.

이와 같이 장기적 시야에서, 또 복합적 요소들의 상호작용이라는 맥락에서 역사를 인식하는 것은 매우 중요하다. 무엇보다 이러한 인식이 전제되어야만 '근대'에 대해 예정조화설이나 목적론적, 근대중심적 인식과는 다른 이해가 가능해진다. 곧 근대 역시 복합적 요소들로 이루어진다는 점, 그럼에도 '근대' 혹은 '근대'라는 인식이 형성되는 과정에서 '근대'와는 어울리지 않는 무수한 요소나 움직임들이 근대에 의해 억압되고 배제되었음을 이해할 수 있기 때문이다. 이에 따른 새로운 시간관은 근대와 전근대가 완전히 별개의 단절된 시간이라는 인식, 그리고 그를 통해 만들어진 근대의 특권적 지위를 무너뜨리고, 근대에 의해 억압되거나 배제되었던 다양한 요소와 움직임 속에 잠재되어 있던 가능성을 다시 돌아보게 한다. 나아가 폴라니Karl Polany가 시장이 출현하기 이전 역사에 대한 새로운 이해를 통해 이 사회를 재구성할 수 있는 가능성을 찾았듯이, '근대'가 스스로 규정한 것과 달리 '근대'에도 '전근대적' 요소와 '근대적' 요소들이 얼마든지 조화롭게 공존하는 것이 가능하다는 것을 시사한다. 그러한 공존 가능성은 '근대 이후' 새로운 체제에 대한 매우 복합적이고 다양한 상상력을 가능하게 한다는 점에서 중요한 의미를 가진다.

앞서 지적했듯이 근대중심적 역사인식에 대한 근본적 성찰과 새로운 이해를 더는 외면할 수 없음이 더욱 자명해졌다. 문제는 이같이 근대중심적 역사인식을 넘어서서 어떤 새로운 역사인식이나 역사상을 구상하고 구성해낼 것인가 하는 점이다. 이미 다양한 분야에서 고민이 많을 것이며, 앞으로는 더욱 그러하겠지만, 여기서는 우선 역사학, 인문학, 사회학은 물론 자연과학까지 포괄하는 복합적 사유가 더욱 절실한 시점이라는 점을 지적해둔다.

서구중심주의와 근대중심주의에 대한 적절하고 내실 있는 비판도 제대로 수행되었다고 보기 어려운 것이 현실이지만, 여기에 더한 팬데믹이라는 대재난이 인류사회에 새롭게 제기하거나, 더욱 화급한 현재의 문제로 우리 눈앞에 들이밀고 있는 과제들은 그보다 훨씬 엄중하고 힘겨운 것들이다. 이러한 과제들을, 여전히 중요하지만 해결되지 않은 '인간사회'의 문제들과 어떻게 조화시키거나 조정하면서 대응해나갈 것인가? 이러한 문제의식을 어떻게 정리하여 어떤 질문을 던질 것인가? 어떤 역사인식에 의거하여 어떻게 독해하고 서술할 것인가? 등 무엇보다 새롭게 제기되는 도전을 정면으로 받아들일 때 그에 대응할 수 있는 새로운 문제의식이나 역사구성 방법에 대한 고민을 시작할 수 있다. 이를 위해 무엇보다 현실에 대한 성찰과 진지한 통찰이 요청된다.

3 이 책의 구성과 내용

이 책은 크게 3부로 구성되어 있으며 글이 총 9편 실려 있다. 여기에 실린 글들은 기본적으로 성균관대학교 동아시아학술원의 '(장기) 19세기의 동아시아' 세미나에서 발표된 것이거나 동아시아학술원의 학술회의에서 발표된 것들이다.

1부 '전통과 장기지속'에서는 농촌·농업사회에서 전통적 사회·경제적 질서나 삶의 방식과 사유가 '근대' 이후에도 지속되는 측면에 주목한 글들을 모았다. 각기 고유한 문제의식을 가지고 있지만 장기지속이라는 맥락에서 이른바 '전통적인 것'이 '근대' 이후에도 지속되고 있음을 강조하거나 근대적 변화를 전통적인 것과의 연관 속에서 파악하고자 한 점에서 공통점이 있다.

미야지마 히로시의 「한국 소농사회의 장기지속성에 대해」는 본인이 1994년부터 제기해 온 동아시아 소농사회론과 관련하여 소농사회가 장기지속할 수 있었던 요인을 검토한 시론적 글이다. 미야지마는 이를 위해 산업혁명 이전의 잉글랜드가 소농이 발달된 시장과 노동이동, 토지의 상품화, 사적 소유권의 확립 등의 면에서 동구의 소농과 달랐다고 한 맥팔레인의 연구를 인용하고 있다. 이에 근거하여 동아시아 소농도 잉글랜드와는 여러 면에서 차이가 있으면서도 일반적인 소농과는 거리가 멀었으며, 이러한 소농의 성격이야말로 동아시아에서 소농사회가 장기간에 걸쳐 지속할 수 있었던 가장 큰 요인이었다고 보았다.

이용기의 「식민지기 농촌 지역사회의 중첩된 시간―'전통적인 것'의 향방과 함의」는 식민지기 농촌 지역에서 '장기지속'하던 '전통적인 것'의 향방을 '전통과 근대의 교섭·절합'이라는 차원에서 바라보는 한편, '전통적인 것'의 지속이 가능했던 기반과 동력에 대해 검토한 글이다. 이 글에서 주목한 것은 식민지기 농촌에서는 근대와 전통이라는 두 가치 체계가 경합했다는 점이다. 농민의 일상생활 속에 지속되던 '전통적인 것'은 단지 외부 세계의 변화에 대한 '지체된 대응'을 메워주는 완충장치라기보다 식민권력의 강압적 근대화에 대한 농민들의 거리감 내지 거부감과 관련된 '익숙한 것에 대한 고집'이라는 실천의 계기가 내포되어 있음을 지적하였다.

정승진의 「장기사의 관점에서 본 나주의 농지개혁: 전남 나주군 금천면의 사례」는 나주 지역의 농지개혁에 관한 1차 사료를 풍부하게 활용하여 장기사적 관점에서 또 지역사회의 수준에서 한국의 농지개혁 과정을 검토한 글이다. 여기서는 1948년 3월 귀속농지의 분배, 농지개혁에 의한 일반농지의 분배 및 상환과정을 일제강점기 나주 농촌사회의 토지·농업문제, 특히 식민지지주제의 기본모순(지주–소작 간 계층별 민족모순)을 의식하면서 분석했다. 그 결과 장기사적 관점에서 바라볼 때 한국 농지개혁의 의미는 20세기 전반의 지배적 생산관계였던 식민지지주제를 해체·소멸하고 20세기 후반의 영세 자작농체제를 극적으로 수립하는 과정이었다는 데 있다고 하였다.

2부 '정치·사회질서의 지속과 변화'는 장기적 관점에서 정치적·사회적 질서의 지속과 변화를 함께 살펴보는 글 4편으로 구성되어 있다. 특히 제도나 정책을 매개로 하여 국가권력과 향촌사회 혹은 엘리트층을 연결해 이해하면서 그 속에서 보이는 정치적·사회적 질서의 지속과 변화상에 주목했다.

배항섭의 「19세기 조선 향촌사회의 변화와 새로운 공론의 대두: 아래로부터 형성되는 새로운 정치질서,는 18세기 중엽~19세기에 걸쳐 관권의 강화 및 사족의 몰락과 더불어 총액제와 공동납에 의거한 새로운 부세제도가 시행되면서 나타난 향촌질서의 변화를 살핀 글이다. 특히 수령·향리·대민이 주도하고 독점하던 향회와 '향중공론'의 정당성이 부정되고 아래로부터 새로운 공론이 형성되어갔는데, 여기에는 새로운 정치질서를 향한 가능성이 내포되어 있었음을 강조하였다. 그러나 이러한 가능성은 19세기 말 개화파들에 의해 구상된 '근대적' 정치·사회질서 구상으로 억압되었다는 시론적 입론을 통해 '근대'의 의미를 새롭게 질문하고 있다.

송양섭의 「1888년 영해부 호구분쟁에 나타난 관법寬法과 핵법覈法」은 1888년 경상도 영해부 호구분쟁 사례를 통해 군현 내부의 독자적 영역에서 이루어지는 호구운영의 구체적인 실태와 성격을 살핀 글이다. 핵법은 호와 구를 빠짐없이 등재하는 파악 방식이고, 관법은 호구를 샅샅이 파악하지 않고 대강의 총액을 잡아서 운영하는 방식이다. 왕조의 호정戶政은 이같이 일견 모순되는 핵법과 관법이 하나의 통일체를 이루면서 오랫동안 시행되어왔지만, 그 내부에는 긴장관계가 내포되었던 것이다. 영해의 호구분쟁은 지역 차원 호구운영의 독자적 정치성이 점차 자체의 모순을 격화해나감으로써 새로운 제도적 변혁을 추동해나가고 있었음을 시사한다.

홍성구의 「순치順治시기 휘주의 청장淸丈과 향촌사회」는 청 순치시기에 휘주에서 실시된 청장, 곧 국가가 토지를 측량하여 과세하는 정책에 대한 새로운 이해를 통해 국가권력과 사회의 관계를 조명한 글이다. 이글에서는 휘주 문서를 활용하여 순치시기 청장이 사실상 실패했다는 기존의 연구와 다른 결론을 도출하고 있다. 휘주 지역 민간에서는 어려움

속에서도 관부가 추진하는 청장을 수용하는 한편 부담을 완화하기 위한 다양한 방법을 모색하면서 대응해나갔다는 것이다. 청장에 의한 과세와 납세 과정에서도 상·하급 행정기관 간이나 관과 민간 사이에 크고 작은 '정보의 괴리'가 발생했고, 이를 활용하여 하급 기관이나 민간은 자율적 공간을 마련할 수 있었다고 한다.

문명기의 「국운과 가운: 대만 무봉霧峰 임가林家의 성쇠로 본 국가권력의 교체와 지역엘리트의 운명」은 18~20세기 중반에 걸쳐 근현대 대만의 '5대 가족' 중 하나였던 무봉 임가가 지역사회에서 한 역할과 사회·경제적 성쇠의 상관관계를 국가권력과의 관계 속에서 살펴본 글이다. 청대 국가권력은 대만 지역사회를 적절하게 통제할 정도로 군사·행정·재정 능력을 보유하지 못한 구조적 상황에서 대만 지역엘리트의 활동공간을 크게 넓혀주었다. 무봉 임가 역시 대만의 사회경제적 자원에 대한 장악을 강화해나갔다. 그러나 충분한 군사·행정·재정 능력을 배경으로 한 대만총독부가 들어서면서 지역엘리트들은 경제적 권리는 유지하나 정치과정에는 실질적 영향력을 행사하기 힘든 피치자로 후퇴하게 되었다.

3부 '비교사로 본 정치·경제의 지속과 변동'에는 전통과 근대를 연결하여 이해하는 방식으로 장기적인 관점에 의거해 동아시아 각국의 통치 시스템이나 재정 시스템 혹은 인구정책이나 경제'개발'의 방향과 성격이 가지는 의미를 비교사적으로 살핀 글들을 실었다. 홍성화의 글은 본격적인 비교사 연구는 아니지만 마지막 부분에서 18~19세기 중국 경제성장 경로를 에도시대 일본의 인구정책 및 생산성 향상과 비교하고 있다.

손병규의 「책봉체제冊封體制하에서 국역: 조선왕조 재정 시스템의 특징과 관련하여」는 산업화 직전 시기 동아시아 각국의 통치 및 재정 시스템의 특징을 '책봉체제' 속에서 각국이 차지하는 위상과 관련하여 비교사적으로 관찰한 글이다. 특히 조선왕조는 왜 명·청이나 강호 막부와 달리 군역제에 기초한 징발·징수를 지속적으로 유지했는지? 이러한 '국역國役', 특히 군역은 각국 재정 시스템의 어떠한 구조적 특징을 형성했는지? 그리고 국역을 매개로 하는 재정 시스템의 차이는 또한 각국을 아우르는 국제질서인 책봉체제와 어떻게 관련되어 있는지? 등의 큰 질문에 의거하여 재정 시스템을 비교함으로써 동아시아 국제관계를 바라보는 또 하나의 시각을 제시하고자 하였다.

홍성화의 「19세기 청조의 경제성장과 위기」는 청조의 인구정책이나 경제'개발'의 방향과 성격을 '근대화' 과정과 연결하여 이해한 글이다. 18세기 중국은 번영의 시대였고 폭발적인 인구 증가가 뒤따랐다. 번영의 중심지였던 강남에서는 장강을 따라 서쪽으로 시장을 확대해 '스미스적 성장'을 달성하였고, 인구압도 완화할 수 있었다. 그러나 '내부 변경' 개발이 완료되자 위기는 변경에서 시작되어 다시 중심인 강남 지역으로 몰려왔지만, 이에 대한 대응 방법을 찾지 못한 채 1841년 아편전쟁을 맞이하였다. 이리하여 19세기에 들어와서 맬서스적 함정에 빠진 중국은 결국 '스미스적 성장'에서 이탈하였으며, 18세기보다 오히려 19세기에 '근대적 경제성장'과는 더욱 멀어지게 되었다는 것이다.

원래 제5권은 늦어도 지난해 상반기에 발간할 계획이었고, 거기에 맞추어 여러 선생님에게서 원고도 받고 교정도 진행하면서 출간을 준비해 갔지만, 편집 책임자의 게으름으로 많이 늦어지고 말았다. 옥고를 주신 필자 선생님들, 지지부진한 진행을 기다려준 너머북스 이재민 대표님과 편집진 여러분께 감사드린다.

2021년 2월

필자들을 대신하여 배항섭 씀

1

전통과 장기지속

한국 소농사회의 장기지속성에 대해

◎

미야지마 히로시

1 이 글의 목적

이 글은 1994년에 제기한 동아시아 소농사회론과 관련해서 소농사회의
장기지속성에 대해 검토하는 것을 목적으로 했다. 먼저 소농사회와 장기
지속이라는 개념을 간략하게 정리한 다음 한국 소농사회의 장기지속성
에 관한 최근의 주목할 만한 연구 성과를 소개하고 그 연구사적 의미를 음
미한다. 그리고 마지막으로 장기지속에 대해 앞으로 검토해야 할 과제를

논의하겠다.

²소농사회와 그 장기지속성에 대해

1) 소농사회론의 개요

내가 제기한 소농사회론의 개요는 다음과 같이 요약할 수 있다.[1]

첫째, 중국 송대 이후 지배계층으로 등장한 사대부는 몇 가지 측면에서 성격이 독특한 존재였다. 그들은 무엇보다도 유학에 대한 깊은 교양을 바탕으로 과거시험에 급제함으로써 관료가 되어 통치를 담당하는 것을 이상으로 삼았으며 그 지위는 세습할 수 없었다. 송학과 그 집대성으로 성립한 주자학(성리학)은 그러한 사대부들의 세계관으로 그들의 존재 양식과 불가분의 관계가 있는 사상이었다.

둘째, 주자학을 외래사상으로 받아들인 한국이나 일본의 경우 지배계층의 성격이 사대부와 달랐으므로 주자학을 수용한다는 것은 그리 쉬운 일이 아니었다.

셋째, 그럼에도 한국과 일본, 특히 한국에서 주자학이 깊이 침투할 수 있었던 것은 중국과 유사한 사회구조, 즉 소농사회가 형성되었기 때문이라고 생각된다.

넷째, 소농사회란 농업경영에서 본인과 그 가족 노동력만 이용해 독립적으로 경영하는 농민이 압도적 다수를 차지하는 사회이며, 이러한 소농사회는 중국에서는 명나라 중기에, 한국과 일본에서는 16~17세기에 형성되었다고 볼 수 있다.

다섯째, 소농사회 형성에서 결정적 계기가 된 것은 집약적인 논농사 기술이 확립된 것이었고 소농 경영은 그러한 집약적 농업경영에 가장 적합한 경영체였다.

여섯째, 소농사회가 확립됨에 따라 지배계층이 농업생산에서 유리되었으며, 그 결과 신분과 토지소유의 결합이 해체되었다. 그리고 농업에서 유리된 지배계층은 과거시험 준비에 전념할 수 있게 됨과 동시에 과거시험을 거쳐 관료가 되는 관료제 국가체제가 형성될 수 있게 했다.

일곱째, 주자학은 이러한 소농을 지배하기 위한 사상으로 성립한 것으로, 태생적인 인간의 차별을 부정하고 배움의 차이에 따라 통치자와 피통치자의 구분을 합리화했다.

여덟째, 소농사회가 형성됨에 따라 가족과 마을이라는 사회의 가장 기초적인 조직에서도 큰 변화가 생긴 데 비해 이른바 근대화 과정에서는 그런 큰 변화가 생기지 않았다. 따라서 동아시아사의 가장 큰 분기점은 근대화 이전과 이후에 있는 것이 아니라 소농사회 형성 이전과 이후에 있다고 봐야 한다.

내가 보기에 동아시아의 소농사회는 16세기에서 20세기까지 장기간에 걸쳐 존재했던 것으로, 브로델Fernand Braudel(1902~1985)이 말하는 장기지속이라는 개념에 해당한다. 그래서 브로델의 장기지속에 대해서도 간략하게 정리해둘 필요가 있다.

2) 장기지속이라는 개념에 대해

잘 알려져 있듯이 브로델은 현재를 이해하기 위해서는 서로 다른 세 가지 시간대를 구별해야 한다고 주장했다.[2] 즉 단기지속, 중기지속, 장기지속이라는 세 가지 시간대를 말했는데, 단기지속은 사건사, 중기지속은 국면사, 장기지속은 구조사라고 바꿔 말할 수 있다고도 했다. 그리고 전통적인 역사학에서는 사건사, 그러니까 단기지속에 관심이 집중되었으며, 사회과학 역시 단기지속에만 주목했는데 역사학과 사회과학이 협력하려면 역사학이 장기지속이라는 측면에서 현재를 파악하려는 노력이 필요하다는 것이 브로델이 가장 강조하고 싶었던 내용이다.

연구자 몇 명이 브로델이 제기했던 장기지속이라는 시각에서 한국의 역사를 파악하려는 연구를 했다. 정승진(2006), 이용기(2007), 안승택(2014), 정근식(2003) 등의 연구가 그 대표 사례라고 할 수 있다('장기 19세기의 동아시아' 모임 멤버가 여기에 많이 포함되어 있다는 것은 주목할 만하다).

앞에서 지적한 것처럼 동아시아 소농사회도 장기지속의 전형적인 예라고 할 수 있는데, 그럼에도 나 자신은 지금까지 장기지속의 문제를 깊이 생각하지 못했다. 소농사회가 왜 500년이라는 긴 기간, 그것도 중간에 '근대화'라는 큰 변동기를 거치면서도 지속될 수 있었는지를 그다지 깊이 생각하지 못했다는 이야기다. 나만이 아니라 위에 열거한 한국사의 장기지속에 관한 연구들도 장기지속이라는 현상에 주목했지만, 왜 장기지속이 가능했는지에 관해서는 충분히 해명하지 못한 것같이 보인다.

이러한 상황에서 최근 일본에서 한국 사회의 장기지속에 관한 주목할 만한 연구 결과가 발표되었다. 그래서 이하에서는 그 연구 결과를 소개하고 연구사적 의미와 앞으로 과제를 논하겠다.

³ 한국 소농사회의 장기지속성에 관한 새로운 연구 성과

여기서 내가 주목하고 싶은 연구는 2016년에 간행된 혼다 히로시本田 洋
의『한국 농촌사회의 역사민족지: 산업화과정에서의 필드 워크 재고韓國
農村社會の歷史民族誌: 産業化過程でのフィールドワーク再考』[3]이다. 이 책은 저
자가 1980년대 말에 전라북도 남원 근교의 어떤 마을에서 실시한 조사 결
과를 역사민족지로 기술, 분석하려고 한 것이다. 여기서 말하는 역사민
족지는 저자가 조사 현장에서 직면했던 어려움, 즉 큰 사회경제적 변화
가 진행 중이던 농촌에서 체험하고 관찰한 것들 가운데 어떤 것이 지속
적인지 혹은 무엇이 소멸·변화하고 있는지, 또한 어떤 것이 변화 과정에
서 생기고 있는지를 분별해야 하는 어려움을 극복하기 위해 선택한 방법
이다. 그 구체적인 내용은 저자에 따르면, ① 한국 농촌사회를 기술, 분석
하는 틀을 재음미하면서 조사 당시 농촌 주민에게 가족과 촌락 커뮤니티
community 재생산의 기반을 이루었던 장기지속성과 식민지·근대 체험 및
산업화 과정에서 일어났던 재생산 조건의 변화를 파악하는 것, ② 이 작
업으로 얻은 지견知見을 참조하면서 필자 자신이 필드에서 경험한 현실
을 지속성을 기조로 하면서도 변화에 대해 열린 실천으로 새롭게 기술,
분석하는 것을 중심으로 한 접근방법이다.

그리고 분석의 중심을 가족의 재생산 전략과 촌락 커뮤니티의 재생산

과정에 둔 것은 가족과 촌락 커뮤니티 자체를 논의하는 것을 목적으로 했기 때문이 아니라 조사 당시의 필드 상황, 즉 산업화 과정에서 일어났던 농촌사회의 변화를 기술·분석하는 데 이 두 가지 사회문화적 사상事象에 착목하는 것이 유효성을 높일 수 있다고 판단했기 때문이다.

이상과 같은 방법을 전제로 저자는 조선 후기에 형성된 소농사회가 그 이후 근대와 식민지화, 1960년대부터의 산업화 과정을 겪으면서 변모하는 모습을 기술·분석하는데, 그때 핵심 개념으로 저자가 제시하는 시각이 변화에 대해 열려 있는 지속성과 실천으로서 커뮤니티라는 두 가지다. 저자가 이 책의 결론으로 제시한 것을 정리하면 다음과 같다.

1) 소농사회의 동태적 균형성

소농사회의 장기지속적 양상 속에서 가호家戶와 촌락이 어떻게 재생산되어왔는지에 관해 먼저 가호 재생산의 특징으로 세 가지 유형을 설정할 수 있다.

① 토박이 사족 지주: 분할상속의 원칙을 따르면서도 제사 재산을 증대함으로써 종가를 중심으로 한 부계 친족의 통합과 확대를 기도한다.
② 소규모 자영농: 양반적인 장남 우대 규범을 채용해 기혼의 장남을 부모 집에 잔류殘留하게 함으로써 영농 기반의 세분화를 막는 것과 함께 농업경영의 노동집약화를 기도한다.
③ 영세 혹은 무소유의 소작농·빈농: 일가 이산離散적인 기혼 아들의 독립 등 주변적인 생계유지를 기도한다.

위와 같은 유형에 따른 차이는 제사 단독 계승이라는 규범의 간섭을 받으면서도 그것과 다른 차원의 전략적 판단에 따른 것으로 이해할 수 있다.

다음으로 촌락의 재생산에 관해서는 두 가지 사회경제적 관계성, 즉 비교적 대등한 부조·협동을 특징으로 한 공동성(평등적 커뮤니티)과 위계적 관계들을 구별하는 것이 중요하다. 마을 사람들의 관계는 이 두 가지 관계 속에서 다양하게 맺어졌는데, 그렇게 된 요인으로 촌락 성원권成員權(그런 것이 있다 하더라도)의 획득으로 얻을 수 있는 이익이 한정적이었다는 것, 또한 특정한 자원에 대한 접근이 자원을 점유·통제하는 개인적·집합적 행위 주체와의 개별적 관계에 의존했다는 것을 들 수 있다.

전체적으로 정리하면, 소농적 생산양식의 형성과 유교, 주자학적 이념·행동양식의 침투를 기반으로, 소규모 자영농의 경영·생계 기반의 불안정성과 높은 인구 유동성에 의해 규정되는 동태적 균형성이 조선시대 후기, 즉 17세기 이후 농촌사회 장기지속성의 기반을 이루고 있었다. 이러한 동태적 균형성, 그중에서도 소규모 자영농의 영농·생계 기반의 불안정성과 그것을 전제로 한 재생산 전략은 일본에 의한 식민지 지배하의 수탈과 해방 후 농지개혁을 경과한 1960~1970년대 농촌사회에서도 여전히 생활의 기조를 이루고 있었다.

2) 가족 재생산 전략의 사회경제적 진폭과 이중성의 매개

보유하는 사회경제적 자원의 다과에 대응해 채용할 수 있는 가족 재생산 전략에 상당한 차이가 있으며, 그 차이에 따라 장남 잔류 규범의 의미 부여에도 차이가 있다. 구체적으로는 부농·지주에서는 규모가 큰 농업경영으로 담보되는 경제적 기반의 안정성 때문에 좀 더 수준 높은 물질적·상징적 이익의 증진전략이 가능했다.

반대로 그 대극에 있는 영세농·빈농의 경우, 먼저 재산 단위 자체의 존립 기반이 취약해서 아버지−장남을 중심으로 한 가부장제적=공식적 친족의 구축보다 그때마다 채용할 수 있는 주변적인 생계유지의 여러 방책을 우선할 수밖에 없었다.

위와 같은 양극을 대조함으로써 알 수 있듯이, 장남 잔류 규범이 장남의 부모 동거와 재산 분할에서 장남 우대를 통한 소농적 거주=경영 단위의 재생산을 보장한 것은 중간적 자영농에서였다. 즉 사회경제적 기반의 잠정적인 균형을 유지·재생산함으로써 비로소 장남 잔류 규범에 맞는 소농적 거주=경영 단위의 재생산이 가능했으며 장남 잔류 규범은 이러한 균형 상태를 향한 재생산 실천에 주체적 참여를 촉진하도록 작용했다.

이러한 이해는 세대·가내 집단의 형성과 제사 계승이라는 상속의 이중 시스템 혹은 가족 재생산 과정의 이중성으로 보고, 장남 잔류 규범의 작용을 구조적 구속으로 파악하는 것보다 개별적·구체적인 상황과 관련된 실천을 촉진하는 메커니즘으로 파악하는 것이 타당하다는 것을 의미한다.

3) 산업화 과정과 재생산 전략의 재편성

산업화 과정에서 소농적 거주=경영 단위의 재생산 조건에는 양적·질적 변화가 생겼다. 양적 변화로는 국가 주도에 의한 수출 지향적 제조업의 거점을 형성한 결과 산업 기반이 도시·공업화 지역에 집중됨에 따라 농촌에서 저학력 청년, 장년층의 이농離農·이촌離村이 증가한 것과 고학력화와 영농 기반의 안정화에 따라 소규모 자영농 사이에서도 능력주의 전략이 보급되었다는 것을 들 수 있다. 질적 변화로는 도시 중산층 지향의 확대와 농촌 주민에 의한 도시 중산층적 계급지평階級地平(계급 이동에 대한 욕망)의 내면화를 들 수 있다.

이러한 변화가 생기면서 가족의 재생산 전략에서도 '흔들림ゆらぎ'이 나타났다. 즉 장남 잔류 규범의 약화, 가부장적 통제의 약화 등의 현상을 관찰할 수 있는데, 산업화 과정에서 생긴 변화도 농촌의 세대=가족 시스템 자체가 원래 이러한 변화를 야기하는 구성이었기 때문이라고 말할 수 있다.

4) 평등적 커뮤니티의 재생산

촌락 공동체가 존재했는지, 존재하지 않았는지에 관한 논쟁에 대해 '실천으로서 커뮤니티'라는 견지에서 이 문제에 접근했다.[4] 그 결과 커뮤니티 감각과 실리적·합리적 판단의 절충 속에서 형성되는 부정형不定形 및 가소可塑적인 공동성으로서 촌락 커뮤니티와 촌락 결사(동계 등)에 의한 부분적 제도화라는 두 가지 측면의 상호 침투와 잠정적인 균형의 모색이라는 동태적 균형성을 추출할 수 있었다.

저자의 주장이 다방면에 걸쳐 전개되었기 때문에 간략하게 정리하는 것도 쉽지 않지만, 그 핵심 부분은 가족과 촌락 커뮤니티의 재생산에 관한 다음과 같은 이해라고 생각된다. 먼저 가족의 재생산에 관해서는 사회

경제적 조건에 규정된 가족의 생존전략과 유학에서 유래하는 가족 규범(장남 우대와 남자 균분상속, 장남 잔류 등)을 서로 대립·모순되는 것으로 이해하지 않고 '두 가지 다른 것을 조정해서 하나로 통합하는 것すりあわせ'이 시도되는 사실을 발견해서 이러한 현상을 변화에 대해 열려 있는 지속성이라는 개념으로 파악하려고 한 것이 저자의 독창적인 부분이라고 할 수 있다. 그리고 촌락 커뮤니티 문제에 관해서는 촌락을 공동체로 보는지, 결사체로 보는지에 관한 양자택일적 이해를 지양하고 실천으로서 커뮤니티라는 개념을 도입해 촌락결합의 가소성, 유연성을 밝힌 것이 중요한 의미가 있는 것으로 판단된다.

전체적으로 보면, 가족과 촌락의 장기지속 문제를 이념과 현실 사이에서 그때마다 균형을 모색하는 과정에서 파악하면서 그것을 동태적 균형이라는 개념으로 정식화한 것이 저자의 가장 큰 공헌이라고 볼 수 있다.

나는 한국의 가족, 친족 시스템의 특징에 대해 일본의 중국사 연구자 우에다 마코토[5]의 연구를 참조하면서 논한 적이 있다.[6] 우에다는 태국·일본·중국의 가족, 친족 시스템을 비교하면서 각각 동사적 관계, 명사적 관계, 형용사적 관계로 파악할 수 있다고 주장했다. 즉 태국의 가족, 친족 시스템에서는 구체적인 행동을 매개로 해서 관계가 맺어지고(동사적 관계), 일본의 그것은 가장家長이나 주부主婦라는 지위에 따라 역할과 권리·의무가 결정되는 시스템(명사적 관계)으로 볼 수 있는데, 중국의 경우는 나이나 세대의 위아래에 따라(형용사적 관계) 질서가 형성된다는 것이 우에다의 주장이다. 이러한 우에다의 세 가지 유형을 참조할 때 한국의 가족, 친족 시스템은 형용사적 관계(남자 균분상속이 그 전형적 사례다)와 명사적 관계(장남이나 종손의 우월적 지위)를 함께 포함한 시스템으로 파악할 수 있다는 것이 내 주장이었다. 그리고 동사적·형용사적 관계는 지속성이 약한 반면 유연성이 풍부한 데 비해 명사적 관계는 그 반대라고 볼 수 있다. 따라서 한국의 가족, 친족 시스템은 양자의 장점을 살리려는 시스템으로 파악할 수 있다는 이야기다.

위와 같은 내 주장과 혼다가 주장하는 동태적 균형이라는 주장은 한국의 사회시스템이 상황에 따라 유연하게 대응할 수 있는 구조적 특징을 지닌 것으로 이해하는 입장으로서 서로 통하는 주장이 아닌가 생각된다.

⁴ 장기지속을 묻는 의미에 대해

한국 소농사회의 장기지속성에 관한 혼다의 연구는 장기지속을 가능케 한 요인을 구체적으로 추구했다는 점에서 최근의 큰 성과라고 평가할 수 있다. 그러나 거기에는 생각해야 하는 문제가 많이 포함되어 있는 것도 부정할 수 없다. 이하에서는 혼다의 연구에 내포된 문제점을 간략하게 지적한 다음 혼다가 이 책에서 핵심 개념으로 거론한 장기지속 문제를 약간 언급하면서 마무리를 짓고자 한다.

혼다의 연구에서 가장 큰 문제점으로 지적할 수 있는 것은 가족과 마을에 초점을 맞추었기 때문에 근대 경험, 식민지 경험 그리고 산업화 경험 등의 문제가 외부적 요인으로 처리되어 있다는 것이다. 바꿔 말하면 이러한 큰 변화가 왜 일어났는지는 묻지 않고 그 변화에 어떻게 대응했는지만 연구되고 있다는 이야기다. 인류학이라는 학문 자체가 원래 그러한 한계를 갖고 있다고 할 수 있을지도 모르지만, 그것보다 장기지속이라는 문제를 브로델이 왜 제기했는지에 관해 저자의 이해에 문제가 있기 때문에 이런 문제가 생겼다고 여겨진다.

브로델이 장기지속 문제를 제기한 이유는 장기지속 자체를 강조하기 위해서가 아니라 장기지속=구조에 의해 규정되면서도 그 구조가 변화하는 과정, 즉 복합국면 혹은 변동국면conjoncture을 파악하기 위해서다. "여하튼 우리의 논의대상은 순간적인 것과 장기지속이라는 시간의 양극 사이에 위치할 것이다"[7]라는 말이 그것을 단적으로 말해준다. 그러나 혼다 책에서는 소농가족의 장기지속 자체를 구명하는 데 주된 목적을 두었기 때문에 위와 같은 문제점이 생겼다고 여겨진다.

식민지 경험, 산업화 등의 과정은 전형적인 변동국면 문제라고 생각되는데, 변동국면 과정을 구명하려고 할 때 가장 어려운 것은 전체 사회에서 일어난 변화와 마을과 가족 같은 기초단위에서 일어난 변화를 어떻게 연결할 수 있는가 하는 문제이다.

정근식은 전남 영암군 구림권의 장기지속을 다룬 공동연구에서 장기지속의 문제를 연구하는 데 고려해야 하는 문제로 여덟 가지 분야를 지적했다.[8]

■ 생태학적 변동: 지형과 지모, 농경지, 하천 등의 자연과 인간의 상호 관계

- 타 지역과 교통로, 교통수단
- 전체사회 지배문화의 변동
- 토지소유 제도와 구조
- 국가권력의 지방지배 거점
- 마을의 생애사: 15, 16세기부터 20세기 후반의 산업화·도시화까지가 장기순환기
- 사회공간학적 접근과 구술사적 접근: 사회공간 구조는 마을의 경계에 관한 주관적 의식, 생산과 소비, 의례 공간의 구분과 중첩, 교대 등으로 표현되며, 구술사는 100년 이내의 역사경험, 특히 심층적 생활세계를 파악하는 데 유익하다.
- 전통의 현재적 호명과 활용

　정근식이 제시한 이러한 지표들은 나름대로 중요한 문제라고 생각되지만, 충분히 정리되지 않은 듯한 인상을 면치 못한다. 정치적인 문제, 경제적인 문제, 문화적인 문제 그리고 인식론적인 문제 등이 혼재되었기 때문에 그렇게 되었다고 볼 수 있는데, 장기지속 문제를 종합적으로 파악하려고 할 때 하나의 유용한 방법이 될 수 있다고 생각되는 것은 우에다가 제기한 적이 있는 사적史的 시스템론이다.[9]

　우에다의 사적 시스템론은 어떤 사건이든 생태시스템, 사회시스템, 의미시스템이라는 세 가지 시스템의 복합으로 파악하고, 그 사건이 종전 시스템에 어떻게 작용하는지를 추적한다. 예를 들어 생태시스템에서 일어난 어떤 변화가 사회시스템, 의미시스템에 어떤 영향을 주고 그 결과 생

태시스템의 변화를 더욱 촉진하는 방향으로 어떻게 피드백feed back하는지 구명하려는 것이다.

혼다가 밝히려고 한 것은 근대와 식민지 경험, 산업화 경험 속에서 가족과 촌락 시스템이 어떻게 반응했는가 하는 문제였다고 볼 수 있는데, 그것도 사적 시스템론 입장에서 보면 사회시스템과 의미시스템의 영역과 관련된 부분이라고 할 수 있다. 또 정근식이 열거한 여러 지표도 사적 시스템론에 의해 더욱 유기적·체계적으로 정리할 수 있다.

사적 시스템론의 특징은 어떤 사건이 왜 일어나는지는 묻지 않고 그 사건의 영향의 연쇄를 추적해 출발점에 피드백하는 데 있다. 그러한 방법은 어떻게 보면 사건의 인과관계를 구명하려고 해온 지금까지 역사연구의 미궁에서 벗어나려는 노력이라고 볼 수 있을지도 모르지만, 혼다의 연구에 대해 지적한 문제, 즉 근대와 식민지 경험, 산업화 경험을 외생적 변수로 처리하는 문제를 사적 시스템론도 안고 있다고 하지 않을 수 없다.

브로델 본인이 변동국면의 사례로 연구한 주제 중 하나가 영국의 산업혁명이다. 그 과정에 대해 브로델이 한 다음과 같은 말은 충분히 음미할 만하다.

"그러나 이와 같은 이미지—각 분야가 서서히 완숙하여 작동되었고 그래서 산업혁명과 연관된 요소들을 제공하게 되었으며 그 각자가 여타 요구에 응할 수 있게 되었다는—는 완전히 만족스러운 것일까? 이 이미지는 산업혁명 자체가 하나의 목적으로서 의도적으로 추진되었고, 영국의 경제와 사회가 기계의 시대라는 새로운 시대의 도래를 가능케 하기 위해 줄곧 노력했다는 식의 잘못된 인상을 준다. 엄밀히 말하면, 사전에 규정된 것으로서 산업혁명을 경험한다는 이미지는 오늘날 산업혁명을 추구하는 경우에나 적용할 수 있다. 이때에는 이미 알려진 모델들을 통해 앞으로 나아가게 될 길들을 알고 있다. 그러나 영국의 경험은 이런 것과는 다르다. 영국은 하나의 목표를 향해 나아간 것이 아니라 강력한 삶의 상승과정에서 그 목표와 마주치게 된 것이다. 그 삶의 상승은 산업혁명을 앞으로 밀고 가는 무수히 많은 엇갈린 흐름 속에서 나온 것이다. 그리고 그 많은 흐름이 모두 하나의 틀에 맞추어 흐르는 것이 아니다."[10]

여기서 브로델이 말하듯이 근대와 식민지 경험, 산업화 경험 등의 변동국면을 파악하려면 많은 흐름(한국의 경우는 내부적 흐름만이 아니라 외래적, 따라서 모델이 존재하는 흐름도 포함해)을 시야에 넣어야 하는데, 혼다 책에서는 놓친 부분이 너무 많다고 하지 않을 수 없다.

5 '소농'이라는 개념에 대해

위에서 지적한 문제, 즉 이 책에서는 농민과 그 가족이 상황에 대응한 측면만 구명되어 있고, 그러한 상황이 왜 생겼는지, 그리고 그 상황과 농민은 어떤 관계였는지가 불분명하다는 문제는 차치하더라도 농민의 대응에 대해서도 더 생각해야 할 문제가 있는 것같이 보인다.

앞에서 지적한 대로 이 책에서는 한국 소농사회의 장기지속을 가능케 한 요인으로 변화에 열려 있는 유연한 가족 전략과 실천으로서 커뮤니티라는 두 가지 요인을 제기했다. 이는 상당히 설득력 있고 매력적인 것으로 생각되지만 이 두 요인만으로 장기지속 문제를 설명할 수 있는지는 조금 더 음미할 여지가 있다.

내가 소농사회론을 제기했을 때 그 범위에는 한국뿐만 아니라 일본과 중국도 포함되어 있었다. 그리고 소농사회의 장기지속이라는 현상도 한국에만 적용할 수 있는 현상이 아니다. 그렇다면 동아시아의 소농사회가 장기지속할 수 있었던 요인도 일본, 중국을 포함해 생각해야 하는데, 혼다가 이 책에서 밝힌 두 요인은 일본이나 중국에는 적용하기 어렵다. 왜냐하면 일본은 단독상속이 일반적이었을 뿐만 아니라 마을むら이 공동체 성격을 강하게 갖고 있었으며, 중국에서는 남자 균분상속이라는 관행이 강하게 이어져왔기 때문이다. 따라서 동아시아 전체를 시야에 넣을 때 소농사회의 장기지속을 가능케 한 요인으로는 한·중·일 삼국에 공통된 무언가를 찾아내야 한다. 이 문제를 생각하려면 동아시아의 소농 개념을 엄밀하게 정의해야 한다.

내가 처음으로 소농사회론을 제기한 논문에서는 동아시아의 소농사회에 대해 앞에서 소개한 것처럼 가족 노동력을 이용해 독립적으로 농업을 경영하는 소농이 집약적 농업의 주체로서 성립한다는 것, 그러한 소농이 농촌 주민의 압도적 다수를 차지한다는 것, 그리고 소농 경영의 확립에 따라 지배계층이 농업경영에서 이탈하게 된다는 사실들을 지적했을 뿐이다. 그러나 이러한 지적은 대단히 불충분하므로 보충 설명을 하겠다.

소농이라는 말은 모호하고 농민이라는 말과 혼용되는 경우도 많다.

peasant라는 영어가 소농 혹은 농민이라는 한자어와 비슷하다고 여겨지는데, 인류학에서 peasant에 관한 고전적 저작으로 알려진 울프Eric Robert Wolf나 레드필드Robert Redfield 저서에서도 peasant는 상당히 광범위한 개념으로 사용되고 있다. 즉 그들은 가족노동력을 이용해서 자가 소비를 위해 농업을 영위하는 존재를 peasant로 규정해서 미개사회의 수렵민과 근대의 기업적 농업가의 중간 위치에 있는 것으로 보았다.[11] peasant를 이렇게 규정하면 그 존재는 시대와 지역을 불문하고 대단히 광범위한 것으로 되어버린다. 내가 제기한 동아시아 소농은 이러한 peasant와는 거리가 먼 존재이다.

동아시아 소농의 성격을 파악하는 데 참고가 되는 것은 영국의 역사인류학자 맥팔레인Alan Macfarlane의 연구이다.[12] 맥팔레인은 산업혁명 이전의 잉글랜드를 소농사회로 보는 통설적 이해를 비판했다. 그것을 위해 그는 동구 지역의 소농을 예로 들면서 동구의 소농과 잉글랜드의 소농이 어떻게 다른지 논의했다. 그에 따르면 동구의 소농은 소유, 생산, 소비 단위가 개인이 아니라 세대임을 거론하면서 그 때문에 토지매매와 유언에 의한 상속이 존재하지 않았으며, 시장도 결여되어 있었다고 지적하고 이러한 모든 면에서 잉글랜드의 소농과 다르다고 주장한다. 그가 동구와 잉글랜드의 소농을 제대로 이해했는지는 판단할 수 없지만, 이러한 기준에 따르면 동아시아의 소농 역시 동구의 소농과 크게 달랐다고 하지 않을 수 없다. 중국에서는 송나라 이후 토지 매매가 공인되었으며 시장경제도 발달했다는 사실은 잘 알려져 있다. 한국에서도 15세기 이후 토지 매매가 합법화되었고 16세기 이후에는 오일장이 전국적으로 보급되었다. 일본의 경우 도쿠가와 시대 토지 매매는 법적으로 금지되어 있었지만 전당[質入]을 통해 실질적인 매매가 광범위하게 이루어졌다.

맥팔레인은 "잉글랜드는 벌써 1250년대에, 1550년 혹은 1750년과 마찬가지로 '자본주의적'이었다. 즉 이미 발달된 시장과 노동이동이 존재하고 토지가 상품으로 거래되며 완전한 사적 소유권이 확립되어 있었다. 또 상당한 지리적·사회적 유동성이 존재하고 가계와 경영이 완전히 분리되고 합리적 자본계산과 이윤동기가 광범위하게 관찰되었다"라고 말했는데, 동아시아의 소농들도 잉글랜드와는 여러 면에서 차이가 있으면서도 일반적인 소농과는 거리가 먼 존재였다. 그리고 이러한 소농의 성격이야말로 동아시아에서 소농사회가 장기간에 걸쳐 지속될 수 있었던 가장 큰 요인이었다고 생각된다.

혼다의 책에서는 이러한 문제가 충분히 고려되지 않았기 때문에 소농사회의 장기지속을 가능케 한 요인에 대한 검토가 피상적인 것으로 머물게 되었다. 그러한 아쉬움을 금할 수 없다. 나 자신을 반성하는 의미에서도 동아시아 소농들의 성격을 비교사적으로 엄밀하게 검토하는 것이 앞으로 큰 과제이다.

미야지마 히로시

1948년 일본 오사카에서 출생하여 교토대학 문학부를 졸업했고 같은 대학 대학원에서 문학연구과 석사 및 박사 과정을 수료했다(동양사학 전공). 이후 도카이(東海)대학 문명학부 강사, 도쿄도립대학 인문학부 조교수, 도쿄대학 동양문화연구소 교수를 거쳐 2002년부터 성균관대학교 동아시아학술원 교수를 지냈다. 도쿄대학과 성균관대학교 명예교수. 그동안 한국의 조선시대와 근대 시기의 경제사, 사회사, 사상사 분야를 집중적으로 연구했으며 동시에 한국사의 특징을 동아시아적 시야에서 파악하고, 한국 학계와 외국 학계의 소통을 위해 고민해왔다. 주요 저서로 『한중일 비교 통사』(너머북스, 2020), 『미야지마 히로시의 양반』(너머북스, 2014), 『미야지마 히로시, 나의 한국사 공부』(너머북스, 2013), 『일본의 역사관을 비판한다』(창비, 2013), 『朝鮮土地調査事業史の硏究』(도쿄대학 동양문화연구소, 1991), 『현재를 보는 역사, 조선과 명청』(너머북스, 2014, 공저) 등이 있다.

집필경위

이 글은 동아시아학술원 HK사업단의 2018년도 학술대회 〈19세기 동아시아 연구와 새로운 역사상 모색〉에서 발표했던 글을 일부 수정, 가필한 것이다.

②
식민지기 농촌 지역사회의 중첩된 시간:
'전통적인 것'의 향방과 함의

◎

이용기

1 식민지 근대 인식의 맹점

여기 한 노인이 있다. 전라남도의 어느 농촌 마을에서 살던 그는 상투를 틀고 유교 경전을 공부하는 유생이었으며, 자신을 가리켜 '옛것을 지키고 (수구守舊)', '일본을 배척하는(배일排日)' 사람이라고 했다. 그는 50세이던 1938년 7월에 다음과 같은 일화를 일기에 적었다.[1]

신학문을 공부한 자가 찾아와 "천하가 모두 머리와 복장을 개량하는데 어르신께서는 어찌 홀로 이것을 지키십니까?"라고 물었다. 나는 웃으며 답하기를 "내 마음을 따르는 것이다"라고 했다. 그가 "옛적의 성현이 살아오셨습니까? 지금은 성현이 필요한 세상이 아닙니다"라고 하기에 "그대의 말은 그럴 듯해 보일 뿐이다. 어찌 능히 성현을 알겠는가"라고 말했다. 그러자 그는 "하늘에 비행기가 날아다니고 바다에는 잠수함이 돌아다니며, 각종 기계의 기묘함이 모두 물리와 화학에서 나왔는데, 옛날에도 이런 발명이 있었습니까?"라고 말했다. 내가 "그대는 성현의 글을 읽었는가?"라고 묻자 그는 "비록 몇 편을 읽었으나, 어릴 때의 일이니 어찌 기억하겠습니까?"라고 답했다. 이에 나는 "오늘부터 바른 마음[正心]으로 공경하고 옛 문헌(경사자집経史子集)을 10년만 읽으면 성현이 성현이라 불리는 이유, 고금의 시대가 변화하는 이유, 그리고 그대가 말하는 물리와 화학이 비롯된 바를 모두 알게 될 것이다"라고 말했다. 그러자 그는 내 말을 다 듣지도 않고 가버렸다. 더불어 말할 만한 사람이 아닌데 이야기를 나누었으니, 내가 말을 너무 많이 하는 잘못을 저질렀다. 후회할 일이로다.

일제 식민지하에서 전시총동원체제가 가동될 무렵에 구학문을 공부한 노인과 신학문을 공부한 젊은이가 벌인 이러한 논쟁 같지 않은 논쟁은 한국의 '식민지 근대'가 어떤 것이었는지 보여주는 상징적인 사건이라 할 만하다. 신식 청년은 '물리와 화학'의 시대를 수용했고, 상투를 틀고 있는 노인을 성현에 빗대어 비아냥거린다. 구식 노인은 여전히 세상의 모든 이치와 심지어 비행기와 잠수함으로 상징되는 최첨단 근대 문물조차 구학문으로 그 근본적 이치를 궁구할 수 있다고 자신한다. 신식 청년은 더 이야기를 나눌 필요가 없다고 판단한 듯 이내 돌아가 버렸고, 구식 노인 역시자기 말을 알아듣지도 못하는 자와 이야기 나눈 것을 후회한다. 1938년여름 식민지 조선에서는 이처럼 서로 말이 통하지 않을 정도로 이질적인세대와 패러다임이 충돌하고 공존했다.

주지하듯이 역사는 신식 청년의 생각대로 흘러갔다. 그렇다면 이 구식노인은 단지 예외적인 시대착오인가? 또 이 일화는 구세대의 시간적 지체를 보여주는 하나의 막간극에 불과한가? 그는 분명 근대로 이행이라는거대한 역사적 국면에서 시대 흐름을 거스르거나 거기에 제대로 적응하지 못한 자였다. 그렇지만 필자는 이 노인이 식민지하에서 그다지 예외적인 존재가 아니었다고 생각한다.[2] 사실 그는 앞의 일기를 쓰기 약 15년 전에 총독부가 만든 면협의회 의원을 지냈으며, 이 사건이 일어난 시점에도지역사회에서 나름 명망과 영향력을 갖고 있던 지주이자 유지였다. 그렇기 때문에 신학문을 공부한 청년이 굳이 이 노인을 방문하여 이야기를 나눈 것이고, 설령 이들의 대화가 '무시'와 '후회'로 끝났다고 해도 이들은 분명 식민지 조선에서 함께 살아가던 동시대인이었다. 구식=노인과 신식=청년이 서로 다른 사고구조를 가지고 있으면서도 공존·경쟁·갈등하는상황, 또한 이들이 서로 의식하면서 함께 서 있는 공통의 지반, 이것이 바로 '식민지 근대'의 실상이 아닐까?

현재 한국근대사 연구의 지형은 '식민지'라는 상황에서 발현되는 '근대'라는 양상을 어떻게 볼지를 둘러싸고 '식민지수탈론'과 '식민지 근대화론'의 대립이 지속되는 가운데 탈근대론에 입각한 '식민지 근대성론'이 제3

의 시각으로 대두하는 형국이다. 식민지 근대성론은 근대주의와 내셔널리즘을 극복하려는 견지에서, 식민지 조선에서 전개된 근대적 현상과 변화를 적극적인 관찰 대상으로 삼으면서도 이를 비판적 관점에서 살펴보고자 한다.[3] 이들은 이른바 '포스트' 계열의 문제의식을 상당 정도 수용하여 문화 연구, 담론 분석, 일상사와 미시사, 새로운 민중사 등에서 주목할 성과를 내면서 저변을 넓혀가고 있다.[4] 그럼에도 식민지 근대성론은 여러 면에서 한계점이 있는데, 특히 애초의 문제의식과 달리 일종의 근대만능론 또는 근대포섭론으로 빠지는 경향을 지적하고 싶다.

대체로 식민지 근대성론은 한국의 근대를 '서구의 충격' 이후 형성된 것으로 보기 때문에 전근대와 근대를 단절적으로 이해하는 경향이 강하며, 전근대의 경험을 근대 이후 역사 전개과정과 연결하여 파악하는 시각이 약하다. 나아가 모든 전근대적인 것을 간단히 자신의 자장 속으로 포섭·회수해버리는 강력한 포식자로서 국민국가 또는 근대라는 이미지를 강조한다. 이런 방식의 근대 비판은 전근대와 근대를 격절하고 전근대에 대하여 근대를 특권화한다는 점에서 비록 의도하지 않았다 해도 '근대중심주의'에서 벗어나지 못한다.[5]

이 글에서는 식민지 근대성론을 수용하면서도 그 한계 지점을 넘어서기 위한 하나의 시도로서 식민지기 농촌 지역에서 '전통적인 것'의 향방과 함의에 관한 문제의식을 정리해보려고 한다. 필자는 전남 장흥 지역을 중심으로 한 일련의 연구 과정에서 우리가 흔히 '전통'이라고 말하는 현상과 요소들이 근대 이후에도, 심지어 한국전쟁 이후인 1950년대까지도 상당히 중요한 변수로 작동하였음을 확인할 수 있었다. 이러한 전통의 지속성을 포착하기 위한 설명틀로 '전통적 권위 질서'[6]라는 개념을 제시하고, 식민지기 지역사회의 권력구조 재편과 사회운동의 주도 세력 변화, 해방 후 농지개혁의 전개와 전후 농촌사회의 재편 등 일련의 연속적인 역사적 국면에서 작동하는 양상을 추적하였다.[7] 이러한 연구는 전근대와 근대의 단절적 이해를 극복하고, 장기적인 근대이행의 시간대 속에서 농촌사회의 현상 이면에 담긴 내면적 심층구조를 파악하려는 시도였다고 자평한다. 그럼에도 돌아보건대 전통의 지속을 일면적으로 강조하고, 사회구조적 측면에 시야가 한정되었으며, 사실의 발견을 넘어선 이론적 모색이 부족했음을 시인할 수밖에 없다.

이 글에서는 위와 같은 한계를 극복하기 위해 지역사회의 권력관계에 초점을 맞추었던 '전통적 권위 질서'라는 차원을 넘어 다양한 부면에서 발견되는 '전통적인 것'으로 시야를 확장한다. 또 식민지기 '전통적인 것'의 향방을 '전통과 근대의 교섭·절합'이라는 차원에서 바라보며, '전통적인 것'의 지속이 가능했던 기반과 동력을 파악하고자 한다. 이 글은 새로운 사실의 발견이 아니라 '전통의 지속'이라는 현상에 담긴 의미의 해석에 초점을 둔다. 이하 본문에서는 식민지기 '전통적인 것'에 관한 핵심적 논의를 비판적으로 음미하고, 그 한계를 보완할 지점에 관해 구체적 사례를 들어 설명한다. 이로써 '전통적인 것'과 식민지 근대의 관계를 해명함으로써 식민지 근대성론의 진전에 기여하고자 한다.

본격적인 논의에 들어가기에 앞서 '전통적인 것'이라는 개념을 언급하고자 한다. 여기서 말하는 '전통적인 것'은 조선 중기 이래 형성되어 지금도 한국사회의 '전통'이라고 불리는 사회문화적 특징을 가리키는 개념으로 사용한다.[8] '전통'은 과거의 특정한 사회문화적 요소를 끊임없이 새롭게 재해석·재구성하면서 역사적으로 형성되어온 동태적·유동적 성격을 갖는다. 그럼에도 통상 '전통'이라고 말할 때에는 초역사적이고 본질적인 실체로 이해하거나, 역으로 과거의 특정한 요소를 현재 관점에서 탈역사화·탈맥락화하여 재구성함으로써 제도화되고 박제화된 상징으로 재현하곤 한다. 따라서 이 글에서는 '전통'이라는 용어가 주는 초역사적 실체나 발명된 상징이라는 함의에서 벗어나기 위해 '전통적인 것'이라는 표현을 사용한다. 이는 대단히 모호한 개념이지만 오히려 넓은 맥락을 포괄하는 융통성이 있다고 보며, '정치적인 것'과 '사회적인 것'에 관한 사회과학 분야의 논의를 참조하면서 향후 개념적 정련을 해야 한다고 생각한다.[9]

2 식민지기 지역엘리트의 동향과 '전통적인 것'의 향방

1) '전통과 근대'의 연속과 단절에 관한 논의 검토

근대이행기에 지역사회에서 주도적·지도적 위치에 있던 인물들, 즉 지역엘리트[10]의 출계出系와 성격에 관해서는 이른바 '향리약진론'과 '무론반상론毋論班常論' 두 가지 서로 다른 견해가 일찍부터 제기되었다. 유교적 질서 속에서 생활하던 조선인들에게는 대단히 낯선 (서구)근대적 문물과 질서가 도입되는 과정에서 실무적 능력과 감각이 탁월했던 향리층이 '새로움'을 선취하면서 구래의 양반층을 대신하여 주도적인 지역엘리트로 성장했다는 것이 이훈상으로 대표되는 '향리약진론'의 핵심이다.[11] 반면 지수걸은 전근대적 질서가 해체되고 근대적 질서가 새롭게 구축되는 과정에서 과거 신분은 그다지 큰 변수가 되지 않았으며, 출계가 다양한 사람들이 정치적·경제적 실력을 배경으로 식민당국의 '신용'을 획득하면서 근대적인 '지역유지'로 성장했다고 한다.[12] 이 두 견해는 모두 일부 지역의 사례 연구에 입각한 것이기 때문에 논쟁이 발전적으로 정리되려면 앞으로 더 많은 연구의 축적을 기다려야 할 것 같다.

그런데 서로 다른 두 견해 모두 근대로 이행하는 과정을 짧은 호흡으로 바라본다는 점에서 공통적이라고 생각된다. 지수걸은 전근대와 근대의 단절론에 입각하여, 근대 시기에는 신분제가 해체된 조건 위에서 전근대와 전혀 다른 새로운 질서가 구축된다고 전제한다. 그러나 근대가 '무'에서 '유'를 창조하는 과정이 아니라면, 기존의 질서가 일거에 붕괴되는 것이 아니라 때로는 급격하게 또 때로는 점진적으로 변화하면서 새로운 질서가 만들어질 것이다. 지승종 등의 연구를 보더라도 전근대적 신분구조의 해체는 갑오개혁으로 완수된 것이 아니라 1960년대 이후 산업화를 기다려야 가능했던, 매우 긴 시간이 필요한 문제였다.[13] 반면 이훈상은 전근대 시기 지역엘리트의 보조축을 담당했던 향리층에 주목하기 때문에 연속성을 중시하는 것처럼 보이지만, 근대이행의 초기 과정에 시야가 제한됨으로써 상황 변화에 대한 적응력이 강한 향리층의 역할을 부조적으로 강조하는 경향이 있다. 즉, 근대로 이행하는 초기 과정에서는 실무역량을 갖춘 향리층이 정무역량을 중시하는 양반층에 비해 상대적으로 먼저 새로운 질서를 수용했을 개연성은 충분하다고 생각된다. 하지만 조선

후기에서 본격적인 산업사회로 이행하는 긴 시간대를 시야에 넣고 본다면, 이는 특정 시기의 국부적 현상으로 볼 여지가 있다.

따라서 근대이행기 지역엘리트 연구에서는 전근대와 근대의 연속성을 시야에 넣어야 하는데, 이럴 경우 정근식이 제안하는 '장기구조사'를 음미할 필요가 있다. 그는 조선 중기부터 1950년대까지 군 단위 지역사회의 장기사적 변동을 고찰하는 '장기구조사의 전망'이 지역사 연구에서 필요하다고 역설하며, 구체적으로는 지역사회의 생태지리적 구조, 신분제적 지배, 지역정체성의 변동을 핵심 요소로 하는 지역사회 전체사를 구성할 것을 제안했다. 그리고 19세기 후반에서 20세기 중반까지는 농촌에서 소유구조의 변동과 신분제적 지배구조의 변동이 상호작용하면서 근대사회로 전환하는 과정, 즉 장기구조의 해체 국면으로 이해한다.[14] 요컨대 정근식은 사족지배체제와 지주전호제를 핵심으로 하는 조선 중기 이래의 사회구조가 장기적으로 존속하는 양상을 시야에 넣으면서도, 개항 무렵부터 한국전쟁과 농지개혁에 이르는 중기 국면적 시간대의 역사적 의미에 주목한다고 볼 수 있다. 전통과 근대의 단절적 인식을 극복하고 상대적으로 긴 시간대 속에서 '근대(이행)' 문제를 바라보는 이 같은 견해는 점차 많은 연구자의 지지를 받고 있다.[15] 그럼에도 정근식의 논의는 '장기구조사'의 필요성 제기와 '장기구조의 해체 국면'에 대한 환기라는 차원에 머무르는 한계가 있다.

'전통과 근대'의 관계에 관한 이론적 틀은 최근에 번역되어 소개된 이타가키 류타板垣竜太의 연구에서 체계적으로 제시되었다.[16] 그는 '전통과 근대'가 복잡하게 얽힌 조선인의 식민지 경험을 읽어내고, 이로써 식민지 근대성을 새롭게 인식하고자 한다. 이를 위한 분석틀로 그는 먼저 근세와 근대의 연속적 시간축을 설정한다.[17] 그리고 공시적 개념인 (꺾쇠를 치지 않은) '근세'와 '근대', 사회문화적인 특징을 가리키는 개념인 (꺾쇠를 친) 〈근세〉와 〈근대〉라는 용어를 구분하여 사용한다. 공시적 개념으로서 근세는 시간적으로 16~19세기에 해당하며, 근대는 '제국의 시대'로 간주되는 19세기 말 이후 시대와 관련된다. 사회문화적 특징을 가리키는 개념으로서 〈근세〉는 미야지마 히로시宮嶋博史가 말하는 '소농사회' 또는 '유교적 근대'의 성립과 더불어 형성된 '전통'과 유사하며,[18] 〈근대〉는 한국의 지역사회에서 '신식'이라고 표현되던 다양한 양상을 가리킨다.

다음으로, 이타가키는 〈근대〉의 공간적 불균등성을 포착하기 위해 '읍내'와 '농촌부'라는 이질적 공간축을 설정한다. 향리의 근거지인 읍내와 사족의 세거지인 농촌부는 근세 이래로 상대적 차이와 불균등한 관계가 내재되어 있었다. 근대 시기에도 읍내는 식민권력의 거점으로 식민지배와 근대적 변화가 집중된 지역이었고, 농촌부는 〈근세〉 지배엘리트와 지배문화가 더 강고하게 지속되며 식민권력의 지배와 근대적 변화에서 상대적으로 떨어져 있던 지역이었다.

이타가키는 이러한 분석틀을 전제로 하여 "근대에 들어 지역사회가 재편되어가는 가운데 근세 이래의 역학이 지속되면서 〈근세〉와 〈근대〉가 절합되는 모습"(시간축)과 읍내와 농촌부 사이의 이질성과 불균등성에서 기인하는 "식민지 경험을 둘러싼 공간적인 역학"(공간축)을 탐구한다. 이 연구는 체계적인 이론틀과 심층적인 분석을 바탕으로 식민지 근대성에 관한 논의를 한 단계 끌어올린 점에서 놀라운 성과를 거두었지만, 시공간의 두 축에 대한 이해에서 다음과 같은 한계를 보인다.

첫째, 근세와 근대의 연속적 시간축을 설정하면서도 〈근세〉 지역엘리트(사족·이족)와 〈근대〉 지역엘리트(유지·청년)의 관계를 모호하게 설명한다. 그는 식민지기에도 사족이나 이족 가문 출신의 〈근세〉 지역엘리트가 〈근세〉의 네트워크와 활동을 지속하는 한편, 〈근대〉 지역엘리트와 때로는 충돌하면서도 일정 부분 〈근대〉 지역엘리트와 중첩되는 양상을 그려냈다. 이로써 〈근세〉(필자 표현으로는 '전통적인 것')의 지속과 변용이라는 현상을 확증할 수 있었다. 그러나 〈근대〉 지역엘리트 중에는 〈근세〉의 성격을 지닌 자들도 있고 그와 무관한 자들도 있으며, 식민지기의 〈근세〉 지역엘리트라 하더라도 사족 출신과 이족 출신의 차이가 있을 텐데, 이러한 측면에 대한 분석이 미흡하다. 또 〈근대〉 지역엘리트를 구성하는 '유지'와 '청년'은 서로 중첩되는 부류인지, 서로 구분되거나 심지어 대립되는 부류인지, 만일 이들 사이에 차이가 있다면 이는 〈근세〉와 관련이 있는 차이인지 아닌지 등이 분명하지 않다.[19]

둘째, 읍내와 농촌부라는 이질적인 공간축과 〈근세〉와 〈근대〉라는 시간축을 연결하는 시각이 부족하다. 이타가키도 지적하듯이 읍내와 농촌부는 단지 공간적 불균등성이 있을 뿐만 아니라, 읍내가 이족의 거점이었고 농촌부는 사족의 근거지였다는 점에서 역사적 이질성을 내포한다. 그럼에도 〈근대〉 지역엘리트 분석에서는 읍내와 농촌부의 차이를 단지 공간적 불균등성으로만 해석하고, 이질적 공간축과 연관된 〈근세〉의 문제까지 분석의 시야를 넓히지 못했다. 그 결과 식민지기 사회운동 전개 양상이 중심(읍내)에서 주변(농촌부)으로 동심원적으로 확대되는 것으로 이해함으로써 사회운동의 시공간축에 내재된 〈근세〉의 변수를 파악하지 못하고, 결과적으로 본인이 비판하는 근대주의적 해석의 경향을 보인다.

식민지기 지역엘리트의 동향을 이해하는 데에서 전통과 근대의 양 측면을 시야에 넣고 그 상호관계를 파악할 이론적 틀을 제시한 점에서 이타가키의 연구는 커다란 시사를 준다. 그럼에도 이와 같은 한계가 있다고 할 때, 그 한계 지점을 극복·보완하기 위해 필자가 파악했던 전남 장흥의 구체적 사례를 중심으로 문제를 명료화하고 내용 보완을 가하고자 한다. 이에 관해서는 절을 달리하여 설명한다.

2) 식민지기 지역엘리트의 동향과 '전통적 권위'

장흥의 양반 세력은 조선 후기 이래 향중공론 형성의 중심이었던 향교의 교임을 맡아왔는데,[20] 이러한 현상은 식민지기에 들어서서 오히려 강화되는 양상이 나타난다. 이러한 점을 확인하기 위해 조선 후기 장흥의 신분적 위계구조에서 정점에 있던 5개 성씨를 '최상위'로, 그 아래에 있던 10개 양반 성씨를 '차상위'로, 그 이하의 기타 성씨를 '하위성'으로 구분하고, 18세기 중반에서 20세기 중반까지 장흥 향교 교임의 성씨별 구성 추이를 보면 〈그림 1〉과 같이 나타난다.[21]

20세기 이전에 장흥 향교 교임은 거의 항상 최상위 성씨가 50% 이상을 차지하고 하위성은 상당히 낮은 수준에 머물렀다. 그런데 주목할 부분은 19세기에 들어서면서 하위성의 비중이 더디게나마 꾸준한 상승세를 탄다는 점이다. 이는 조선 후기 신분제의 동요에 따라 유력 양반 가문 이외의 인물들도 향교에서 발언권을 가지던 정황을 보여준다. 그러나 20세기

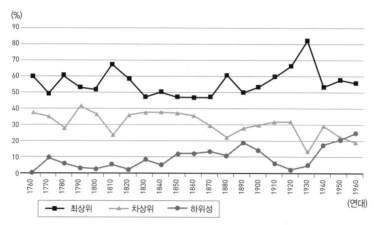

〈그림 1〉 장흥 향교 교임의 성씨 구성 추이

에 들어서 1930년대까지 향교 교임은 최상위 성씨의 비중이 급격하게 증
가하는 것에 짝하여 하위성의 비중은 극히 낮아진다. 즉 식민지기에 장흥
향교 교임은 핵심 양반 가문이 독점하다시피 하는 경향을 보인다. 이 기
간을 제외하면 19세기 이래 하위성의 완만한 증가세가 일관되게 나타난
다는 점에서 식민지기 최상위 성씨의 향교 교임 독점은 눈에 띄는 대목이
다. 소수의 특정 가문을 정점으로 형성된 '전통적 권위 질서'가 식민지기
에 해체되지 않고 지역사회의 저변에서 지속된 것이다.

양반 출신의 '전통적 엘리트'들은 향교를 중심으로 한 결속을 넘어 양반
적 권위를 과시하기 위한 다양한 방식의 실천을 전개하였다. 이들은 서당
을 중심으로 유교적 소양과 구학문을 닦는 전통 교육을 지속하였으며, 가
문의 위세를 높이기 위해 선대의 문집을 발간하고 현조를 기리는 문중사
우門中祠宇 건립에 힘을 쏟았다.[22] 그렇다고 이들이 자족적 활동에만 힘을

1부 | 전통과 장기지속

쏟은 것은 아니다. 장흥의 전통적 엘리트들은 1747년 이후 간행되지 않았던 읍지邑誌를 1910년과 1938년에 연이어 발간하였다.[23) 읍지 발간은 지역사회에서 인적·재정적 자원이 대규모로 동원되는 사업이며, 지역사회의 주요 정보가 망라되고 정체성이 확인되는 작업이다. 그래서 읍지를 누가 어떤 방향에서 발간하는가 하는 점은 지역사회 내 역관계의 한 측면을 드러낸다.[24) 장흥의 전통적 엘리트들이 식민지기에 행정당국도 감당하기 힘든 읍지 발간을 두 번에 걸쳐 실행했다는 것은 이들의 인적·물적 동원력과 지역사회에서의 위상을 보여준다. 특히 1938년에 발행된 읍지는 이전의 읍지와 마찬가지로 고서古書 형식을 취하면서도 장흥군 현황에 관한 통계와 군 행정에 필요한 정보를 상세하게 수록하였는데, 이를 볼 때 장흥의 전통적 엘리트들은 양반적 권위를 선양하는 것만이 아니라 지역사회의 현실적 운영 과정에 나름의 영향력을 발휘하고자 했음을 알 수 있다. 이런 점에서 식민지기 전통적 유력자들의 읍지 발간은 단순히 '전통적인 것'의 지속만이 아니라 전통과 근대가 교섭하는 한 측면을 보여준다.

전통적 엘리트들이 전통 교육을 지속하고, 가문을 선양하고, 전통적 형식의 읍지를 발간하는 등의 행위를 한 것은 구세력이 현실에서 유리되어 자기들만의 결속을 강화하는 자폐적自閉的 현상이 아니었다. 이들은 지역민들을 자신들의 코드(양반)로 끌어들이기 위해 「청금록青衿錄」 작성 같이 전통적 권위를 내세우는 작업에 일정하게 문호를 개방하였으며,[25) 적잖은 지역민들이 '전통적 권위'라는 자장에 기꺼이 들어가고자 했다. 이 점을 가장 잘 보여주는 것이 존성계尊聖契다. 식민지기에 들어서 악화된 향교재정을 뒷받침하기 위해 장흥에서는 1912년에 존성계를 결성했는데, 당시 군내의 모든 면에 걸쳐서 300여 개 동리의 1,798명이나 되는 인원이 가입했다. 특히 주목할 점은 전통적으로 향교에서 구조적으로 배제되다시피 했던 면·리와 성씨들도 상당수 참여한 사실이다.[26] 이와 같은 '비양반의 양반적 실천'[27]은 문중사우 건립에서도 확인할 수 있다. 식민지기에 장흥에서 설립된 원사院祠는 모두 9개인데, 그중 5개가 하위성의 문중사우다. 이 중에서도 3개는 그동안 양반들에게서 '바다 것들'이라고 멸시받고 사실상 향교 출입이 금지되다시피 했던 대덕면에서 설립되었다.[28]

전통적 엘리트들은 단지 양반 문화라는 층위에서만 주도적 역할을 한 것이 아니라 현실의 권력구조에서도 '전통적 권위'를 활용하여 점차 영향력을 확보해나갔다. 식민지기 지역사회 권력구조를 가장 잘 보여주는 면장들의 성씨 분포에서 이러한 양상이 잘 드러난다. 〈그림 2〉를 보면, 식민지기 장흥 향교 교임을 최상위 성씨가 독점하다시피 하고 하위성의 비중이 급격히 낮아진 것과 달리, 면장은 대체로 과반수가 하위성 인물들로 이루어졌다. 근대적 지방행정체제가 성립되면서 지역사회의 현실적인 권력구조에서 양반 출신의 입지가 상당히 위축된 것을 확인할 수 있다. 그러나 한편으로는 1930년대부터 하위성의 비중이 줄어들고 양반 출신의 비중이 그만큼 커지는 양상이 나타난다. 근대이행 과정에서 상대적으로 새로운 질서에 적응하지 못했던 양반 출신이 식민지 중반부터는 뒤늦게나마 근대적 변화에 적응하면서 지역사회의 권력구조에 적극 뛰어들기 시작한 것으로 보인다.

전통적 엘리트들이 양반 출신이라는 상징성을 가지고 현실의 권력구

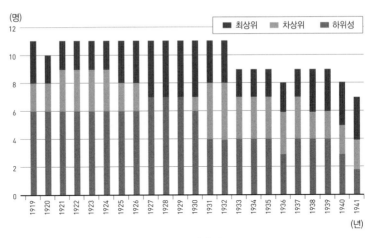

〈그림 2〉 식민지기 장흥 지역 면장들의 성씨 구성 추이

조에 참여하는 것은 향교 임원과 주요 공직자의 상관관계에서 더욱 뚜렷하게 볼 수 있다. 최상위 성씨의 향교 교임 독점이 최고조에 이르렀던 1920~1930년대 교임 중에서 약 45%가 면장이나 면협의원을 지냈다. 또 1927년 현재 각 면에 1명씩 배정된 장흥군 학교평의원 11명 중에서도 5명이 향교 교임을 지낸 자들이었다.[29] 전통적 엘리트들이 '전통적 권위'라는 상징적 정치자원을 활용하여 현실의 권력구조에 나름의 지분을 확보한다는 것은 '전통적인 것'이 단지 퇴영적이거나 자족적인 것만이 아니라 전통과 근대가 결합하는 한 측면을 보여준다.

식민지기 지역사회에서 '전통적 권위'는 근대 지향성이 강한 사회운동 영역에도 영향을 미쳤다. 이는 사회운동 주도세력의 출계와 활동 그리고 주도세력의 변화에서 읽어낼 수 있다. 장흥은 갑오농민전쟁의 피해가 컸던 지역으로 1910년대까지 별다른 사회운동이 전개되지 않았지만, 가장 후미진 바닷가 대덕면을 중심으로 성장한 천도교 세력의 주도로 3·1운동이 전개되었다. 1920년대에는 향리층의 후예가 중심이 된 읍내 신흥세력과 읍내에 교구실을 마련한 천도교 세력이 각각 장흥청년회와 천도교장흥청년회를 조직하고 계몽·수양운동을 전개하였다. 이들은 신간회新幹會로 통합되었지만 여전히 읍내를 중심으로 활동하였으며, 1930년 무렵에야 면 지역 청년들이 성장하면서 장흥의 사회운동이 군 전체를 아우르는 조직적인 방식으로 전개되었다. 그리고 신간회가 해체된 이후로는 사회운동의 주도권이 면 지역의 사회주의 청년들에게 넘어가게 되었다.[30]

이러한 장흥 지역사회운동의 궤적은 지수걸과 이기훈 등이 정리한 식민지기 지역사회운동의 양상과 거의 유사하다.[31] 이들의 논의를 정리하면, 1920~1930년대 지역사회에서 전개된 사회운동은 사회주의 세력의 등장을 계기로 읍내 자산층(유지) 중심에서 면 단위 일반대중(민중)으로 그 범위가 확장(대중화)되고 부르주아적 계몽운동에서 계급적 대중운동으로 질적인 발전(급진화)을 이루었다는 것이다. 그러나 전통적 권위 질서라는 분석틀을 염두에 두고 그 심층을 들여다본다면, 식민지기 장흥의 사회운동은 단지 운동의 양적 확대와 질적 심화라는 '단선적 발전'으로만 설명할 수 없는 측면이 있었다. 즉, 장흥지역사회운동의 '발전'은 읍내라는 '근대적 중심' 공간의 힘이 주변부로 동심원적 확장을 이룬 것이 아니라 사회주의로 가는 이념적 전환에 '전통적' 양반 가문의 인물들이 상당 정도 개입해 있었다. 결국 식민지기 장흥 지역사회운동의 '발전'은 전통적 권위 질서의 해체로 이어지지 않고, 바로 그 결을 타면서 전개되었던 것이다.

식민지기 지역사회운동에 읍내 향리층과 읍외 양반층이라는 이질적 벡터가 영향을 미친 것은 장흥만의 특수성이 아니었다. 정근식은 전남 영암과 장성의 사례 연구를 토대로, 읍치에 사는 향리층과 면 지역에 사는 양반 세력 사이의 역관계에 따라 19세기 후반~20세기 중반 지역사회의 구조를 읍·면 경쟁형, 읍 중심형, 면 단위 반촌 우세형 등으로 구분하였다.[32] 전남 곡성과 강진 연구에서도 읍내 향리층과 면 단위 양반세력 사이의 이질성과 경쟁 관계가 선명하게 드러난다.[33] 박찬승은 양반과 향리라는 역사적 맥락을 강조하지 않으면서도 전남에서 나주·영광이 읍내 세력 중심으로 사회운동이 전개된 곳이라면, 해남·영암·강진은 면 지역이 사회운동을 주도한 곳으로 분류했다.[34] 이러한 점은 사회운동만이 아니라 지역정치 차원에서도 나타나는데, 진주의 고등보통학교 설립운동 과정에서는 당시 언론에서 '촌파'와 '읍파'의 대결이라고 표현할 정도로 면 지역 양반세력과 읍내 신흥세력 사이에 연대와 대립이 무쌍하였다.[35]

　　장흥에서 확인한 양반 출신 사회주의자들의 존재 역시 특수한 사례만은 아니다. 위에서 언급한 이질적 벡터에 관한 사례 연구에서는 대부분 읍내 향리층이 계몽운동에 주력한 반면에 읍외 양반층이 사회주의 성향을 보인 것으로 나타난다.[36] 또 양반 출신 사회주의자들은 출계 차원만이 아니라 활동에서도 '전통적인 것'의 그림자가 발견된다. 장흥 사회주의 세력의 거점이었던 용산면의 핵심 활동가들은 바로 이웃한 동네 출신(지연)으로 함께 보통학교를 다닌 동창(학연)이며 상당 정도 서로 인척관계(혈연)로 얽혀 있었다. 또 이들은 지역에 토착해서 마을별 세포조직을 건설하는 '아래로부터의 혁명적 농민조합' 활동을 했음에도, 이들이 실제로 조직화를 이룬 마을은 인근의 반촌 동성촌락에 제한되었고 하층민들이 사는 민촌까지는 활동 반경을 확장하지 못했다.[37] 신식교육을 받고 근대의 최첨단 이데올로기인 사회주의 이념을 수용한 양반 출신 사회운동가들에게서 '전통적인 것'의 흔적이 발견된다는 것은 전통과 근대가 교섭하는 흥미로운 한 측면을 보여준다.

3 식민지기 '전통적인 것'의 지속의 기반과 동력

1) 소농사회와 농민의 '소전통'에 관한 논의 검토

근대 이후에도 지역사회에 존속하던 '전통적인 것'은 단지 조만간 자연스럽게 사라질 운명을 지닌 과거의 잔영이나 항상 있을 법한 특정 부분의 지체 현상으로 보기는 힘들다. 다시 말해서 전통의 지속은 나름의 현실적 기반과 동력이 있다고 봐야 한다. 식민지기 '전통적인 것'이 지속되는 기반을 생각할 때 우선 '소농사회'론을 곱씹어볼 필요가 있다.

미야지마 히로시는 소농사회를 "자신과 그 가족의 노동력만으로 독립적인 농업 경영을 행하는 소농의 존재가 지배적인 농업사회"로 규정하면서도,[38] 그것을 단지 농업=경제 부문에 그치지 않고 정치·사회·심성 구조로 확장한 개념으로 사용한다. 그에 따르면, 17세기 무렵 소농사회의 성립과 더불어 그 상부구조에 해당하는 이데올로기와 문화, 가족·친족 제도와 신분제 등 우리가 흔히 '전통'이라고 말하는 사회문화적 특징이 형성되었다.[39] 그리고 신분제가 동요하는 조선 후기에도 소농의 자립성이 강화되면서 유교문화와 양반지향이 전층적으로 확산됨으로써 '전통'은 소멸되지 않고 오히려 사회 저변에 내면화되었다. 근대 이후에는 자본주의가 도입되었음에도 소농사회의 기본적 특성이 상당 기간 유지되기 때문에 '전통'은 근대 이후에도 존속되며 어떤 면에서는 강화되기도 한다.

미야지마의 논의는 식민지기 '전통적인 것'이 지속하는 기반을 설명해주는 일차적인 이론적 근거가 될 수 있다. 소농사회의 상부구조에 해당하는 '전통'은 소농 경영이 지배적인 사회가 건재한 동안에는 일정한 굴절을 거치면서도 상당 정도 지속될 수 있기 때문이다. 그럼에도 그의 논의에서는 '식민지 근대'라는 문제 설정이 취약한 한계가 있다. 그는 '근대'라는 개념과 시간대를 일반적 방식과는 완전히 다르게 정리하기 때문에(유교적 근대) 우리가 통상 말하는 '(서구)근대'의 시간대와 특성이 무화되는 경향이 있다. 또 17세기 초에서 20세기 후반까지 지속되는 장기구조사를 강조하다보니[40] 19세기 말부터 전개된 서세동점西勢東漸의 상황과 20세기 전반의 식민지 경험 그리고 100년 이상 지속된 자본주의의 힘과 특성이 소농사회의 지속성에 묻혀버린다. 그 결과 소농사회와 그 상부구조에 해당하는 '전통'이 자본주의와 만나면서 어느 정도 그리고 어떻게 변용되는지가 모호해지고 '전통'의 지속이라는 일반적 설명에 머물게 된다.

따라서 필자는 거시적으로는 소농사회라는 틀을 수용하면서도 그 안에서 근대 시기 또는 식민지기를 복합적이고 역동적인 하나의 국면으로 설정하고, '식민지-근대-전통'의 삼각관계를 중요한 의제로 설정해야한다고 본다. 이러한 견지에서 논의를 진전하는 데에는 식민지 조선의 농촌사회를 분석하면서 '동시대성'과 '단계성' 그리고 농민의 '소전통'이라는 개념을 제시하는 마쓰모토 다케노리松本武祝의 이론틀이 큰 도움을 준다.

마쓰모토는 선진 자본주의, 후발 자본주의, 식민지 자본주의를 불문하고 국경을 초월하는 자본과 기술이 동일하게 관통하며 근대 규율권력·대중문화·미디어에 의해 근대의 헤게모니가 성립된다는 의미에서 '동시대성'을 공유한다고 전제한다. 그러면서도 식민지 농촌 지역에서는 전근대적 생산양식이 온존하면서 심각한 형태로 과잉인구가 축적되어 있고, 근대의 가치와 문화를 향유하고 내면화하는 인구가 상대적으로 적기 때문에 자본주의의 수준과 근대의 수용에서 '지체' 현상이 나타난다고 하며 이를 '단계성'으로 규정한다.[41] 그는 동시대성과 단계성의 결합이 바로 식민지 근대의 특성이라고 보며, 이러한 인식을 기반으로 식민지기 조선의 농촌에서 '전통적인 것'이 온존될 수 있는 메커니즘에 관한 진전된 논의를 전개한다.

마쓰모토와 정승진에 따르면,[42] 식민지 조선의 농민층은 식민권력이 강압적으로 추진한 사회적 동원화(전통적 가치의 파괴와 새로운 질서의 창조)에 쉽게 적응할 수 없는 가치구조와 사회윤리(에토스)를 갖고 있었기 때문에 근대화에 대한 문화적 거부감을 보였다. 따라서 근대적 상품경제화를 압도하는 사회적 동원화 시책이 도시화·근대화와 괴리된 농촌부문의 상대적 고립화를 초래하면서 식민지 조선의 농촌에서는 '부분문화를 가진 부분사회'가 형성되었다. 바로 이 '부분사회'에 존재하는 '부분문화'는 일종의 농민 간의 '소전통little tradition'으로 볼 수 있는데, 이는 본질화된 실체가 아니라 일종의 '발명된 전통'이다. 계契, 향약鄕約, 족보族譜로 대표되는 '전통의 창조' 행위는 촌락 농민에게 근대화와 사회적 동원화에 대한 완충장치로 기능하며, 시장이나 규율권력의 관통으로도 해체되지 않는 농민층의 독자적인 생활문화 영역을 반영한다. 그리고 이와 같은 전통이 발견·재현된 계기는 지방유지(유교이데올로기), 농민(도덕경제=평등의 압력), 식민권력(전통의 활용)의 서로 다른 방식의 공통적 개입으로 마련된다. 그래서 식민지기 조선의 농촌은 외부세계와 근대질서에 '열린 촌락'이라는 점에서 일본의 농촌과 공통성(=동시대성)을 지니면서도 일본과 달리 '닫힌 공동체'의 이미지를 띤다는 점에서 차이(=단계성)를 보인다.

우리는 이 논의에서 식민지기 '전통의 지속'에 관한 두 가지 설명에 주목할 수 있다. 하나는 식민지기 '전통적인 것'이 지속될 수 있는 객관적 조건(기반)에 관한 것이다. 즉 식민지 조선의 농촌은 상대적으로 노동력·농산물 시장 발달이 부진하기 때문에 자본주의의 영향력이 제한적이었고, 그 결과 도시화·근대화와 괴리된 농촌에서는 '부분문화를 가진 부분사회'가 형성될 수 있었다. 이는 식민지기 농촌사회에서 도시의 자본주의와는 다른 소농사회의 특성, 즉 농민의 '소전통'이 지속될 수 있는 토대가 될 것이다. 다른 하나는 '전통적인 것'이 존속하는 주체적 요인(동력)에 관한 것이다. 즉 농촌의 '소전통'은 농민·지역유지·식민권력 3자가 자기방식으로 개입하면서 만들어진 것('발명된 전통')이며, 농민들의 경우에 '전통'의 발명은 강압적으로 추진된 사회적 동원화에 대한 적극적·능동적 대응전략이었다. 이 대목에서 우리는 식민지기 농촌 지역에서 '전통적인 것'의 존속이 식민권력에 '강압'된 것이면서 동시에 농민이 '선택'한 것이라는 점을 인식할 수 있다.

마쓰모토는 이처럼 식민지기 전통적인 것이 존속될 수 있는 기반과 동력에 관해 설득력 있는 이론틀을 제시하였으며, 특히 동력=실천=구성의 측면을 시야에 넣은 점에서 매우 주목할 만하다. 그런데 그는 '근대의 헤게모니'가 농촌 지역에서도 관철되었다는 견해를 취한다. 즉 대다수 조선인 사이에는 근대가 '우수한 것', '바람직한 것', '가능하면 향유하고 싶은 것'이라는 인식이 널리 공유되었기 때문에 그것을 실제로 향유·체득한 사람이 농촌에서는 소수라 하더라도 "식민지하 조선인 사이에서 헤게모니로 성립하게 되었다"라고 본다.[43] 그러나 정당성을 결여한 식민권력(=이민족 통치)이 강압적으로 추진하는 근대(화)가 식민지 조선인들에게 과연 헤게모니를 가질 수 있었을지 의심스럽다.[44] 또 앞에서 보았듯이 식민지기에도 '비양반의 양반적 실천'이 행해졌다는 사실을 전제한다면, 그리고 이른바 '전통'은 근대 시기에 해체되는 것이 아니라 어떤 면에서는 더욱 강화되기도 했다는 미야지마의 견해에 주목한다면 식민지에서 근대의 헤게모니가 성립되었다는 주장은 일면적이라고 생각한다.

오히려 식민지 농촌사회를 '근대'와 '전통'이라는 두 가치가 경합·절합하는 공간이라는 방식으로 이해한다면, 마쓰모토가 흥미롭게 제기한 농민의 '소전통'에 대한 다른 방식의 설명도 가능하다. 즉 농촌사회에서 '전통적인 것'의 지속은 단지 '지체'나 '결여'에서 오는 반작용이 아니라 식민권력이 강압적으로 추진하는 근대(화)에 대한 '거리감(=이질성)'이나 '거부감(=저항성)'에서 기인하는 나름의 능동적 실천으로 볼 수 있다. 또 농민의 '소전통'은 단순한 '전통의 창조'가 아니라 피식민자에게 '익숙한 것의 고집'이자 의식적인 '전통의 고수'로 이해할 수 있다. 이 점은 다음 절에서 살펴보겠다.

2) 식민지 근대(화)에 대한 거리감과 거부감

다시 이 글의 처음으로 돌아가 식민지기 한 유생의 일기 쓰기를 살펴보자. 흥미롭게도 그가 일기를 쓰기 시작한 동기는 다름 아니라 일제의 양력 시행에 대한 거부감 때문이었다.[45] 물론 음력은 자연주기에 크게 규정받는 농촌에서 뿌리 깊은 관행이었기 때문에 저자의 음력 고수는 그저 자연스러운 현상이라고 볼 수도 있다. 그러나 이때가 바로 전시총동원체제가 본격화되면서 식민권력이 양력 시행을 강력하게 추진하던 시기임을 고려한다면, 음력 고수는 양력 사용을 강제하는 식민권력과 강압적으로 추진되는 '근대화' 시책에 대한 농민층의 거부감을 나타내는 것이었다. 노인은 1938년 말부터 구정旧正을 폐지하고 신정新正을 지내도록 강제한 것에 대응하여 구정을 고수했을 뿐만 아니라 양력을 비난하고 음력을 존중하는 시를 짓거나 벗들과 신정을 희화화하는 농담을 주고받곤 했다.[46] 그는 항상 음력으로 일기를 쓰면서 가끔 말미에 '彼 ○月 ○日' 또는 '新 ○月 ○日'이라 하여 양력 날짜를 메모했는데, 이는 '저들의 근대(신식新式)'와 '우리의 전통(구식旧式)'의 이항대립으로 근대를 타자화하고 '전통'을 고수하는 관념을 나타낸 것이다.

전통의 고수라는 행위는 이러한 일기를 썼던 전통적 지식인에게만 한정되는 것이 아니었다. 근대 시기에도 구래의 관습을 유지하는 민중의 행위는 동계洞契의 지속에서 엿볼 수 있다. 동계는 조선 후기에 재지사족의 향촌 지배기구로 시작되었지만, 19세기를 경과하면서 신분적 성격에서 벗어나 전체 주민이 참여하는 생활공동체이자 마을의 자치조직으로 거듭 나는 경향을 보였다. 동계는 19세기 말에서 20세기 초에도 반촌과 민촌을 가리지 않고 널리 시행되었는데, 민촌까지 포함하여 대부분 유교적 규범을 표방하면서도 촌락민들의 공동체적 결속과 상호부조적 연대를 구현하였다.[47] 농민들은 자신들에게 익숙한 결사의 방식인 동계를 중심으로 결속하면서 식민권력이 강요하는 근대=신식이 아니라 구래의 전통=구식이라는 담론과 표상을 재현함으로써 적응하기 힘든 근대적 질서에 나름대로 대응해나간 것이다. 이러한 의미에서 동계는 시장이나 규율권력의 관통으로도 해체되지 않는 농민들의 독자적인 생활문화 영역을 반영했다.[48]

농민들이 일상생활에서 '전통적인 것'을 고수하는 것은 단지 자신들에게 익숙한 관습을 반복하는 관성적 행위가 아니라, 식민권력에 강압되는 근대적 변화와 사회적 동원화에 대한 거리감의 표현이자 거기에 포섭되지 않는 독자적 생활문화를 유지하는 실천적 행위라고 볼 수 있다. 농민들의 생활상을 생생하게 담은 다양한 계 문서 작성 방식에서 나타나는 흥미로운 몇 가지 사례에서 이러한 점을 확인할 수 있다.[49]

필자가 파악한 계 문서 50여 개는 식민지기에도 연호를 거의 모두 간지干支로 썼다. 장흥군 한 마을(금자리)의 관제조직인 진흥회 장부가 기록 첫해인 1927년에 쇼와昭和 연호를 간지와 병기한 것을 제외한다면, 극히 일부 장부에서만 일제 말기 전시총동원체제하에서 쇼와 연호를 사용했을 뿐이다. 그마저 해방과 동시에 대부분 간지로 환원되며, 일부가 해방 직후 잠시 '건국建國'을 사용하거나 간지와 서기西紀를 병기하였다. 일제의 농촌 통제가 가장 극심했던 전시체제기에 일부에서 일탈적으로 전통적 간지 대신에 일본식 연호가 사용되었다가 해방과 더불어 곧바로 원상복

구된다는 사실은 간지 사용이 그저 무의식적 관행이 아니라 나름의 '의식적 선택'임을 보여준다. 말하자면 농민들은 '제국' 차원에서 시행되던 공식적 연호에 의식적으로 '거리두기'를 하면서 전통적 간지를 사용했던 것이다.[50]

　농민의 생활문서인 계 장부가 거의 모두 고문서 형식을 고수한다는 점도 주목할 만하다. 필자가 확인할 수 있었던 자료는 대부분 한지韓紙로 제책되고 한자漢字로 종서縱書되었으며, 회계장부의 기록방식도 전통적인 고문서 형식을 취했다.[51] 단 하나 예외가 있다면 앞에서 보았던 금자리진흥회 회계장부다. 이 문서는 행정문서에 사용되던 미농지美濃紙를 사용하였으며, 첫해의 수지기록은 근대적 대차대조표 형식으로 정리되었고, 연도 역시 쇼와 연호로 기록하였다. 그러나 첫 페이지에 근대적 방식으로 회계정리를 했던 것과 달리 동일한 내용을 바로 뒤 페이지에 다시 전통적인 고문서 형식으로 정리하였다(〈그림 3〉과 〈그림 4〉 참조). 그리고 다음 해부터는 아예 대차대조표 없이 회계기록을 고문서 방식으로 정리하며, 연호도 간지로 바뀐다. 관제조직인 금자리진흥회는 관에 강제되었거나 관에 보고하기 위해 첫해 기록은 근대적 방식으로 정리했겠지만, 곧바로 전통적 회계방식으로 돌아온 것이다.[52] 농민들은 근대적 대차대조표보다 전통적 회계방식이 더 익숙했고, 관의 사정거리에서 벗어나는 순간 '전통의 고집'을 실행한 것이다.

　계 문서의 회계가 공식적이고 실제적인 화폐단위가 아니라 전통적인 화폐단위로 정리되는 점은 더욱 흥미롭다. 20세기 벽두에 근대적 화폐제도가 성립되면서 화폐단위가 '냥兩'에서 '원'으로 바뀌었음에도 농촌사회

〈그림 3〉 금자리진흥회 장부(1927년, 신식 회계)

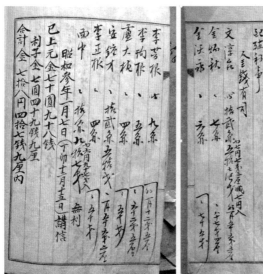

〈그림 4〉 금자리진흥회 장부(1927년, 구식 회계)

에서는 식민지기 중반까지도 각종 계 문서에 '냥-전-푼' 체제로 회계장부가 작성되는 것이 일반적이었다.[53] 구화폐와 신화폐가 5 대 1의 비가比價를 갖기 때문에 공식적 화폐단위 '원'을 전통적 화폐단위인 '냥'으로 환산하는 것은 대단히 복잡한 계산 과정을 거쳐야 한다. 그럼에도 농민들이 현실에서 거의 쓰이지 않는 엽전(전통적 화폐) 단위 회계처리를 하는 행위는 앞에서 언급한 '전통적'인 연호와 고문서 형식을 고수하는 것과 마찬가지로 식민지 근대화에 대한 거부감에서 오는 '전통의 고집'이라는 측면을 보여준다. 결국 실제 엽전의 유통 양상과 괴리되어 전통적 화폐단위를 지속한 동력은 식민지 근대화에 대한 의식적 거리두기라는 실천이자 거기에 포섭되지 않은 민중의 독자적 가치체계와 자율적 생활문화였다고 볼 수 있다.

$\overset{4}{\text{식민지-근대-전통의 삼각관계}}$

한국근대사 연구에서 '식민지 근대'를 어떻게 볼 것인가는 핵심적 문제다. 그런데 이에 관한 다양한 패러다임이 제기되고 있음에도 지금까지 연구는 대부분 '전통과 근대'의 단절론에 입각해 있다. 이러한 연구는 '근대'의 견지에서 '전통'을 바라보며, 근대 시기에 존속하는 '전통적인 것'에 관해서는 역사의 진전에 따라 자연스럽게 사라질 구시대의 잔여나 역사의 전개에서 비본질적 요소로 취급하든가 또는 적극적으로 제거해야 할 구시대의 유물로 파악했다. 그래서 그동안 한국근대사 연구에서는 '전통적인 것'을 정면으로 응시하면서 그 발현 양상을 파악하고 그것이 지속할 수 있었던 기반과 동력을 이해하는 데에는 그다지 적극적이지 않았다. 그러나 식민지 근대에 비판적으로 접근하려면 근대중심적 사고에서 벗어나 '전통과 근대'의 교섭과 절합을 시야에 넣는 이론적·방법론적 모색이 시급히 요청된다. 이러한 문제의식에서 이 글은 식민지기 '전통과 근대'의 복잡한 맞물림에 대한 주목할 만한 이론적 쟁점과 분석틀을 비판적으로 검토하면서 그 한계 지점을 날카롭게 드러내고, 그것을 보완하기 위한 대안적 설명을 제시하기 위해 필자가 기왕에 연구했던 전남 장흥의 구체적 사례를 재검토하였다.

전통과 근대를 아우르는 시야를 바탕으로 식민지 근대를 분석할 이론적 틀은 이타가키 류타가 체계적으로 제시한 바 있다. 그는 근세 시기의 사회문화적 특징(〈근세〉)이 근대 시기에 새롭게 들어온 신식의 사회문화적 특징(〈근대〉)과 절합하는 양상을 추적하기 위해 근세와 근대의 연속이라는 시간축과 읍내와 농촌부라는 불균등한 공간축을 설정하였다. 이로써 근대 시기에 〈근세〉, 즉 '전통적인 것'이 지속되면서도 근대적 변용을 보이는 양상을 확증할 수 있었다. 그럼에도 이 논의에서는 〈근세〉 지역엘리트와 〈근대〉 지역엘리트의 관계가 심층적으로 분석되지 못했기 때문에 시공간축을 역동적으로 설정했음에도 '전통적인 것'의 향방이 모호해진 한계가 있다.

이를 보완하기 위해 식민지기 장흥 지역엘리트의 동향에 '전통적 권위'가 중요한 요소로 작동했음을 밝혔다. 양반 출신 지역엘리트들은 다양한 실천으로 '전통적 권위'를 과시하고 활용하여 지역사회에서 영향력을 확

1부 | 전통과 장기지속

보하고자 했으며, 광범한 주민들을 자신의 코드로 포섭하기 위한 기제도 작동시켰다. 그 결과 '전통적' 엘리트들은 양반 문화의 영역에서만이 아니라 지역사회의 현실 권력구조에도 개입할 수 있었다. 또 식민지기 사회운동을 전개한 '근대적' 엘리트의 경우에도 '전통적인 것'의 영향에서 자유롭지 못했다. 다른 여타 지역과 마찬가지로 장흥에서도 운동의 공간적 확장과 이념적 급진화라는 양상이 나타났지만, 거기에서도 '전통적 권위 질서'라는 결이 작동했다. '해방의 근대'에서 가장 선두에 섰던 사회주의자들 상당수가 양반 출신이고, 이들의 활동방식에서도 일정하게 '전통적인 것'의 흔적이 발견된다는 사실은 식민지기 전통과 근대의 복잡한 맞물림을 시사한다.

식민지기에도 '전통적인 것'이 지속되는 데에는 나름의 기반과 동력이 있었다. 미야지마의 '소농사회론'은 조선 중기에 이른바 '전통'이 형성되고 이후 근대 시기까지 지속되는 객관적 조건에 관한 설명을 제공한다. 하지만 그의 논의는 장기지속의 측면을 중시하다보니 근대 이후에 관해서는 '전통'의 지속이라는 경향을 넘어서 그것의 동력에 관해서는 뚜렷한 설명을 해주지 못한다. 이러한 한계는 마쓰모토가 제시하는 '동시대성'과 '단계성' 그리고 농민의 '소전통'이라는 문제설정으로 극복할 수 있다. 마쓰모토는 식민지 조선이 근대라는 측면에서 세계사적 보편성을 가지면서도, 특히 농촌에서 근대의 지체 현상이 생기면서 제국(일본)과는 다른 차이를 나타낸다고 본다. 그리고 그 '지체'=단계성은 식민지 조선에도 관철되는 근대의 헤게모니에 균열을 내는 효과를 산출하는데, 그 결과 농촌에서는 제국이나 도시와는 다른 농민들의 독자적 문화, 즉 '소전통'이 형성된다고 한다. 또 이러한 '소전통'은 본질적 실체가 아니라 식민권력, 지역유지, 농민 3자가 각자 다른 방식의 실천을 전개함으로써 '만들어진 전통'으로 본다. 마쓰모토의 논의는 근대 시기 농민의 소전통, 즉 '전통적' 생활문화가 존속하는 기반과 더불어 동력, 즉 실천을 통한 구성에 관한 이해를 가능케 한다. 그럼에도 그의 이론은 식민지 조선에서 근대의 헤게모니가 성립되어 있었다는 쪽으로 기울다보니 농민의 '소전통'은 결과적으로 '지체'나 '결여'에서 기인하는 반동으로 이해되며, 그 결과 '전통의 창조'라는 측면이 과도하게 강조된다.

그러나 식민지기 농촌은 근대와 전통이라는 두 가치체계가 경합하는 장이었다. 농민의 일상생활 차원에서 지속되는 '전통적인 것'은 외부 세계의 변화에 대한 '지체된 대응'을 메워주는 단순한 완충장치로 보기는 어렵다. 오히려 이는 식민권력이 강압적으로 추진하는 근대화에 대한 농민들의 거리감과 거부감에서 기인하는 익숙한 것에 대한 고집이라는 적극적 실천의 계기를 내포했다. 그런 면에서 마쓰모토가 말하는 농민의 '소전통'은 '만들어진 전통'이라기보다는 '전통적인 것'을 고수하려는 '일상적 실천'으로 볼 수 있을 것이다.

식민지 경험을 제대로 이해하려면 단지 실증적 분석을 바탕으로 사실을 축적하는 것이 아니라 식민지-근대-전통의 삼각관계를 심층적이고 체계적으로 파악할 수 있는 이론적·방법론적 전망을 확보해야 한다. 이 글은 이를 위한 자그마한 시도였지만, 여전히 제대로 설명되지 않은 지점이 많다. 무엇보다도 근대 시기에 '전통적인 것'이 지속되는 배경과 동력에 '식민지(성)'라는 특성이 어떻게 작동하는지에 더욱 천착해야 한다. 또

'전통적인 것'의 향방과 함의를 더 깊이 이해하려면 1950년대 전후戰後 사회에서 나타났던 이른바 '재전통화'라는 문제까지 시야를 확장할 필요가 있다. 이러한 문제를 포함하여 '전통적인 것'에 관심을 기울여야만 식민지 근대(성)에 관한 이론적 진전이 이루어질 수 있을 것이라는 점을 환기하며 글을 마친다.

이용기
서울대학교 고고미술사학과를 졸업하고 같은 대학원 국사학과에서 석사·박사학위를 취득했다. 성균관대학교 동아시아학술원 연구교수를 거쳐 한국교원대 역사교육과 부교수로 재직 중이다. 연구 분야는 한국 근현대 사회사이며, 전통과 근대의 단절적 인식을 극복한 식민지 근대의 역사상을 그려내고자 한다. 최근 논문으로는 「19세기 동계의 마을자치조직으로 전환에 관한 시론」(『사학연구』 128, 2017), 「전후(戰後) 한국 농촌사회의 '재전통화'와 그 이면」(『역사와 현실』 93, 2014), 「일제시기 지역 사회운동의 주도세력 변화와 그 함의」(『역사문제연구』 31, 2014) 등이 있다.

집필경위
이 글은 성균관대학교 동아시아학술원 인문한국연구소가 주최한 학술회의 〈연속기획, 탈근대론 이후 1: 식민성과 중첩된 시간들〉(2016. 8)에서 발표한 후('식민지기 지역사회의 중첩된 시간-전통적 권위 질서의 지속과 변용') 이를 전면 재구성하여 『대동문화연구』 96(2016)에 실었던 것이다. 필자는 '장기 19세기 연구반' 활동 과정에서 논문의 핵심 문제의식을 얻었고, 학술회의에서 토론자들의 날카로운 문제 제기와 깊은 통찰력에 자극받아 '전통과 근대의 관계에 관한 인식을 심화할 수 있었다.

장기사의 관점에서 본 나주의 농지개혁 :
전 남 나 주 군 금 천 면 의 사 례

◎

정승진

^{1} 한국의 농지분배는 성공적이었는가

1945년 8월 해방의 기쁨도 잠시, 한국은 일제의 식민지령에서 미군정의 신탁통치령으로 정치·외교적 지위가 변화되었을 뿐이었다. 한국인 다수를 차지한 농촌 농민들에게 완전한 해방은 미완의 시대적 과제로 남겨졌다. 식민지의 굴레를 소작농의 멍에처럼 짊어지고 있던 한국 소농들에게 경자유전耕者有田(자소작전진自小作前進) 원칙은 여전히 험난하고 머나먼

여정처럼 느껴졌다. 그러나 분단과 함께 시작된 북한의 토지개혁(1946)은 남한의 농민들을 흥분시키기에 충분한 일대 사건이었다.[1] 무상몰수·무상분배의 토지혁명이 전격적으로 시행된 것이다. 이후 남한에서도 두 차례에 걸쳐 농지분배가 차례로 시행된 가운데(1948년 적산분배, 1950년 농지개혁) 지배적 생산관계였던 구래의 식민지지주제가 해체·소멸되고 자작농 체제가 형성되었다.

인구밀도가 높고 농민 대다수가 소작농인 동아시아 지역에서 농경지 분배는 농민의 생존을 좌우하는 초미의 관심사로 부상할 수밖에 없었다. 제2차 세계대전 직후 아시아의 여러 지역과 국가에서 정책적으로 시행한 토지개혁은 제국주의 세력이 물러나고 냉전체제가 시작되는 국제정세의 변동과 병진했다.[2] 한편으로는 미군정청이 일본, 대만, 한국 등지에서 농지개혁을 시행하고, 다른 한편으로는 사회주의의 영향권 아래 북한, 중국, 베트남 등의 토지개혁이 시작되었다. 이 과정에서 후자는 사회변혁을 열망하는 일종의 토지혁명으로 전자에 일정한 영향력을 행사하였다.[3] 토지개혁 또는 농지개혁이라는 두 방향의 토지분배 방식은 소비에트Soviet 혁명 이후 사회주의 세력의 확대, 제2차 세계대전에 따른 냉전체제의 전개와 관련이 깊음에 주목할 필요가 있다. 연합군 최고사령부에서 농지개혁을 담당했던 라드진스키Wolf Ladejinsky에 따르면, 무상몰수·무상분배 방식의 토지개혁은 농민들에게는 사실상 토지혁명을 의미했다. 이는 제3세계의 저발전사회에 하나의 사회개혁 방안으로 또 빈곤을 극복하는 근대화 방안으로 각광받았다. 따라서 전후 국제정세에 따라 제1세계에 강제로 편입된 동아시아 지역에서 농지개혁은 제2세계의 토지개혁 방식(토지혁명)을 의식하지 않을 수 없는 이데올로기적 지형을 창출했다.[4] 이는 농지분배를 둘러싼 토지개혁이 단순한 경제적 문제가 아니라 자국 내 이데올로기 문제의 정치적 실현과정이기도 했음을 말해준다.

한국의 농지분배는 세계사적 차원에서 볼 때 성공적인 토지개혁Land Reform으로 평가된다. 비교사적 관점에서 보더라도 소농으로서 한국 농민의 끈질긴 생명력은 남미나 동남아(인도 포함) 여러 지역에서 쉽게 찾아볼 수 있는 그것이 아니었다. 그렇다면 1950년대 한국의 농촌 농민들에게 농지개혁은 성공적인 토지개혁으로 비춰졌는가? 현재 연구사의 통설은 이에 대해 긍정적 평가를 내리지만,[5] 당시 농민들의 힘겨웠던 삶의 실태를 고려할 때 역사를 이렇게 단순하게만 볼 수 있는지 재론할 여지가 있다고 생각된다.[6] 이 글에서는 농지개혁에 대한 현재의 통설(긍정설)에 기초하면서도 그 이면에 감춰진 상세를 파헤침으로써 토지개혁의 역사적 함의를 좀 더 풍성하게 하고자 한다.

한국의 농지개혁에 대한 초기 연구사(구통설)는 한국전쟁의 전화戰禍와 그 이후 농촌 빈곤상이 '문제의 농지분배'와 중첩되면서 대체로 부정적 평가로 점철되어 있다. 1950년 농지개혁은 영세 소농의 빈곤상과 후진성이라는 식민지 유산을 극복하는 데 여전히 실패했다고 하는데, 한국전쟁 이후 잇따른 재해와 기근, 농업생산성의 예상외 부진, 만성적인 농가부채 등에 기인한다고 본다. 대체로 영세과소농零細過小農 문제에 따른 농촌 모순이 구래 식민지지주제가 해체되었는데도 여전히 지속되었다는 것이다.[7]

1990년대 들어서 농지개혁에 대한 긍정적 평가(신통설)는 시대 변화에 따른 연구시각의 전환을 시사한다. 대체로 구래 식민지지주제 해체, 자작농 체제 구축, 농업생산성 상승(자작농제의 인센티브효과), 경자유전 이데올로기(=형평성) 실현 등을 농지개혁의 주요한 역사적 의의로 지적한다.[8] 1950년대 농지개혁은 이후 1960~1970년대 경제개발의 초석을 놓았으며, 1970년대 새마을운동의 물적 토대가 되었다는 호평을 받기도 했다. 이는 동아시아 신흥공업국Nics의 부상과 긴밀히 관련되어 세계사적 차원에서 모범 사례로 조명되었다. 한국의 성공 사례는 아시아 저개발지역과 개발도상국들, 즉 대만, 베트남, 필리핀, 태국, 인도네시아, 인도 등의 농지개혁과 이후의 근대화(경제개발)를 선도했다고 평가되었다.[9]

최근 농지개혁에 대한 주목할 만한 성과로 유용태의 공동연구는 한국 사례를 중심으로 일본과 대만, 다른 한 축에서는 북한, 중국, 북베트남 사례를 비교·분석했다.[10] 동아시아 여러 지역의 토지분배는 유상매수·유상분배의 농지개혁과 무상몰수·무상분배의 토지혁명으로 이데올로기 지형에 따라 2대 유형화되는데, 이 공동연구는 각국의 구체적 실증이 한층 강화된 가운데 비교사적 지평을 확대했다고 할 수 있다. 이 가운데 한국의 사례를 담당한 이용기의 사례분석(전남 장흥군과 강진군)에 따르면 다음과 같은 흥미로운 언설이 주목된다. "농지개혁은 과거의 '소작 빈농'을 '자작 빈농'으로 전환시켰을 뿐 자작농 체제를 확립하기에는 역부족이었다. 이러한 한계를 극복하기 위해서는 획기적으로 농업생산성을 높이거나, 자립적 경영이 곤란한 영세농의 영농을 뒷받침할 제도적 장치를 마련해야 한다. 그러나 1950~1960년대 한국사회는 그 어느 것도 해결해 주지 못했다"라고 농지개혁에 대한 비관적 결론을 개진하였다.[11] 이러한 사태

의 원인에 대해 공동연구원인 조석곤은 '전매'(또는 전매매轉賣買)의 중요
성을 환기했다. 경기도 광주군 사례연구에 따르면, "남종면 분배농지 중
에서 전매된 것은 전체 필지의 30%가량이며, 농가 수로 따지면 40%가 경
험한 현상이었다. 전매를 경험한 농가 중 절반 이상은 분배농지 모두를
포기했다.…… 전부 포기한 이유가 이농離農 때문일 수도 있겠지만, 상환
곡 납부조차 부담으로 느끼는 열악한 경제 상황이 근본 원인이었음은 분
명하다."[12] 그러나 이러한 문제점에도 그는 농지개혁에 내재된 평등주의
의 실현, 즉 경제성장을 견인하는 토지생산성의 상승 등을 지적하면서 농
지개혁을 긍정적으로 평가했다.[13] 이 같은 연구들에 따라 분배농가의 실
태, 즉 '영세자작농' 체제의 성격과 한계에 대해서는 좀 더 구체적인 연구
시야가 확보되었다고 볼 수 있다. 즉, 이러한 선행 성과에 힘입어 좀 더 장
기사적 관점에서 1950년대의 이른바 영세과소농 문제를 중심으로 농지
개혁의 역사를 고찰하는 것이 가능해졌다고 할 수 있다.

　　장기사적 시점에서 볼 때 한국의 농지개혁은 1950년대 농업·농촌 문제
때문에 특정한 시점에 종료되었다고 판단할 수는 없는 것으로 생각된다.
이에 대해서는 농지분배가 1948년 3월 귀속농지의 분배, 1950년 3월 농지
개혁의 개시라는 명확한 시작 지점이 있는 것과는 상이한 접근방식을 요
청한다. 농지개혁은 구래 식민지지주제의 여러 문제(기생지주제의 계급모
순), 1894년 농민전쟁의 원인(균작均作의 요구), 조선 후기 병작제의 계급모
순이라는, 우리에게 거꾸로 올라가는 장기간 시간 여행을 요구한다. 이와
같이 현대 한국의 농촌 모순이 식민지지주제, 조선병작제의 유제로 장기
사적 문제로 소급된다면, 이는 우리에게 토지문제, 농지개혁을 둘러싸고

좀 더 통시적 시각에서 구조론적 분석을 요청하는 셈이다.

그러나 필자의 능력은 한계에 달했다. 여기서는 농지의 분배=상환과정을 중심으로 농지개혁이 최종적으로 완료되는 시점에 주목함으로써 농지개혁의 역사적 깊이와 함의를 좀 더 심화하고자 하는 실증적 의도로 가득 차 있다. 이 글은 필자의 나주지역사 연구(2002~2005)의 하나다.[14] 여기서는 지역사회 관점에서 해방 이후 농지개혁이 나주 농촌사회의 토지·농업 문제와 어떠한 관련성이 있었는지, 『나주군금천면귀속분배농지부羅州郡金川面歸屬分配農地簿』, 『나주군금천면일반농지상환대장羅州郡金川面一般農地償還臺帳』 등 지역 내 1차 사료를 활용해 실증적으로 검토하고자 한다.[15]

2 영산강 유역의 농촌 경관

전라도의 대표적 도작지대 가운데 하나인 나주평야는 한국의 4대 하천인 영산강이 나주군을 관통하면서 대평원을 이루었는데, 이것이 저명한 나주들(평坪)이다. 영산강은 상류인 담양·광주와 남평 방면에서 발원해 나주 일대에서 대하천의 본류를 이루어 영암, 목포를 경유해 황해로 흘러나간다(〈그림 1〉 참조). 여기서 주목하는 나주군 금천면 일대는 황룡강(광주 방면)과 지석천(남평 방면)이 합류하는 나주평야의 길목에 있어 드넓은 범람원을 형성한다. 이 때문에 조선시대 이래 '방목들'(말목장터)이라는 별칭도 있다. 이 금천면 일대부터 영산강을 따라 영산포 남부 일대에 걸쳐 대

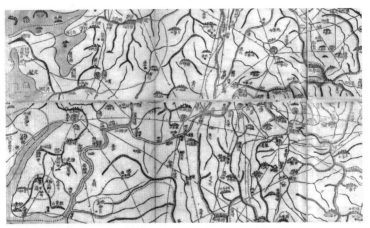

〈그림 1〉 전라도 영산강 일대 개황도(1860년대)
* 자료:『대동여지도』(1861).

규모 충적토 지대가 펼쳐져 있는데, 이것이 나주평야다. [16) 일찍부터 수도
작에 적합해 전라도에서는 호남평야에 이은 제2의 곡창지대로 성가를 올
렸는데, 일찍이 호남 지방을 전라도라 일컫는 이유가 전주와 함께 나주라
는 큰 읍이 있었기 때문이다.

조선시대 이래 이어진 나주목의 정치사회적 위상은 개항기에 들어서
상대적으로 침체하였다. 1894년 동학농민전쟁 당시 나주는 농민군이 함
락하지 못한 곳으로 인근의 광주, 목포와 달리 전통적인 지역 분위기를
유지했지만[17) 청일전쟁(1894) 이후 지역사회가 일대 격랑에 휩싸이게 되
었다. 명성황후 시해(1895) 이후 이른바 '나주단발령羅州斷髮令의 난亂'에
따라 나주는 목에서 군으로 강등되고 전라남도 수부가 광주로 이전되면
서 전라남도의 정치적 중심지로서 과거 위상은 추락하였다. 다른 한편,

1897년 목포 개항에 따라 일본과 교역이 빈번해지면서 이른바 미면교환체제米棉交換體制 아래 쌀값 앙등의 시세를 타고 수도작이 호황을 이루었다. 쌀, 우피·육우, 면포(일명 나목羅木) 등 전통 상품이 강세를 보이는 가운데 전라도의 여타 도작지대와 달리 축산(특히 농우農牛)도 발달하였다. 지금도 나주목 관아지 앞에서는 '나주곰탕집'이 성업하며 이곳을 찾는 길손들에게 부촌富村으로서 향수를 불러일으킨다. 근대 전환기 나주군은 정치적 지위의 하락과 경제적 호황이 교차하며 근대 변동의 격동과정에 진입했는데, 그 변화의 진원지는 새롭게 부상한 영산포에 있었다.[18]

개항기 목포의 배후 농업지대로서 나주는 유통·물류의 활황이 미곡생산을 촉진했던 흥미로운 지역 사례다. 구한말 전라남도 행정중심지로 광주가 부상(1895)하는 가운데 군내 신흥 읍내인 영산포가 목포와 직결되는 지역사회 거점으로서 단기간 내 '식민도시'로 출현하였다. 영산강을 경계로 나주 읍내와는 3km 거리에 있었던 영산포는 3km 내외의 거리에 있었던 금천면과 함께 나주의 핵심 '트라이앵글' 지대로 불릴 만한 신흥 '개발' 지역이었다. 금천면에서 영산강 지류인 지석천을 따라 올라가면 조선 후기 이래 전통 대장大場이 있던 남평이 소재하는데, 이곳은 목포 개항 이전까지 영산강 수운을 활용한 물류집산의 지역 거점이었다. 과거 금천면은 행정구역상 이 남평현에 부속했다(〈그림 1〉 참조). 식민도시인 영산포는 전통시대 영산강 물류의 최종점이었던 남평을 대체하면서 지역사회의 신흥 거점으로 각광받기 시작했고, 과거 남평현에 부속했던 금천면도 목포 개항(1897) 이후 시세時勢에 따라 영산포의 영향권 아래 놓이게 되었다.

목포 개항 이래 영산강 수운을 이용해 일본 상인의 내륙 진출이 활발해지면서 영산포는 그 최종점으로서 역할이 증대했다. 특히, 러일전쟁 (1904)을 기화로 주로 서일본의 나가사키현(쓰시마 포함), 야마구치현 등 지에서 일본인이 빈번히 들어오면서 영산강을 따라 목포-영산포 간 기선을 이용한 영산포항로가 개설되었다. 사호리佐堀伸三의 민족지民族誌에 따르면,[19] 목포와 직항로가 개설된 영산포에는 일찍부터 일본식 이민자 마을(정町)이 형성되고, 나주군 일대는 이민의 최적지로 각광받게 되었다. 지리적 접근성에 더해 나주평야 일대는 서일본의 농업생태형ecosystem과 거의 비슷하였다. 농업경영지대상 전남도작지역에 속하는 나주군은 연평균 기온(13.0도), 평균강우량(1,347mm), 일조량(183일) 등에서 "기상조건은 대체로 전북도작지역보다는 양호하며, 경남도작지역보다는 불량하다"라고 평가받으며 일본인의 새로운 이민처로 주목받기 시작했다.[20]

영산포는 목포나 군산과 같이 개항기와 식민 초기에 걸쳐 새롭게 형성된 신흥 도시town(사실상 읍내)는 아니었다. 오히려 도내 영광군의 법성포와 같이 역사적 연원이 오래된 전통 포구였는데, 법성포와 달리 개항기 이래 과거 번영을 재현하고 있었다.[21] 역사적으로 영산포는 고려시대에는 영산현, 후에는 영산군으로 독립해 있었으나, 조선시대에는 나주목으로 직속·편입되었다. 조선 전기까지는 영산강의 수운을 이용해 12개 군현의 결세미結稅米를 거두어 이곳에 있던 영산창에 모았다가 한양으로 운반하는 역할을 했다. 하지만 중종 연간(1506~1544)에 이르러 조창漕倉(또는 해창海倉)이 영광의 법성창(법성포)으로 옮겨감에 따라 영산창이 폐기되면서 포구도시로서 일찍부터 쇠락하였다. 이후 알려진 기록이 거의 없을 정도로 한가한 내륙 포구(어항)였던 영산포는 목포가 개항(1897)한 이

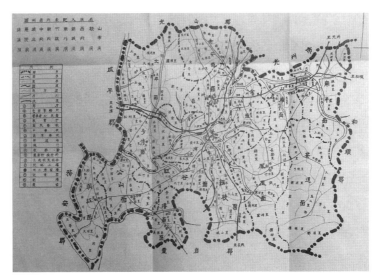

〈그림 2〉『나주군통계연보』(1966년판)

* 비고: 나주군의 중앙부를 관류하는 영산강은 금천면에서 황룡강(광주 방면)과 지석천(남평 방면)이 합류해 본류를 이루는데 영산포 부근에서 왕곡, 세지, 봉황의 3개 면으로부터 지류가 합류해 그 일대를 협착부로 만들었다. 영산강은 군내 하류인 다시면 일대에서 또 하나의 지류(문평천)와 합류해 함평, 무안군을 경유 황해로 나간다.

래, 특히 러일전쟁이 시작되면서(1904) 개항장 목포의 내륙진출기지로 주목받고 영산강을 따라 일본인의 진출이 활발해지면서 영산강 물류·유통의 종착점으로 다시금 활황을 띠게 되었다.

한편, 지역사회의 관점에서 보면 나주평야 일대는 영산강이 초래하는 수해와 주기적으로 내습하는 가뭄 피해로 상대적으로 조방적粗放的인 농업지대였음에 유의할 필요가 있다. 필자의 나주 지역 연구에 따르면,[22] 나주군을 관통하는 영산강은 영산포 부근에서 협착부를 이루어 초여름 홍수 때 큰 수해를 초래하였다(〈그림 2〉 참조). 동시에 주기적인 가뭄 피해에 쉽게 노출되어 후술하는 토지개량사업의 필요성이 점차 높아졌다. '합방' 이후 지역사회의 상황을 『금천수리조합창설金川水利組合創設의 경위經緯』에서 일견하면,[23] "(이 일대에는) 조선 초 이래 방목들[野]이 펼쳐져 있었는데, 전남 12개 군의 물이 합류하면서 연안 일대는 가뭄과 물난리로 주민생활이 곤경을 면치 못했다. …… 오랫동안 관개, 방수 시설 없이 방치"되었다. 식민지기 10여 년간 금천 면장을 지낸 이기원은 "재직 30년간 특히 가뭄이 심할 때 이 평야가 백사장 같았다"라고 술회하기도 했다. 후술하겠지만, 러일전쟁 이후 나주에 진출한 일본인들은 가장 먼저 영산강 개수공사를 실시해 수해방지와 산미증산에 주력하고, 나주교(연장 300간)를 놓는 등 사회기반시설을 정비하는 데 주력하였다. 나주군 내 토지개량사업은 1930년 다시수리조합多侍水利組合의 창설을 계기로 시작되어 1938년 마침내 금천공려수리조합金川共勵水利組合의 설치로 연결되었다. 그 사이에 쇼와공황기를 맞아 궁민구제토목사업의 일환으로 영산강하천개수공사(1931~1935)도 실시되었다. 이와 같은 지역사회의 변동 과정에 영산포에 진출한 일본인 대지주들이 개입해 지역'개발'을 주도했는데, 이들이 자신의 대규모 토지집적을 배경으로 지역사회의 권력을 장악해간 과정은 후술하겠다.

　나주 영산강 일대(중류 지역)를 역사적으로 고찰할 때 현재의 영산포 근방에 설치되었던 구한말의 궁방전宮房田(경선궁장토慶善宮庄土)을 언급하지 않으면 안 된다. 〈그림 1〉에서 영산포와 그 남부 일대에 소재했던 경선궁장토는 조선왕조 최후에 설치되었던 궁방전으로, 지역민들에게는 이른바 궁삼면宮三面으로 불리며 장기간의 토지소유권 문제(토지탈환투쟁)

를 초래하였다. 구한말 궁방전이 설치된 경위를 비롯해, 궁삼면 장토가 촉발한 농민운동 등에 대해서는 다음 절에서 좀 더 상세히 살펴보겠지만, 나주 지역 전체에서 점하는 궁삼면사건의 역사적 의의나 그 이후 여파는 이 글의 주요 관심지역인 금천면을 고찰할 때도 역사적 전제로 유의할 필요가 있다. 그것은 '합방'을 전후해 설립된 동척東拓이 조선에 최초로 진출한 지역이 나주 영산포 일대였기 때문인데, 동척의 물적 기반이 다름 아닌 문제의 (영산포 일대) 궁삼면 장토였다.[24] 영산포 인접지인 금천면에도 적지 않은 동척 소유지가 있었던 것으로 보아—따라서 경선궁장토와 깊은 관련성 때문에— 금천면의 농지개혁은 궁삼면사건으로부터 자유로울 수는 없었다고 생각된다. 요컨대, 궁삼면사건은 금천면을 비롯한 나주 지역 농민들에게 토지소유를 둘러싸고 소유권의식을 날카롭게 배양해놓았다. 구한말 궁방 등 특권계급의 토지침탈과 식민지기 동척의 토지전횡 등 근대의 규율권력이 한층 증폭해놓은 이 사건은 해방 이후 농지개혁에 따라 비로소 해결의 가닥을 잡아나갔다. 이러한 사실을 감안한다면, 궁삼면사건이 나주 지역사회에 미친 영향력은 이 글이 주목하는 농지개혁의 범위를 크게 넘어선다고 봐야 한다.

3 한말 일제하 궁삼면사건

나주 궁삼면사건에 대해서는 일제의 수탈성을 폭로하는 전형적인 사례로 여러 연구자가 그 중요성을 여러 차례 지적했다.[25] 이 사건은 조선 말

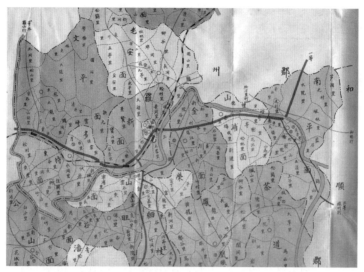

〈그림 3〉 1920년대 전라남도 나주군 일대 개황도

* 자료: 『전라남도나주군군세일반』(1928).

기 최후의 궁방전으로 알려진 경선궁장토慶善宮庄土의 창설과정을 고스란히 담고 있는데도 오히려 일제강점기에 들어와 대대적으로 사건화되어 상세한 기록이 남아 있다. 이하에서는 전술한 사호리의 민족지와 이규수, 함한희 등의 연구를 바탕으로 구한말 이래 식민지기에 걸친 나주 궁삼면사건을 재구성해본다.

사호리에 따르면 "궁삼면사건은 동양척식(주)이 국가권력(일제통감부)을 배경으로 강제로 (나주 일대 궁삼면의) 토지를 집적한 것에 대한 (지역)농민들의 저항사건을 이른다. 사건의 당사자인 동척은 1908년 12월 조선에서 설립된 농업척식을 주요 사업으로 삼는 …… 국책회사였다."[26] 이 같은 언설은 일본인 시각에서 이 사건을 요약한 것인데, 저자의 부친은 조선에서 살던 일본인으로 식민지기 영산포에서의 식민지 경험을 바탕으로 나주 궁삼면사건을 바라보았다. 동척은 설립연도인 1909년부터 토지 매수를 개시했는데, 첫해 매수실적을 보면, 강경(267정보), 동진강 일대(577정보), 담양(181정보), 사리원(383정보), 영산포(940정보) 등으로 확인된다. 영산포는 동척으로서는 조선 최초의 식민지 진출 지역으로 전체 매수지의 45%를 점했다. 영산포는 동척의 전라남도 일대 영산강 유역의 전초기지로 활용할 예정이었는데, 전라북도 금강 유역의 요지였던 강경과 유사한 기능이 예상되었다.

영산강 상류인 황룡강과 지석천이 합류하는 나주 금천면 일대(영산포 포함)에 드넓은 범람원, 즉 '방목들'이 펼쳐져 있음은 전술한 그대로인데, 이 '방목들'이 구한말의 혼란(전정문란)과 재해(한·수해)를 틈타 궁방전으로 설정되었다. 구한말 나주목의 궁삼면은 지죽, 욱곡, 상곡 3개 면을 지칭하는데, 〈그림 3〉에서처럼 1917년 행정구역 개편에 따라 세지, 왕곡의 2개 면과 영산면의 일부(5개리)로 개편되었다. 뒷날 동척 소유지가 영산포 접계지역인 금천면 일대(고동리, 신천리, 죽촌리 등)에도 산재했던 것으로 보아 궁삼면사건은 군내 지역사회에 적지 않은 파장을 일으켰다고 생각된다.

나주목의 지죽, 욱곡, 상곡의 3개 면이 1897년 신설된 경선궁慶善宮의 궁장토宮庄土로 편입됨에 따라 지역사회에 궁삼면이라는 지명이 정착되었다. 경선궁은 명성황후 시해(1895) 이후 1897년 고종이 순빈 엄씨(일명 엄상궁)를 위해 창건한 조선왕조의 8번째 궁방이었다.[27] 나주 궁삼면은 경선궁장토의 첫 번째 궁방전이었다. 그 역사적 배경을 보면, 1888년 미증

유의 큰 한발(무자년의 극심한 흉년)이 영산강 일대에 내습하고, 1890년까지 3년간 기근·유망流亡이 속출했다. 이를 기화로 경저리京邸吏(경주인京主人: 중앙과 지방의 연락사무와 조달업무를 수행한 아전·향리) 전성창田聖暢이 유망 이후 남아 있던 잔류 농민들을 조세대납 문제로 위협하고 작간作奸해 이 일대의 경지를 경우궁景祐宮(정조의 후궁이자 순조의 친모인 수빈 박씨의 궁)에 매각·투탁하려 했지만 실패했다. 그 경위는 1894년 지역민들이 나주군수 민종렬閔種烈에게 그간의 협작·농간을 탄원해 농민 소유로 판결받았던 저간의 사정을 배경에 두었는데, 당시 동학농민전쟁의 여파가 작용한 듯하다.

농민전쟁 이듬해인 1895년 7월 전성창이 궁삼면에 다시 나타나 소유권 문제를 유발하자 같은 해 9월 지역 농민들은 내부內部와 법부法部에 제소하였다. 법부로부터 조사를 위임받은 나주군수 이우규李祐珪와 광주관찰사 윤웅렬尹雄烈은 1896년 1월 농민 소유를 재차 판결하였다. 이후 전성창은 1897년 신설된 경선궁에 궁삼면 토지를 도매盜賣했는데, 도조賭租 수취를 둘러싸고 지역민들이 반발해 한양의 고등재판소에 이를 재소再訴하였다(1896년 9월).[28] 이 재판소는 1897년 5월 전성창의 부당한 행위를 인정해 분쟁 대상지를 농민에게 반환하라고 판결하였는데, 이는 향후 궁삼면민들이 자신의 소유권을 주장하는 중요한 법률적 근거로 작용하였다.

그런데 1898년 경선궁은 전술한 전성창에게서 문제의 토지(궁삼면 2만 2,000두락)를 매입했다고 전격적으로 발표했다. 이에 궁삼면민들이 재차 반발하였다. 1899년 다시금 제소했지만 관의 학정과 대탄압으로 사태는 미궁에 빠진 채 지역민들은 토지소유권을 잃고 말았다. 이 사건은 특권

왕실과 관권을 배경으로 민전民田을 침탈한 왕조 말기적 현상으로서 이 시기 전정문란의 대표적 사건으로 기억되었다. 그러나 다른 한편으로, 궁삼면민들은 '궁방전의 장토민(=작인)으로서 경제적 실익이 더 크다'는 전제하에 이를 암묵적으로 수용한 측면도 있었다.[29] 사건 이면에는 궁방전의 도조 수준(수확의 4분의 1)이 일반 민전 소작지의 그것(수확의 2분의 1)보다 상대적으로 저렴했다는 경제적 사정도 작용했다. 이후 사건은 동척이 등장하기 전까지 약 10년간 소강상태로 잠복했다.

1907년 일제통감부는 임시제실유급국유재산조사국臨時帝室有及國有財産調査局을 설치해 국유지를 선별·확정하는 와중에 기존의 궁방전과 아문둔전 등을 국유화하는 조치를 단행하였다. 이를 계기로 경선궁과 궁삼면민 측의 의견이 다시 충돌했고, 이에 농민 측의 제소가 이어졌다. 1908년 이 조사국은 "궁삼면의 토지는 경선궁의 것도 사기사詐欺師(사기꾼) 전성창의 것도 아니고, 궁삼면민 선조누대의 것인 고로, 면민 각자의 희망대로 그 소유를 증명하면 그만이라"라고 판결했다.[30] 이는 전술한 고등재판소의 판결(1897년 5월)을 재확인한 것과 다름없었다. 그런데 이 판결은 3개월 후인 1908년 6월 갑자기 모든 토지를 경선궁의 장토로 인정한다고 번복함으로써 농민 소유는 다시 한번 물거품이 되었다. 이러한 토지에 1909년 설립된 동척이 조선에서 최초 토지매입처로 눈길을 돌렸는데, '합방'을 전후한 대규모 국유지 창출과정에서 경선궁이 문제의 장토를 동척에 헐가로 매도했던 정황을 활용한 것이다. 경선궁은 궁삼면의 토지를 포함해 농지 1만 4,552정보를 8만 원에 팔았다고 전해지는데, 당시 시가와는 상당한 차이가 있었다.[31]

〈표 1〉 나주군 궁삼면의 경지면적(1909)
(단위: 두락)

面 名	畓	田	計
枝竹面	7,290.7	5,512.5	12,803.2
上谷面	4,196.5	2,295.6	6,492.1
郁谷面	2,925.4	2,554.7	5,480.1
計	14,412.6	10,362.8	24,775.4

* 자료: 이규수, 『近代朝鮮における植民地地主制と農民運動』, 信山社, 1996, 40쪽.

동척이 매수한 나주 궁삼면의 토지현황은 1909년 당시 경선궁과 맺은 '토지매매계약서土地賣買契約書'가 이를 잘 보여주는데, 〈표 1〉이 바로 그 것이다.

이규수에 따르면, 궁삼면의 토지는 구래의 두락을 정반평제町反坪制로 환산하면 논 1,116정보, 밭 449정보, 대지 65정보, 임야·잡종지 41정보, 도합 1,721정보로 확인된다.[32] 이는 행정구역 개편(1917) 이후 1920년대 해당 경지면적(1,636정보)에 근사한 것이었다.[33] 1904년 당시 나주군의 경지면적이 1만 4,764정보였으므로 궁삼면의 경지면적은 당시 나주군 전체의 12% 전후를 점했던 것으로 보인다.

궁삼면민들은 1910년대 초부터 동척에 대해 토지회수운동(토지탈환운동)을 전개하였다. 1912년 1월 농민 측에서는 광주지방법원에 제소하는 형태로 토지반환 청원운동을 개시하였다. 같은 해 6월 재판부는 동척 측 주장을 기각했지만 농민들의 소유권 확인소송도 동시에 각하했다. 이에 불복한 농민들은 12월 재소再訴했지만 1913년 10월 재판부는 동척에 유리한 판결을 선고하고 말았다. 이에 대해서 지역 농민들은 소작료 불납운동과 함께 지속적으로 제소와 패소를 반복하였다. 이와 같은 농민 측 움직임에 대해 1915년 11월 도경무부와 동척 간부진은 회유와 탄압을 병행하였다. "동척 사원과 헌병 700여 명이 궁삼면에 출동해 모든 면을 포위하고,…… 주요 지주 130여 명을 포박해 영산포 헌병분대와 광주교도소에 투옥하"는 일대 사건으로 사태는 한층 악화되었다.[34]

나주 궁삼면민의 토지회수운동은 일반적인 소작쟁의와는 다르다. 소작료 거부라는 표면적 측면에서는 소작쟁의와 유사하지만, 그 본질적 성격은 토지소유 문제를 둘러싼 지주 중심의 수리조합반대운동과 유사했다. 이 경우 보상비, 토지매수, 반환 등이 주요한 문제로 등장한다. 이 운동은 관과 법원에 청원(진정), 제소하는 법정투쟁(소송전)에 집중하는 양상을 보이는데, 이 와중에 유혈사태로 확전된 궁삼면 사례는 농민 측이 좀 더 격렬하게 저항한 형태였다고 할 수 있다. 여기서는 해방 이후 금천면의 농지개혁(경지분배 방식)을 의식하면서 토지반환조건(상환조건)에 특별한 관심을 기울이고자 한다.

1910년대 초부터 나주 궁삼면에 출현한 동척은 일본인 농업 이민자들과 함께 동척소작인조합 등을 조직해 궁삼면 지역사회를 안정화하는 데 골몰하였다. 동척은 이를 감안해 각종 증산조합, 농사개량조합, 산미개량조합 등을 1920년대까지 차례로 설립했는데, 지역 내 산미 증산과 함께 농촌조직화를 도모하고자 하는 일종의 자경단 기능도 갖추었다. 이에 대해 궁삼면 토지회수운동은 3·1운동을 계기로 1920년대에 한층 활성화되었다. 지역을 기반으로 각종 청년회, 농민조합 등이 증설되었는데, 예를 들어 영산포 청년수양회, 호성청년회, 남평청년회 등이 차례로 설립되었다.[35] 이 운동은 영산포 시장에서 대규모 면민대회를 개최하는 등 궁삼면 토지의 무상반환을 지속적으로 요구하였다.

1925년 이후 궁삼면 토지회수운동은 지역문제를 넘어 외부 '활동가'도 개입하는 전 조선을 상대로 한 사회운동으로 확대되었다. 경성의 조선인 활동가(정병조)가 이 운동을 사상적·법률적으로 지원하고, 저명한 일본 인 변호사 후세 다츠지布施辰治가 가세해 이 사건을 전 조선과 일본 '내지' 에 폭로하기도 했다. 1925년 10월 1,200여 명에 이르는 궁삼면민은 영산 포역 앞에서 대규모 면민대회를 개최하고, 실행조직으로 농민회를 설립 해 해당 토지의 원가환부原價還付를 요구하였다. 이는 사실상의 염가 유 상반환有價返還 방침이었다. 다른 한편에서 무상반환파無償返還派 농민들 은 토지회수운동동맹土地回收運動同盟이라는 급진적인 비밀단체를 조직 했는데, 인적 구성은 전자와 비슷했다. 궁삼면민들은 당시 관의 삼엄한 탄압을 의식해 운동조직을 이처럼 이원화한 것이다.

전술한 동맹은 이른바 '3일간의 대동척투쟁'(일명 동곡전쟁東谷戰爭, 1925 년 11월)을 전개하였다. 성난 궁삼면민들은 조직적으로 세지면 순사주재 소와 영산포 동척출장소 등을 습격하고 나주경찰서를 타격하기까지 했 다. 한편 동맹의 (소작료불납) 약조를 어긴 소작료납부자(조선인)를 응징하 기도 했다. 이처럼 궁삼면 토지회수운동은 외부 개입에 따른 법적 해결이 라는 농민회의 온건 노선과 함께 토지회수운동동맹에 의한 급진적 투쟁 노선을 병행하였다. 농민들의 이 같은 투쟁 양상으로 궁삼면사건은 당시 '조선총독부의 현안이자 동척회사의 암'으로 불릴 정도로 일대 사회문제 로 비화했다.

1926년 조선총독부는 기존의 모호한 노선을 바꾸어 문제의 궁삼면 토지를 매수해 국유지로 편입한 뒤 농민들에게 유상으로 매각한다는 전향적인 계획을 수립하였다. 궁삼면 토지문제는 결국 이 계획안에 따라 수습 국면으로 들어섰다. 당시 동척의 「궁삼면토지분양취지요령宮三面土地分讓趣旨要領」에 따르면, 총독부는 궁삼면 계쟁지係爭地(논) 2,000정보 가운데 동척에 1,000정보, 농민 측에 1,000정보씩 각각 분할 매각하기로 결정하였다. 특히, 농민들에 대한 유상매각에서는 법정지가의 2배를 상환총액으로 설정해 1할 이자로 10년간 균등 상환하도록 하였다. 집터와 묘전 등 소규모 토지는 무상으로 양도되었지만, 결국 이러한 '독소조항'으로 일부 농민들만이 분배경지를 매수하는 것으로 사태는 잠정 귀결되었다.

그런데 1930년대 쇼와공황 대책으로 자작농창정사업自作農創定事業이 시행될 때도 전술한 총독부의 토지분배 방식이 준용되었다. 함한희의 사례연구에 따르면, 궁삼면 일대 50%의 경지를 점하는 세지면에서 1931~1945년간 일본인 22명에게 18.5정보, 조선인 23명에게 11.5정보가 불하되었다(평균 소유면적으로는 일본인 2,823평, 조선인 1,500평).[36] 이때 상대적으로 소규모 경지만이 선별적으로 불하되었으며, '일선간日鮮間' 민족별 차이 위에 조선인 내에서도 소유면적에 상당한 격차가 발생했다. 나주군『토지대장土地臺帳』에 따르면, 1915~1945년간 논의 경우 동척의 소유면적비가 54.6%에서 35.4%로 감소하는 가운데 조선인 면적비는 33.2%에서 23.1%로 감소한 반면 일본인 비중만이 12.2%에서 41.2%로 급증하였다.[37] 이와 같이 동척의 차등 매각 전략과 소규모 경지불하 조치에 따라 조선인 내 경지소유상 불균형은 한층 심화되었다. 1930년대 궁삼면의 토지회수운동은 이러한 당국의 개량적 조치와 대대적 단속·통제 속에서 1920년대 좀 더 침체되었는데, "1930년대 말 이후 …… 전시체제로 인해 사회운동은 한층 위축될 수밖에 없었다."[38]

해방(1945)과 함께 궁삼면 일대 동척의 토지는 미군정 산하의 신한공사新韓公社, New Korea Company로 이관되었다. 이듬해인 1946년 10월 '인민항쟁'(일명 10월항쟁) 때 궁삼면 토지문제는 다시금 지역 현안으로 분출해 같은 해 11월 지역 농민 4,500명이 영산포 읍내에 집결하는 대사건으로 확대되었다. 미군정 당국에 토지반환을 청구한 것인데, 이 항쟁(에 대한 탄압)과 함께 실패로 끝나고 말았다.

1948년 3월 미군정이 귀속농지 불하를 전격적으로 발표하면서 궁삼면 토지도 다시금 분배 대상으로 상정되었지만, 상대적으로 저렴한 상환조건에도 불구하고 지역 농민들은 군정청 제안을 일제히 거부하였다. 자신의 토지에 대해 유상매수는 불가하다는 것이다. 상환조건이 완화된 1950년 3월 농지개혁 때도 사태는 반복되었다. 이후 '우여곡절' 끝에 궁삼면 토지는 결국 지역 농민들에게 유상분배(매각)되었는데, 1950년대 전반의 전시인플레(=고물가 시기)를 고려하면 상당히 저렴한 (상환)조건에 경지분배가 완료되었다고 할 수 있다. 그러나 뒤에 다룰 금천면 사례를 고려한다면, 그 상환과정이 순조로웠는가 하는 문제는 농민경영의 실태와 관련해 별도 분석을 요청한다.

식민지기 영산포의 부상과 농촌 모순의 심화

1909년판 『한국중앙농회보韓國中央農會報』(『조선농회보』의 전신)에 따르면 "영산포는 영산강을 거슬러 오르는 주선의 최종점으로서 목포에서 수입하는 모든 화물이 이곳을 경유해 전라남도 각지로 수송되는데 광주, 남평, 나주, 담양, 창평, 화순, 동복, 능주의 8개 군 전부와 장성, 보성, 영암, 장흥의 4개 군 일부에서 산출하는 현미玄米 기타 화물 수십 종이 육운陸運으로 영산포로 와서 수운水運을 이용해 목포로 수송되므로 영산포는 화물집산의 빈번은성頻繁殷盛을 이루어 전남 중 목포를 제외하고는 여타 지역에서 찾아볼 수 없는 곳"이라고 당시 상황을 전한다.[39] 인용문은 구래의 결세미結稅米 운송을 배경으로 목포-영산포 간 직항로의 개설과 함께 영산포에 불어온 시대적 변화상을 대변한다. 이는 목포(경제중심지)와 광주(정치중심지)의 부상에 따른 나주 지역의 상대적 침체를 상쇄하는 '신도시' 영산포가 출현하는 과정이라고 할 수 있다. 상품유통이 초래하는 미곡생산의 증대, 미곡을 중심으로 한 상품화폐경제의 확대 등 영산강 수운을 이용한 일본인 진출 효과가 두드러지게 나타났다. 여기서 중요한 사실은 일본인을 중핵으로 한 식민지지주제가 이 시대의 지배적 생산관계로 이상의 변화를 밑에서부터 떠받쳤다는 점이다.[40] 영산강 유역을 따라 내륙으로 진출한 일본인 지주들(동척 포함)은 대규모 소작제농장을 조성하고, 구래의 병작제竝作制와는 다른 계약·이윤원리에 기초한 '근대적' 지주제를 확대해나갔다.

근대 영산포는 나주군 내 지역사회 변동의 진원지였다. 영산포에 밀집·거주한 일본인들은 신흥 읍내를 중심으로 공공기관, 사회기반시설 등 시가지를 조성하면서 '내지內地'에서나 보는 일본식 타운(정)을 조성해 갔다. 이들은 1920년대 후반까지 지주적 토지소유를 배경으로 영산포의 배후지인 구 궁삼면 일대(세지면, 왕곡면)와 금천면, 남평 방면으로까지 토지집적을 확대해나갔다. 후자의 두 지역은 영산포 배후지로 이후 영산포 읍내를 흉내 낸 소규모 일본인 이민자 사회를 형성했다. 1937년 6월 조선총독부령 제80호에 따라 영산포가 읍으로 승격되면서[41] 이른바 '개발 중심(영산포)과 근접지(다시면, 금천면, 남평)' 간의 긴밀한 지역적 연계regional relation는 한층 선명해졌다고 생각된다. 이는 신흥 읍내와 배후 농촌 간 일종의 위계적인 사회적 분업관계였다. 인근 금천면에는 영산포에 이어 군내에서 두 번째로 많은 일본인이 거주하였는데, 후술하는 바와 같이 영산포와 인접한 고동리, 신천리, 죽촌리 등지에 동척과 일본인의 소작제 농장이 집중적으로 설치·운영된 사실과 깊이 관련된 지주들이었다. 이러한 사정을 감안한다면, 금천면이 영산포 배후 농촌 지역으로 그 영향권 아래 놓이게 되었음은 두말할 나위가 없다. 〈표 2〉는 러일전쟁 직후인 1905~1907년간 토지집적에 나선 영산포 거주 일본인 지주층을 집계한 것이다. 여기에서 1909년부터 토지집적을 개시한 동척은 제외했다.

영산포의 초기 일본인 농장은 대부분 러일전쟁 직후부터 1907년 사이에 개업하였다. 이는 1909년 현재 전국적으로 30정보 이상 일본인 지주 135명 가운데 109명이 1904~1907년간 농장을 창업한 것과 거의 비슷한 추세다.[42] 특히, 영산강 방면의 최대지주였던 동산농사주식회사(지배인 이와사끼 히사야岩崎久彌)의 경우 미간지를 개간해 불과 2~3년 사이에 〈표

〈표 2〉 1909년 영산포 일대 거주 일본인 지주 명단 　　　　　　　(단위: 정보)

氏 名	면적
① 東山農事株式會社	1,523.0
② 木浦興農協會(榮山浦支店)	250.0
③ 黑住猪太郎	237.0
④ 河野喜三郎	122.3
⑤ 韓國興農株式會社	117.0
⑥ 飯田淸治郎	96.0
⑦ 杉本恒五郎	90.5
⑧ 馬淵繼治郎	64.2
⑨ 鳥越和夫	30.7
⑩ 小早川與一郎	25.2
⑪ 米津大濤	23.5
⑫ 石川藤十	17.2

* 자료: 『한국중앙농회보』 제3권 제10호(1909. 10), 22~23쪽.

2〉에서와 같은 대규모 토지(1,523정보)를 집적하였다. 또 영산포 거주 최대 (재촌)지주였던 구로즈미 이타로黑住猪太郎와 가와노 기사부로河野喜三郎는 당시 영산강개발위원회를 구성해 인근 황무지와 저수량지를 헐가에 매입해 단기간에 대토지를 점유해나갔다(각각 237정보, 122.3정보). 사호리의 민족지에 따르면 마부치馬淵繼治郎는 나주 읍내와 금천면을 연결하는 광탄(금천면 소재) 일대에 농장을 개척했는데, 금천면에도 상당한 토지를 매집하면서 지역사회에 영향력을 행사하였다(64.2정보). 목포에 본사를 둔 동산농사(주)나 목포흥농협회, 한국흥농주식회사처럼 영산포 현지에 지점를 두고 금천면과 같은 인근 지역으로 토지매집을 확대한 법인(지주)도 속속 등장했다. 동척의 경우 설립 이듬해인 1910년 2월 영산포출장소를 설치하면서 전남 일대에 대한 소작지경영에 만전을 기했다.[43]

영산강 일대에 일본인이 활발히 진출한 것은 전술한 해상운송(수운)의 편의 위에 향후 호남철도의 부설(1913) 등 지역'개발'이 활발할 거라고 예상되었기 때문이다. 철도거리상으로 영산포에서 목포는 약 53km, 광주는 30km, 나주 읍내와 금천면까지는 3km 내외의 근거리에 있었다. 이 같은 유리한 입지조건을 배경으로 일본인들은 영산강 상류(광주 방면의 황룡강, 남평 방면의 지석천) 일대로 진출했다. 〈표 3〉은 일본인 지주층의 토지 확대 상황을 1930년까지 제시한 것인데, 영산포 거주 일본인이 나주군 전체 일본인 지주의 60%를 점할 정도로 높은 수준이었다는 사실에 주목할 필요가 있다.

나주 일대에 토지를 집적한 일본인 지주의 경우 나주(읍내) 거주자는 단한 사람에 불과하며, 영산포 거주자(16명)가 압도적이었다. 여기서 흥미로운 사실은 영산포 이외에 금천면 4명, 다시면 3명, 남평면 2명, 왕곡면 1명 등으로, 영산포의 배후 농촌지대인 금천면과 다시면이 일본인 진출지로 각광받았음을 알 수 있다. 후자의 두 지역은 영산포 거주 최대 지주인 구로즈미 이타로가 군내 최초로 수리사업을 시행한 곳이다(1,098정보 소유). 결국, 일본인의 토지집적은 향후 전개될 영산강 하천개수와 토지개량(특히 수리) 사업의 주요한 기초조건임을 쉽게 예상할 수 있다.

영산포 인근에 위치하는 다시면과 금천면에서는 전술한 구로즈미에 의해 비교적 늦은 시기인 1930년대부터 수리조합사업이 시행되었다. 필자의 나주 지역 연구에 따르면, 나주군 다시면에서는 구로즈미 이타로 등 일본인 지주를 중심으로 1930년 다시수리조합이 설립되었고, 동시에 1930년대 전반 쇼와공황 대책으로 영산강국부개수공사榮山江局部改修工

〈표 3〉 1930년 나주군 일대 30정보 이상 일본인 대지주 명단   (단위: 정보)

씨명	주소	논	밭	기타	총면적	적요
① 黑住猪太郎	영산포	491	241	366	1,098	1912년 237정보 소유
② 高田讓	영산포	70	140	21	231	高田信太郎의 자식
③ 杉本恒五郎	영산포	104	41	2	147	1912년 91정보 소유
④ 内山弥太郎	영산포	99	23	10	132	금융업 경영
⑤ 緒方龍太郎	나 주	80	15		96	나주 유일의 대지주
⑥ 大久保綱賀	영산포	76	17	2	95	퇴역특무조장
⑦ 全南商社(株)	영산포	74	15		89	사장·國重富治
⑧ 高田德之助	영산포	46	15	10	71	高田讓의 아우
⑨ 伊丹万吉	금천면	53	17		70	
⑩ 阿部万吉	영산포	57	9	1	67	미곡·면화상, 정미소 경영
⑪ 吉田信郎	영산포	51	12		63	소학교장
⑫ 河野喜三郎	영산포	21	24	6	51	1912년 91정보 소유
⑬ 鳥越和夫	영산포	24	18	5	47	1912년 31정보 소유
⑭ 橋本義助	금천면	38	8	1	47	
⑮ 江口仲吾	다시면	27	8	12	47	
⑯ 中柴勢追	왕곡면	33	11	1	45	산미개량조합 감사
⑰ 北御門正	다시면	39	5		45	
⑱ 前田江吉	영산포	42	2	1	45	
⑲ 板谷喜多	영산포	20	22	1	43	목영운수 사장
⑳ 綿貫裔吉	영산포	20	13	9	42	배과수원 경영, 柳川藩士
㉑ 石田嘉太次	영산포	31	11		42	산업조합장
㉒ 竹田仙三郎	남평면	29	9		38	
㉓ 高田信太郎	영산포	26	7	4	37	高田讓의 부친
㉔ 松平富米吉	금천면	21	14		35	
㉕ 小林善太郎	남평면	19	15	1	35	
㉖ 浜村松五郎	다시면	31	2		33	
㉗ 久山壽賀一	금천면	21	10		31	

* 자료: 佐堀伸三, 『榮山浦における日本人町の形成』, 2000, 43쪽.

事가 총독부 직할하천공사로 실시되었다.[44)] 특히, 후자는 지역 현안인 영
산강 협착부(영산포 부근)의 수해방제를 위한 것이었다. 이러한 기간사업
infrastructure project 이후 수리조합지구 내 미곡생산성의 상승과 식민지지주

제의 심화가 병진한 것이 식민지기 다시면의 두드러진 변화상으로 확인된다. 다시면에는 문제의 동척 토지가 다수 존재했는데, 전술한 궁삼면의 토지(경선궁장토)가 그 배경이 되었음은 전술한 그대로다. 구로즈미는 다시면에 이어 금천면에서도 수리조합을 설립(1938)하고 스스로 조합장에 취임하였다.[45] 금천공려수리조합은 구래의 재래 수리조직(보계, 수리계)에 기반한 소규모 공려조합共勵組合으로 1937년부터 1939년에 걸쳐 전국적으로 설립된 공려조합의 흥미로운 사례다.[46] 그러나 지역에 기반한 자치적 공려조합이었음에도 일본인이 조합을 장악한 이례적인 사례였던 만큼 금천면 내 구로즈미의 영향력은 상대적으로 컸다고 할 수 있다.

전술한 이정룡가에서 발굴된 민족지에 따르면[47] 그의 부친 이기원은 금천면사무소 "재직 30년간 특히 한발이 심할 때 이 평야가 백사장과 같은지라"라고 개탄하며 1920년대부터 면내 수리조합 설치운동을 주도했던 사실을 술회했다. 그는 한발이 재발하자 1930년 이후 조합설립운동을 재개하였다. "당시 일본인 이타야板谷紋一가 (면내) 수백 두락을 매입해 개간작답開墾作畓 중 양수기를 도입했는데, 이때 나(이기원)의 도움이 결정적이었다"라고 회고하는 가운데 이후 해당 경지(수리안전답)가 문제의 구로즈미에게 매수된 사실을 기록했다. "향후 한발 때 구로즈미에게 유료(반당 정조 7두)로 잉여수剩餘水를 구하기로 승낙을 얻어, 도당국에 2단 양수기 설치의 인가를 신청하고 …… 진정, 호의 등 본부의 협조에 도로부터의 보조금까지 얻어 1938년 8월 금천수리공려조합을 설립하고, 75마력짜리 양수기도 구입해 그 설치를 완료"하였다. 기존의 구로즈미의 양수구揚水區를 병합해 면내 수리조합을 기획코자 도당국과 협의하고, 구로즈미를 설득해 승낙 조인까지 받았는데 갑자기 '구로즈미의 배신적 행위' (총독부에 직접 운동해 불인가)로 설립운동은 답보상태에 빠졌다. 그러던 중 다시 "도와 총독부에 맹렬히 절충해 드디어 조합설립을 인가받고,…… 조합 설립을 계기로 본인(이기원)은 사직·귀농코자 했으나 구로즈미의 농간과 무고로 나주경찰서에서 조사, 심문, 심지어 수개월간 수감"되기까지 했다. 결국 영산포의 구로즈미는 현지 조선인 유력자(이기원)를 배제하고 신설된 금천수리조합의 조합장에 부임하는 가운데 금천면 내 '개발'의 이니셔티브, 나아가 지역사회의 권력을 장악해나갔다.

　나주의 조선인 농민들은 동척, 구로즈미 등 일본인 지주의 이 같은 소유 행태에 대해 어떠한 대응양상을 보였는가? 나아가 당시 열악한 소작 조건과 그에 따른 소작쟁의와 관련해 지역 내 농촌의 모순, 지주제의 모순은 어떠한 방식으로 심화되었는가? 대규모 소작제 농장을 필두로 한 식민지지주제의 이러한 농촌문제는 해방 이후 전개될 농지개혁과 관련해 주요한 지역 현안일 수밖에 없었다. 소작쟁의 등을 둘러싼 기존의 나주 지역 연구사는 전술한 궁삼면사건과 연관성을 공통적으로 주목한다.[48] 이 경우 궁삼면사건에서도 다루었지만 조선인 소작농민들은 부락별로 자치적인 농민회나 소작료불납동맹 등을 조직해 일본인 농장 측에 적극적으로 저항하였다. 특히, 1920년대에 활발해진 소작쟁의에 대해 지방 당국의 탄압과 농민 측 저항이 반복되었음은 『동아일보』 등 당시 일간지가 공통적으로 지적하는 그대로다.[49] 1930년대 전반의 공황 대책으로 농촌진흥운동 아래 '자작농설정사업'이 시행되면서 동척 소유지가 간헐적으로 불하되었지만, 일본인 자작농에 비해 조선인의 혜택은 상대적으로 적었으며 그마저도 영세한 규모에 그쳤다. 이 같은 차별적 조선인 대책(선별적 불하)과 관의 회유·탄압 등이 한층 더해지면서 1930년대 농민운동은 지역 내 지주제의 모순이 심화된 것과 대조적으로 위축되거나 침체되었다.[50]

나주 지역 내 농민실태를 좀 더 구체적으로 살펴보면, 1920년대 동척농장 내 조선인 소작인의 평균 경작면적은 1,600평 전후로 1정보 미만의 영세한 규모에 그쳤다.[51] 전술한 '자작농설정사업'이 시행되었음에도 1940년대 전반 2,000평 미만 조선인 소작인은 약 77.5%로 다수를 점했다(자작농과 자소작농 압도). 이 때문에 이 사업의 성과는 제한적이었을 뿐 아니라 조선인 소작인 사이에 격차만 확대했다는 악평을 받았다. 소작료 수취는 기존의 집조執租에서 정조定租로 전환되는 가운데 소작료율은 평균적으로 50%의 높은 수준에서 형성되었으며 수리조합지구에서는 60%로 상승하기도 했다. 대체로 소작조건은 1930년대 들어서 한층 악화되었던 듯하다. 1920년대 후반 나주군 전체의 평균 소작지율이 64.6%, 소작농비율이 56%였음을 고려한다면,[52] 동척 등 일본인 지주의 소작제 농장에서 해당수치(소작농 77.5%)는 상당히 높은 수준임을 쉽게 추정할 수 있다.

함한희의 『토지대장』 분석에 따르면, 전술한 궁삼면 일대에서 "1930년대 이후 일본인 개인의 소유지는 크게 증가하였다. 상수리 일대 논의 경우를 보면, 한국인 농민들의 소유지가 1915년에는 전체 논의 3분의 1에 해당하였으나 1945년에 이르러서는 5분의 1에 그친 반면, 일본인 개인소유지(자작농 및 부재지주 포함)는 1915년에는 전체 논의 9분의 1정도였던 것이 1945년에는 5분의 2로 증가되었다."[53] 대체로 조선인 자작지의 상대

〈표 4〉 경영형태별 조선의 농가 수(1914~1938) (단위: 인)

시기별	지주	자작농	자소작농	소작농	계
1914	46,754	569,917	1,065,705	911,261	2,593,637
1924	102,183	525,689	934,208	1,142,192	2,704,272
1930	104,004	504,009	890,291	1,334,139	2,832,443
1938		543,481	814,293	1,511,424	2,869,198

* 자료: ワリンスキー 編, 齊藤仁 外 譯, 『ウォルフ ラデジンスキー―農業改革―貧困への挑戰』, 日本經濟評論社, 1984(원저:
Wolf Ladejinsky. *Agrarian Reform as Unfinished Business*. Oxford. 1977).

적·절대적 감소와 소작지 증대라는 조선 전체의 경향과 일치했다. 이에
따라 조선인 소작인의 계층화가 가속화하는 가운데 이들의 생계 실태가
한층 악화되었을 것임을 쉽게 예상할 수 있다. 이와 같이 나주 일대 식민
지지주제가 초래한 농촌 모순은 한층 심화되는 가운데 지역농민들의 다
수를 이루는 소작농들의 영세한 경영규모와 그것이 초래한 빈곤상은 해
방 이후 농지개혁(특히, 귀속농지 분배)의 주요한 배경으로 작용할 수밖에
없었다. 〈표 4〉는 1930년대까지 전국적 동향을 파악한 것이다.

여기서 1914~1938년간 소작농이 91만 1,261명에서 151만 1,424명으
로 비약적으로 증가한 반면, 그 증가분만큼 자소작농 이상 층에서 농가호
수가 감소하는 현상이 조선 전체의 경향으로서 확인된다. 이 같은 전국적
통계는 식민지지주제의 확대와 함께 이미 널리 알려진 사실이지만, 여기
서 중요한 점은 이런 소작농의 확대, 그것에 따른 농촌 모순의 심화가 해
방 이후 귀속농지 불하를 시행하는 미군정과 연합군 최고사령부SCAP에
의해 이미 포착되었다는 사실이다. 도쿄의 연합군사령부에서 동아시아
일대의 농지개혁을 주관했던 라드진스키는 ① 영세한 경영규모, ② 불공

〈표 5〉 식민지 조선(경상도)에서 농민의 수입과 지출   (단위: 엔, %)

계층별	총수입		총지출		이익(+), 손실(−)	
	조선농업협회 추계	조선농림국 추계	조선농업협회 추계	조선농림국 추계	조선농업협회 추계	조선농림국 추계
자작농	679	479.5	701	507.2	−22	−27.7
자소작농	392	484.6	473	468.0	−81	+16.6
소작농	297	397.8	327	428.0	−30	−30.2
평균	456	453.9	500	467.7	−44	−13.8

* 자료: Lee Hoon-Koo, Land Utilization and Rural Economy in Korea, Chicago: University of Chicago Press, 1936, p. 272; ワリンスキー 편, 앞의 책, 97쪽.

평한 토지소유, ③ 소작제도의 확대, ④ 악화되고 있는 소작사정 등을 식민지 조선의 농촌문제로 인지하면서 제2차 세계대전 이후 한국을 비롯한 동아시아의 농지개혁을 준비했다.[54] 〈표 5〉는 그가 인식한 식민지 조선 농촌의 소농민들의 구체적 경영실태(농가수지)를 정리한 것이다.

1920~1930년대 상황을 보여주는 〈표 5〉는 라드진스키가 파악한 경상남북도 조선 2도의 농가수지 실태인데, 이훈구의 저서『식민지 조선의 토지개량과 농촌경제Land Utilization and Rural Economy in Korea』(1936)에서 인용한 것이다. 여기서는 조선농업협회, 조선농림국의 두 추계가 제시되었는데, 어느 것이나 마이너스(−)의 수지구성을 보여준다. 즉, 당시 농가의 생계는 만성적 적자를 면치 못했다. 식민지지주제가 초래한 조선에서의 농촌 모순은 전술한 영세한 경영규모 위에 이 같은 열악한 생계실태를 드러낸 것이다. 라드진스키는 당시 농촌 빈곤의 원인으로 ① 저소득, ② 과중한 부채 및 높은 농촌이자율, ③ 농산물가격하락, ④ 농민구제의 부진 등

                1부 | 전통과 장기지속

을 지적했다.[55] 이러한 농촌 빈곤의 원인과 실태는 해방 이후 미군정의 귀속농지 불하조치의 주요한 원인이 되었다.

5
1948년 귀속농지의 분배

해방 이후 한국의 농지개혁은 1948년 미군정의 귀속농지 불하조치와 1950년 이승만 정부의 일반농지 분배조치 2단계로 나뉘는데, 이는 한국이 식민지령에서 신탁통치령으로 전환된 당시의 정치적 상황과 관련이 깊다. 해방 직후 한국은 자치정부에서 토지개혁을 선행하지 못하고 미군정에서 귀속농지분배를 시행했는데, 동아시아 일대에서는 패전국 일본이나 식민지였던 대만에서도 마찬가지 상황이었다. 연합군 최고사령부는 동아시아 여러 지역의 정치·경제 상황을 주시하면서 농지 분배를 서둘렀다. 이는 사회주의세력의 토지개혁(토지혁명)이라는 대외적 요인과 함께 지역 내 농촌 불안의 심화라는 대내적 요인에 기인했다.[56] 이하에서는 한국 농촌의 여러 모순을 전술한 식민지지주제와 관련해 구체적으로 살펴본다.

　나주군 금천면이 영산포의 영향권 아래 놓여 있으며, 일본인 대지주에 의한 지주적 토지소유가 심화되었음은 전술한 그대로다. 금천면에서 산출된 농지개혁 관련 1차 자료는 식민지지주제의 모순을 특히 귀속농지 분배과정에서 구체적으로 보여준다. 〈표 6〉은 나주군 금천면 내 총 11개 리의 귀속농지를 개괄한 것이다. 금천면의 귀속농지는 총 4,443필지, 775.6

<表 6> 전남 나주군 금천면 귀속농지의 동리별 지목구성 　(단위: 정보, %)

동리별	논			밭			총필지 수	총면적
	필지 수	면적	면적비	필지 수	면적	면적비		
오강리	122	23.1	51.3	167	21.9	48.7	289	44.9
고동리	1,256	175.2	91.1	163	17.2	8.9	1,419	192.4
광암리	23	4.7	53.9	36	4.0	46.1	59	8.7
신천리	316	84.6	90.0	70	9.4	10.0	386	94.0
죽촌리	293	70.1	91.7	57	6.4	8.3	350	76.5
월산리	365	77.2	88.9	72	9.7	11.1	437	86.9
동악리	178	35.0	82.9	60	7.2	17.1	238	42.2
석전리	214	40.5	90.2	32	4.4	9.8	246	44.9
촌곡리	97	18.4	42.3	154	25.1	57.7	251	43.5
신가리	230	51.2	70.0	122	22.0	30.0	352	73.2
원곡리	217	41.8	61.2	199	26.5	38.8	416	68.3
11개리	3,311	621.8	80.2%	1,132	153.7	19.8%	4,443	775.6

* 자료: 『羅州郡金川面歸屬分配農地簿』, 이하 자료 동일.
* 주: 면적을 평에서 정보로 환산하는 과정에서 반올림된 수치가 포함되어 있음.

정보로 논으로만 환산하면 금천면 전체의 약 56%를 점유했던 것으로 추정된다.[57] 상대적으로 높은 귀속농지 비중은 식민지지주제가 발달한 호남 지방에서는 일반농지의 그것을 2배 이상 상회했다.[58]

　귀속농지로 보는 나주 금천면의 지목 구성은 <표 6>에 제시한 바와 같이 논 80.2%(621.8정보), 밭 19.8%(153.7정보)로 전형적인 수도작 지대임을 알 수 있다. 바로 이러한 지역을 중심으로 일본인의 식민지지주제가 심화되었음을 보여준다. 후술하겠지만, 지역적으로 보면 영산포 접계인 고동리(192.4정), 신천리(94정), 죽촌리(76.5정), 월산리(86.9정) 등지에서 일본인에 의한 지주적 토지소유 집중도가 높았고, 영산강 천변의 신가리(73.2정), 원곡리(68.3정) 등지에서도 상대적으로 높은 비중을 점했다.[59]

〈표 7〉 해방 시점 일본인의 토지소유 실태 (단위: 정보, %)

면적별	인수	필지 수	소유면적	면적	평균면적
50정~	4	1,486	268.0	34.6	67.0
10~50정	12	2,001	340.8	43.9	28.4
5~10정	9	350	63.8	8.2	7.1
3~5정	5	121	19.2	2.5	3.8
1~3정	32	355	58.8	7.6	1.8
~1정	58	130	24.9	3.2	0.4
계	121	4,443	775.6	100	6.4

〈표 7〉은 1945년 해방 시점에서 일본인 소작제 농장주들의 지주적 토지소유를 분석한 것이다. 귀속농지 775.6정보의 구 소유자는 일본인(법인 포함) 121명이었다. 이 가운데 10정보 이상을 지주층으로 설정하면, 일본인 지주를 14명(11.6%) 적출할 수 있다. 이들은 10~50정 층에서는 총면적의 43.9%, 50정 이상 층에서는 34.6%를 소유함으로써 10정 미만 층에 비해 압도적인 비중을 점했다. 구체적인 명단은 〈표 8〉에 제시했다.

『나주금천면 귀속분배농지부』에 주목하는 한 전술한 동산농사주식회사와 동양척식주식회사는 면내 대표적 일인계 법인지주였다. 여기에는 영산포 거주 나주군 내 최대지주인 구로즈미黑住를 비롯한 일본인 농장주들이 대거 등장하는데 이타미伊丹万吉, 하시모토橋本義助, 마츠다이라松平富米吉, 히사야마久山壽賀一 등 〈표 3〉에서 제시한 금천면 거주 일본인 4명 외에 적지 않은 재촌 일본인 지주들이 포함되어 있었다(그 상세는 불명). 이 가운데 영산포에 출장소를 운영한 문제의 동척은 면내 제2위의 대지주로 해방 시점에도 여전히 많은 경지를 소유했다(〈표 8〉에서 65.3정보). 함한희의 궁삼면 사례연구에 따르면, 1915~1945년간 동척의 논 소유 비

〈표 8〉 해방 시점 10정보 이상 일본인 지주명단 (단위: 정보)

성씨별	논		밭		총필지 수	총면적
	필지 수	면적	필지 수	면적		
東山	374	86.7	44	6.8	418	93.5
東拓	246	61.9	23	3.4	269	65.3
黑住	469	55.4	11	1.3	480	56.6
橋本	227	42.1	92	10.6	319	52.6
伊丹	195	41.6	37	4.9	232	46.5
杉本	144	34.9	17	1.7	144	36.6
安井	89	19.7	89	15.6	178	35.4
伊藤	175	29.6	33	3.7	208	33.3
久山	80	17.1	87	13.0	167	30.2
松平	144	22.8	55	5.7	199	28.4
松本	125	23.2	16	1.9	141	25.1
小林	77	13.3	78	9.1	155	22.4
佐藤	60	12.5	67	8.5	127	21.0
馬淵	92	9.6	90	9.8	182	19.4
中園	12	2.8	115	13.7	127	16.5
篠野	39	8.3	21	5.8	60	14.1
총16人	2,548	481.4	875	115.6	3,423	596.9

* 주: 자료(「나주군금천면귀속분배농지부」)에는 성씨만 나오고 이름은 없다.

중은 55%에서 35%로 떨어졌다.[60] 이 감소분만큼 일본인의 소유 비중이 상승(12%→41%)했는데, 1930년대 전반 '자작농설정사업'과 관련이 깊었다. 이와 같이 지주적 토지소유의 고위성 이면에 숨겨져 있던 일본인 지주층 내부의 변동 상황이 해방 이후 귀속농지 분배과정에서 다시 한번 확인되는 셈이다. 〈표 9〉는 금천면 내 동척의 소유지만 동리별로 집계한 것이다.

전술한 나주 궁삼면사건은 지리적으로 영산포 일대(세지면, 왕곡면, 봉황면)를 중심으로 했는데, 〈표 9〉에서는 금천면 내 영산포 접계지인 신천

〈표 9〉 해방 시점 동양척식주식회사의 소유 실태 (단위: 정보, %)

동리별	총필지 수(밭)	면적	면적비
오강리	0	0.0	0.0
고동리	14	2.8	4.3
광암리	0	0.0	0.0
신천리	81(15)	21.9	33.5
죽촌리	101(4)	23.5	36.1
월산리	9	1.8	2.7
동악리	2	0.5	0.7
석전리	15	3.4	5.2
촌곡리	10(1)	2.0	3.1
신가리	14(1)	4.4	6.8
원곡리	23(2)	5.0	7.7
총계	269(23)	65.3	100.0

* 주: '총필지 수(밭)'는 전체 필지 수와 그 가운데 밭의 필지 수만 별도로 집계한 것임. 가령 총계에서 269(23)는 전체 269필지 중 23필지만이 밭임.

리(33.5%), 죽촌리(36.1%)가 소유면적 면에서 압도적인 비중을 차지한 것을 볼 수 있다. 영산포 인접 면이었던 금천면에서 동척 소유지가 다량으로 적출되었음은 이 경지들이 구 궁삼면의 토지였음을 추정케 하지만 그 상세는 불명하다. 다만, 동척뿐 아니라 구로즈미 등 일본인 지주층이 영산포를 중심으로 금천면 등 영산포 배후 농촌 지역으로 소작제 농장을 확대해나갔음은 부정하기 어려운 사실이었다.

1948년 4월 시행된 귀속농지 분배조치는 1단계로 구래 식민지지주제를 해체하는 과정(몰수과정)과 2단계로 해당 소작인에게 분배(유상매각)하는 과정으로 나뉜다. 미군정 산하 신한공사는 '적산'(귀속재산)이라 하여 구 일본인의 부동산(주로 토지)을 몰수·운영했는데, 귀속농지 분배조치는 「신한공사해산령」으로 한국인 소작인에게 적정한 조건에 유상으로 분

〈표 10〉 한국 소작인의 귀속농지 분배 실황 　　　　　　　　　　　　　(단위: 정보, %)

면적별	인수	필지 수	소유면적	면적비(%)	평균면적
3정~	2	20	7.1	0.9	3.6
2~3정	6	52	13.3	1.7	2.2
1.5~2정	14	103	22.7	2.9	1.6
1~1.5정	67	371	79.5	10.3	1.2
0.5~1정	426	1,565	289.7	37.4	0.7
~0.5정	1,412	2,332	363.3	46.8	0.3
계	1,927	4,443	775.6	100	0.4

배하는 절차를 밟았다. 그 주무부처는 중앙토지행정처(1948. 3)였다가 정부수립 이후 귀속농지관리국(1949. 1), 농지관리국(1952. 4), 농지국(1961) 순으로 개편되어 운영되었다. 경지 분배는 '2정보의 소유상한과 신한공사 배속 소작농에 대한 우선 배분'이 주요한 원칙이었으며, 상환조건은 1년 소출량의 3배를 총매각지가로 산정해 매년 소출의 20%를 현물로 15년간 균등 상환하도록 하였다.[61] 당시 인플레 상황을 고려한다면 기존의 소작조건보다는 상당히 염가였음이 분명하다.[62] 그러나 전술한 궁삼면사건에서 지역 농민들이 1948년 귀속농지 불하조치를 맞아 이마저도 전면적으로 거부했던 점을 감안한다면, 당시 토지소유를 둘러싸고 얼마나 극심한 갈등과 대립이 존재했는지 미루어 짐작할 수 있다.

　귀속농지 분배조치에 따라 과거 일본인 121명이 소유했던 금천면의 귀속농지(775.6정보)는 〈표 10〉에 제시한 바와 같이 한국 농민 1,927명에게 유상분배되었다. 식민지기 일본인 평균 소유면적이 6.4정보였던 것에 대해 이 단계에서는 0.4정보(=1,200평)로 극단적으로 영세한 규모의 자작농이 산출되었음을 엿볼 수 있다. 전술한 바와 같이 식민지기 궁삼면 일대

조선인 소작인의 평균 경작면적이 1,600평이었음을 감안한다면, 결코 충분한 경지분배가 이루어졌다고 보기는 어렵다. 일견 기존의 영세 소작농이 영세 자작농으로 전환된 듯한 인상을 준다.[63] 여기서 1950년대 한국 농촌의 최대 현안으로서 '영세과소농' 문제, 즉 영세한 소농(빈농)의 과밀퇴적 현상의 일단을 확인할 수 있다.

〈표 10〉을 보면 0.5정보 미만 층의 소유자 수는 1,412명으로 전체 1,927명의 다수(73.3%)를 점하는 가운데 해당 계층의 소유면적비는 46.8%(363.3정보)로 산출되어 토지에 대한 인구압박이 심화되었음을 엿볼 수 있다. 여기에 0.5~1정 층의 소유면적(289.7정보, 37.4%)까지 합하면 1정보 미만 영세농민층은 84.2%로 절대 다수를 점유하고 있다. 물론, 여기에는 여타 한국인 지주에게 소작하는 부분(향후 일반농지 분배분)과 상대적으로 소량이지만 자작지가 포함될 수 있지만 후술하는 조선인 지주의 사전방매 때문에 그 수량이 결코 이 표에서 산출된 수치의 오차범위를 넘어서기는 어려울 것으로 추정된다. 여기서는 오히려 농지개혁 과정에서 속출한 영세과소농 문제가 1정보 미만 층의 다량 존재(84.2%)에서 이미 확인되었다고 생각된다. 그러나 여전히 잔존하는 2정보 내지 3정보 이상 상층농(각각 6명, 2명)은 1950년 농지개혁의 분배대상으로 이월되어 재분배 절차를 밟게 되었다.

금천면 내 귀속농지를 분배받은 이른바 '수배농가受配農家'는 귀속농지분배법에 따라 거주지 근처에 자신이 소작하던 소작지를 유상 매수했다. 원칙은 전술한 대로 '구 동척소작인' 출신자로서 해당 지역 거주자일 것을 명시했는데, 이는 1950년 농지개혁 때 거리규정(거주지-경작지 간 8km 이

<표 11> 귀속농지 분배농가의 거주지별 분포상황

동리별	리里내	리외 면面내	면외 군郡내	계
오강리	237	52	0	289
고동리	826	465	128	1,419
광암리	59	0	0	59
신천리	299	14	73	386
죽촌리	273	9	68	350
월산리	368	37	32	437
동악리	216	21	1	238
석전리	215	14	17	246
촌곡리	244	7	0	251
신가리	291	46	15	352
원곡리	372	44	0	416
총계	3,400	709	334	4,443
(%)	(76.5)	(16.0)	(7.5)	(100)

* 주: '군 외' 거주 분배농가는 전무하다.

내)과 크게 다르지 않았다. 〈표 11〉은 수배농가의 거주지별 분포상황을 동리별로 제시한 것이다.

〈표 11〉에 따르면, 리내里內 거주 분배농가는 3,400명(76.5%)으로 여타 리외 면내面內(16.0%), 면외 군내郡內(7.5%)와 커다란 격차를 보였다(군 외는 전무). 더구나 후 2자의 리외里外 거주자라 하더라도 인근 영산포 일대의 수배농가가 다수였음을 감안한다면, 전자의 비중(76.5%)은 표에서 제시한 것 이상으로 높아진다는 사실에 유의할 필요가 있다. 반면, 면외, 군외 거주자는 극히 낮은 수준에 불과하다. 결국 미군정에 의한 귀속농지 불하조치는 실제 경작자(구 소작인)가 해당 경지를 소유하게 되는 경자유전 이데올로기를 실현했다고 평가할 수 있을 것이다. 다만, 이러한 평가는 전술한 영세한 경지규모와 함께 후술하는 분배농지의 상환과정을 그

충분조건으로 만족시키지 않으면 안 된다.

한국의 부동산(주로 경지) 등기 관행은 매매나 상환이 완료되었다고 해서 해당 부동산이 즉각적으로 '부동산등기부'나 '토지대장' 등에 등기되지 않았다는 사실에 유의해야 한다. 한국전쟁 이후 혼란한 정국 상황에서 귀속농지의 상환시점은 여러 사정으로 정확하게 비정하기 어려운 실정이었다. 이는 귀속농지의 분배를 포함한 농지개혁의 최종 완료 시점을 정확하게 파악할 수 없게 하는 연구상 난점을 야기한다. 이러한 사실을 고려할 때 나주 금천면 『귀속분배농지부』의 의의는 여러모로 소중하다. 〈표12〉는 해당 필지 가운데 등기 시점이 명기된 것만 연도별로 집계한 것이다. 이 50여 년간의 등기 실태는 지역농민들에 의한 귀속농지 상환과정을 생생하게 전해준다.

여기서는 금천면의 귀속농지 총 4,443필지 가운데 등기 시점을 알 수 없는 659필지를 제외한 3,784필지만 등기 대상으로 삼았다. 등기 시점이 명기된 해당 필지는 지가상환의 모든 과정을 성공리에 경과한 후 개인 소유지로 법인法認되었음을 의미한다. 분석 결과 다음과 같은 몇 가지 사실을 확인할 수 있다. 첫째, 1948~1998년간의 시계열 통계에 주목하면, 분배농지의 등기는 1962~1965년간이라는 특정한 시점에 발생했다는 점을 확인할 수 있다(도합 2,945필지, 전체 4,443필지의 66.3%). 이는 1961년 시행되어 1960년대 전반까지 차례로 개정된 「분배농지 이전등기 특별조치법」에 기인한 것이다.[64] 즉, 이 특별법은 지가상환을 완료한 수배농가에 한해 해당 필지의 등기(수속)를 독촉했다. 금천면(사무소)에서는 1961년 『농지대가수납부農地代價收納簿』, 1963년 『농지상환개인별내력農地償還個人別

〈표 12〉 귀속농지의 시기별 등기 추이

리별	오강	고동	광암	신천	죽촌	월산	동악	석전	촌곡	신가	원곡	계
1948	1		1			2	2			2		8
1950							1					1
1953			1									1
1956	6	17		1	8	1		1		5	8	47
1957	3	13		1	16	9	4	2	5	6	9	68
1958	8	26	1	2	1	1	10	1	2	8	8	68
1959	3	24		2	6	1	3	2	24	4	5	74
1960		45	1	4	3	4		5	12	16	11	101
1961		4		3					1	1	6	15
1962	28	130	10	65	45	40	25	41	34	63	41	522
1963	77	463	16	85	106	151	80	73	53	70	132	1306
1964	42	149	6	46	30	39	18	33	24	35	74	496
1965	50	168	6	33	36	89	53	40	46	58	42	621
1966	1	12		2	5	7	7		3	3	3	43
1967	6	2	2	4		1	4	3	6	1	5	34
1968	4	26	1	4	5	8	8	1	6	4	11	78
1969	4	4	1	1	2	5	1	2	10	1	8	39
1970	3					1		2		1	3	10
1971	16	11	1		1	1	1	3	4	3	1	42
1972	3	3						2	2	1		11
1973	4	3			1	2		2		4		16
1974	1	1			2	2		3		2	1	12
1975	2		1	1	1	2		4		4	2	17
1976	1		1	2				2	1	4	6	17
1977	2	3	1			1	2	1	1	3	1	15
1978				1		1			1	2	1	6
1979		2		8	1			1	2	1	3	18
1980	1	1	1	3		1	2			2		11
1981				3		5	2	1	4	2	2	20
1982	1			2			2	2			1	8
1983	1		2	2	1		1	4		1	3	15
1984			1					1	1			3
1985	2	2	1	1	1	2	1			1	3	14
1986		4										4
1987			1					1				2
1988	2	5				1	1					9
1989								1		1		2
1990								1				1
1991											1	1
1992		1				1						2
1993			1	1							2	4
1998						1				1		2
미상	17	300	2	109	78	58	10	11	8	40	26	659
계	289	1419	59	386	350	437	238	246	251	352	416	4443

* 주: 금천면의 귀속농지 분배대장은 1998년도까지만 등기 상황을 보여준다.

來歷(귀속·일반)』등을 구비해 지가 상환에 만전을 기했지만, 그 실태는 표에서 보는 바와 같이 여전히 부진했던 사실을 엿볼 수 있다. 이와 같은 상황을 고려한다면 1962~1965년간 등기된 해당 필지들은 해당 시기에 상환을 완료한 필지들과 함께 그 이전 시기에 이미 상환과정을 완료해 이 시기에 들어서 비로소 등기된 것이 포함되어 있다는 사실을 말해준다.

둘째, 1961년 이 특별조치법에 따라 초래된 효과를 전제한다면 〈표 12〉에서 제시한 1966년 이후 등기된 해당 필지들은 사실상의 지가 상환과 등기 과정을 시차 없이 그대로 보여준다고 할 수 있다(상환 완료와 함께 즉각 등기되었다는 의미). 그러나 1966~1998년간 등기된 456필지는 총건수의 9.7%에 그쳤다. 오히려 이 특별법 시행 이전인 1956~1961년간 등기된 필지(373필지, 8.4%)와 비슷한 수준을 보인다. 그렇다면 문제의 1962~1965년간 등기된 해당 필지들은 해당 기간에 상환을 완료한 필지들이 다수 포함되어 있다는 중대한 사실을 말해주는 셈이다. [65]

셋째, 등기연도가 미상인 채로 남겨진 659필지가 오히려 14.8%에 달한다는 사실에 주목할 필요가 있다. 이는 구래의 적산(귀속농지)이 현상적으로는 다량의 무주지無主地로 남아 농민에게 분배되지 못한 상황을 보여준다. 둘째의 사실도 고려한다면, 결국 전체 분배농지의 4분의 1가량(=9.7%+14.8%)이 1960년대 전반까지도 상환·등기되지 못했음을 보여준다. 전술한 영세과소농 문제는 이처럼 1960년대까지 농민들이 몹시 애태우며 걱정하는 장기간의 상환과정, 즉 지가부담의 과중성, 상환의 어려움, 실패 등을 생생하게 보여준다.

넷째, 지역적으로 보면 금천면 내 고동리, 신천리, 죽촌리 등 영산포 인

접 지역에서 미상 무주지가 속출했다. 이 일대가 식민지기 동척의 주요
한 사업지였음은 전술한 그대로다. 여기서 확인된 대량의 미상 무주지는
과거 동척소작인 출신 해당 지역민들의 곤궁한 경제실태를 직접 대변한
다고 할 수 있다. 그러나 여기에는 좀 더 복잡한 사정이 있었다고 생각된
다. 인근 영산포 일대(특히, '궁삼면')의 경우 해당 지역민들이 미군정의 귀
속농지 불하조치를 전면적으로 거부했음은 금천면 내 인접지 농민들에
게도 널리 인지된 사실이었다. 나아가 1950년 농지개혁 과정에서도 '궁삼
면' 지역민들은 경지 분배와 상환을 지연하며 상환가액을 낮추는 데 성공
했다.[66] 이러한 인근 구 동척소작인 출신 수배농가의 행태는 전술한 수배
농가의 경제적 어려움(상환부담) 위에 금천면의 상환과정에도 일정 부분
영향을 미쳤다고 생각된다.

　이상의 사실들을 고려한다면, 나주 금천면에서 귀속농지의 상환과정
은 결코 용이하게 이루어졌다고 평가할 수 없을 뿐만 아니라, 농지개혁
의 최종 시점도 확정하기 어려운 상황이라고 말해야 한다. 그럼에도 금
천면에서의 장기간 상환과 등기과정을 고려할 때 농지개혁의 최종 완료
시점, 즉 식민지지주제의 최종적 해체 시점을 비정해야 한다면 그것은
1962~1965년간이라고 설정할 수밖에 없다. 그것은 농지개혁(귀속농지분
배 포함)이 통상적인 경제과정(거래·매매의 형태)을 넘어 '초법적인' 정치적
결단으로 시행되었기 때문에 그것의 완성도 결국 특단의 정치적 해결(=
특별조치법)에 따르지 않으면 안 된다는 어찌 보면 당연한 사실에 기초하
기 때문이다. 영세한 농민들에게 경자유전 이데올로기의 실현은 자연적
인 경제과정(자소작전진自小作前進)으로는 결코 쉽게 달성할 수 있는 사안

이 아니었음을 금천면 귀속농지 상환과정이 잘 보여준 셈이다.[67] 다음 절에서 1950년 농지개혁 때 일반농지를 상환하는 과정에서 이 같은 사실을 좀 더 구체적으로 재확인할 필요가 있다.

6 1950년 농지개혁: 상환과정을 중심으로

나주 금천면에는 1950년 농지개혁 때 『일반농지상환대장一般農地償還臺帳』이 별도로 존재하는데, 전술한 『귀속분배농지부』와는 다른 양식을 취하고 있다. 후자가 필지별 경지 분배와 등기 상황을 담았다면, 전자는 수배농가별 분배와 상환과정을 보여준다. 따라서 금천면의 농지개혁 관련 1차 사료는 경지의 매수·분배부터 상환·등기라는 농지 분배 전 과정을 입체적으로 보여준다. 특히, 이 글에서 관심이 있는 농지개혁의 상환과정 (최종 종료시점)에 대해서는 상기 두 자료가 1950년대 수배농가의 실태를 상호보완적으로 방증한다는 의미에서 사료적 가치가 매우 높다고 할 수 있다.

1950년 농지개혁에 따라 구래 일본인의 지주적 토지소유뿐 아니라 한국인에 의한 지주제도 해체·소멸 단계에 들어서 있었다. 이 과정에서 귀속농지 불하가 개시된 1948년부터 농지개혁이 시작되기 직전인 1950년 3월까지 조선인 지주의 이른바 '사전방매事前放賣'가 농촌사회에서 빈발했다. 귀속농지 불하 직후 상대적으로 헐가에 자기 경지가 매각될 것을 우려한 한국인 지주들에게 다가올 농지개혁은 북한에서 있었던 토지개혁처럼 사실상 무상몰수로 인식된 것이다. 이 때문에 농지개혁 직전까지 사전방매(잠매·암매)가 한국 농촌에서 빈출했는데, 사실상 비공식적 수준에서 농지분배가 시행되었다고 평가해야 할 정도였다.[68]

이러한 사정 때문에 1950년 농지개혁의 분배 규모는 식민지지주제가 강세였던 호남 지역의 경우 1948년 귀속농지의 그것을 크게 하회할 수밖에 없었다.[69] 전북 익산군의 방증 사례에 따르면, 규모면에서 본다면 1948년 매각된 귀속농지는 1950년 농지개혁 때 불하된 일반 분배농지를 2배 이상 상회하기도 했다.[70] 정리하면, 해방 이후 소작 농민들에 대한 경지분배는 ① 1948년 귀속농지 분배, ② 1948~1950년간 사전방매, ③ 1950년 일반농지 분배라는 3단계 과정을 거쳐 완료되었다는 사실을 알 수 있다. 현대 한국 농촌에서 지배적 생산관계로 성립하는 자작농체제, 경자유전 이데올로기의 실현은 이러한 과정을 경과하지 않으면 안 되는 정치 사회적 조건 아래 놓여 있었다.

1948년 귀속농지 분배조치가 시행된 지 만 2년 만에 농지개혁이 실시되었는데, 그 시점이 한국전쟁 직전임에 유의할 필요가 있다. 일반농지 분배는 사실상 전란 직전에 완료되었지만, 후술하는 바와 같이 이후 상환 과정이 결코 순조로웠다고만 볼 수 없다. 1951년 여름 「귀속농지 특별조치법」에 따라 1948년 분배된 귀속농지도 1950년 농지개혁의 상환조건을 준용하도록 지가상환제도가 일원화되었는데, '1년 생산량의 3배를 지가 총액으로 산정해 매년 소출의 20%를 15년간 균등상환'하도록 하던 귀속농지 상환조건을, 1951년 특별법에서는 '지가총액을 1년 소출의 1.5배로 인하해 매년 소출의 30%씩 5개년간 균등 분할상환'하도록 수배농가 부담을 줄여주었다. 이는 경지소유 상한이 기존의 2정보에서 3정보로 확대된 것과도 깊은 관련이 있었다.[71] 동시에 1950년 농지개혁에서는 수배농가의 거주지와 경작지(신규 분배경지) 간의 거리규정(8km 이내)도 신설되면서 (기존 신한공사 소작농 우선분배), 경작자가 해당 경지를 소유·경작하는 명실공히 경자유전 이데올로기의 실현을 겨냥했다. 이승만 정부는 1952년 4월 농림부 직제를 개정해 기존의 귀속농지관리국(외국)과 농지국(내국)을 농지관리국으로 통합·관리함으로써 제도 운용에 만전을 기했다.[72]

이상과 같은 경지의 분배와 상환제도에 주목하는 한 1950년 이승만 정부에서 시행한 농지개혁은 1948년 귀속농지 분배조치의 연장선상에 있었다고 볼 수 있다.[73] 1950년 농지개혁에서는 수배농가의 상환부담이 완화되었을 뿐 경지분배상 기본원칙은 1948년 귀속농지 불하조치를 승계했다. 이 때문에 지가상환과정을 둘러싸고 상기 두 제도의 일원화가 가능했다고도 볼 수 있다. 이러한 제도상 연속성을 전제한다면, 1950년 농지개혁은 전술한 3단계 농지분배의 완결적 조치로 진행되었다고 평가해도 좋을 것이다.

1950년 농지개혁에 따른 일반농지의 상환·등기 과정에 대해 필자는 일찍이 전북 익산군 춘포면에서 『토지대장』을 활용한 사례연구를 진행했는데,[74] 나주 금천면에서와 유사한 분석결과를 도출했다. 단, 익산 지역 연구에서는 『토지대장』에 기초해 1970년까지 상환·등기 과정만 분석하는, 분석 기간과 방법상 일정한 한계가 있었다. 금번 금천면의 상환과정을 분석한 결과 〈표 12〉에서 본 바와 같이 1970년대 이후에도 수배농가들이 심지어 1990년대까지 힘겹고 지리한 상환과정을 거쳤을 뿐만 아니라 미상환에 따른 미등기자도 속출했음을 확인하였다.

이러한 난항을 겪은 지가상환과정은 해당 지역 농민의 경제실태가 상대적으로 취약함을 시사하는데, 여기에는 다음과 같은 좀 더 구체적인 사유가 있었다. 1) 전란 이후 원수배농가原受配農家가 사망 또는 행방불명되었거나, 2) 수배농가가 생계 곤란으로 농지를 방매·이농하거나, 3) 영세농가가 자발적으로 탈농, 이농해 수배농가가 교체되는 상황이 발생했던 저간의 사정이 지적되었다.[75] 이처럼 원수배농가가 위와 같은 사정으로 지가상환 이전에 분배받은 경지를 사전방매한 경우를 전매매轉賣買(또는 전매)라고 이르는데, 이것이 전술한 상환과정을 예정보다 상당 기간 늦추었다(〈표 12〉 참조). 이하에서는 『상환대장』을 바탕으로 1950년 일반농지에 대한 이러한 사실을 종합적으로 고찰해본다.

〈표 13〉과 〈표 14〉는 금천면 내 농지개혁 때(1950) 일반농지의 동리별 경지분배 실태와 시기별 상환 상황을 정리한 것이다. 〈표 13〉의 상환면적 90.8정보(438인)는 귀속농지의 그것(775.6정보, 1,927인)에 비하면 상당히 낮은 수준에 불과하다. 이는 전술한 전매매(전매) 때문에 모든 분배농가가 1950년 농지개혁 대상 농가로 포함되지 않았던 저간의 사정을 반영한다고 생각된다. 그렇다고 하더라도 일본인을 중핵으로 한 식민지지주제가 강세였던 호남 지역의 경우 농지개혁 때 일반(분배)농지는 귀속농지보다 상대적으로 적을 수밖에 없었다.

〈표 13〉에 따르면, 수배농가의 1인당 평균 분배면적은 0.2정보(600평, 2단보)에 불과하다. 귀속농지의 그것(0.4정보)보다 절반 정도나 낮은 수준으로 여기서 다시 한번 영세과소농의 실체를 실감할 수 있다.[76] 금천면의

(단위: 정보, %)

리별	상환농가(인)	면적	완납자	완납비율
오강리	68	14.8	47	69.1
고동리	27	3.4	14	51.9
광암리	36	7.7	26	72.2
신천리	36	8.8	21	58.3
죽촌리	60	15.2	40	66.7
월산리	55	9.6	31	56.4
동악리	35	7.0	25	71.4
석전리	27	5.9	14	51.9
촌곡리	38	9.8	23	60.5
신가리	13	2.6	5	38.5
원곡리	43	6.1	28	65.1
계	438	90.8	274	62.6

* 자료: 『나주군금천면일반농지상환대장』(1950~1966)

『일반농지상환대장』은 분석 결과 1966년까지 상환과정만 기록해서 전술한 『귀속분배농지부』와 커다란 차이를 보였다. 이 같은 1차자료 상황에 주목하는 한 1950년 농지개혁의 상환과정은 공식적으로 1960년대 중반에 마무리되었던 당시 사정을 반영한다고 생각된다.[77] 1950~1966년간 일반분배농지에 대한 상환 비율은 62.6%에 불과해 귀속농지 불하 때 그것과 비슷한 수준일 것으로 추정된다. 동리별로 보면, 고동리(51.9%), 신천리(58.3%), 월산리(56.4%) 등 영산포 접계 지역이 면 평균(62.6%)보다 현저하게 낮은 수준인데, 전술한 바와 같이, 식민지기 구 동척 소유지로서 해당 지역 농민들이 좀 더 열악한 생계조건에서 지가상환에 어려움을 겪었다고 생각된다. 여기에는 또 하나의 정치적 요인도 고려될 필요가 있다. 1950년 농지개혁 때 구 '궁삼면' 일대(영산포읍, 봉황면, 세지면) 농민들은 1948년 귀속농지 불하 때와 마찬가지로 농지개혁 시(1950) 정부 측의 농지분배를 전면적으로 거부하였다. 1952년 '궁삼면' 농민들은 농지개혁의 유상분배 방침에 반대하며 이른바 농지상환금불납운동農地償還金不納運動을 조직적으로 전개했다. 이에 대해 정부 측에서는 특별한 배려조치로 "1949년 혹은 1950년도 농지개혁 당시 결정된 현물납입액(농지상환총액)을 당시 법정가격으로 환산해 급납 처리하기로 결정하였다. 다시 말하면, 몇 년 전 가격으로 토지(상환)대금을 납부케 한 것이다."[78] 1950년대 전반이 전후 인플레로 고물가 시기였음을 감안한다면 상당한 특혜조치였다고 할 수 있다. 이를 통해 수년간 지연되어온 '궁삼면' 일대 지가상환은 1950년대 중반 시작되어 1960년대 초까지 이루어졌음을 알 수 있다. 이와 같이 '궁삼면'의 상황을 목격한 영산포 접계 지역(고동리, 신천리 등)의 금천면 농민들은 구 동척=구 궁삼면 지역의 일종의 특혜조치를 마찬가지로 기대했다고 생각된다.[79]

〈표 14〉는 전술한 귀속농지의 상환추이를 보여주는 〈표 12〉를 기술적으로 보완하며, 따라서 농지개혁의 총과정(상환·등기)에 대한 최종적인 시기 비정을 가능케 한다. 〈표 14〉는 지가상환 완납자 274명만 대상으로 했다. 이로써 시기별 지가상환 추이를 보면, 귀속농지 불하 때보다 상환조건이 완화되었음에도(지가총액이 1년 소출의 3배에서 1.5배로 인하), 시기별 추이는 대동소이하다는 것을 엿볼 수 있다. 〈표 12〉와 마찬가지로 『분배농지 이전등기 특별조치법』이 발효된 1961년, 1962년에 상환건수가 집중되어 있다. 제도상 상환기간이 5년으로 단축되었음에도 1961~1966년간 지가상환을 완료한 분배농가(소계 243명)는 전체(274명)의 88.7%에 그

〈표 14〉 농지개혁 이후 일반농지의 시기별 상환 추이

연도별	오강	고동	광암	신천	죽촌	월산	동악	석전	촌곡	신가	원곡	계
1950	1											1
1951	2	1									1	4
1953											1	1
1954									1			1
1955			1									1
1956			1	1	1						2	5
1957				1	1		1					3
1958		1									1	2
1959					2		3		1	1	6	13
1961	20	8	10	10	28	23	7	9	10	2	5	132
1962	15	4	9	5	5	4	11	4	5	1	1	64
1965			2							1		3
1966	9		3	4	3	4	3	1	6		11	44
계	47	14	26	21	40	31	25	14	23	5	28	274

* 자료: 『나주군금천면일반농지상환대장』(1950~1966)

첬다.[80] 이와 같이 시기적으로 더딘 농지개혁의 상환과정은 1960년대 당시 수배농가가 어느 정도로 지가상환에 어려움(부담)을 겪었는지 다시금 환기해준다.

농지개혁을 장기사적 관점에서 파악해야 할 연구상 필요성은 농지개혁 때의 급속한 매각·분배 과정과는 대조적으로 지역 농민들이 이상과 같은 지리한 상환과정을 1960~1970년대 이후까지도 지속할 수밖에 없었던 사회경제적 정황에 기인한다고 생각된다. 〈그림 4〉는 금천면 오강리(면사무소 소재지) 거주 이의심과 민향남의 「분배농지상환증서」를 각각 1960년대 판과 1980년대 판을 대비해 제시한 것이다. 무엇보다 1980년대

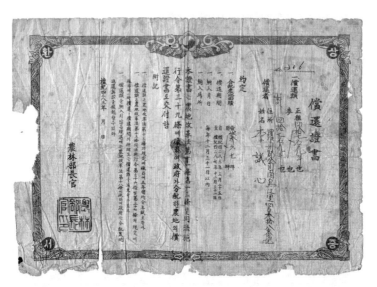

〈그림 4〉 나주군 금천면 오강리 거주 농민들의 상환증서(1960~1980년대)

까지도 나주 현지에는 지가상환증서가 남아 있어 1차 사료로 발굴된다는 사실이 나주 금천면 사례의 특질을 단적으로 보여준다고 생각된다.

전술한 바와 같이 1948년 분배된 귀속농지는 1950년 농지개혁 조치에 따라 1951년부터 그 상환과정이 일반(분배)농지의 그것과 일원화되었는데, 〈그림 4〉는 1960년대와 1980년대 (지가)상환증서의 상이한 양식을 제시했다. 기본적인 수록 내용은 유사하지만 적지 않은 세월이 흘러 한층 세련된 양식으로 단순화된 점이 인상적이다. 결국, 금천면의 지가상환과정은 1960년대 전반까지도 종결되지 못한 채 〈그림 4〉에 보는 바와 같이 1980년대까지 지리한 상환 일정을 거쳤음을 알 수 있다. 이러한 일종의 지연된 상환과정을 고려한다면, 1950년대 한국 농촌의 농가수지는 식민지기보다 악화되거나 정체되어 있었던 사실을 암시한다. 이는 지역사회 내 농가경영상의 영세과소농 문제와 관련되어 있다고 할 수 있는데, 농지분배 이후 과중한 지가상환 부담을 상쇄할 만큼 농업생산력(토지생산성)이 상승하지 않았음을 시사한다고 생각된다. 달리 말해 농지개혁에 따른 생산성 상승효과(자작농제의 인센티브 효과)가 기대에 미치지 못함으로써 지가상환과정은 더욱 지연되었던 것이다.[81] 이 점은 농지개혁의 역사적 의의로서 '농지개혁이 과연 제2차 세계대전 이후 저발전사회의 근대화 방안으로 유력한 개혁방식이었는가'를 둘러싸고 논쟁적 상황을 재연하고 있다.

〈표 15〉는 1960년대 전반 나주군 전체와 금천면 일대(11개리)의 경작규모별 농가실태를 제시한 것이다. 이로써 군·면 수준에서 영세과소농 문제를 거시적으로 살펴보고, 금천면에 관한 이상의 사례분석 결과를 역으

규모별	금천면		1961년 군 전체		1964년 군 전체	
	농가 수	면적	농가 수	면적	농가 수	면적
3정보 이상	29	111.4	65	231.7	252	1,045.7
2~3정보	150	373.6	1,218	3,112.1	1,465	3,749.0
1~2정보	399	647.6	4,931	7,937.7	5,638	8,619.7
0.5~1정보	558	431.1	8,924	6,985.1	9,339	7,156.8
0.3~0.5정보	384	167.7	6,582	2,683.4	6,613	2,603.2
0.3정보 미만	417	96.0	6,905	1,654.7	6,809	1,489.6
計	1,937	1,827.4	28,625	22,604.7	30,116	24,664.0

* 자료: 『나주군통계연보』(1965년 판).

로 검정할 수 있다.

　　1964년 12월 현재 농가 1호당 경작면적은 금천면의 경우 0.94정보 (1,827.4÷1,937)로 산출되어 군 전체 0.79정보(1961), 0.82정보(1964)보다 약 간 높은 수치를 기록했다. 따라서 해당 지역이 하천변의 조방적 경작지대 임을 말해준다. 금천면의 1호당 경작면적(0.9정보)을 1948년과 1950년의 해당 분배면적과 비교하면(각각 0.4정보, 0.2정보), 농지개혁 때 경지면적이 상대적으로 낮은 수준이었음을 알 수 있다. 이는 호당 집계와 인당 집계 간의 기술적 편차를 넘어 좀 더 본질적으로는 농지개혁 때 수배농가의 영 세성에 기인한다고 생각된다. 즉, 농지개혁 때 수배대상 농가는 주로 하 층(빈농층)에서 선정되어 배출되었다는 사실을 말한다. 여기서 중요한 사 실은 여전히 1정보 미만 층이 1960년대 한국 농가의 주류적 범주로서 자 리 잡았다는 점인데, 〈표 15〉의 규모별 농가호수에서 그 실상을 확인해 볼 수 있다. 농가호수라는 측면에서는 '0.5~1정보 층'이 금천면뿐 아니라 1961년, 1964년 군 전체 집계에서도 다수를 점하지만, 경작면적이라는 측면에서는 '1~2정보 층'이 군·면 단위 모두에서 전자를 근소하게 상회한다. 결국, 1960년대 한국 농촌에서 농지개혁에 따른 '중농표준화中農標準化'(정책목표)는 1정보 전후의 영세한 규모에서 발생했다. 따라서 '영세농표준화'라는 현상이 당시 실상에 가까웠다고 할 수 있다.

　일반적으로 농지개혁은 농촌사회의 근대화 방안과 관련해 다음 두 가지 효과를 겨냥한다. 하나는 구래 농촌 모순(지주–소작관계의 계급모순)의 해소 내지 극복에 있으며, 다른 하나는 좀 더 적극적 의미에서 농업발전(자작농체제에 따른 생산성 증대효과)을 통한 농촌근대화 대책으로 제시된 것이다.[82] 따라서 농지개혁은 궁극적으로 국민 다수를 점하는 농촌 농민의 빈곤에 대한 거대한 도전을 의미하며, 새롭게 성장한 자작농이 과연 어느 정도로 농업생산력을 끌어올릴 수 있는지에 사업 성패가 결정된다고 볼 수 있다. 이에 대해 우대형과 조석곤 간의 흥미로운 논쟁적 견해가 존재한다. 우대형은 거시적 통계분석으로 "우리나라의 농지개혁은 농업생산성 증가에 결코 긍정적인 기여를 하지 못했다. 이러한 결과에 따르면, 일제하 지주가 생산과정에서 해온 역할—품종, 비료 등의 농사기술 및 신용의 제공—들을 결코 과소평가할 수 없"다며[83] 생산성 정체의 요인까지 지적했다. 이에 대해 조석곤은 전북 김제군 죽산면 사례연구를 바탕으로 "1950년대 후반의 토지생산성은 1930년대 후반 수준을 회복하였다. 비록 밭의 생산성은 식민지시대의 그것에 미치지 못했지만, 논의 토지생산성은 식민지시대보다 높아졌기 때문에 전체적으로 (농업)생산성은 증가했다"[84]라고 보았다. 강원도 원주군 호저면 사례에서도 "1930년대 후반의 토지생산성보다 1950년대 후반의 생산성이 더 높았다"라고 봄

으로써[85] 이전의 Jeon&Kim과 유사한 결과(자작농제의 (생산)인센티브효과)를 제시했다.[86]

이상의 농지개혁을 둘러싼 대조적 견해를 고려할 때 나주 금천면의 분석결과는 우대형의 1950년대 생산성 정체설을 사실상 지지하는 것이라고 할 수 있다. 단, 이러한 잠정적 결론은 지역농민의 농가수지에 대한 좀 더 미시적 분석을 논의의 충분조건으로 요구한다. 그런데 1950년대 농업생산성이 정체한 요인과 관련해 필자는 식민지기 지주제의 특질 속에 농지개혁 이후 자작농체제가 보유하지 못한 속성, 즉 우대형이 '지주의 역할'이라고 한 일종의 규범적 또는 온정주의적paternalistic 요인이 개재하는 것은 아닐까 하는, 1950년대 한국 농촌의 현실(영세과소농체제)이 담지해 내지 못한 특질과 한계가 존재한다는 사실에 주목할 필요가 있다고 생각된다. 가령, 지주의 작인에 대한 경제적 대부, 원조, 후원 등은 실제 소작인의 농작업 과정과 농가수지에 적지 않은 호조건으로 작용하였을 것이다.[87] 이러한 상황을 감안한다면 자작농체제 수립에 초점을 둔 농지개혁 연구는 오히려 해체 대상으로 전락했던 구래 병작제나 식민지지주제(의 성격)에 대한 좀 더 구체적이고 구조론적인 분석을 요청한다고 생각된다. 과거의 수탈적·착취적 기생지주제寄生地主制의 이미지만으로는 지주-소작 간에 벌어진 다양한 거래(계약)와 인간관계의 제상諸相을 완전하게 파악하기는 어렵다고 생각된다.[88]

마지막으로, 영세과소농 체제를 사실상 지지하는 나주 금천면의 분석결과는 농민의 실제 삶livelihood(생계)에 대한 좀 더 구체적인 분석을 요청한다. 과연 1950~1960년대 농촌 농민들은 농지개혁의 상황 압박 속에서

〈표 16〉 농지개혁 전후 나주 다시면 일대 1정보 미만 토지소유자의 성씨 분포

	영동리			회진리	
성씨별	1945	1960	성씨별	1945	1960
김씨	23(10.6)	53(11.0)	김씨	7(5.2)	12(5.4)
류씨	11(5.0)	18(3.7)	박씨	14(10.4)	31(14.0)
이씨	69(31.6)	162(33.6)	**임씨**	80(59.3)	135(60.8)
임씨	10(4.6)	22(4.6)	기타	34(25.2)	44(19.8)
장씨	10(4.6)	40(8.3)			
최씨	10(4.6)	19(3.9)			
기타	85(39.0)	168(34.9)			
계	218(100.0)	482(100.0)	계	135(100.0)	222(100.0)

* 자료: 정승진, 앞의 논문, 2004, 253쪽(원자료는 『나주군다시면토지대장』).
* 주: 10명 이상 주요 성씨만 대상으로 함. 1945년 소유자 성명에는 인식불명의 일본식 '창씨'가 있어 분석대상에서 제외함. 괄호 안은 구성비(%)임.

어떻게 생계와 경리를 꾸려갔을까? 한국전쟁 이후 생존위기 속에서 한국 농민들은 어떠한 적응전략 내지 생존방안을 모색했을까? 이하에서 지역 농민들의 일종의 생존방어 전략으로서 필자의 기존 연구(나주 다시면 사례)를 재론하고자 한다.[89] 다시면의 『토지대장』과 『제적부』 분석은 농지 개혁에 따른 소농민들의 흥미로운 생존전략을 제시한다. 〈표 16〉은 구 궁삼면 지역의 하나인 나주군 다시면 영동리와 회진리 일대에서 농지개혁 전후 1정보 미만 경지를 소유한 토지소유자들을 집계한 것이다(이하의 분석결과는 〈표 17〉에 제시하는 바와 같이 1정보 이상 토지소유자를 표본으로 설정하더라도 마찬가지다).

분석 결과, 첫째, 나주 임씨가 마을 호구의 60%를 점했던 회진리에서는 농지개혁 이후 주로 몰락한 일가친척으로 구성된 소작농이 1정보 미만의 영세자작농으로 전신함으로써 기존의 집성촌은 한층 심화되었다.[90]

〈표 17〉 농지개혁 전후 나주 다시면 1정보 이상 지주의 성씨 구성의 변동

영동리				회진리			
1945		1960		1945		1960	
성명	면적	성명	면적	성명	면적	성명	면적
朝鮮信託	22.8	이동범	8.7	朝鮮信託	21.0	朝鮮信託	4.3
선일척산	16.8	흑주저태랑	4.1	박금서	6.2	임종홍	2.4
흑주저태랑	10.6	이의범	3.0	흑주저태랑	3.9	박승직	2.1
이의범	10.6	多侍水組	2.3	박승태	2.7	임인택	2.1
최양상	9.2	장진룡	2.2	임윤택	2.7	임윤택	1.8
전남상사	7.8	류중국	2.1	임인택	2.6	임희규	1.7
이동범	6.2	國	2.1	전전강길	2.2	정숙윤	1.6
협천가작	5.9	이영백	2.0	박찬영	2.2	임순택	1.6
이하범	5.7	함평이씨	1.9	산명삼치	2.1	임종길	1.4
전전강길	5.4	이하범	1.7	임종홍	1.8	박찬영	1.3
이민학	4.7	이민학	1.7	임병원	1.8	임종태	1.2
東拓(株)	3.8	이계만	1.6	東拓(株)	1.7	임종출	1.2
박금서	3.7	임종상	1.6	임천규	1.6	임래봉	1.2
임병원	2.8	류중갑	1.6	이연노	1.2	임영래	1.2
이국헌	2.4	이민렬	1.5	임경택	1.1	이연노	1.2
多侍水組	2.3	이휴서	1.5			박천표	1.1
이철서	2.1	이석헌	1.4			임강규	1.1
함평이씨	1.9	이갑범	1.3			임길택	1.1
이휴서	1.8	최점임	1.2			박찬기	1.0
강구철	1.8	임월순	1.2			임창규	1.0
김상수	1.5	김분순	1.2				
이민형	1.3	이종렬	1.2				
대원대시정	1.2	윤대순	1.2				
이계속	1.2	장성수	1.2				
이돈주	1.2	이원서	1.1				
이원서	1.2	이계승	1.1				
이유일	1.1	장동길	1.1				
이석헌	1.1	이두헌	1.1				
이종렬	1.1	이민수	1.1				
이민수	1.1	이영수	1.1				
郡農會	1.1	이철서	1.0				
청목예종	1.0	이용선	1.0				
서야칠삼랑	1.0						

* 자료: 정승진, 앞의 논문, 2004, 252쪽(원자료는 『나주군다시면토지대장』)
* 주: 굵은 글자의 서명은 집성촌 여부를 확인하기 위한 것임(함평 이씨, 나주 임씨).

즉, 자작농으로 마을에 착근着根함으로써 이농 등 유동 요인이 없어졌다는 맥락에서 그러하다.[91] 이 경우, 제사공동체를 기반으로 하는 족계族契(영모정)가 마을의 촌락질서를 유지하며 일가친척인 동리민 간의 상호부조적 분위기를 한층 강화했음은 용이하게 예상할 수 있다. 둘째, 회진리와 달리 각성이 모여살던 영동리에서는 4개의 유력 성씨(함평 이씨, 수성 최씨, 광산 김씨, 흥덕 장씨)가 중심이 되어 이른바 대동계大同契(4성씨계四姓氏契)를 가동했다.[92] 약 400년간 지속되어온 초동대동계草洞大同契는 한국전쟁 속에서 일시적으로 중단되었지만 1957년부터 중수해 금세기까지 이어져 내려온다. 이 경우 회진리의 사례와 마찬가지로 촌락 내 동리민 간에 농작업과 생활의 한계면을 공유하며 호혜적·협력적 행위유형을 자신들의 생존전략으로 구사했음은 쉽게 추정할 수 있다. 이와 같은 방증 사례를 고려한다면, 농지개혁은 한국 농촌사회에서 집성촌 등 촌락민 간 유대를 강화함으로써 전통적 요소(공동체적 행위유형)를 재현할 하나의 가능성('재전통화'문제)이 있었다고 생각된다. 1950~1960년대 제도금융으로서 농협이 완전히 자리 잡기 이전 단계에서 수배농가의 경제적 어려움은 이러한 비공식 수준의 집합적·공동체적 유대를 바탕으로 극복해나간 것은 아닐까.[93]

7
맺음말을 대신하여

해방 이후 나주 금천면에서 산출된 농지개혁 관련 1차 사료를 활용해 장기사적 관점에서 또 지역사회의 수준에서 한국의 농지개혁 과정을 실증적으로 고찰해보았다. 여기서는 일제강점기의 농촌 모순, 특히 식민지지주제의 기본모순(지주—소작 간 계층별 민족모순)을 의식하면서 귀속과 일반농지의 분배 및 상환과정에 분석의 초점을 맞추었다. 장기사적 관점에서 본다면, 20세기 중반 한국의 농지개혁은 20세기 전반의 지배적 생산관계였던 식민지지주제를 해체·소멸하고 20세기 후반의 영세 자작농체제를 극적으로 수립하는 과정이었다고 볼 수 있다. 한편, 나주 금천면의 농지개혁 과정은 넓게 보면 1948·1950년 농지분배를 둘러싼 구한말 이래 식민지지주제를 경과한 영세 소농들의 장기간 '토지투쟁'의 역사이자 좁게 보면 지역사회 관점에서 농지개혁(특히, 귀속농지 분배)이 초래한 단기적 효과분석이라고 거칠게 요약할 수 있다. 이하 몇 가지를 정리하면 다음과 같다.

첫째, 지역사회의 관점에서 개항기 이래 목포와 광주의 부상과 대비된 나주 지역사회의 상대적 침체는 신흥 식민도시인 영산포의 부상으로 상쇄되었다. 지역 내 분업체제하에서 나주군은 과거 번영을 뒤로한 채 영산포와 대조적인 전통 농촌사회로 재편되었다. 그 역사적 계기 가운데 하나가 나주 '궁삼면사건'의 최종적 타결이었다. 1880년대 이래 '궁삼면' 일대의 토지소유권 분쟁(궁방—농민 간, 동척—농민 간)은 해방 이후 농지개혁으로 비로소 정치적인 해결의 가닥을 잡아나갈 수 있었다. 장기사적 관점에서 본다면, 궁삼면민들의 '토지탈환투쟁'은 조선 말기 정치사회적 문란과 일제 규율권력의 탄압에 맞선 나주 농민사회의 끈질긴 생명력이 날카로운 소유권의식으로 발현된 과정이었다고 할 수 있다. 농지개혁의 전 과정, 특히 지리한 상환·등기 과정을 고려한다면, 거의 100년 가까이 소요된 해당 사건의 타결은 나주 지역사회에 깊은 역사의 그림자로 남아 있다고 할 수 있다.

둘째, 1948년 귀속농지 분배로 촉발된 한국의 농지개혁(1950)은 러일전쟁(1904~1905) 이래 일제가 구축한 식민지지주제를 최종적으로 해체하는 역사적 사건이었다. 이는 일본인의 진출이 상대적으로 활발했던 호남지역에서는 좀 더 중대한 의미가 있다. 나주 금천면에서는 전술한 동척의 '궁삼면' 사건과 겹치면서 귀속농지 규모가 농지개혁의 그것을 크게 상회했다는 놀라운 사실을 말해주었다. 좀 더 장기사적 관점에서 평가한다면, 이는 조선시대 이래 한국 농촌사회의 지배적 생산관계로 존립했던 병작제(지주−소작관계)가 20세기 중반 농지개혁 단계에 들어서 지난 400년간의 시대적 사명을 다한 채 해체·소멸 과정에 들어섰다는 것을 의미한다. 농지개혁에 대한 학계의 통설(긍정설)은 이러한 지주제 해체를 둘러싼 개혁적 성격의 역사적 의의로만 가능하다.

셋째, 경자유전 이데올로기에 기초한 자작농 체제는 한국사에서 소농사회의 의미를 재규정할 것을 요청한다. 농지개혁은 기존의 지배적 농가형태로서 소작농을 신규 자작농으로 극적으로 전환하는 과정으로 호평가되었지만, 기존의 소작농이 자작농으로 전신하는 과정에서 경작주체의 경제상황까지 개선되는 상황으로는 이르지 못했다. 요컨대 상환농가(수배농가)들은 1950년대 영세과소농(영세빈농의 과밀 퇴적) 문제에 무방비상태로 노출되어 있었다. 그것의 일차적 요인은 농업생산력의 예상외 부진, 즉 토지생산성의 저위가 영세농가의 경영상태를 악화시켜 상환과정을 강하게 압박했기 때문이라고 생각된다. 1960년대 중반까지도 지속되었던 수배농가의 지난한 상환과정, 이후 등기이전의 지연과정이 이를 잘 보여준다. 현대 한국농촌에서 자작농에 기초한 소농체제는 정치적 타결에 기초한 만큼 그 실제적 과정(상환과 등기)의 완료, 즉 농지개혁의 최종 완료 시점도 1960년대 중반 이후까지 지연되었다고 생각된다.

'한국의 농지개혁은 성공적이었는가?'라는 서두의 문제로 돌아가면, 성공한 농지개혁이라 하더라도 그 내부과정은 당대 농촌 농민들의 생활 livelihood 실정에 따라 한마디로 단언하기 어려운 상황이었다고 할 수 있다. 여기서는 다소 비관적 맥락에서 금천면의 지난한 지가상환과정에 주목했지만, 지주제 해체를 포괄한 농지개혁의 전 과정을 부정적으로 평가할 수 있는지는 여전히 회의적이다. 오히려 구래의 지주제를 해체하고 농촌 내 평등주의를 구현했던 농지개혁의 역사적 의의에 주목하는 한편, 1950~1960년대의 그 지리한 상환과정에서 지역농민들은 농가경영상 영세성에도 불구하고 '빈곤에 대한 위대한 도전'(장기간의 상환과정)을 결코 포기하지 않았다는 사실에 주목할 필요가 있다고 생각된다. 즉, 지역농민들의 끈질긴 생명력이 '빈곤에 대한 도전'(자작지확보)을 포기하지 않은 채 그 지리한 상환과정을 견뎌낸 것이다. 이것은 한국의 농지개혁이 여타 저발전 지역·국가의 그것과 상당히 달랐던 역사적 사실 가운데 하나다. 동남아시아, 라틴아메리카 등 여타 후진 지역·국가의 농민들이 농지개혁을 성공적으로 수행하지 못했던 실태와 요인은 향후 본격적인 비교사 분석을 기약하고자 한다.

정승진

성균관대학교 동아시아학술원 부교수, 연구기획위원장으로 성균관대학교 경제학과와 같은 대학원을 졸업(사회경제사 전공)했다. 성균관대학교 대동문화연구원 연구교수, 미국 워싱턴주립대학교 잭슨국제학부 초빙교수, 전북대학교 쌀·삶·문명연구원 HK교수, 일본 도쿄대학교 농학원구원 연구원 등을 지냈다. 주요 저서로 『한국근세지역경제사』(경인문화사, 2003), 『한말 일제하 나주지역의 사회변동 연구』(성균관대학교 대동문화연구원, 2008, 공저), 『금천면지金川面誌』(2017, 공저) 등이 있다. 최근 한수 이북 농촌지역을 조사·연구 중이다. 유튜브(자구tv) '농촌유산'(검색어) 참조.

집필경위

이 글은 2017년 2월 16~17일 성균관대학교 동아시아학술원과 한림대학교 한림과학원이 공동 주최한 학술회의 〈장기 19세기의 동아시아: 19세기 동아시아의 국가와 사회〉에서 발표한 것을 수정·보완한 것이다. 이 글에 대해 유익한 논평을 주신 이용기 교수(한국교원대)를 비롯한 여러 선생님께 지면을 빌려 감사의 말씀을 드린다. 아울러 이 글에서 사용된 나주군 농지개혁 관련 1차 자료를 제공하고 지역연구와 관련해 유의하지 않으면 안 되는 귀중한 제언을 준 선영란 선생(목포대학교)께 각별한 감사를 드린다.

2

정치·사회질서의 지속과 변화

④
19세기 조선 향촌사회의 변화와 새로운 공론의 대두:
아래로부터 형성되는 새로운 정치질서

◎

배항섭

1 향촌사회의 변화와 새로운 질서 모색

18세기 이후 진행된 향촌 내외의 변화가 향촌사회의 질서에 중요한 변동을 초래하였다는 점은 잘 알려져 있다. 우선 18세기 중반 이후 관권강화와 더불어 관이 주도하는 향촌사회 통제정책이 시행되고, 19세기에는 수령과 이향이 중심이 된 새로운 향촌사회 지배체제가 확립되면서[1] 향촌사회에서 사족의 지배력은 현저히 떨어졌다.[2] 이와 같은 관권의 강화와 사족층의 지위 하락으로 요약되는 향촌 지배질서의 변모는 관권에 대한 향촌사회의 자율성이 그만큼 손상되었음을 의미하는 것으로, 또 다른 문제를 일으켰다.

사족은 한편으로는 국가권력과 같은 입장에 서서 민중을 통제·관리하는 역할을 수행하기도 했지만, 다른 한편으로는 민중의 원망을 체현하고 대변하는 역할을 담당하는 중간적 사회세력이었다.[3] 특히 사족은 관권과 향촌사회 간의 갈등과 분쟁을 조정하는 '정치'를 수행해나가는 중재자로서 기능을 수행했다. 이규대가 분석한 강원도 삼척군 도하면의 사례에서도 알 수 있듯이 그동안 관과의 갈등은 대리大里 혹은 대리가 중심이 된 동계가 관권과 교섭하며 조정해왔다.[4] 그 중심 역할을 한 것은 사족층이었다. 또 단성의 김인섭 사례에서 확인되듯이 사족들은 수령이나 감사를 대상으로 환폐 등에 대해 개인적 서신을 발송하거나 직접 정소활동을 벌이는 등 향촌 주민들을 대표하여 관과 교섭하고 그로써 향촌과 관권 사이의 문제를 조정·중재하는 역할을 담당하기도 했다. 그를 통해 수령에게서 촌마다 찬반의 여론조사를 실시하여 정책을 결정하자는 양보나 합의를 이끌어내기도 했다.[5]

이러한 모습은 사족이 관과 향촌사회 간을 조정하는 '정치'를 수행해나가던 저간의 사정을 보여준다. 그러나 관권의 강화와 사족세력의 약화는 결국 이러한 기능을 크게 위축시켰다. 사족세력의 퇴락은 곧 향촌사회의 '정치'에서 사족의 조정이라는 기능이 사라졌음을 의미한다. 이제 관은 하층민과 직접 대면해야 했을 뿐만 아니라 대리와 소리, 대민과 소민 간의 분쟁 등 향촌사회에서 일어나는 갈등의 많은 부분을 직접 감당하여 해결

해야 하는 상황이 되었다.[6]

한편 부세제도 면에서도 변화가 있었다. 총액제와 공동납이 그것이다. 19세기의 유학자 이진상이 "국가의 안위는 생민의 휴척休戚에 달려 있고, 생민의 휴척은 부세의 경중에 달려 있다"라고 하였듯이 부세는 생민의 휴척은 물론 국가 안위와 직결된 중대한 문제였다.[7] 총액제와 공동납이라는 새로운 부세제도의 운영과 부세 부담의 책임은 대체로 면리 단위에 부과되었다. 따라서 면리나 군현 차원에서도 부세 부과나 납부와 관련한 새로운 기준이나 원칙을 마련할 필요가 있었지만, 국가권력이든 향촌사회 내부에서든 그에 대응하는 방안이 준비되어 있지 않았다. 더구나 18세기 중반 이전만 해도 국가-수령 차원의 정책이나 정사 운영에 대한 향촌사회의 대응을 주도하던 사족 세력도 위축되고 있었다. 이에 따라 향촌사회에서는 부세운영을 둘러싸고 각 계층 간 혹은 관과 향촌사회 간에 다양한 대립과 갈등이 일어났고 때로는 관-민, 대민과 소민 사이에 물리적 충돌, 곧 민란이 일어나기도 했다.

이상과 같은 향촌사회 안팎의 변화에 대응하면서 자신들의 생활을 지키려던 향촌사회 주민들의 노력, 특히 민중운동은 향중공론과 향촌질서 면에서는 물론 새로운 정치질서의 형성이라는 면에서도 중요한 변화를 초래하였다. 필자는 민란에서 동학농민전쟁으로 이어지는 19세기 후반 민중운동을 거치면서 향촌 차원에서 새로운 공론이 형성되는 모습, 공론을 모으고 그것을 실현하려는 노력 속에서 새로운 정치질서에 대한 자각이 이루어지는 과정을 살핀 바 있는데,[8] 이 글은 그 연장선에 있다. 여기서는 19세기 후반 민란, 특히 오횡묵이 남긴『총쇄록』에 기록된 함안민란

9)과 고성민란에서 보이는10) 몇 가지 사례를 들어 향촌사회의 질서변화에 대한 민중의 대응이 가져온 변화를 아래부터 형성되는 새로운 정치질서의 형성이라는 맥락에서 좀 더 구체적으로 살펴보고자 한다.

2 향촌지배질서의 변화

향촌지배질서의 변화는 수취체제의 변화와도 밀접하게 관련되어 있었다. 18세기 중엽 이후부터 부세수취가 점차 총액제 방식으로 운영되기 시작하였다.11) 총액제는 국가가 토지와 민인을 일일이 파악하지 않고, 담세자나 담세대상물의 증감과 관계없이 미리 정해진 수취총액을 도−군현−면리 단위로 공동부담하게 하는 제도였다. 총액제가 실시되면서 향촌사회의 부세납부방식도 공동납으로 바뀌어갔다. 이것은 할당받은 부세의 총액을 결당 혹은 호당 일률적으로 배분하여 부담시키고, 납세 단위별로 연대책임 방식으로 운영되었다.

　따라서 관과 결탁한 일부 사족이나 요호부민饒戶富民은 빠지거나 부담을 경감할 수 있었다. 그러나 사족들의 지위가 하락하면서 조세부담 면에서도 사족들의 처지는 이전과 달라졌다. 포흠逋欠12) 등으로 부과되는 부세의 절대량이 증대되면서 조관朝官을 지낸 경력이 있는 사족까지 부세 부담으로부터 자유로울 수 없었기 때문이다. 사족들은 향안과 향소를 중심으로 향천권鄕薦權, 향리 규찰권, 나아가 향촌사회에 대한 부세권까지 장악하거나 깊숙이 개입하면서 관권으로부터 상대적으로 자율적 향촌질서를 유지해나갈 수 있었다. 그러나 사족의 지위는 16세기 말부터 그 싹을 보이다가 17세기 말까지는 확연해지는 유향분기儒鄕分岐를 거치면서 약화되기 시작했다. 유향분기는 경제소의 혁파(1603)에 따른 향소의 중요한 권력적 기반 상실, 17세기 중반 '영장사목' 반포에 따라 좌수 별감이 육陸·수조水操를 비롯한 군무의 책임을 겸하게 되면서 사족들이 천역으로 받아들이게 된 사정과 깊은 관련이 있었다.[13] 이에 따라 중간자로서 자율성을 상실한 사족들은 이후 관권과 결탁하여 향촌 민중을 수탈하는 위치에 서기도 했지만, 일부는 민중 측에 서서 관권에 저항하는 태도를 취하기도 했다.[14]

이에 따라 사족들을 가리켜 '예의와 염치가 없고', '불학무식不學無識'하다고 지적한 향인들이 점차 사족들을 대신하여 향임을 담당하면서 사족과 향족의 분기가 일어났다.[15] 유향분기는 향촌사회 지배층 간의 계층분화, 구분이 심화되어 나가는 과정이기도 했지만, 향임과 향리들이 결탁하여 향사를 무롱舞弄하게 되면서 사족층이 기왕에 누리던 향권으로부터 서서히 배제되는 계기가 되기도 했다. 이에 따라 앞서 언급했듯이 18세기 중반 이후 관권강화와 더불어 관이 주도하는 향촌사회 통제책이 시행되고, 19세기에 들어서는 수령과 이향이 중심이 된 새로운 향촌 지배체제가 확립되면서 사족의 사회적 위세나 영향력은 현저히 떨어졌다.

그 결과 "탐관오리의 착취와 약탈로 부민은 떠돌아 흩어지지 않는 이가 없고 잔민殘民은 지탱하여 보존할 수 없"다고 한 데서도 알 수 있듯이[16] 빈부구곤貧富俱困한 현실 속에서 사족들 역시 가중되는 부세부담으로부터 자유로울 수 없었다. 이러한 사정은 사족이나 부민에서 무전의 빈농에 이르기까지 모든 읍민이 한층 강화된 공동의 이해관계를 가지게 되는 계기가 되었다. 또 경제적으로 여유가 있는 부농층 등은 온갖 방법을 동원하여 조세부담에서 벗어났고, 이들이 내야 할 조세를 빈농층이 부담해야 하는 문제를 드러냈다. 그에 따라 빈농층의 유리·도망이 이어지자 수탈은 다시 부농층에게 미치지 않을 수 없었으며, 이는 조세수탈에 대해 부농과 빈농이 함께 투쟁할 수 있는 조건을 만들었다.[17]

부세제도와 관련하여 또 하나 중요한 변화는 도결이다. 도결은 19세기 초반에 들어와 처음으로 나타나는 부세수취의 새로운 관행으로 도봉都捧, 방결防結, 관양호官養戶라고도 하였다. 도결은 기본적인 토지세인 전세·대동세 외에 구폐捄弊라는 명목 아래 도망 등으로 부족해진 군역세나 포탈된 환곡 그리고 각종 부가세를 토지를 대상으로 부가하는 제도[18] 혹은 도호都戶 내지는 관도호官都戶의 다른 표현으로 기존의 응세조직인 작부세作夫制를 통하지 않고 수령이 직접 조세부담자에게서 세를 거두어들이는 전결세田結稅 수취의 새로운 방식으로 조세의 화폐납이 그 전제조건이 되는 제도 등으로 이해된다.[19] 이러한 도결은 향리들의 포흠과 잡비를 충당하기 위한 '편리한' 수단으로 활용되면서[20] '농민절골지막農民切骨之瘼'이 되었기 때문에[21] 통환統還과 함께 일찍부터 민란의 중요한 원인으로 지적되어왔다.[22]

총액제와 공동납의 시행은 평민들과 마찬가지로 수탈 대상으로 전락해가던 사족들과 소민들이 부세문제에 공동으로 대처하게 하는 계기가 되기도 했지만, 다른 한편 19세기에 들어 확대된 도결都結과 함께 향촌사회 내부에서 부세를 둘러싼 다양한 갈등을 유발하였고, 이에 대한 대응과정에서 향촌질서에 중요한 변화를 불러왔다. 총액제와 그에 대응한 공동납이 원활하게 이루어지려면 무엇보다 공동체적 결속력, 내부 구성원 간의 '합의'에 따른 '공정성'이 요구된다. 그러나 총액제는 국가재정을 안정적으로 확보하기 위해 편의적으로 시행하기 시작했기 때문에 향촌사회 구성원들 간의 '합의'나 '공정'한 절차를 위한 제도적 장치가 갖추어지지 않은 채 향촌사회의 공동책임으로 떠넘겨졌다. 이에 따라 부세부담의 불균등을 둘러싸고 다양한 갈등이 분출하였다.[23]

예컨대 삼척 도하면에서는 동일한 면내에서도 사족 중심의 대리大里와 하층민 중심의 소리小里 간에 잡역이나 별역別役 등 동역부담이 불균등하게 배정되던 관행을 반대하는 소리 주민들이 일면 전체가 균분하여 부담할 것을 요구하는 등장等狀이나 서목書目, 품목稟目 등을 수령에게 제출하였고, 분동分洞을 요구하기도 하였다. 이러한 요구의 배후에는 적어도 국역부담 면에서는 신분과 무관하게 균등해야 한다는 대동지역大同之役이라는 의식이 자리 잡고 있었다.[24] 이러한 과정을 거치며 동역분담이 동별로 균등하게 조정되거나 호역에서 결역으로, 곧 담세능력을 기준으로 변하기도 했다.[25]

부세부담의 불균등은 민란 때도 중요한 쟁점이 되어 향촌사회 내부의 대민과 소민 간의 충돌로 연결되기도 했다. 예컨대 1862년에 일어난 상주민란에서 대민들은 포흠된 환곡 4만 석의 모곡 4,000여 석에 대해 수식受食 여부와 관계없이 민호에 균배하여 해결하자고 하였다. 그러나 소민들은 기본적으로 이서배吏胥輩들이 포흠한 것을 민간에서 메워 넣는 것을 반대하면서도, 만약 향민들이 균분한다면 7,000여 결에 이르는 토지에 결당 2냥씩 배정하여 4,000석을 마련하자고 주장하였다.[26] "민들이 관리들에 대해 원수처럼 원한이 쌓였지만, 대민이 소민을 침해하는 것은 더욱 감당하기 어려운 것이다"라는 표현에도[27] 민란의 주요 원인을 대민들 탓으로 돌리려는 관측의 의도 내지 인식이 짙게 배어 있지만, 대·소민 간의 갈등상이 심각하였음을 보여준다.

그러나 이러한 갈등이 갈등의 확대로만 치달은 것은 아니었다. 향촌사회 내부에 존재하던 이러한 갈등과 분쟁은 언제까지나 방치되거나 확대되기만 기다릴 수는 없는 것이었다. 오히려 어떤 식으로든 혹은 어떤 계층에 의해서건 그러한 갈등과 분쟁을 해결하려는 노력이 있었다. 특히 경제적으로 더욱 절박한 위치에 놓여 있던 소민 내지 하민들의 노력은 이회나 면회 혹은 민회 등 기왕의 사족 중심 향회와는 다른 논의 구조를 만들어갔다. 이는 한편으로는 동리부터 면이나 군현 단위의 주민들이 향촌사회 차원에서 새로운 공공적 기능이 필요하다는 점을 자각해나가는 과정이었고, 다른 한편으로는 향촌사회에서 새로운 공공적 기능이 성장해나가는 계기가 되었다. 향촌 차원에서 논의되고 형성되어간 이러한 새로운 공공적 기능은 중앙집권적 정치체제를 구축하고 있던 조선사회의 특징 속에서 향촌주민들의 의도와 관계없이 새로운 정치질서를 형성해나갔다.

우선 조세문제를 둘러싼 요구를 관철하려는 과정에서 사족이 중심이 된 기왕의 '향중공론'과는 다른 새로운 공론을 만들어갔다. 새로운 공론은 군현 단위나 동리나 면 단위에서 만들어졌지만, 대체로 동리 단위에서 시작되어 군현 단위로 확대된 것으로 보인다.[28] 그 과정에서 조세문제 등

현안에 대해 다양하게 논의했고, 논의를 거쳐 집약된 요구는 수령에게 전달되었다. 수령은 주민들의 요구를 수용할지 수용하지 않을지, 혹은 부분적으로만 수용할지를 즉각적으로 응답하여야 했다. 수령의 응답이 주민들의 기대치에 미치지 못할 경우 이번에는 주민들과 관권 사이에 갈등이 지속·확대될 수밖에 없었다. 그 결과는 주민들이 민란을 일으키거나, 더 상급 기관인 감영에 의송을 보내거나, 나아가 개별 혹은 집단적으로 상경하여 격쟁이나 상언, 신문고 등으로 국왕에게 직소를 하기도 했다. 일찍부터 중앙집권적 체제를 구축하고 있던 조선사회는 동리→면→군현→중앙으로 이어지는 동심원적 구조의 정치과정을 준비해두고 있었던 것이다.[29] 그 과정에서 향촌사회 주민들의 정치참여 역시 구조적으로 이루어졌다.[30]

이와 같은 향촌사회 내부의 갈등과 분쟁, 그것을 해결하려는 노력과 새로운 공공적 기능에 대한 자각, 그에 따른 새로운 공론의 형성은 향촌사회에 새로운 정치질서를 형성해갔다. 우선 부세제도와 운영에 대응하기 위해 기존의 향회와 다른 논의기구들이 자리 잡기 시작했다. 특히 부세부담의 말단 책임단위인 면·리의 중요성이 강화되었고, 부세문제를 논의하고 대응하기 위해 마을 사람 모두가 참여하는 이회나 동회는 점차 상시적 논의기구로 자리 잡아갔다. 이회는 권농, 훈장과 이임, 좌상, 두민들 혹은 대·소민인이 모두 모여 마을 차원의 민의를 수렴하는 기구였으며, 면임까지만 관에서 차첩差帖을 주던 19세기 상황에서 동임은 이회에서 결정되었다. 또 양반이 주도하는 동계가 활발한 곳을 제외하고는 마을 주민들의 이회를 대변할 수 있는 사람이 선출되었다.[31] 대소민이 함께 참여하여 논의하는 이회, 동회는 대민이나 관이 주도한 향회에서 결정되기 일쑤였던 '향중공론'과 그에 따른 부세부과 방식이나 기준의 공정성, 정당성이 회의되고, 새로운 기준이 새로운 원칙에 따라 '합리적'으로 마련되어가는 과정이라는 점에서 일종의 '공동의 정치적 학습의 장'이기도 했다. 나아가 수령-민, 대민-소민 간의 권력관계에 대한 새로운 의식이 싹트는 계기가 되었다고 생각한다.[32]

변화는 동계에서도 보인다. 1838년에 중수된 장흥 '어서동안'의 경우 생활공동체적 결속을 강화하면서 동리 단위 공동납에 대응하여 조세부담의 분배와 수취과정을 동계가 주도하였다. 민중은 신분적 차별을 받았지만, 동계의 유사로 활발하게 참여해서 이미 동계가 신분 면에서 상당히 개방적으로 변화해갔음을 보여준다. 또 좌목의 인명 표기 방식에서도 19세기 후반이 되면 적서 간의 명시적 차별이 사실상 사라지고, 하안下案에 등재되었던 양인층 가운데 일부가 상안上案으로 올라가는 등 향촌질서 내에서도 하민들의 신분이 상승되고 있었다.[33]

또 다른 변화는 사족의 중재 기능이 축소된 사정에 따라 '생민의 휴척'과 관련하여 중요한 문제 가운데 하나였던 부세의 공동납에 대응하여 집단적 행동이 빈발하기 시작하였다는 데서 찾을 수 있다.[34]

경주 백성들이 본읍의 미납한 환자곡의 일로 수백 명이 떼 지어 감히 소장을 가지고 대궐문에서 원통함을 호소하므로, 장두狀頭 세 사람을 먼저 한 차례 엄히 형신刑訊한 다음 본도에 압송하여 당률當律을 시행하고, 따라온 백성은 타일러 돌려보냈습니다. 환자곡의 폐단으로 말하더라도 이미, '관리가 축

낸 것인데 백성에게 무슨 관계가 있는가?' 하며 마치 온 경내가 보전할 수 없
는 듯하였으니, 이러한 전에 없던 일을 가져온 데에는 또한 응당 그러한 까닭
이 있을 것입니다. 해당 도신으로 하여금 원인을 상세히 조사하여 조목조목
적어서 아뢰게 하고, 조율照律하여 법을 적용하는 바탕으로 삼으소서.[35]

향촌사회의 주민들이 집단으로 상경하여 청원하는 것은 수령 차원에
서 해결되지 않는 문제들을 국왕에게 직소하려는 것이었고, 다중의 힘으
로 자신들의 뜻을 관철하려는 시도이기도 했다. 또 이는 관료제로 운영되
는 중앙집권적 시스템하에서 향촌사회의 작은 분쟁이 언제든지 중앙권
력까지 휩싸이게 만들 수 있었음을 시사한다는 점을 지적해두고 싶다. 사
족의 쇠퇴와 공동납이라는 변화에 대응하는 가장 격렬한 방법이 '민란'이
었고, 그 과정에서 향촌주민들이 아래에서부터 새로운 공론을 형성하고,
그를 실현하려는 노력은 새로운 정치질서를 만들어가고 있었다.

3 새로운 공론의 창출

『함안군총쇄록』에는 소수의 대민이 향중공론을 좌지우지하고 수령까지
축출할 정도로 위세를 과시하며 소민들을 침탈하는 실상이 잘 나타나 있
다. 1889년 함안 백성들이 올린 등장 내용을 보면, 대민들이 "남당과 북
당으로 나누어 아전과 향임들을 서로 자기 측 인물을 내세우기 위해 대립
하면서 수시로 향회를 열었으며, 모임 때 술과 음식을 지나치게 소비하

여 그 비용 1,600냥을 향회에서 각 명에 분배하여 징수하기로 결정"하기도 했고[36] "혹은 향회라 칭하고 혹은 개인적인 일로 향교에 무상으로 출입하면서 술과 음식을 허비하여 향교의 재산을 거덜"내기도 했다.[37] 또 진사 이수영은 일읍의 요부饒富이면서도 마음이 어질지[仁] 못해 수시로 관아를 출입하며 고을 백성들을 모함하였으며, 남의 무덤 세 곳을 파내게 하고 그 자리에 자기 아내의 무덤을 쓰거나, 자기 전답을 사사로이 재결로 처리하여 관에 보고하는 행태를 보였다.[38] 특히 북당의 영수 조윤수는 함안의 대표적 이족인 조영환과 결탁하여 전임군수를 쫓아낼 정도로 향권을 행사했다.[39] 그러다가 돈(아마도 앞서 언급한 1,600냥을 말하는 듯함—필자)을 거둔 죄목으로 감영의 감사를 받고 감영 옥사에 갇히게 되었으나, 한 달쯤 뒤 신병으로 빠져나와 서류상으로만 갇혀 있었을 뿐 향회에도 참석하여 여전히 '향중공론'을 주도했다.[40]

이향들의 수탈과 탐학도 다를 바 없었다. 아전과 군교들은 고을의 요민饒民들에게 "곡식을 많이 쌓아두었다, 화목하지 않다, 논을 샀다, 몰래 장사를 했다, 채금採金을 했다, 잡기를 했다"라는 등의 죄목을 날조하여 잡아들였다. 나아가 체포된 이들에게 칼을 씌운 뒤 2,700냥을 바치라며 태형과 장형을 가하고 주리를 틀어 죽는 사람이 나오기도 했다. 또 간악한 향소의 임원이 포리逋吏들과 공모하여 향회에서 재물을 억지로 거두었으며, 심지어 무리를 지어 감영에 글을 올리기도 하고, 몰래 방문을 붙이기도 하는 등 수령조차 무시하는 행동을 서슴지 않았다.[41]

대민 내지 토호들이 백성들을 못살게 굴고 이향층이 농간을 부려 백성들이 살아남기 어려운 상황에 처했지만, 수령들은 "안으로 기방妓房에서 미혹되고, 밖으로 간특한 아전들에게 일을 맡기며, 송사는 뇌물에 따라서 결정되고, 직책은 돈을 보고 임명"하며 학정을 일삼았다.[42] 감사들도 수령들의 위법행위를 처벌하지 않을 뿐만 아니라, 심지어 민란이 일어나도 보고조차 하지 않는 실정이었다.[43] 조정도 수령들이 학정 때문에 민란이 일어나도 백성들만 처벌하고 수령을 징벌하지 않음으로써 스스로 공정한 정사[平允之政]를 외면했다.[44] 정약용의 표현대로 "법이 있어도 시행되지 않아 법이 없는 것과 같은 세상"이었다.[45] 따라서 민인들은 살아남기 위해 자구책을 모색하지 않을 수 없었다. 등장等狀이나 민란은 그 표현이었다. 그것은 지배층이 체제의 위기를 외면하는 현실에서 '향촌사회'가 자율적으로 혹은 사회적 관계의 변화 속에서 위기에 대응하기 위한 노력의 소산이라 할 수 있다.

한편 도결에 대해서는 "매년 겨울 동안 한 고을의 반상班常이 함께 모여 충분히 논의하여야 한다"라는 표현에서도[46] 알 수 있듯이 특히 부세수취와 관련된 사안에 대해서는 '향중공론鄕中公論', 면面이나 리里의 공론이나 공의公議의 수렴 절차를 거쳐야 한다는 것이 하나의 상식 내지 정치문화로 자리 잡고 있었다.[47] 19세기에 들어가면 양역만이 아니라 모든 국역수취를 공의에 따라 처리하도록 하는 경향이 나타났다.[48] 오횡묵도 함안수령 당시 특히 결렴에 대해서는 향론에 따르거나, 박채민론博採民論하여 일사순동一辭詢同한 다음에 처리할 것을 강조했다.[49] 그러나 담세부담이 편중되던 소민층 의사가 사실상 배제되거나 억압된 채 강요된 절차에 따라 관권의 강제로 조작된 '향중공론'은 공론으로서 의미를 전혀 가질 수 없었다. 수령이나 이향 측의 이해를 관철하거나[50] 대민들의 이해를 정당화해 주는 명분으로만 활용되었다.[51] 함안 사례에서도 알 수 있듯이 조윤수를 중심으로 한 대민들이 주도한 향회의 논의와 '공론'은 수령 오횡묵도 공론이 아니라 오히려 공론을 배척하는 것으로 비난하는 대상이 되었다.[52]

앞서 언급했듯이 총액제와 공동납에 따라 부세문제를 논의하고 대응하기 위한 마을 사람 모두가 참여하는 이회나 동회는 점차 상시적 논의기구로 자리 잡아갔다. 또 향회 역시 대소민인이 함께 참여하는 논의기구로 변해갔다. 대소민인이 함께 참여하여 논의하는 민회는[53] 대민이나 관이 주도한 향회에서 결정된 '향중공론'과 그에 따른 부세부과 방식이나 기준의 공정성, 정당성이 회의되고 새로운 기준이 새로운 원칙에 따라 '합리적'으로 마련되어가는 과정이라는 점에서 일종의 '공동의 정치적 학습의 장'이기도 했다. 그 결과 나타난 현상은 한마디로 향촌사회 내부에서 일어난 공론의 분열과 새로운 공론의 창출이라고 할 수 있으며, 그 집약적 표현이 고성민란 당시에 제기된 향회의 영구 혁파 요구였다.

고성민란은 1894년 7월 23일 시작되었으며, 7월 28일에는 북삼면 주민 수천 명이 '교혁안민矯革安民'이라고 쓴 깃발을 내걸고 배둔리에 모였다. 머리에 흰 수건을 동여매고 손에는 죽장竹杖을 들고 스스로 집회를 '민회소民會所'라고 칭하였다. 이들이 일어난 것은 무엇보다 "멋대로 걷는 징수와 부정한 명색의 징수가 해마다 늘어 백성들이 살아갈 수 없게" 되었기 때문이다. 이들의 핵심 목표는 간향과 활리들이 결탁하여 부당하게 징수한 돈을 조사하여 환징還徵하는 데 있었다. 따라서 이들은 1889년 이래의 문부를 조사하라고 요구하였다. 물론 현임 수령인 오횡묵은 비교적 선정을 베풀었으며, 주민들도 그에 대해 인정했다.

그러나 해산하라는 수령과 직접 대면하여 논쟁을 벌인 끝에 이들은 마침내 1889년 이래의 문서를 조사하자는 수령의 동의를 이끌어냈다. 곧바로 객사 동쪽 대청에 '사실소査實所'를 마련하고 '민회소' 대표와 좌수와 공형, 해당 아전들이 함께 모여 아전들이 가져온 문부를 조사하기 시작했다. 장부조사가 시작되었으나 밖에서는 이미 경주인과 읍리들의 집을 불사르거나 부수는 행동이 개시되었다. 이튿날에도 읍리와 읍민 다수의 집이 불타 모두 25호가 불타거나 파괴되었다.[54] 8월 4일에는 29개조 민막 관련 요구사항을 제출하였다. 그 가운데 하나가 '향회라는 명색名色을 영원히 혁파할 것'이었다.

오횡묵이 부임하기 이전 고성의 향회는 다른 대부분 지역의 향회와 마찬가지로 "상납분이 부족하다는 것을 빙자하여 매양 향회 때 결제를 받아 민간에서 거두었"다.[55] 이에 대해 오횡묵이 정당한 절차를 거쳐 거둔 것이라고 주장하자 민회소에서는 "향회 때 향사鄕事에 간섭한다고 하는 자들이 해당 향리에게서 받은 향응과 뇌물에 마음이 달콤해져 서로 얽혀 (민간 수취의) 시행을 허락하는 공문을 얻어내 기필코 배정하여 징수한 것입니다. 그 실상은 원징怨徵입니다"라고 반박하였다.[56] 이향층과 대민들은 관행에 따라 향회라는 절차를 거치고 공론을 모아 징수를 결정했다는 것으로 자신들의 행위를 정당하다고 주장했지만[57] 소민들은 수령, 향리, 대민들이 주도하고 독점하던 향회와 '향중공론'의 정당성을 부정한 것이다. 그 대신 고성 주민들은 한편으로는 부당한 향회와 공론을 빙자하여 수탈을 일삼던 당사자들의 집을 공격하고, 다른 한편으로는 민회소를 설치하고 자신들의 공론을 만들었으며,[58] 그를 통해 읍폐를 개혁하고자 하였다. 그 과정에서 새로운 질서의식이 태동되고, 새로운 정치질서가 마련되고 있었다.

4 아래로부터 새로운 질서의 형성

소민층은 이향층과 대민들과 대립하고 '대민을 원수처럼 여겼'을지라도 대민들에 대한 공격을 무차별적으로 한 것은 아니었다. 고성민들은 경주인과 읍리, 읍민들의 집을 공격하면서도 "삼가서 황씨 아전의 집에는 침범 말라"라고 하여 추호의 피해도 당하지 않았다. 이에 대해 향유들은 "황씨들에 대한 순근지칭醇謹之稱이 효저效著한 것"이라고 하였다.[59] 황씨는 동료 향리들에게도 '본래 순박하고 부지런해서 별로 걸려든 화란이 없는' 사람으로 인식되었다.[60] 이밖에도 불에 탄 집 25호에 대해 향리들은 "이번에 집이 불탄 사람들은 아전이나 백성을 따질 것 없이 가난한 집은 없습니다"라고 했다.[61] 향유들도 "집이 훼파毀破되거나 불타고 조난遭難을 당한 사람들 가운데 억울한 사람들이 없지 않으나, 대개는 평일에 자초한 단서가 있는 사람들입니다"라고 하였다.[62] 소민들은 '전일에 요임要任을 맡아 행학行虐하여 일향一鄕의 공분을 사고 있던 자'들이라고 하였다.[63] 이와 같이 공격당한 집은 대체로 '요임을 맡아 행학하여 일향의 공분을 사고 있던 자', '평일에 자초한 단서가 있는 사람들'이었다. 바로 인정仁政을 외면한 이향층 그리고 그들과 결탁하여 향회에서 부당한 공론을 주도하

며 덕의를 배반하고 백성들을 수탈 억압한 대민 토호배들이었다.[64]

사족이 몰락하고 사족 중심 향촌질서가 파탄되면서 사족의 중재기능이 마비되었기 때문에 향촌민들과 관 사이의 갈등은 고스란히 관에서 떠안을 수밖에 없었다. 그러나 고성의 경우 민란 당시 수령이 비교적 선정을 베푼 오횡묵이었다는 점에서, 또 동학농민혁명이 발발한 이후라는 조건 때문에 소민들과 관 사이에 비교적 순조롭게 소통되었고, 그 과정에서 새로운 정치질서의 가능성이 마련되고 있었다.

오횡묵은 고성부사로 부임하기 전 정선, 함안 등 다른 지역의 수령으로 재직할 때도 중앙에서 배정되는 부세액을 경감해 주는 등 비교적 선정을 베푼 것으로 알려져 있다. 물론 그도 중앙정부에서 독촉하는 부세를 받고, 이전부터 누적되어온 포흠곡逋欠穀을 채워 넣기 위해 향회를 이용하기도 하였다. 오횡묵은 함안군수로 재직할 때 공전公錢 가운데 채워 넣기 어려운 것과 포흠된 돈이 4만 7,500냥이나 된다는 사실을 알고 향회를 개최하였다. 밤중에 향원 50여 명을 향청에 모은 뒤 술과 안주를 마련해 수령이 직접 찾아가 논의하여 마련할 방안을 찾도록 요청하였다. 향원들은 백성들의 포흠을 토지에 배정하여 거두는 것은 특히 전례가 없다고 하면서도 그 방법 이외에는 다른 방법이 없었기 때문에 결렴하여 채워 넣기로 결정했다.[65]

이에 따라 오횡묵은 이포는 해당 아전에게서 받아내도록 하고, 민포의 경우 각 면·동에서 포흠한 백성의 성명과 포흠 액수를 향회에 보고하면 그 가산을 탕진시키고 척족에게 대신 물리게 해서라도 거두고, 아무것도 없어 돈을 마련하기 어려운 백성들이 포흠한 것은 동리에서 마련하도록 하였다.[66] 그 과정에서 오횡묵은 백성과 향리들이 함께 논의하여 공의에 따라서 결정할 것을 누차 강조하였다.[67] 그러나 대민들도 관의 의중을 거역하기 어려운 실정이었음을 고려하면 그렇게 형성된 공의가 소민들의 '공론'과 얼마나 부합하였을지는 의문이지만,[68] 그는 박채민론博採民論하여 일사순동一辭詢同한 다음 시행할 것을 거듭 강조했다.[69] 또 고성에서 보여준 다음과 같은 정사政事는 그가 소민들의 이해까지 수용하는 공론을 완전히 외면하지는 않았을 것임을 시사한다.

1889년 3월 10일 고성 향민들이 등장을 하여 향리들이 부당한 명목으로 호마다 2냥 9전 9푼씩 징수한 것을 바로잡아달라고 요구하자, 향민들의 의견을 수용하여 향민들이 천거하는 이현규를 사실도감査實都監으로 임명하고 23면에서 퇴리 등이 모여 조사하라고 지시하였다. 이때 그는 향감, 민감, 좌수, 사실색리 등 향리, 민, 향임층 대표들을 선정하여 조사에 임하도록 하였다. 조사 결과 부당하게 거둔 3,280냥 4전 9푼을 백성들에게 돌려주도록 하여 실제 민호 1,840호에 호당 1냥 7전 8푼씩 환급하였다.[70]

오횡묵은 이와 같이 비교적 선정을 베풀었고 또 주민들에게도 그렇게 인식되었다. 이 때문에 민란 당시 그가 민회소를 찾아가 장두狀頭들과 대화할 때 장두 가운데 한 사람이 "백성을 구학溝壑에서 구하는 자이니, 금일 원컨대 성주城主를 한 장두로 삼읍시다"라고 주장하였다. 대화를 마치고 돌아가려 할 때도 다시 "성주의 가르침이 민망民望에 부합하니 장두로 받들겠습니다"라는 주장을 제기하여[71] 오횡묵에게 민회소 장두가 되어줄 것을 요청하기도 했다. 오횡묵 역시 민회소를 비난하는 향리들의 간언을 물리치고 오히려 민란의 책임은 사단을 만든 향리들에게 있다는 점을 분명히 밝혔다. 이 점에서 고성민란 당시에 피치자가 자신들의 정당성을 주장하고 수령도 그것을 수용하는 민본주의에 입각한 정치문화가 작동되었음을 보여준다. 비교적 선정을 베풀던 지방관과 주민들의 노력이 새로운 향촌질서의 가능성을 보일 수 있었던 것도 이와 관련이 깊었던 것으로 여겨진다.

7월 28일 고성부사와 민회소 대표는 관민이 함께 객사에 모여 사실소를 만들고 장부를 조사하기로 합의하였다. 사실소를 만들고 장부를 조사한 사실에 대해 고성민들은 "관민이 함께 오직 폐막을 척결하고 고을을 보존하려는 뜻을 모은 것"으로 이해하였다.[72] 주민들은 관민이 함께한다는 점을 강조하였지만, 장부조사에 대해서는 그것이 민원에 따라 이루어진 것인 만큼 관아에서 독단할 수 없으며 도감都監이나 색리도 반드시 향촌에 따라 임명해야 한다고 주장하였고, 오횡묵에게도 자리를 피해달라고 요구하였다. 오횡묵은 좌수, 공형, 해당 아전들에게 사령 5~6명과 함께 민회소에 가서 대령하라 지시하였고 향민 3명을 도감으로, 퇴임 향리 3명을 사리査吏로 임명하였다. 조사가 시작되자 아전들이 모두 두려워하여 몸을 피하자 장두가 나서서 향리들에게 조사만 하고 상해를 입히지 않을 테니 문서를 가지고 민회소에 와서 대기하라고 지시하였다.[73]

그 결과 부당하게 수취한 금액이 14만 냥에 이른다는 사실을 밝혀냈고, 그 내역은 8월 6일 감영에 전달되었다. 그러나 감영에서는 재조사를 지시하면서 이미 고성민란이 발발하기 직전에 체임된 전 부사 오횡묵에게 책임을 맡도록 하였고 고성민들도 오횡묵이 맡아달라고 요청하였다. 오횡묵은 객사 동대청을 조사소로 정하고 이전과 마찬가지로 사감査監(정진권, 최방언)과 사색査色(박남주, 황정일)을 고성민들이 요청하는 인물로 임명하였다.[74] 이때 오횡묵이 이미 과도하게 징수한 책임이 있는 인물을 향리로 임명하자 고성 주민들은 이방과 좌수를 비롯한 이향직임에 자신들이 원하는 사람들을 임명하도록 요구하여 관철하기도 했다.[75] 민회소라는 일종의 대의기구를 통해 주민들의 공론이 향촌 수준의 정치과정에 깊숙이 관여해나갔던 것이다.

5 새로운 질서의 가능성과 '근대'에 의한 억압

관권의 강화와 사족의 몰락이라는 향촌질서의 변화 그리고 총액제와 공동납의 시행은 향촌사회 내부에도 큰 변화를 가져왔다. 고성에서도 마찬가지였다. 우선 공론이 분열되었다. 이향층과 대민들은 관행에 따라 향회라는 절차를 거치고 공론을 모아 징수를 결정했다는 것으로 자신들의 행위를 정당하다고 했지만, 소민들은 수령, 향리, 대민들이 주도하고 독점하던 향회와 '향중공론'의 정당성을 부정하였다. 민회소를 만들어 자신들의 공론을 만들고, 그를 통해 읍폐를 개혁하고자 하였으며, 이는 관권에 의해서도 수용되었다. 이해관계를 달리하는 계층·계급이 서로 대립·갈등하는 장인 '공론장'에서 일시적이지만 소민이 승리했다고도 볼 수 있다. 그러나 무엇보다 그에 따라 새로운 공론이 형성될 중요한 계기가 마련되었다는 점에서 중요한 의미가 있다.

민회소를 설치하고 관민이 함께 읍폐를 조사하고 그것을 해결하려 사실소를 마련한 일, 민의 요구를 받아들여 향민 3명을 도감으로, 퇴임 향리 3명을 사이로 임명한 것은 새로운 정치질서의 형성이라는 맥락에서 중요한 의미가 있는 '사건'이었다. 물론 그것은 오횡묵이라는 인정을 베푸는 지방관이 있었기 때문에 가능했고, 또한 거기에는 동학농민혁명 발발 이후라는 조건도 큰 영향을 미쳤을 것으로 보인다. 그러나 고성민란에서 제시한 핵심 요구 가운데 하나가 '향회의 영구 혁파'였다는 점이 주목된다. 고성민란 직전 향회를 주도한 것이 관과 향리, 그리고 대민들이었음을 고려할 때, 주민들이 설치한 민회소는 사족들로만 구성되는 기왕의 향회와 달리 신분적—아마도 경제적 측면도 포함하여—차별과 배제를 부정하고 있었음을 의미한다. 조사가 시작되자 아전들은 모두 두려워하여 몸을 피하였다가 민회소 장령의 호령을 받은 후 장부를 들고 민회소에 와서 대기하였다. 오늘날 지방의회와 공무원의 관계를 연상시키는 이러한 상황의 역사적 의미는 좀 더 고민해보아야 할 것이다. 하지만 기왕의 '향중공론'을 좌지우지하던 관과 이향층이나 대민들이 아니라, 소민을 포함한 전체 주민의 공론에 따라 민회소와 사실소라는 일종의 대의기구가 만들어지고, 그러한 기구에서 주민들이 관과 공동으로 고을의 정사를 논했다는 사실은 새로운 경험임이 틀림없고, 거기에는 새로운 정치질서를 향한 가능성이 내장되어 있었다고 생각한다.

민회소와 관이 합의하여 설치한 사실소 그리고 민회소의 위임을 받은 사감과 사색이라는 존재도 새로운 향촌질서, 나아가 정치질서와 관련하여 중요한 의미가 있다. 사실상 권력으로부터 위임받아 향회를 통해 '공론'을 형성하던 사족과 달리 신분적 차별 혹은 경제적 차별까지 포함한 불평등의 논리가 배제된 '아래로부터' 형성된 '민중공론' 혹은 '아래로부터'의 의지와 압력, 그리고 그것을 수용한 지방 수령의 '위로부터' 위임이 동시에 작동한 공론이었다는 점에서 새로운 질서 형성의 가능성을 보여주기 때문이다. 또 "장부조사는 민원을 따르는 만큼 관아에서 독단할 수 없으며 도감이나 색리도 반드시 향촌(주민의 의견)에 따라 임명하여야 한다"라는 주장은 통치 대상이던 소민들이 적어도 향촌 차원에서는 정사의 주체가 될 수 있다는 인식지평이 형성되고 있었음을 시사한다. 나아가 새로운 권리 의식을 보여주는 동시에 권력관계의 재편을 요구하는 것이기도 하였다.

민회소에서 관민이 함께 정사를 논하는 것은 그동안 누적된 경험 속에서 민중이 진전시켜나간바 향촌 차원에서 이루어낸 새로운 정치질서의 집약적 표현이자 그 도달점이었다고 생각한다. 이는 관과 대민이 주도하는 부당한 공론에 대한 '민중적 공론'이라는 대안을 제시했다는 사실을 넘어 향촌사회 수준에서 새로운 정치질서가 형성될 가능성을 보여주는 것이다. 물론 민중 차원의 논의기구나 공론의 형성 과정에서 여성들은 사실상 배제되었을 것으로 보이며,[76] 신분적·경제적 차별도 기대만큼 사라졌다거나 약화되었다고만 보기 어려울 것이다. 또 '민중적 공론'이나 '민회소' 같은 논의기구들이 기본적으로는 왕조 정부의 새로운 조세정책에 대응하는 과정에서 형성되어 갔다는 점에서 '한계'를 지적할 수도 있을 것이다. 그러나 공동성이라는 것이 내부적인 문제나 외부로부터의 압박 등 도전에 대한 대응, 곧 어떤 관계 속에서 형성되는 것이라는 점을 전제한다면, '민중적' 논의구조나 공론을 통해 구성원 간의 평등성을 강화해나가고 그를 기반으로 한 새로운 방식의 연대 가능성이 만들어지고 있었다는 점을 주목해야 할 것이다. 나아가 중앙집권적 체제를 구축하고 있던 조선 사회가 동리 → 면 → 군현 → 중앙으로 이어지는 동심원적 구조의 정치과정을 준비해두고 있었다는 점을 고려한다면, 이것은 조선 사회 전체의 정치질서와 관련해서도 심장한 의미가 있는 것이라 생각된다. 중앙집권적 정치체제하에서는 특정 향촌사회의 작은 문제도 곧장 중앙권력까지 분쟁과 갈등의 장으로 이끌어낼 수 있다는 점에서 문제가 해결되지 않을 경우 그를 위한 노력은 새로운 정치질서 의식이 중앙권력 차원으로까지 비화할 수 있기 때문이다. 1893년 3월 동학교도들과 민중들이 보은집회 당시 자신들의 집회를 서양의 의회와 유사한 '민회'라고 주장한 것, 그리고 1894년 동학농민전쟁에서 전봉준이 생각한 '합의법'에 따른 정국 운영 구상은 서양의 영향도 있었겠지만, 부세제도에 대응하고 관과 대민층의 부정부패에 대한 저항, 그 과정에서 겪은 민회와 새로운 공론의 경험으로부터 형성된 새로운 정치질서 의식의 표현이었다고 생각한다.[77]

그러나 18세기 중반 무렵부터 국가가 시행하는 부세제도의 변화에 대한 대응, 그리고 부세와 관련한 부정과 부패에 저항하는 과정에서 형성되어간 새로운 질서의 가능성은 서구에서 수용된 '근대'와 만나면서 왜곡·억압되어갔다. 이에 대해서는 다른 지면에서 갑오개혁 시기 개화파의 '향회개설론'과 독립협회의 '의회설립론'을 통해 좀 더 구체적으로 살핀 바 있지만,[78] 여기서는 그 요체만 언급해두고자 한다.

유길준이 제시한 '향회개설론'은 조선시대 향회를 활용하여 지방자치제도를 구축하려는 구상으로 전근대의 향촌질서가 '근대적' 질서와 깊이 연계되어 있었음을 보여준다. 그러나 몇 가지 점에서 연계와 단절이 보인다. 우선 향회 구성원의 자격에서 신분적 차별은 배제되었지만 세금을 많이 내는 상등호민上等戶民을 우대하는 등 경제적인 면의 차별은 선명하게 강조되었다. 그뿐만 아니라 권력에 대한 견제와 감시의 기능 역시 사실상 배제·억압되었다. 무엇보다 이회→면회→군회 3단계 토론과 협의를 거치며 마련된 공론이 사실상 부정될 수 있었기 때문이다. 이회→면회→군회에서 정해진 공론은 향회 수장(군향회의 경우 군수)에 의해 거부될 수 있었으며, 그 경우 2~3차에 걸쳐 추가로 회의하도록 했다. 이를 통해서도 합의되지 않을 때는 해당 향회보다 차상위 향회의 수장, 곧 이회의 경우 면집강, 면회의 경우 군수, 군회의 경우 관찰사가 결정하도록 규정되어 있었다.[79] 이는 향회의 자율성이 상급 향회로 갈수록 약해질 수밖에 없었음을 의미한다. 이에 따라 고성의 '민회소' 사례에서 보이듯이 '사실소'를 통해 '민중공론'이 군수의 권한까지 견제, 감시할 수 있었던 가능성이 사라지고, 그 이전 시기에 비해 관료조직의 부속기구로서의 성격은 훨씬 강해졌음을 알 수 있다.

독립협회의 '의회설립론'도 의회 구성원의 자격에서 신분적 차별을 배제했지만, 의관의 절반은 정부가 "나라에 공로가 있었던 사람 가운데서 선정하여 황제가 천거"하고, 나머지 절반은 "인민협회 가운데 나이가 27세 이상인 사람으로 정치·법률·학식에 통달한 사람을 투표로 선거"하도록 하였다. 역시 신분 차별은 없어졌지만, 의관의 자격을 사족 대신 나라에 공로가 있거나 학식이 풍부한 사람들로만 제한하여 '보통 사람'들은 배제되었음을 알 수 있다.[80] 더구나 인민협회가 투표로 정하도록 한 의관들의 경우 우선 독립협회에서 정하도록 규정하였다.[81] 이는 계몽되지 못한 백성에게 권한을 부여하는 것은 매우 위험하다고 보았기 때문이다.[82] 민란 시기의 '민회'나 동학농민군들이 주장한 '민회'와 달리 '보통 사람들'의 참여가 배제되었음을 확인할 수 있다.

'향회개설론'이나 '의회설립론' 어느 쪽이든 이른바 '근대'를 지향하는 제도적 '개혁'에 의해 오히려 그동안 향촌 주민들의 반부정·부패 투쟁이나 민중운동을 통해 형성해온 가능성이 배제·억압되었음을 보여준다.

이러한 변화는 한편으로는 신분 차별 부정 등 시대의 전환을 상징적으로 보여주는 중요한 의미가 있음은 분명하다. 그러나 경제적 불평등과 양극화는 '세습자본주의', '지대(추구)자본주의'라는 말에서도 알 수 있듯이 현재까지 이어지며, 특히 신자유주의가 확산되면서 더욱 심화되는 매우 심각한 문제다. 이는 단순히 사회적·경제적 불평등, 정치적 부정의 문제만이 아니라 환경문제와도 직결되고,[83] 민주주의의 진전과 크고 작은 연대를 가로막는 문제이기도 하다는 점에서 심상히 넘어갈 문제가 아니다.

오늘날 글로벌한 차원에서 위기를 맞고 있는 민주주의를 새롭게 하는 데도 '전근대' 시기 위기와 도전에 공동으로 대응하는 과정에서 형성되어 간 '민주적' 질서 내지 공동성의 내용과 향방에 대한 이해는 의미가 매우 크다고 생각한다.

배항섭

성균관대학교 동아시아학술원에 재직 중이다. 19세기 민중운동사를 전공했고 최근의 연구 관심은 19세기의 동아시아사 연구를 통해 근대중심주의와 서구중심주의를 넘어 새로운 역사상을 구축하는 데 있다. 대표 논저로 『19세기 민중사 연구의 시각과 방법』(성균관대학교출판부, 2015), 『동아시아는 몇 시인가?』(너머북스, 2015, 공저), 「근대 이행기의 민중의식」, 「'탈근대론'과 근대중심주의」, 「방법으로서의 '동아시아사' 연구와 새로운 역사상의 모색-근대중심주의(moderno-centrism) 비판과 트랜스히스토리칼(trans-historical)한 접근」 등이 있다.

집필경위

이 글은 성균관대학교 동아시아학술원과 조선시대사학회가 공동으로 개최한 학술회의 〈조선왕조의 정치와 공론〉에서 발표되었던 것이다. 이후 동아시아학술원의 '19세기의 동아시아' 모임에서도 발표, 토론한 결과를 반영하여 『조선시대사학보』 71집(2014)에 「19세기 향촌사회질서의 변화와 새로운 공론의 대두-아래로부터 형성되는 새로운 정치질서-」라는 제목으로 게재하였다. 이 글은 조선시대사학보에 실었던 글을 일부 수정한 것이다.

1888년 영해부 호구분쟁에 나타난 관법寬法과 핵법覈法

◎

송양섭

1 호적연구와 영해부의 호구분쟁 사례

1888년 5월 경상도 영해부 괴시리의 영양남씨 일족은 숙의 끝에 감영에 상서를 올리기로 결정한다. 지역의 대표적 사족인 이들이 적잖은 부담을 무릅쓰고 정소를 감행하기로 한 데에는 그만한 이유가 있었다. 영해부의 호적색이 호적을 개수하면서 '뇌물을 받아먹고 마을별 호구수를 마음대로 줄여줬다는[捧賂減戶]' 의혹이 강력히 제기되었기 때문이다. 2년 전 일대를 휩쓴 재해의 충격에서 벗어나지 못한 상태에서 호총의 자의적 부과는 피폐해질 대로 피폐해진 지역민을 크게 자극했다. 영양남씨 일족이 시작한 등소운동은 곧바로 지역사회 전체로 번지면서 마을민, 도호부사, 그리고 감사의 삼각구도로 이어지는 어지러운 공방전이 펼쳐지기에 이른다.

지금까지 조선 후기 호구·호적에 대한 연구는 주로 호구의 성격과 직역의 문제를 중심으로 진행되어왔으며 근자에는 촌락문서·족보류 등과 병행하여 가족과 지역사회의 연망 문제까지 외연을 넓혀가고 있다.[1] 그럼에도 호구의 성격과 관련하여 지역사회 내부에서 진행된 호구파악과 호적개수의 구체적인 실상이 어떠했는지에 대해서는 여전히 적지 않은 실증의 여백이 남겨져 있는 실정이다. 특히 호적대장에 등재된 '호구'가 왕조의 국역부과와 부세수취를 위해 일정한 '공정'이 가해진 결과물이었음을 많은 연구가 지지하면서도 호구 운영의 구체적 양상을 보여주는 실증적 사례가 부족했던 점은 여전히 아쉬운 부분이 아니었나 생각된다.[2]

왕조의 끝자락인 1888년까지 포기되지 않은 호적대장의 개수는 영해 부민의 삶과 직결된 대단히 민감한 문제로 본 사안과 관련하여 영해부의 마을민이 올린 등장을 중심으로 감사의 지시, 영해부사의 태도를 보여주는 자료가 온전히 전해와 쉬이 접할 수 없는 군현 내부 호구운영의 실상에 접근할 수 있는 실마리를 제공해준다.[3] 3년을 단위로 이루어지는 조선왕조의 호적개수는 매번 정해진 절차가 반복되는 일상적인 통치행위인 듯하지만 군현 내부로 눈을 돌려보면 지역의 특수성에 따라 각기 다른 양상을 드러내면서 관민 간에 미묘하면서도 역동적인 긴장관계가 형성되고 있음을 포착할 수 있다. 호구파악과 호적개수 과정의 주된 모순은 대체로 이 지점에서 존재했고, 여기에는 그만큼 크고 작은 분쟁의 불씨가 숨어 있기 마련이었다. 1888년 한 해를 뜨겁게 달군 영해부의 호구분쟁은 지역 내 호구운영 과정에 잠복한 문제가 폭발한 것으로, 이를 둘러싼 지역사회 의 이해관계와 정치성이 극명하게 드러나는 사례라는 점에서 흥미로운 고찰대상이 아닐 수 없다.

2 자료에 대하여: 영양남씨 괴시파 영감댁의 호구분쟁 문서

경상도 영해 지역은 현재 경북 영덕군의 북쪽에 위치한 영해면·창수면· 축산면·병곡면을 아우르는 지역이다. 이 지역은 고려시대부터 문향으로 이름났고 1413년(태종 13) 도호부사가 파견되어 명실상부하게 영남 동해 안 일대의 거점으로 자리 잡게 된다. 동으로 연해까지 긴 띠 모양을 하고 동서 방향으로 남천南川이 관통하는 영해 지역은 서쪽으로 안동·청송, 북쪽으로 강릉·삼척, 남쪽으로 연일·경주 등지와 연결되는 요충지에 있 었다.

　영해 지역의 재지세력들은 풍부한 물산을 바탕으로 16~17세기를 거 치면서 인근 지역 사족과 활발한 교류관계를 맺고 혼맥을 형성함으로써 '소안동小安東'이라고 부를 정도로 두드러진 성장세를 보인다. 영해 지역 에는 애초에 수안김씨·영해박씨·평산신씨·한산이씨·평해황씨 등이 토 착성씨로 자리 잡고 있었으나 나중에 옮겨온 영양남씨·안동권씨·무안

박씨·대흥백씨·재령이씨의 5개 성씨가 뿌리를 내려 세를 형성하기에 이른다. 대표적인 반촌班村으로는 괴시·관어대·원구·옥금·가산·오촌·인량·송천·거무역·도독·상원·칠성·무곡 등을 들 수 있으며 이들 마을은 읍치를 중심으로 반경 10리 이내에 밀집해 있다. 19세기 접어들어 영해 지역은 여러 사회세력이 뒤엉켜 역동적인 사회상을 연출하는데 1840년 신·구향 간의 향전鄕戰인 '경자향변庚子鄕變', 일부 신향세력과 동학 지도자층이 함께 일으킨 영해동학란 등이 대표적이다.[4]

호구분쟁 자료가 소장된 괴시리 영감댁은 정재 유치명의 문인으로 서산 김홍락과도 교분이 두터웠던 호은濠隱 남흥수南興壽(1813~1899)가 1847년경 건립하였다.[5] 자료는 상서上書·등장等狀·첩정牒呈의 형식이 주를 이루는데 우선 상서의 경우, 감사·수령·암행어사 등에게 진정이나 청원을 하기 위해 개인이 작성하기도 했지만 문중·마을 등이 연명으로 작성한 경우도 많았다. 연명일 경우 등장이라고도 하는데 영해마을민이 감영에 올린 문건도 문서명에 상서와 등장이 혼용되고 있다.

첩정은 원래 하급관아에서 상급관아에 올리는 문서로 향유사나 면임이 올리는 문서도 첩정과 형식이 거의 같다. 영해 지역의 경우 영해부가 경상감영에 올린 문서는 물론 '향중', '대소민인등'과 같이 영해민이 부사에게 올리는 문서도 같은 형식을 취하고 있다.[6] 마을민이 작성한 상서·등장·첩정과 영해부 첩정의 수발내역을 시간 순으로 정리한 것이 〈그림 1〉이다. 총 11건의 문서 중 10건이 영해 지역 마을민들이 작성한 것으로 발송자 명의는 '괴시리유학남효직등槐市里幼學南孝稷等', '대소민인등大小民人等', '향중鄕中' 세 가지로 나타난다. ④ 「영해도호부사첩정寧海都護府使

牒呈」만이 영해부사가 경상감영에 올린 첩정이다. 영해마을민이 작성한 문서 중 감영에 올린 것이 6건, 부사와 겸관수령에게 보낸 것이 각각 2건이다.

문서별로 그 내용을 간략하게 살펴보자. 우선 ① 「영해괴시리유학남효직등상서寧海槐市里幼學南孝稷等上書」(작성자: 남조황南朝愰·남조준南朝準·남효백南孝栢·남유일南有鎰·남조락南朝洛·남조홍南朝泓·남효빈南孝彬·남조협南朝浹·남효목南孝穆)의 경우 호적색 윤일찬의 농간으로 늘어난 마을의 호총 10호가 부당하다는 진정이 담겨 있다. 감영의 처결이 없는 것으로 보아 실제 감영에 제출되었는지는 알 수 없다.

마을민들이 행동을 개시한 것으로 확인되는 첫 문건이 5월 19일 나온 ② 「영해대소민인등등장상서寧海大小民人等等狀上書」(작성자: 박영구朴永龜·남유집南有鏶·이병운李炳運·백남규白南奎·권영유權永瑜·주기석朱箕錫·전하구田夏九·신재원申在源과 소민小民 황개이黃介伊·오방구吳方九·임임석林壬石·송해득宋亥得·박철문朴哲文·심용이沈用伊·김돌이金乭伊·권개지權介只)이다. 여기에서 마을민들은 호적색 윤일찬이 자신의 지위를 이용하여 뇌물을 받고 호총을 조작하여 원총元摠 2,552호에 400여 호가 부족한 사태에 이르도록 한 주범이라고 고발하였다.

③ 「영해대소민인등등장寧海大小民人等等狀」(작성자: 박영구朴永龜·남유집·이병운李柄運·박영상朴永祥·백중호白重鎬·남효직·권영윤權永允·이벽호李璧浩·남유환南儒煥·전윤구田允九·주영로朱永老·신문화申文和·정낙규鄭洛逵)은 연루자를 처벌하라는 감영의 지시가 내려왔음에도 영해부사가 원고·괴시 두 마을의 가좌수家座數를 조사하는 데 그치자 마을민이 다시 등

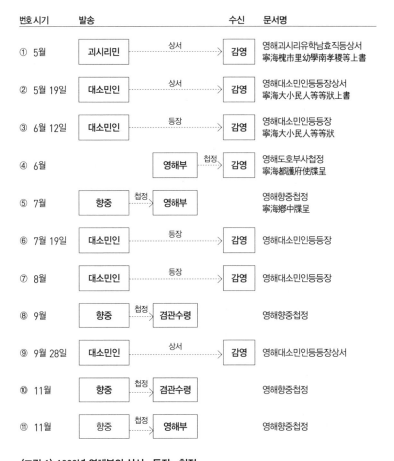

번호	시기	발송		수신	문서명
①	5월	괴시리민	상서 →	감영	영해괴시리유학남효직등상서 寧海槐市里幼學南孝稷等上書
②	5월 19일	대소민인	상서 →	감영	영해대소민인등등장상서 寧海大小民人等等狀上書
③	6월 12일	대소민인	등장 →	감영	영해대소민인등등장 寧海大小民人等等狀
④	6월	영해부	첩정 →	감영	영해도호부사첩정 寧海都護府使牒呈
⑤	7월	향중	첩정 → 영해부		영해향중첩정 寧海鄉中牒呈
⑥	7월 19일	대소민인	등장 →	감영	영해대소민인등등장
⑦	8월	대소민인	등장 →	감영	영해대소민인등등장
⑧	9월	향중	첩정 → 겸관수령		영해향중첩정
⑨	9월 28일	대소민인	상서 →	감영	영해대소민인등등장상서
⑩	11월	향중	첩정 → 겸관수령		영해향중첩정
⑪	11월	향중	첩정 → 영해부		영해향중첩정

〈그림 1〉 1888년 영해부의 상서 · 등장 · 첩정

장을 올려 항의한 것이다. 영해부사도 잠자코 있지만은 않았다. ④ 「영해
도호부사첩정寧海都護府使牒呈」(작성자: 영해도호부사)에는 감영의 처결을
이행하는 차원에서 호적색의 진술을 받고 그를 처벌했음을 보고하였지
만 마을민들이 자신들의 잘못은 모르고 송사만을 일삼는다고 비난한 영

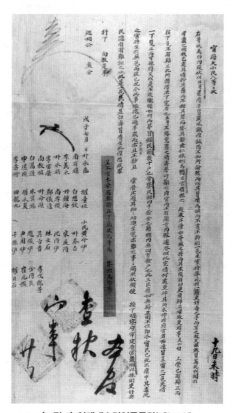

〈그림 2〉 영해대소민인등등장(7월 19일)

해부사의 주장이 담겨 있다.

7월에 접어들어 마을민들은 다시 부사에게 첩정의 형식으로 정소를 올리는데 ⑤「영해향중첩정寧海鄉中牒呈」(작성자: 남南·박朴·이李·권權·백白·신申·전田·주朱·정鄭)이 바로 그것이다. 하지만 호적색이 이 첩정을 빼돌리는 바람에 부사에게 전달되지는 못한 듯하다. 이 첩정의 내용은 7월

19일 마을민들이 감영에 다시 정소를 올리면서 사본을 첨부함으로써 알려지게 된다. 여기에서 마을민들은 부사가 감영에 올린 첩정의 내용을 조목조목 반박하였다. 7월 19일 ⑥「영해대소민인등등장寧海大小民人等等狀」(작성자: 박영구·남유집·이의영李義永·박영기朴永祺·이주영李宙榮·남교식南敎植·백만운白萬運·신도원申道源·이수회李壽檜·전용구田龍九·권영하權永夏·주기석·박명원朴命源·정의규鄭儀逵·남효직南孝稷·박종해朴鍾海·백무흠白懋欽·권휘극權彙極과 소민小民 황개이·박춘길朴春吉·송해득·심득이沈得伊·임임석·오방귀吳方貴·조준이趙俊伊·윤용이尹用伊·천손이千孫伊·권일석權日石·최원준崔元俊·김득량金得良·이무룡李戊龍 등)에서는 감영의 처결이 이행되지 않은 상태에서 부사가 이임하려 한다며 인근 군현의 수령을 조사관으로 임명하여 진상을 규명해달라는 마을민의 호소가 담겨 있다(⑤「영해향중첩정」의 사본 첨부).

하지만 이러한 와중에 8월 감사와 부사가 동시에 교체되는 상황이 되자 마을민들은 ⑦「영해대소민인등등장寧海大小民人等等狀」(대민大民 박영구·남유집·이병운·백남규·권영유·주기석·전윤구와 소민 황개이·송해득·심용이·김돌이·권개지·임석이林石伊·박철이朴哲伊 등)을 통해 신임 감사에게 사태의 전말을 정리하여 보고하고 호적색의 비리를 다시 고발하였다.

이때 영해부사도 공석인 상태였으므로 마을민들은 9월 ⑧「영해향중첩정寧海鄕中牒呈」(작성자: 박·남·백·이·권·전·주·정·이·박)을 인근의 겸관수령에게 올려 연루자 처벌을 요청하였다. 하지만 겸관수령이 아직 부임하지 않은 신임 영해부사에게 사안의 처리를 미루는 듯한 태도를 취하자 이에 실망한 마을민들은 9월 28일 ⑨「영해대소민인등등장상서寧海大

小民人等等狀上書」(작성자: 박영구·남유집·이의영·권영희權永熹·전문익田文翼·주기석·백중황白重晃·정의규·이희인李義寅·이수장李壽嶂·박명원과 소민 황중화黃仲和·전용이田用伊·이문석李文石·권성봉權成奉·김석이金石伊·송해득·편갑이片甲伊·천을석千乙石·최복이崔卜伊·박복지朴福只·하천록河千祿 등)에서 겸관수령이 신임 감사의 지시를 제대로 이행하지 않기 때문에 다른 군현의 수령을 조사관으로 임명해 호적색의 부정을 밝혀줄 것을 요구하였다.

11월에 접어들어 마을민들은 '향중'의 명의로 겸관수령에게 다시 ⑩ 「영해향중첩정」(작성자: 남·박·권·이·백·전·주·정)을 올려 감사의 지시를 이행할 것을 촉구하였으나 이에 대한 처결은 나타나 있지 않다. ⑪ 「영해향중첩정」(작성자: 백·남·박·이·권·전·주)은 겸관수령에게 첩정을 올린 후 영해로 돌아온 마을민들이 신임 영해부사에게 다시 올린 첩정이다. 이들은 호적색의 비리를 성토하고 그 과정에서 자신들이 누명까지 쓰게 되었다고 호소하였다.

상서·등장·첩정류 외에도 몇 가지 추가 문서가 있다. 「영해호적색감호봉뢰조寧海戶籍色減戶捧賂條」, 「영해호적색축호봉뢰조寧海戶籍色縮戶捧賂條」 등은 호적색이 '뇌물'을 받고 마을별로 호수戶數를 줄여준 내역이고 「영해신구적호수구별寧海新舊籍戶數區別」은 호적색의 '조작'에 따른 호수와 앞 시기 식년의 호수를 마을별로 정리한 것이다. 이들 문서 3건은 마을민들이 감영에 등소하면서 함께 첨부한 것으로 호적색 윤일찬의 혐의를 구체적으로 입증하기 위해 작성한 것으로 볼 수 있다. 이상 총 14건의 문서는 1888년 호구분쟁의 전말이 고스란히 담겨 있어 사태의 추이와 쟁점을 통해 당시 지역사회 내부의 호구운영 실상을 살필 수 있는 단서를 제공해준다.[7] 이제 절을 바꾸어 이들 문서에서 호구분쟁의 전말을 구체적으로 복원해보자.

3 '분쟁'의 재구성: '봉뢰감호捧賂減戶' 사건과 그 파장

1887년 영해부는 식년式年을 한 해 앞두고 호적을 개수하기 위한 호총·구총 조정 작업에 착수한다. 전해인 1886년 재해[天殃]가 덮쳐 관내 주민의 3분의 1이 사망했다고 할 정도로 당시 지역의 사정은 좋지 않았다. 왕조 정부도 영해부의 호총을 크게 줄여줄 수밖에 없었는데 1887년 하반기 시작된 호적개수 작업도 이를 바탕으로 했다(②). 3년을 주기로 실시하는 호적대장의 개수는 매 식년 초 한성부에서 호적작성에 관한 지침을 시달하면 각 읍에서는 호적소를 설치하여 해당 직임을 선출하고 면리에 전령을 보내 민간에 호적작성을 알렸다.[8] 민간에서는 이에 따라 호별로 호구단자를 작성하여 2통을 제출하였는데 관에서는 지난 식년의 호적과 대조하여 1통은 각호로 돌려보내고 1통은 해당 식년 호적작성의 자료로 활용하였다.[9] 이는 영해부도 마찬가지였다. 민간에서 호구단자는 '납적納籍' 방식으로 초단草單이 수합되어 '반적頒籍' 형태로 정단正單을 돌려줌으로써 호수를 마감하는 절차를 거쳤다(①).[10]

사달은 여기에서 났다. 영해부의 호적색 윤일찬이 중앙정부의 방침이나 지역의 사정을 무시하고 마음대로 호총을 크게 올려 잡은 것이다.[11]

마침 그해 겨울에서 이듬해인 1888년 봄까지 부사 김병휴金炳休가 떠나고 신임 조관재趙寬在가 부임하기까지 3개월간 영해부사 자리는 비어 있었다.[12] 호적 업무는 아무런 통제 없이 실무자인 윤일찬의 손에 맡겨졌다 (①).

민원이 비등한 가운데 호구단자를 제출하는 달이 임박했음에도 윤일찬은 요지부동, 올려 잡은 호총을 고수하면서 마을민들을 독촉하였다. 참다 못한 관내 마을민들 가운데에는 돈을 주고 호총을 낮추어 주도록 하는 식의 편법을 쓰는 이들이 생겨났다. 괴시리와 같은 반촌은 이를 거부했고 가난한 마을의 경우 이에 응할 돈이 없었다. 우왕좌왕하는 가운데 각 마을의 호총은 얼렁뚱땅 마감되고 말았다. 호총마감의 실상이 알려지지 않은 채 사태가 일단락되는 듯했으나 관에서 지난 식년과 대조하여 납적한 호구단자 2통 중 1통을 마을민에게 돌려주는 반적과정에서 색리의 행위는 결국 들통이 나고 만다(①).

호적색 윤일찬은 '수십 냥에 1호', '40~50냥에 2호'를 줄여주었는데 큰 마을의 경우 무려 300~400냥을 받고 올려 잡은 호총보다 더 감액해 주기까지 하였다. 돈을 내지 않은 마을에 대해서는 많게는 10여 호, 적게는 3~7호까지 호총을 올려 잡아버렸다. 증호增戶에는 임의로 호적지戶籍紙(호구단자용지)를 마련하여 성명을 변개하고 나이를 조작하거나 심지어 죽은 사람을 끼워 넣는 등의 수법까지 동원되었다(①, ②). '봉뢰감호'의 후유증은 심각해서 '궁벽한 읍의 피폐한 백성이 당황하여 본업을 잃고 보리도 거두지 않고 모내기도 하지 않으며 길 사이를 바쁘게 뛰어다니며 울부짖'을 정도였다고 한다(②). 애초에 윤일찬은 '원총을 갖추기 위한 것일 뿐

별다른 호역戶役은 없을 것'이라고 짐짓 마을민들을 무마하였고 실제로
봄에 분급한 환곡還穀의 액수도 늘어난 호총에 미치지 못했다. 마을 사람
들도 이를 그대로 믿을 수밖에 없었다.

문제는 4월분의 춘포전春布錢이 배정되면서 불거졌다. 환곡과 달리 춘
포전은 올려 잡은 호총을 기준으로 배정된 것이다(③). 영해부 전체가 들
끓으며 비난이 쏟아지자 윤일찬은 아버지인 수리首吏 윤주길과 함께 새
로 부임한 부사 조관재를 꼬드겨 호적이 마감되었으므로 이를 번복하기
에는 때가 늦었다고 타이르도록 하였다(①).

많은 마을 가운데 대표적 반촌인 괴시리는 몇 안 되는 증호대상이었다.
늘어난 34호를 기준으로 각종 연역烟役이 부과되자 괴시리 마을민들은 부
사 조관재에게 이를 바로잡아달라고 요구했지만 호적이 이미 마감되었
기 때문에 어쩔 수 없다는 이유로 묵살당하고 말았다. 윤일찬의 사주대로
였다. 사태의 심각성을 깨달은 괴시리 영양남씨 일족은 연명으로 상서를
작성해 윤일찬의 불법을 고발하고 증호분 10호를 삭감해 전년 가을에 납
적한 액수로 환원해달라고 요구하였다. 날짜가 기재되어 있지 않고 감영
의 처결도 없는 것으로 보아 상서가 실행되지는 않은 듯하다(①). 사태가
영해부 전체의 문제로 확대되자 영해의 마을민들은 마을별 감호·증호 실
태와 공여한 '뇌물' 액수를 조사하기에 이른다. 〈표 1〉이 바로 그것이다.

호적색 윤일찬의 호구조작과 '봉뢰' 액수에 대한 조사는 아마도 괴시리
를 중심으로 증호된 마을이 주도했을 것으로 생각된다. 표에 따르면 윤일
찬은 76개 마을의 267개 호에 손을 대 22호를 증호하고, 245호를 감호減戶
하면서 돈 3,290냥과 조 5석을 받아먹었다. '뇌물'을 바치지 않아 22호가

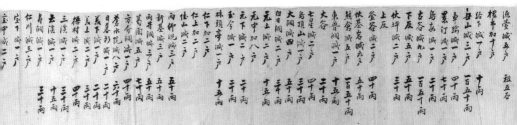

〈그림 3〉「영해호적색감호봉뢰조寧海戶籍色減戶捧賂條」의 일부

증호된 마을은 괴시·원중·인하·인상 네 곳이었다.[13] 사안의 성격상 조
사가 완벽할 수는 없었다. 마을민들도 이를 정리하면서 분명하지 않거나
감호했더라도 돈의 액수를 모른다면 기재하지 않았으며 애초에 기록에
서 제외된 마을도 있다고 단서 조항을 달았다. 첩정에 윤일찬의 착복액수
가 4,000~5,000냥, 불법감축한 호수가 400여 호로 나타나는 것으로 보아
도(③, ⑤)표에는 부정확하거나 누락된 정보가 적지 않았음을 알 수 있다.

실제로 성내·가산·신리·인천·보하·보중·역리·원책·영상 등과 같
이 감호를 했음에도 뇌물액수를 모르거나 삼읍동·금곡과 같이 뇌물액수
는 파악되더라도 감호 수를 알 수 없는 경우도 있었다. 축산·휘리·사천·
병진과 같이 구호와 증호의 차이와 증감호수가 일치하지 않는 경우도 있
었다. 대동·연광은 구호舊戶와 신호新戶가 분명하지 않고 감호 수나 봉뢰
액만 있었다.

비슷한 시기 영해부의 마을은 총 82개 정도로 확인되는데 표에 나타난
마을이 총 76개에 달하는 것으로 보아 윤일찬의 손길이 미치지 않은 마을

〈표 1〉 호적색 윤일찬의 마을별 호구조작과 '봉뢰' 액수

번호	마을명	구호	신호	증감호수	'뇌물' 액수	호당 '뇌물' 액수	번호	마을명	구호	신호	증감호수	'뇌물' 액수	호당 '뇌물' 액수
1	磨屹津	15	12	3▽	60	20	39	葛面	28	23	5▽	70	14
2	系津	18	13	5▽	50	10	40	方介洞	12	11	1▽	40	40
3	件里津	12	11	1▽	40	40	41	新里	20	16	4▽		
4	乾達	18	15	3▽	60	20	42	蒼水院	36	28	8▽	60	7.5
5	大津	56	48	8▽	130	16.3	43	日暮所	7	6	1▽	20	20
6	公須津	17	11	6▽	60	10	44	美下	25	24	1▽	20	20
7	魚臺	20	15	5▽	조5석	조1석	45	美上	20	18	2▽	30	15
8	槐市	24	34	10▲			46	梧村	33	31	2▽	40	20
9	城內	64	62	2▽			47	三溪	28	27	1▽	30	30
10	路下	25	24	1▽	10	10	48	云溪	6	5	1▽	15	15
11	丑山	86	66	3▽	150	50	49	壽洞	20	19	1▽	30	30
12	車踰	11	10	1▽	40	40	50	仁川	23	20	3▽		
13	景汀	44	43	1▽	70	70	51	寶下	17	16	1▽		
14	烏每	10	9	1▽	20	20	52	寶中	8	6	2▽		
15	古谷	39	30	9▽	150	16.7	53	栢靑洞	20	18	2▽	30	15
16	下反	27	22	5▽	50	10	54	揮里	27	22	3▽	70	23.3
17	伏坪	14	12	2▽	30	15	55	驛里	74	42	32▽		
18	上反						56	蓮坪	30	20	10▽	80	8
19	釜谷	26	24	2▽	40	20	57	松上	26	24	2▽	20	
20	伏基岩			6▽	50	8.3	58	松下			4▽	40	10
21	熊倉	62	57	5▽	150	30	59	新坪	26	22	4▽	50	12.5
22	東魯洞	3	2	1▽	15	15	60	沙川	22	18	1▽	40	40
23	大谷				20		61	月宜	12	10	2▽	30	15
24	七星	27	25	2▽	40	20	62	角里	21	20	1▽	70	
25	鳥頂山	17	16	1▽	30	30	63	連光			3▽		
26	大洞			4▽	50	12.5	64	伊川	25	21	4▽	50	12.5
27	白日洞	16	14	2▽	30	15	65	遠貴			8▽	100	12.5
28	元上	20	18	2▽	15	7.5	66	牙谷	27	19	8▽	100	12.5
29	元中	25	33	8▲			67	元貴	58	46	12▽		
30	元下	14	16	2▽	20	10	68	步谷	22	16	4▽	50	12.5
31	玉今	13	12	1▽	20	20	69	英下	15	13	2▽	30	15
32	林頭亭	4	3	1▽	15	15	70	英上	19	16	3▽		
33	仁下	26	28	2▲			71	柄陸	55	50	5▽	95	19
34	仁上	34	36	2▲			72	柄津	34	27	5▽	130	26
35	佳山	22	20	2▽			73	白陸	29	27	2▽	100	50
36	雨仰峴	18	15	3▽	50	16.7	74	白津	36	35	1▽	80	80
37	新基	22	19	3▽	50	16.7	75	三邑洞					100
38	雨井洞	17	14	3▽	50	16.7	76	金谷					100

* 자료:「寧海戶籍色縮戶捧賂條」;「寧海新舊籍戶數區別」.
* 구호는 1885년 호총. 신호는 1888년 호총이며 '▽'는 감호, '▲'는 증호를 나타냄.
* '뇌물' 액수의 단위는 냥이며(미곡은 석으로 표기). 일부 공란은 계산해서 채워 넣었음.

은 거의 없었다고 봐도 좋았다.[14] '봉뢰' 액수와 감호 수 사이에 특별한 상관관계는 찾기 힘들다. 가령 1호당 '봉뢰' 액수는 백진白津 80냥, 경정景汀 70냥에 달했던 데 반해 원상元上 · 창수원蒼水院은 7.5냥에 불과했다. '봉뢰' 액수가 마을별로 달랐음은 물론 감호의 호당 '뇌물' 액수도 들쑥날쑥한 것은 마을별로 개별 접촉해 음성적으로 '봉뢰'와 감호가 자행되었음을 시사한다. 후술하는 바와 같이 호적색의 말대로 그것이 통상적인 호적개수 비용이었다면 액수가 이러한 형태로 나타나지는 않았을 것이다. 반면 '뇌물' 요구에 응하지 않은 괴시리를 비롯한 4개 마을에 대해서는 보복적 차원의 증호가 이루어졌다. 여기에는 일부나마 감호분을 상쇄하기 위한 의도도 숨어 있었던 듯하다.

'대소민大小民'의 명의로 상서가 올라간 때는 5월 19일이다. 여기에는 괴시리 영양남씨뿐 아니라 다른 마을의 대민과 소민까지도 참여함으로써 이제 사안은 영해부 전체의 문제가 되었다. 증호된 4개 마을 외에 감호된 마을이라 하더라도 적지 않은 금전적 부담으로 불만이 쌓여 있는 상태였다. 영양남씨 일족이 처음 문제를 제기한 이후 감호된 72개 마을이 등소에 가담하게 된 직접적 계기는 애초 약속을 어기고 호적색이 줄어든 호총[新戶]이 아닌 올려 잡은 호총[舊戶]을 기준으로 역역力役을 부과하였기 때문이다. 이들의 요구는 간단했다. 앞서 영양남씨 일족의 요구와 마찬가지로 윤일찬과 그 아비 윤주길을 처벌하고 올려 잡은 호총을 원상복귀해 달라는 것이었다. 다음 날인 5월 20일 감사 이호준李鎬俊은 영해부사에게 이 사안을 철저하게 조사하고 윤주길 · 윤일찬 부자에게 칼을 씌워 투옥한 후 보고하도록 지시하였다(②).[15]

감영의 지시는 곧바로 영해부에 접수되었다. 하지만 영해부사는 일단 가호 수를 파악하는 것이 우선이라면서 감색監色을 증호된 원중·괴시 두 마을에 파견하여 가좌수를 조사하는 선에서 조치를 마무리해버린다. 관내 마을에 대한 전수조사는 이루어지지 않았다. 사정이 이러한데도 감영의 추가 조치가 없자, 마을민들은 6월 12일 '대소민'의 형식으로 다시 감영에 등장을 올린다. 이번에도 이들은 호총을 호구단자를 제출[納籍]할 때의 액수로 환원해달라면서 호적색을 처벌하고 뇌물을 추징하라고 요구했다. 감사 이호준은 다시 철저한 진상조사와 해당 이서의 처벌을 지시했다(③).

사태가 심상치 않음을 느낀 부사 조관재는 감영에 첩정을 올려 자신의 입장을 밝힌다(날짜 불명). 첩정에서 부사는 우선 관내 마을민들에게 의송議送한 일이 없다는 진술을 받아냈다면서 원중(원고)·괴시 두 마을 사람들과 해당 색리를 대질한 뒤 그 결과를 쟁점별로 정리하여 자신의 의견을 제시하였다.

첫째, 감호와 증호는 1886년 재해로 마을민 30~40%가 사망하여 호총 2,551호를 채워 호구단자를 받을 수 없기 때문에 마을 형편에 따라 조잔凋殘한 마을은 감호하고 조금 실한 마을은 증호했을 뿐이라고 하였다. 둘째, 증호 문제에 대해서도 실제 가호 수가 각각 70여 호인 원중·괴시 두 마을이 제출한 호구단자가 25호와 24호에 불과하기에 각각 8호와 10호를 늘리겠다고 여러 차례 타일렀음에도 전혀 반응이 없었기 때문에 호적마감 기일에 임박해 가좌성책家座成冊에 기재된 성명을 뽑아 단자에 적어 넣어 마무리할 수밖에 없었다고 하였다. 두 마을의 의송은 호역戶役을 피하기 위해 사실을 날조해 일을 복잡하게 만든 것뿐이라고 하였다.

셋째, 뇌물을 받아먹었다는 의혹에 대해서도 호적색의 말을 빌려 마을민들에게 받은 것은 뇌물이 아니라 납적할 때 관행적으로 징수하는 정전情錢, 지지紙地, 하인에게 주는 몫 따위로 호적개수에 들어가는 통상적인 비용이라고 하였다. 이는 자신이 멋대로 만든 것이 아니라 '읍의 관례'를 따른 것으로, 호수를 거짓으로 기록하여 거액을 받아먹었다는 주장은 터무니없다고 하였다.

대질이 끝난 후 별도로 감색을 파견하여 해당 마을의 호수를 조사해본 결과, 마을별 호총과 해당 색리의 가좌성책이 일치했다고 하면서 마을민들이 은호隱戶가 잘못된 것은 인정하지 않고 증호에만 불만을 품는다고 비난하였다. 부사는 의송을 주도한 '우민愚民'들을 처벌할 것까지는 없다면서 해당 색리가 죄는 없더라도 민장民狀에 이름이 오르내린 것만으로도 문제가 되므로 곤장을 치고 칼[枷]을 씌워 옥에 가두었다고 하였다. 이에 감영에서는 옥에 갇혀 있는 윤일찬에게 곤장 20대를 치고 다시 조사하여 바로잡으라고 지시하였다(④).

마을민들도 가만히 있지 않았다. 7월에 접어들어 마을민들은 부사에게 첩정을 올려 앞서 그가 주장한 내용을 반박하였다(⑤). 하지만 '적리籍吏'가 중간에서 가로채는 바람에 이 첩정은 부사에게 접수되지 못하였다.[16] 여기에서 마을민들은 부사가 마을민의 정소를 '일 저지르는 것을 좋아하'고 '어리석'기 때문이라고 감사에게 보고한 데 분개하면서 이러한 처사는 윤일찬이 사태를 은폐하려 한 것이라고 비판하였다. 이들은 부사의 주장을 여덟 가지로 나누어 조목조목 반박하였다.

첫째, 각 동 민인들이 애초에 의송한 일이 없다고 한 점이다. 마을민들은 이러한 진술이 사실과 다르다면서 처음 이 문제가 불거졌을 때 지역사회가 들끓으면서 서면의 인량동·신천동·벽수동, 남면의 고곡동, 석보면 등 마을의 보고가 함께 올라왔지만 이러한 항의문건은 해당 이서에게 막혀 윗선까지 전달되지 못했다고 하였다. 본 등장은 '각 마을이 한 소리로 의송한 것[各洞之齊聲議送]'으로 대표성에 전혀 문제가 없다는 것이다.

둘째, 원중·괴시 두 마을이 각기 70호 정도의 가호가 있음에도 20여 호에 해당하는 호구단자만 제출했기 때문에 증호했다고 한 점이다. 마을민들은 1886년 재해로 증호를 해서는 안 되는 시기에 자의적으로 호수를 늘린 데다가 두 마을의 증호분 18호로 감축된 호수 400여 호를 채워 넣기에 어림없기 때문에 터무니없는 주장이라고 하였다.

셋째, 마을민의 실제 성명을 기재해 호구단자를 작성했다고 한 것도 사실과 달라 성명·나이가 변조되거나 사망자까지 등재되는 등 허위작성이 분명하다고 하였다.

넷째, 증호를 하면서 원중·괴시 두 마을을 여러 차례 타일렀음에도 전혀 반응이 없었다고 한 점이다. 마을민들은 1887년 가을 납적 때는 협의가 있었지만 이듬해인 1888년 봄 반적 때는 호수를 늘리면서 아무런 조치도 취하지 않았다고 하였다.

다섯째, 감색이 파악한 원중·괴시의 가호가 각 70호라고 한 점이다. 마을민들은 감영에서 가호조사를 지시한 적이 없고 시기나 방법이 적절하지 않았기 때문에 이를 인정할 수 없다고 하였다.

여섯째, 호적색 윤일찬이 마을민들에게서 받아먹은 약 4,000냥의 성격이다. 부사는 이것이 뇌물이 아닌 통상 호적을 마감할 때 거두는 비용이라고 하였지만 이에 대해서는 읍례邑例에 상세하고도 분명하게 규정되어 있기 때문에 이와 무관하게 윤일찬이 받아먹은 돈은 뇌물이 명백하다고 하였다.

일곱째, 영해부사가 마을민들이 은호가 범죄인 것을 모르고 자기 마을의 호수를 증가시킨 것만 억울하게 생각한다고 말한 점이다. 마을민들은 은호라는 것은 호구를 숨긴 것이 아니라 호적에 올리기에 적당하지 않은 부류로 이러한 주장은 온당치 않다고 하였다.

여덟째, 소장에 '일향一鄉의 민인'이라고 함부로 적었다고 한 것과 연루된 '우민愚民'을 처벌할 것까지는 없다고 한 점에 대해서이다. 이에 대해서는 본 사안을 논의하기 위해 향교에 모인 향민의 시도명책時到名册을 보면 이번 일이 영해부 전체의 민정民情임을 알 수 있으며 등소민을 '우민'이라고 지칭한 데 불쾌감을 표하면서 자신들이 열 번이나 정소를 한 것은 '조금이나마 어리석고 정성스러운 마음을 드러내고자 한 것'이라고 하였다.

이상 여덟 가지 쟁점을 분류해보면 첫째·여덟째는 의송의 대표성에 대한 문제이며, 둘째는 증호의 명분, 셋째·넷째·다섯째·여섯째·일곱째는 호구파악 절차가 적절한지에 대한 것이다. 마을민들은 이상과 같이 영해부사 주장의 부당함을 강조하면서 해당 이서의 범법행위를 호총 400여 호의 불법적인 감축, 4,000~5,000냥의 '봉뢰' 행위, 수십여 호의 '민구모록民口冒錄' 세 가지로 정리하고 부사에게 감영의 지시를 이행하라고 촉구하였다(⑤).

그런데 또 다른 변수가 생겼다. 부임한 지 얼마 되지 않은 부사 조관재의 이임이 임박했던 것이다. 이에 7월 19일 마을민들은 부사에게 올렸지만 접수되지 못한 첩정의 사본을 첨부하여 '대소민인' 명의로 감영에 다시 등장을 올려 감사의 처결이 제대로 집행되지 않았음을 고발했다. 이들은 부사가 감영의 지시를 이행하지 않고 다른 지역으로 이임하게 되었다면서 인근 읍의 수령을 조사관으로 임명하여 문제를 해결해달라고 호소하였다. 감영에서는 본 사안을 즉각 조사하여 보고하라고 부사에게 지시하였지만 이임을 코앞에 둔 부사가 여기에 신경 쓸 겨를은 없었다(⑥).

여기에 엎친 데 덮친 격으로 감사까지 교체되어 상황은 마을민들에게 더욱 좋지 않은 방향으로 흘러갔다. 마을민들이 느꼈을 당혹감은 짐작하고도 남음이 있거니와 이들은 8월에 접어들어 신임 감사 김명진金明鎭이 도계到界하는 날을 잡아 '대소민인' 명의로 다시 등장을 올려 사태의 자초지종을 설명하고 문제를 해결해줄 것을 호소하였다. 마을민들은 자신들이 일개 호적리의 '간사하고 독살스러운 손'에 '죽을 지경'이 되어 감영이 세 차례에 걸쳐 사태의 진상을 조사해 처리하라고 지시했음에도 부사가 이를 제대로 이행하지 않았고 호적색 윤일찬은 끊임없이 진상을 은폐하려 한다고 하였다. 마을민의 호소에 대한 신임 감사 김명진의 지시도 '신속히 조사하여 보고할 것'으로 전임 감사와 다르지 않았다. 영해부사가 부재중이었으므로 처결은 겸관읍에 접수된다(⑦).

9월에 접어들어 마을민들은 이웃의 겸관수령에게 첩정을 올린다. 겸관읍이 구체적으로 어디인지는 알 수 없지만 이들은 신임 감사의 제교題敎를 들고 겸관읍에 달려가 상영上營에 간 겸관수령이 돌아올 때까지 7일이나 기다렸다가 첩정을 접수하기에 이른다. 이들은 겸관수령에게 감영의 지시에 따라 서리의 농간을 엄정히 조사하여 남김없이 보고할 것을 요청하였다. 하지만 겸관수령은 새로 영해부사가 부임해 오면 다시 정소하라고 답변하였다(⑧). 겸관수령이 처결하기에는 아무래도 부담스러운 사안이었던 것이다.

이때부터 감영과 겸관이 서로 책임을 미루면서 사안은 점차 표류하는 양상을 띠게 된다. 마을민들은 9월 28일 다시 '대소민인' 명의로 감영에 정소를 하여 8월 신임 감사의 처결이 겸관수령에게 제대로 받아들여지지 않았다면서 영해부가 서리에게 지나치게 관대하고 겸관수령은 겸관수령대로 책임 회피에 급급하다고 하소연하였다. 이들은 윤주길·윤일찬 부자의 죄목을 '백성의 재산 4,000여 냥을 착복한 것', '호적대장에 수백여 호를 비게 만든 것', '사사로이 호구단자 수십여 호를 적어놓은 것' 세 가지로 요약하고 인근 읍의 수령을 조사관으로 지정하여 진상을 규명해달라고 요청하였다. 감영은 다시 겸관수령에게 앞의 처결에 따라 조사하여 보고할 것을 지시하였다(⑨).

11월에 마을민들은 겸관수령에게 다시 첩정을 올려 신임 감사의 처결에 따라 사태의 진상을 조사해달라고 요청하였다. 하지만 이 첩정에 별다른 처결이 적혀 있지 않다(⑩). 이 무렵 신임 영해부사가 부임해왔다. 마을민들은 겸관읍에서 돌아와 밤을 꼬박 새운 후 새벽이 되자마자 곧바로 신임 부사에게 첩정을 올린다. 내용은 앞과 대동소이한데, 이때 이들은 자신들의 심정을 다음과 같이 표현했다. 장황하지만 그대로 옮겨본다.

저 보잘것없는 일개 이서는 부자가 당악黨惡하여 해악을 생령生靈에게 미치니, 바다로 둘러싸인 한 고을은 필경 백성이 없어지고야 말 것입니다. 무릇 같은 병을 앓는 사람들이 머리를 맞대고 우탄憂歎하면서 모두 이 일을 조사하여 바로잡지 않는다면 살아갈 방도를 온전히 하기 어렵다고 합니다. 봄에서 겨울까지 길고 짧은 소첩이 쌓여서 권축券軸을 이루었으니 글자마다 백성들의 고막痼瘼이고 구절마다 민정民情의 원울寃鬱입니다. 금번 조사에서 그 조어措語에 (이서와 백성에 대한) 애증이 현격히 다르고 사리를 따지는데 (이서를) 감싸는 것이 너무 심합니다. 응당 조사해야 할 호적에 실린 호총[籍總]의 허실을 숨기면서 (저희들을) 지목해 무단武斷이나 난덕亂德이라 하고 응당 조사해야 할 뇌물의 다과를 제쳐두고 (저희들을) 가리켜 무함誣陷이나 비방誹謗이라고 합니다. …… 그리하여 (저희들은) 공공연히 씻기 어려운 악명을 안았습니다. 위로는 천일天日이 환히 비치며 아래로는 신감神鑑이 매우 밝으니 이런 오명을 씻지 않으면 안 되고 벗지 않으면 안 됩니다(⑪).

마을민들은 윤주길·윤일찬 부자의 농간에 항의하여 행동을 함께한 것은 본건을 바로잡지 않으면 마을민들이 삶을 유지할 수 없기 때문으로 소첩의 내용 하나하나가 절박한 심정에서 나온 것인데 이를 지목하여 '무단', '난덕', '무함', '비방'이라고 비난하니 너무나 억울하다는 것이다. 마을민은 호적색의 비행을 규탄하면서 자신들이 도리어 누명을 덮어쓰게 되었으므로 이를 풀어달라고 호소하였다.

하지만 첩정에는 별다른 처결이 나타나지 않는다. 아마 사안이 흐지부지되며 1888년의 호총은 윤일찬이 올려 잡은 2,200~2,300호 선에서 변동이 없었던 것이 아닌가 생각된다.[17] 자세한 사정은 알 수 없지만 1899년에는 영해부의 호총이 1,998호까지 떨어졌다.[18] 이때 호구분쟁의 마무리가 어떠했는지 분명하게 전해주는 자료는 찾을 수 없지만 아마도 이후 지역의 호구운영에 중요한 선례로 각인되지 않았을까 추측된다.

4 '분쟁'에서 드러난 군현 내 호구운영의 정치성

조선왕조의 호구운영은 중앙정부로부터 각도와 군현으로 이어지는 행정체계를 통해 구동되었으며 이는 국왕–한성부–감영–군현–면리의 각 단계와 층위별로 독자적인 운영양상과 특징을 가지고 있었다. 이 가운데 군현 내부에서 이루어지는 호구파악과 운영은 왕조 호정戶政의 기초적 국면을 이룬다는 점에서 매우 중요한 의미를 지닌다. 군현 차원에서 이루어지는 호구운영의 실질적 집행자인 수령은 호적개수를 매개로 촌락사회와 일상적인 긴장관계를 조성하였고, 이로써 해당 지역의 사회적 역관계를 배경으로 복잡한 양상이 드러내게 된다. 중앙정부의 호구파악과 이에 대한 지역민의 대응과정이 극명히 드러나는 영해부의 사례는 왕조의 호구운영이 지역사회 말단까지 여하히 관철되는지 그 구체적 모습을 살펴볼 수 있을 뿐 아니라 이를 통해 호적대장에 등재된 호戶가 가지는 복합적 성격을 새롭게 이해할 수 있는 실마리를 제공한다는 점에서 충분히 음미될 필요가 있다. 영해부 호적의 개수와 분쟁과정을 시간대별로 나타내면 〈그림 4〉와 같다.

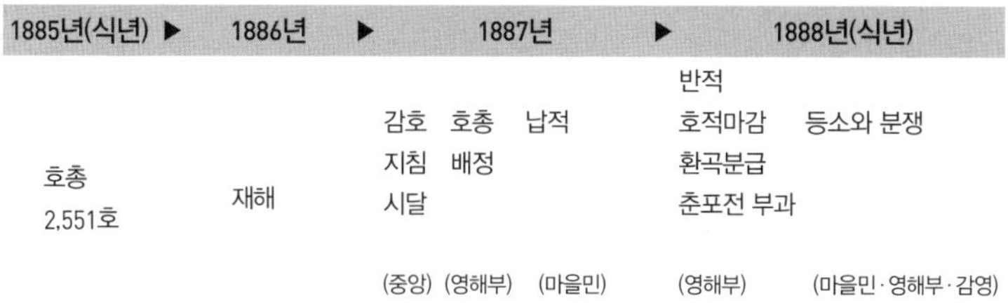

1885년(식년) ▶	1886년 ▶	1887년	▶	1888년(식년)
호총 2,551호	재해	감호　호총　납적 지침　배정 시달		반적 호적마감　등소와 분쟁 환곡분급 춘포전 부과
(중앙)		(영해부)　(마을민)		(영해부)　　(마을민·영해부·감영)

〈그림 4〉 영해부의 호적개수와 호구분쟁의 추이

　　호적의 개수는 일단 전 식년의 호총을 기준으로 해당 군현의 형편을 고려하여 이루어졌다. 영해부도 심각한 재해로 피폐해진 읍의 사정이 감안되어 중앙으로부터 감총이 허용되었으며 영해부사도 여기에 맞추어 호총을 산정·배정했다. 여기에는 일단 오랫동안 운영되어온 마을별 호총을 기준으로 적절한 수준에서 조정하는 것이 통례였다. 식년 전해 가을부터 식년 봄까지 진행된 납적과 반적은 그 구체적인 과정으로 호적은 이를 바탕으로 마감되었다. 이후 이를 근거로 각종 조세와 부역이 매겨졌다. 영해부의 경우 호적 마감 이후 환곡 배정 때는 구총을 기준으로 했기 때문에 별다른 문제가 없었으나 춘포전春布錢을 늘어난 호총에 맞추어 부과하자 등소가 시작되었음은 앞서 살핀 바와 같다. 이 같은 일련의 절차를 염두에 두고 호구파악과 호적개수의 단계별 층위에 따라 그 운영 양상과 의미를 살펴보자.

　　〈그림 5〉는 18~19세기 영해부 호총의 추이를 나타낸 것이다. 18세기 중엽 이래 영해부의 호총은 2,300~2,500호 사이를 오르내리나 1888년을 거쳐 1899년이 되면 553호가 격감하였다. 호구분쟁 이전에는 18세기

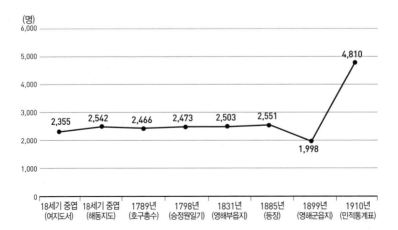

<그림 5> 영해부 호총의 추이

2,355(여지도서) → 2,542(해동지도) → 2,466(호구총수)의 187호 증가와 76
호 감소가 최대의 등락이다. 나머지 시기에는 각각 7호(1789~2473), 30호
(1798~1831), 48호(1831~1885)로 소폭의 증가만 포착된다. 심지어 1798
년 양역 문제가 심각하게 제기되었음에도 이후 호총은 별다른 변화가 없
었다.[19] 1888년 마감된 최종 호구 수는 알 수 없으나 앞서 언급한바, 호구
분쟁 자료에서 2,200~2,300호 정도였을 것으로 추정한다. 이같이 19세
기 말~20세기 초의 특수한 상황을 제외하고는 영해부의 호총은 18세기
이래 사실상 일정한 액수에서 소폭의 증감만이 확인된다. 군현별 호총은
일정한 원칙에 따라 장기적으로 관리된 것이다. 중앙정부의 호구운영과
관련하여 마을민들이 9월 28일 감영에 올린 상서에는 다음과 같은 언급
이 있다.

2부 | 정치 · 사회질서의 지속과 변화

호적의 법은 왕도王道에서 가장 중요합니다. 바닷가의 습속이 비록 어리석으나 지금까지 오백 년 동안 왕장王章을 삼가 지켜왔는데 소위 본읍 색리 윤일찬이라는 이름의 사내가 하루아침에 무너뜨린 것이 한도가 없어 왕장이 소여掃如합니다. 왕장이 괴패壞敗한데 이르러서는 원래 정해진 율이 있으니 저희들이 감히 거론하지는 못할 바이지만 한 읍의 생령이 장차 한 이서의 간사하고 독살스러운 손에서 죽을 지경이니 이것이 어찌 인인군자仁人君子의 긍휼히 여길 바가 아니겠습니까?(㉠)

마을민들은 자신들이 호적의 법을 충실히 지켜왔음에도 돌연 색리 윤일찬이라는 자가 불법을 저질러 '왕장王章'을 훼손했을 뿐 아니라 관내의 백성들을 '죽을 지경'에 내몰았다고 호소하였다. 호구의 파악과 관리는 인적 자원을 확보하기 위한 '막중지전莫重之典'으로 실질적인 중요성뿐 아니라 국가운영의 상징체계를 구성하는 의례적 성격마저 있었다(㉠).[20] 영해부의 호총은 '유래불역지상수流來不易之常數'(㉡)로 표현되면서 가급적 급격한 변동을 허용하지 않고 일정한 수준에서 관리되는 하나의 액수로 간주되었다.

특히 이 시기 호적운영에서 널리 관행된 비총의 방식은 그러한 성격을 더욱 노골적으로 드러내면서 지역에 부과된 호총은 실제 가호의 실태와 크게 동떨어진 추상화한 부담액으로 전화해 군현 내부의 분배와 충수充數에 초점이 맞추어졌다.[21] 1797년(정조 21) 영해와 접계한 영양의 경우 '허호虛戶로 비총比摠하는 것보다 호구를 수괄하여 액수를 충당하는 것이 낫다'는 평가가 나올 정도였고[22] 19세기 중엽 경상도 경산현도 비총을 통해 호적을 마감하는 등[23] 비총으로 '열읍列邑에서 호총을 보고할 때 혹 그 수를 줄이거나 혹 그 수를 더하'[24]는 형태로 호적이 운영되었다.

영해부도 마찬가지였다. 1886년의 재해를 감안, 전 식년 호총 2,551호를 기준으로 일정액의 삭감이 허용되었고 이같이 확정된 호총은 실제 자연가호수와는 별도로 하나의 총액으로 굳어져 독자의 운영논리를 가지기에 이른다(④). 여기에서 우리는 조선왕조 호구파악의 두 가지 원칙, 즉 관법寬法과 핵법覈法을 환기할 필요가 있다.

> 핵법이란 것은 1구도 구부口簿에서 빠뜨리지 않으며 1호도 호부戶簿에서 누락시키지 않아, 호적에 오르지 않은 자는 피살되어도 검험檢驗치 않으며 겁탈을 당해도 송사할 수 없게 되어, 호구의 실수를 밝히기에 힘써 엄한 법으로써 단속하는 것이다. 관법이란 것은 구마다 반드시 다 기록하지는 않으며 호마다 반드시 다 찾아내지는 않아서, 리 가운데에 스스로 사사로운 장부를 두고 요역과 부세를 할당하고, 관에서는 그 대강을 잡아서 도총都總을 파악하되, 균평히 되도록 힘써서 너그러운 법으로 이끌어가는 것이다.[25]

핵법은 호와 구 하나하나를 철저하게 파악하여 사소한 누호漏戶·누구漏口도 허용하지 않는 강력한 호구파악 방식을 말하고 관법은 호구를 샅샅이 수괄하지 않고 마을이 자체적으로 요역과 부세를 할당하고 관에서는 대강의 총액을 잡아서 운영하는 방식이었다. 조선왕조의 호구정책은 법적으로 누호·누구를 일절 허용하지 않는 핵법을 표방했지만 실제 운영은 이와 달랐다. 호구 수를 현실에 가깝게 파악하는 것은 불가능했을 뿐 아니라 인정仁政에 위배되는 것으로 인식했다. 지역사회에 부과된 호구의 파악은 철저히 관법적으로 운영된 것이다. 관법에 입각한 호총산정으로 실제 가호 수의 일부가 호적에 등재되었는데 여기에는 국가의 세원확보 의지와 민의 담세력이 감안되었다.

이 과정에서 중앙의 호총부과에 대한 수령의 거중 조정역은 대단히 중요했다. 정약용에 따르면 수령은 모름지기 '상사上司와 협의'해 '연호烟戶가 쇠잔하여 호액戶額을 채울 수 없을 경우'에는 '그 액수를 줄이도록 청해야 하고 이것이 받아들여지지 않으면 두 번, 세 번 자신의 거취를 걸고라도 이를 관철해야' 하는 존재였다.[26] 중앙의 요구에 지역의 사정을 참작한 적절한 호총의 협상과 조정은 지방관의 중요한 덕목 중 하나였다.

대략의 액수로 '너그럽게' 정해진 호총은 이제 읍면을 거쳐 마을별로 분배·조정되는 과정을 거치게 된다. 여기서부터 사실상 중앙정부의 영향력은 사라지고 호구파악과 운영은 온전히 지방관청과 지역사회의 독자적 영역에 맡겨지게 된다. 호구파악 및 초정과 관련하여 복잡한 정치성이 본격적으로 드러나는 것은 이 단계부터이다. 정약용丁若鏞(1762~1836)은 호총을 너그럽게 운영할 것을 주장하면서 '호호豪戶가 숨겨서 싸고도는 자를 완전히 밝혀 적발해낼 것까지는 없으며, 향교나 서원에 속하여 사역되는 자도 모조리 도태시킬 것까지 없다'고 하면서 다음과 같이 말하였다.

대저 한 고을의 수령이란 그 이름과 지위가 원래 가벼운 것이니, 일을 처리할 때도 너무 준엄하게 해서는 안 되는 것이요, 임금이 법을 세우거나 어사가

법을 집행하는 경우와는 같을 수가 없다. 모름지기 9분의 경지에는 이르도록 하되 그래도 1분의 미흡함은 남겨두어야만 될 것이다.[27]

수령은 통치와 관련된 거의 전 부문을 관할하는 위치에 있었지만 군현이라는 공간적 한계와 임기라는 시간적 제약에 크게 규정된 만큼 '이름과 지위가 원래 가벼'울 수밖에 없었다. 위로부터의 정령을 성실히 수행하여 '국왕의 은혜'가 널리 펼쳐지도록 하고 밑으로부터 지역민의 이해를 적절히 수용하여 숨통이 트이도록 해야 하는 수령에게 지나치게 엄중한 법령집행은 금기시되었을 뿐 아니라 가능하지도 않았다. 이 때문에 정약용이 나라를 다스리는 대도大道로 핵법을 거론하였으나 실제 목민을 위한 지침으로 관법이 타당하다면서 이를 '습속에 순응하는 작은 규정'이라고 했던 것이다.[28]

이같이 산정된 호총은 부세운영의 근거로 기능하면서 현실적 의미를 가지게 된다. 호구파악의 객체인 마을민들이 반발한 직접적인 이유도 늘어난 호총에 의거하여 부과된 춘포전春布錢과 각항연역各項烟役 때문이었거니와 이들은 호구파악을 아예 '징호徵戶'라고 부를 정도였다. 당시 향촌사회의 호구운영에서 나타나는 문제는 여러 가지가 있지만 경산 지역의 사례에서 거론되는 병호并戶·협호挾戶·탈호頉戶·누호漏戶·축호縮戶 등의 문제는 여러모로 시사적이다.[29]

• 병호: '토호무단土豪武斷의 무리들'이 동중洞中을 핍박하여 재산과 가좌家座가 별도인 가족·친척을 자신의 솔하에 넣는 형태

- 협호: '마을의 간세奸細한 무리들'이 세력 있는 집과 결탁하여 노속奴屬이나 비부婢夫라고 핑계대고 호로 거느리는 방식
- 탈호: 향교와 서원 인근의 마을이 지참리支站里를 도와준다는 구실로 향교촌이나 서원촌에 들어가 호구에서 면탈되는 것
- 누호: 어느 정도 경제력을 갖춘 부류들이 호역戶役을 피하기 위해 뇌물을 주고 읍속과 결탁하여 호적에서 빠지는 것
- 축호: 마을일을 주관하는 자가 수단유사收單有司를 담당하여 과도한 호총을 줄여준다는 명목으로 마을민에게 일정액의 금품을 거두어 해당 서리에게 접대와 금품을 제공하고 마을의 호총을 감액받는 형태. 줄어든 호총은 허호虛戶나 역속驛屬·승려僧侶·장인匠人 등 잡역과 무관한 호로 채워 넣음

당시 호를 파악하고 편제하는 과정에서 나타나는 문제는 이와 같이 복잡하고도 다양했다. 이외에도 호를 둘러싸고는 향촌 내부에 문제가 많았지만 이러한 양상이 나타나는 것은 기본적으로 호구파악의 부분성과 호편제과정에 가해지는 일정한 작위에 기인하는 것으로 보아야 할 것이다. 영해부의 호구분쟁과 관련해서는 축호縮戶 문제가 주목되는데 이는 사실상 영해의 '봉뢰감호' 사례를 요약해 제시한 듯한 인상을 줄 정도로 유사하다.

정약용이 소개하는 사례도 이와 거의 동일하다. 적리의 증호 위협에 마을의 주도층인 호민이 뇌물로 부담을 줄이자고 설득하여 마을민들이 돈을 거두어 주면 호민이 일부를 착복한 후 이를 적리에게 뇌물로 주어 증호를 중단시킨다는 것이다. 감호도 마찬가지 방식으로 이루어졌다. 줄어든

호는 다른 마을의 부담으로 돌아가게 되기 때문에 감호분이 전가된 마을
도 다시 호적청에 뇌물을 주면 이 증호분은 다시 다른 마을로 옮겨가게 된
다. 정약용은 호가 옮겨 다니는 모양을 '모래처럼 쌓이고 쑥대처럼 굴러
다니며 구름과 안개처럼 변하'는 것에 비유했는데 연쇄적인 감호로 끝내
전가할 곳을 찾지 못하면 이를 제역촌에 옮기거나 허호虛戶를 만들어 채
우는 것이 일반적이라고 하였다.[30]

『목민심서』에 담긴 내용의 성격에 대해서는 여러 주장이 있지만 영해
와 경산의 사례와 비교해보면 호구문제에 관한 한 그것이 당대의 현실 속
에서 정약용 자신이 목격하거나 들은 것을 중심으로 구성되고 이에 대한
해법도 철저하게 순속적 입장에서 취해졌음을 알 수 있다.[31] 어쨌든 이상
을 종합한다면 영해부의 호구문제도 바로 이 '축호'와 완전히 동일한 범주
에 속하는 것으로 일찍부터 많은 지역에서 자행된 것으로 볼 수 있다. 감
사의 언급대로 '자주 있는 일[此比有之]'이었다(③). 영해부 호적개수는 실
질적으로 식년 전해 가을 마을별 호구단자의 수합, 즉 '납적'에서 시작되
었다(①).

본 읍 호적의 호총[籍總]은 2,551호인데, 1886년 재해 이후 사망한 자가 10
의 3·4이다. (이러한 상황에서) 만약 전 식년의 호총과 비교하여 단자를 받는다
면[捧單] 호총을 채우기 어려울 뿐만 아니므로 매번 식년을 당해서 마을마다
가호를 헤아려 조잔凋殘한 곳은 호수를 감해주고 조금 실한 곳은 호수를 더하
는 것을 본 읍의 호적례[籍例]라고 할 수 있다(④).

직전 식년 호총을 기준으로 새롭게 책정된 호총에 대해 '형편이 어려운 곳은 호수를 줄여주고 나은 곳은 호수를 증가시키는' 방식의 조정을 거친 후, 이에 맞추어 호구단자를 거두어 채우는 것이 바로 '호적례'였다. 여기에서 중요한 것은 호구단자를 수합하는 과정에서 암묵적으로 이루어지는 마을민에 대한 설득과 동의의 문제였다. 부사의 부재로 호적업무의 전권을 틀어쥔 윤일찬의 압박에 마을민들은 어쩔 수 없이 굴복했지만 자발적 동의는 아니었다. 7월 '향중' 명의로 부사에게 올린 첩정에는 원중·괴시 두 마을의 가호 수를 조사하는 정경이 다음과 같이 그려져 있다.

대개 감영이 뎨김題音으로 엄하게 조사하라는 취지는 아마도 가호를 세라는 뜻이 아닌 듯한데 감색이 출래出來한 날도 또한 가호를 세기 적당한 날이 아닙니다. 이 백성들은 팔짱을 끼고 쳐다보기만 하는데 그가 갑자기 와서 (가호를) 헤아리니 감색이 어찌 이면의 허실을 알겠습니까? 한 집에 두 살림을 하는 것[一室兩居者]을 가리켜 2호로 현록懸錄하고 한 담장에 두 집이 있는 것[一墻二屋者]도 지목하여 2호로 현록하니 이같이 헤아리더라도 오히려 그 액수를 채우지 못하거늘 하물며 전 마을이라고 한다면 또한 어찌 낙호落戶와 잔구殘口가 그 사이에 없겠습니까?(⑤)

색리의 가호 조사에 마을민들은 '팔짱을 끼고 쳐다보기만 하'면서 전혀 협조하지 않았고 이 때문에 '한 집에 두 살림을 하는 것', '한 담장에 두 집이 있는 것'을 모두 2호로 파악하거나 호구로 등재되기 적합하지 않은 '낙호'와 '잔구' 등이 여기에 휩쓸려 들어갔다는 것이다. 마을민들은 색리의 가호조사 방식이 매우 불합리한 것처럼 묘사했지만 반드시 그렇다고 할 수는 없다. 마을 내부의 호구초정도 이와 다르다고 할 수 없기 때문이다. 일단 이들은 특정 가호를 둘로 쪼개 호를 늘리는 데 반감을 가졌을 터이지만 이 과정에서 '이면의 허실을 알 수 없는' 감색의 가호 조사가 순조롭게 이루어지려면 마을민들의 자발적인 동의와 협조가 있어야 했다. 마을별로 배정된 호총을 채워내는 작업에는 마을별 이해를 감안한 호구배정의 공정성과 여론의 뒷받침이 전제되어야 잡음을 줄일 수 있었다.

전술한 병호·협호·이호·누호·축호 등의 문제도 어떠한 형태로든 자연가호에 대한 모종의 양적 초정과 질적 편제 과정을 거쳐 군현 내부의 독자적 공간에서 이루어진 관민 간 타협의 소산이었다는 점에서 일반적인 초호抄戶·입호立戶와 본질적으로 다르지 않다. 당시 많은 논자가 이러한 호구운영 행태를 비판했지만 당시 호구운영의 관행에 비추어 대단히 일상적인 것으로 이에 대한 근절은 애초에 불가능한 것이라 해도 좋았다. 만연한 축호 문제가 심각하게 받아들여지지 않은 상황에서 영해부의 '봉뢰감호'도 엄밀히 말해 관행에서 크게 벗어나는 것이라 할 수는 없었다.

> 축호와 같은 일에 이르러서는 이서吏胥와 민民이 부동符同하여 은밀하게 스스로 거래하니 가장 따지기 어려운 바이다. 이는 별도로 탐찰探察하여 적간摘奸을 기하여 주고받은 자를 같은 죄로 하여 조금도 용서치 않도록 한다.[32]

축호가 가장 문제가 된 것은 이것이 이서와 마을민의 은밀한 결탁으로 이루어져 적발해내기가 쉽지 않았기 때문이다. 관민 간의 호구파악 과정에서 상호 합의가 이루어지기만 한다면 그 사이에 부정과 금품이 개재되어 있다 하더라도 별 문제 없이 넘어갈 수 있었다. 영해부의 '봉뢰감호'는 그러한 '합의'에 문제가 있었던 것이다.

한편, 납적은 마을의 가호 중 일부를 뽑아 호총을 채우는 과정으로 원중리와 괴시리 모두 가좌책의 가호에 대비하여 반에도 못 미치는 수준에서 입호立戶되었다. 납적할 호는 기본적으로 마을 내부의 자율적 공간에서 선정하였다. 정약용은 마을에 호총이 부과될 경우, 풍헌·약정을 참가시키지 말고 마을의 부로父老와 사족士族이 한자리에 모여 입호하되 기한 내 호구단자를 거두어 바로 관가에 납부하면 곧바로 도장을 찍어 성첩成帖하도록 하였다.[33]

통상 입호를 위한 호구단자의 수합은 순수하게 마을 내의 논의구조를 거치는 경우도 있고 풍헌·약정이 참가하여 결정하는 경우도 있었는데, 정약용은 관의 입김을 배제하고 마을의 자율성을 최대한 존중하는 쪽을 합리적인 방안으로 생각했다. 역시 마을의 자발적 동의가 중요했던 것이다. 전술한 경산의 경우도 식년의 호구단자 수합을 각 리의 적유사籍有司에게 담당시켰는데 이들이 면장面掌[面任]과의 사적인 안면을 빌미로 협잡과 농간을 저지르자 적유사를 임명하지 말고 해당 마을의 두민頭民으로 하여금 조용하고도 착실하게 거행하도록 하여 '동폐洞弊를 예방하고 민정民情을 걱정하는' 본의를 살리도록 하였다.[34] 이 또한 면임을 타고 들어오는 관권의 개입을 막으려는 조치로 생각된다.

1887년 식년을 앞둔 평안도 성천부는 두민들이 모여 공의를 거쳐 적합한 호를 세우고 파기할 호는 파기하는 형태로 초호抄戶하였다.[35] 앞서 정약용이 관법의 핵심을 '리 가운데 스스로 사사로운 장부를 두고 요역과 부세를 할당하'는 형태로 규정한 것[36]을 상기한다면 납적을 통한 호구파악에서 마을 내의 자율적 영역에서 자체의 논의구조와 일정한 공정을 거쳐 밑으로부터의 호구파악을 적극적으로 용인하는 것이 가장 중요한 절차였음을 알 수 있다.

납적 이후 관에서는 준호구를 발급해 주는 '반적頒籍'을 행하게 된다. 그런데 마을민이 납적한 호수와는 다르게 괴시리는 10호가 늘어난 34호를, 원중리는 6호가 늘어난 31호를 반적받게 된다. '봉뢰감호'에 대한 불만이 누적된 상황에서 두 마을의 증호는 분쟁의 도화선이 되기에 충분했다. 영해부사가 등소운동을 호총배정에 불만을 품은 일부 마을민의 선동으로 축소해석하면서 그 대표성을 문제 삼은 것이나 증호 전에 마을민들을 여러 차례에 걸쳐 타일렀다고 한 것은 증호과정에 마을민에 대한 설득절차가 있었음을 강조하기 위함이었다. 등소 후 부사가 두 마을의 증호분을 각각 반으로 줄여주는 조건으로 타협을 시도한 것(⑦)도 같은 맥락이다. 이같이 납적과 반적의 절차는 관민 간 타협과 절충의 기제로 기능했지만 납적할 때 협의했던 호적색이 반적할 때는 허위로 호구단자를 만들면서 아무런 조치도 취하지 않았다는 마을민들의 주장(⑤)은 이것이 지켜지지 않았음을 보여준다.

그런데 여기에서 한 가지 짚고 넘어가야 할 것이 있다. 원중·괴시리가 납적한 호수와 별도로 두 마을의 가호 각각 70호가 바로 가좌책이라는 문서에 따라 파악되는 점이다. 침기부砧基簿라고도 불리는 가좌책은 19세기 호구파악 과정에서 매우 보편적으로 활용되었던 듯하다. 호적의 호수는 가좌책의 가호 수 대비 원중 34%(24/70), 괴시 48%(34/70) 정도로 나타난다. 두 마을에 국한된 사례지만 이 같은 파악률은 실제 가호 수에 어느 정도 다가간 수치로 생각되는 〈그림 5〉『민적통계표』(4,810호, 23,617구)에 대비하여 호총은 41.5~53.0%, 구총은 27.5~37.6%로 대동소이한 수준이다. 1896년 서남해 도서 지역에 독립된 치소로 지도군을 창설하면서 부속도서에 대한 호구파악이 나타나는데 여기에서도 가좌책에 기반한 것으로 생각되는 '연돌호煙突戶' 6,266호와 호적에 등재된 것으로 생각되는 '관호'가 2,631·2,682·2,720호 등의 수치로 나타난다. 관호는 연돌호의 40~60% 수준이었다.[37]

가좌책에는 통호統戶, 주호主戶의 직역·성명·나이, 솔하의 자子·제弟·질姪·고공雇工의 성명·나이, 가사家舍·행랑行廊의 칸수, 전답 유무와 규모, 우마수牛馬數 등이 기재되었다.[38] 수록된 항목으로만 본다면 가좌책에는 호적에 담긴 내용은 물론 해당 가호의 주거형태와 경제력 등 폭넓은 정보를 파악하여 읍정에 적극적으로 활용하고자 하는 의지가 투영되어 있음을 알 수 있다.

당시 목민서에는 수령의 행정에는 '경내 민인의 인구의 다과와 가계의 빈부를 상세히 파악함'이 핵심인데 가좌법은 '군역·환곡·부역·진휼 등을 비롯한 제반 업무에 빈번하게 참고해야 하는 것'으로 '털끝만 한 거짓도 없이 한 자 한 자 실총實摠대로라면 다스림의 요체는 여기에서 벗어나지 않을 것'이라고 하였다.[39] 이 때문에 신임 수령에게 가좌책은 '최초의 대정大政'으로 지역 실정을 파악하기 위한 기초자료로 중요한 의미가 있었다.[40]

가좌책도 호적과 마찬가지로 관법적 입장에서 작성되거나 이서·군교 등 실무자가 얼마든지 내용을 왜곡할 수 있었지만[41] 호적에는 관법을 쓰고 가좌책에는 핵법을 쓴다는 정약용의 말[42]과 같이 가급적 현실 가호를 있는 그대로 파악하여 지방통치의 근거로 삼고자 하는 핵법적 관념이 강하게 투영된 장부로 보는 것이 타당하다. 핵법적 성격의 가좌책을 통한 가호 파악을 바탕으로 관법적 호총에 대응하여 호를 초정·편제하고 나머지는 호적에서 빠진 적외호 상태로 둔 것이다.[43] 호적에 등재된 '원호元戶'와 구분되는 적외의 호구는 다음과 같이 묘사되었다.

소위 은호隱戶라는 것은 백성들도 은호라고 말하는데 그 호라는 것이 아침에 모였다가 저녁에 흩어지고 풍년에 만났다가 흉년에 떠나는 하소연할 데 없는 환과고독鰥寡孤獨이거나 소속처가 있어서 양역하는 노비들입니다. 호는 호이지만 이들을 어찌 호적에 응하도록 하겠습니까?(⑤)

구수口數를 늘리는 데 이르러서는 혼자 역에 응하는 자[隻身仰役者]가 2·3구가 있고 홀아비로 살면서 자식이 없는 자[鰥居無子]도 3·4구가 있으니 인정仁政에 분울憤鬱하여 장차 거사擧事하고자 하였습니다(②).

여기에서 '은호'로 지목되는 부류는 주로 마을에 근착하지 못하고 이합집산하는 환과고독류鰥寡孤獨類나 노비 등 잔약한 호였다. 구총에 적합하지 않은 부류로는 '혼자 역에 응하는 자'나 '홀아비로 살면서 자식이 없는 자'를 거론하였다. 이는 은호(은구)가 호구총의 변동에 대응하여 적외호

2부 | 정치·사회질서의 지속과 변화

와 원호를 오르내리면서 호총·구총의 충수充數를 매개하는 위치에 있었음을 보여준다. 은호는 경제적으로 취약하고 가족조차 구성하기 힘들 정도로 불안정한 부류였던 것이다.

요컨대 왕조의 호정은 핵법을 명분으로 했지만 운영의 객관적 실제는 관법으로 나타났으며 그 실질적 집행자인 수령은 지역사회의 실정을 면밀히 파악해 중앙의 정령에 효과적으로 대처하고 마을민의 부담이 과중해지거나 치우치는 것을 막기 위한 근거로 가좌책이라는 핵법적 방편을 활용하였다. 호적의 관법적 파악과 가좌책의 핵법적 근거 사이에 확보된 공간이야말로 관민 간 타협과 절충의 영역이었던 만큼 이를 여하히 활용하느냐에 군현 차원 호구운영의 성패가 달려 있었다.[44] 그런데 외적 요인이나 실무자의 독단으로 수령이 핵법적 원칙을 내세우면서 촌락사회에 공세적인 호구수괄을 감행할 경우, 관민 간의 균형과 안정은 언제든 깨질 수 있었다. 영해부사의 언급을 보자.

> 해당 마을의 민습이 은호가 죄인 것은 알지 못하면서 자기 마을의 호수를 증가시킨 것에 원한을 품어, 일향의 민인을 함부로 소장에 적어서 이같이 어지럽게 호소하는 폐단이 있으니 극히 통분할 일이다(④).

영해부사는 윤일찬을 두둔하면서 오랫동안 관행적으로 용인된 '은호'의 존재를 새삼스럽게 불법적인 것이라고 규정하고 마을민들의 등소운동을 자신들의 이해에 얽매인 사적인 불만의 표출이라고 비판한 것이다. 바로 핵법적 원칙을 편의적으로 원용한 것이다. 이는 감사도 마찬가지였다. '은루를 추가로 뽑아낸 것은 모르고 다만 모록이 원망스러운 일만 아는 것'이라는 마을민에 대한 비판은 다름 아닌 감사 입에서 나온 것이었다 (④).

여기에는 또 하나의 중요한 변수가 있었다. 바로 호구파악과 호적작성의 실무자인 이서배의 존재였다. 이들 이서들은 지역사정에 정통하고 실무에 밝기 때문에 지역사회에서 영향력은 수령이 비할 바가 아니었다. 분쟁을 전후로 한 짧은 기간 영해부사가 두 번이나 교체되는 데서 보듯 이들 지방관이 지역 관행의 깊숙한 영역까지 개입하기에는 역부족이었다. 업무 파악조차 어려울 정도의 기간을 스쳐지나가는 영해부사가 군현행정의 대부분을 이들 이서배에게 의존하는 것은 어찌 보면 당연했다. 이는 분쟁과정에 나타나는 영해부사와 감사의 행태에서 잘 드러난다.

'분쟁'의 빌미를 제공한 호적색 윤일찬은 적은 나이에도 영해부의 유리由吏이자 오랫동안 수리首吏를 지낸 아버지 윤주길의 뒷배를 믿고 '봉뢰감호'를 자행하는 데 주저함이 없었다. 윤주길은 자신의 지위를 이용하여 갖가지 농간을 부리면서 '위로는 관사官司를 속이고 아래로는 생민生民에게 해독을 끼치'는 등 일찍부터 교활하고 탐욕스럽기로 유명했다고 한다. 영해부사도 이들 부자에게 조종당하다시피 했다. 마을민들의 첩정을 빼돌리거나 마을민들이 영해부로 몰려가 항의했을 때 주먹을 휘두르고 큰소리치면서 협박한 것도 이들이었다(①, ⑦). 감영의 형리刑吏 권재록權載祿은 등소에 대한 처결을 작성할 정도였다(⑨).

당시 경상감사와 영해부사가 다른 지방관에 비해 특별히 부패하거나 이서와 결탁하여 부정을 일삼았다고 보기는 어렵다. 예컨대 경상감사 이

호준의 뒤를 이어 새로 부임해 1890년 윤2월까지 재직한 김명진은 호구분
쟁 과정에서 미온적인 태도를 취하거나 이서들에게 휘둘리는 듯한 모습
을 보였다. 하지만 그는 흉년기에 쌀 1만 석과 진전賑錢 30만 냥을 조정에
서 지원받아 진휼을 실시하였고 전답 1만 6,000결에 대하여 결세結稅를 감
면하고 감영에서도 1만 냥을 진자賑資로 푸는 등 지역민을 위한 각종 시책
에 매우 적극적으로 나서면서 평판이 그리 나쁘지 않았다.[45] 그럼에도 지
방관으로서 지역통치를 원활히 수행하려면 지역사정에 밝고 행정실무를
장악하고 있는 이서들의 영향력을 무시할 수 없었다.[46]

이서들은 애초에 지역 내 가호의 사정에 밝았고 이를 바탕으로 핵법적
정보를 호구운영에 편의적으로 활용하였다. 현존하는 가좌책의 내용이
각양각색인 것도 이 때문이었거니와 이들의 협조 없이 지방관의 호구운
영은 사실상 불가능한 셈이었다.

관권의 촌락사회 침투가 강해질수록 호구파악과 관련하여 관민 간에
형성된 독자적 접촉면은 조정과 타협의 공간에서 강압과 협박의 통로로
변하기 십상이었다. 수령이 핵법적 원칙을 내세우면서 가좌책을 근거로
마을민을 압박할 경우 이서들이 그 첨병이 되었다.[47] 마을민들에게 이들
은 '활리猾吏' 자체였다.

한편, 등소를 전개한 마을민 측은 영양남씨를 비롯한 사족세력을 중심
으로 소민들이 가담하여 등소의 연명聯名을 구성하였다. 사안 자체가 인
화성이 매우 높았던 만큼 영양남씨 일족이 이를 공론화하자 마을민은 순
식간에 결집하였다. 이들은 호구문제를 매개로 감사와 부사에게 '봉뢰감
호'의 부당함을 호소하고 관련자 처벌을 끈질기게 요구했다. 이들은 '활

리'를 비호하는 관에 '무단武斷'이나 '난덕亂德'으로 매도되고 구체적인 물증도 없이 이서들을 무함하거나 비방한다고 역공을 당하였다. 관권에 쉽사리 길들여지지 않는 토호세력에 대한 전형적인 낙인이었다.[48] 수령과 그 수족이라 할 수 있는 이서배를 중심으로 하는 관권의 축과 사족세력을 중심으로 소민들이 가담한 마을민을 다른 축으로 한 분쟁의 양상은 호구파악과 호적개수 과정에서 일상적인 타협과 동의의 절차가 지켜지지 않을 경우, 어떠한 일이 벌어지는지 상징적으로 보여준다.

이상을 종합해볼 때, 영해부 호구분쟁은 일회적·돌발적인 것이 아니라 왕조의 호정이 가지고 있는 복합적 층위 속에서 언제라도 불거질 수 있는 구조화된 문제가 발현된 것임을 보여준다. 일견 모순적으로 보이는 핵법의 이상과 관법의 현실은 하나의 통일체를 이루면서 호적개수를 통해 왕조의 인적 자원을 확보하는 기제로 기능하였다. 이는 왕조의 호정이 생명력을 가지고 장기지속의 제도로 자리 잡을 수 있었던 동력이었지만 여기에는 언제든 폭발할 수 있는 갈등과 분쟁의 불씨가 숨겨져 있었다. 수령과 이를 둘러싼 이서들이 호적개수의 관법적 현실을 인정하면서도 핵법적 원칙을 호구수괄의 명분으로 내세울 경우 마을민들은 속수무책 취약한 처지로 내몰릴 수밖에 없었다. 왕조의 핵법적 관법은 군현 내에서 언제라도 관법적 핵법의 침투에 파괴될 가능성을 안고 있었다. 관의 호구수괄이 민에게 용인되는 선을 넘을 경우 등소나 민란과 같은 형태의 저항을 불러올 수 있었다. 영해부의 호구분쟁은 호적색 윤일찬의 부정을 계기로 시작되었지만 이를 일개 이서의 도덕적 일탈로 치부할 수는 없다. 지역사회의 호구운영이 가진 이러한 독자적 정치성은 왕조의 호적개수가 오랜 기간 지속될 수 있었던 원동력이자 제도 자체가 스스로를 파탄으로 몰고 갈 수 있는 뇌관이기도 했다. 19세기 접어들어 전국적으로 보고되는 유사한 분쟁사례는 왕조의 호정이 점차 자체의 모순을 격화해 새로운 제도적 변혁을 전망하는 문턱에 다가가고 있음을 보여주는 하나의 증좌라 해도 좋았다.

5 정리와 종합: 관법과 핵법의 통일과 모순

이 글에서는 1888년 경상도 영해부 호구분쟁 사례를 들어 군현 내부의 독자적 영역에서 이루어지는 호구운영의 구체적인 실태와 성격을 살폈다. 영해 괴시리 영감댁에 소장된 일련의 문서는 당시 호구분쟁의 양상을 생생하게 전해준다. 식년을 한 해 앞둔 1887년 영해부는 호적개수를 위한 호총·구총 조정작업에 착수한다. 1886년 혹독한 재해로 중앙정부는 영해부에 대해 대폭적인 호총감액을 허용한 상태였지만 부사의 부재를 틈타 호적색 윤일찬은 이를 무시하고 마음대로 호총을 올려 잡아버린다. 윤일찬이 올려 잡은 호총으로 마을민에게 호구단자 제출을 독촉하자 상당수 마을은 돈을 주고 호총을 줄여주도록 하는 편법을 쓰게 된다. 대부분의 마을은 돈을 내고 감호를 받았지만 이에 응하지 않은 몇몇 마을은 증호를 감수하지 않으면 안 되었다. 그러한 와중에 4월에 접어들어 올려 잡은 호총을 기준으로 춘포전이 배정되자 영해부 전체가 들끓으며 곳곳에서 불만이 터져 나왔다. 하지만 부사와 윤일찬은 요지부동 호적이 마감되었으므로 이를 번복할 수 없다는 입장을 고수했다.

참다 못한 마을민들은 행동에 나서게 된다. 처음 괴시리 마을민이 시작한 감영에 대한 등소운동은 이후 영해부민 전체가 참여하는 양상으로 바뀐다. 이들은 윤일찬이 받아먹은 돈의 액수와 감호·증호 내역을 조사하여 윤일찬이 사실상 관내 전 마을을 대상으로 호총을 조작하여 막대한 금액을 착복했다는 사실을 밝혀냈다. 여러 차례에 걸쳐 감사는 진상을 조사하고 윤일찬을 처벌하라는 지시를 내렸지만 부사의 태도는 미온적이었다. 마을민과 부사가 충돌하는 쟁점은 주로 증호의 명분과 호구파악의 적실성 여부에 대한 것이었다. 마을민들은 호총의 불법감축, 막대한 액수의 뇌물수수, 호구단자의 허위작성 세 가지로 윤일찬의 범법행위를 요약하면서 부사에게 감영의 지시를 이행하라고 촉구하였다. 하지만 영해부사가 이임하고 감사마저 교체되는 등 상황이 어수선해지고 사안은 점차 표류하는 양상을 띠게 된다. 새로 부임해온 영해부사도 별다른 조치를 취한 것 같지는 않다. 사태의 결말을 보여주는 자료가 없어 이후 추이는 알수 없지만 사안은 흐지부지되며 마을민의 요구는 끝내 관철되지 못한 듯하다.

왕조의 호정은 한성부-감영-군현-면리로 이어지는 기간 행정망을 통해 이루어졌다. 영해부의 호구분쟁은 왕조 호정의 기저로서 지역 차원 호구운영의 독자성과 정치성이 복합적으로 드러난 사례라는 점에서 매우 중요한 의미가 있다. 18~19세기 영해부의 호총은 2,300~2,500호 사이에서 일정한 수준을 유지하였는데 호총의 산정이 앞 식년의 호총을 기준으로 이에 대한 조정을 거쳐 이루어졌음을 보여준다. 19세기 호적개수에

2부 | 정치·사회질서의 지속과 변화

는 비총의 방식이 널리 관행되어 지역에 부과된 호총은 실제 가호의 실태와 크게 괴리된 추상화한 총액으로 굳어져 군현 내부의 분배와 충수充數에 초점이 맞추어져 있었다.

호구 파악의 원칙에는 누호漏戶·누구漏口를 일절 허용하지 않는 핵법과 마을이 자체적으로 요역과 부세를 할당하고 관에서는 대강의 총액을 잡아서 운영하는 관법 두 가지가 있었다. 조선왕조의 호구파악은 법적으로는 핵법을 표방했지만 실제로는 관법적으로 운영되었다. 호적개수와 관련하여 수령과 촌락사회 사이에는 일상적인 긴장관계가 조장되었거니와 당시 향촌사회의 호구운영에서는 병호·협호·이호·루호·축호 등의 문제가 빈번히 거론되었다. 영해부의 호구분쟁은 바로 축호의 문제였다. 호적개수를 둘러싸고 나타나는 이러한 양상은 관민 간의 타협을 통해 자연가호에 대한 모종의 양적 초정과 질적 편제 과정을 거쳐 이루어지는 초호抄戶·입호立戶 과정과 그리 다르지 않다는 점에서 일상적이라 해도 좋았다. 영해부의 '봉뢰감호'가 심각한 지경까지 치달은 것은 호구파악 과정에서 관민 상호 간의 설득과 타협이 제대로 이루어지지 않았기 때문이다. 호구파악 과정에서 가장 중요한 절차가 밑에서부터 마을 내 자율적 영역의 논의를 적극적으로 용인하는 것이었음에도 호적색 윤일찬은 이를 사실상 무시하는 태도로 일관했던 것이다.

한편 수령은 지역사회의 실정을 면밀히 파악해 중앙의 정령에 효과적으로 대처하고 마을민의 부담이 과중해지는 것을 막기 위한 근거로 가좌책이라는 핵법적 방편을 활용하였다. 호적의 관법적 파악과 가좌책의 핵법적 근거 사이는 일정한 공간이 확보되었고 여기에서 관민 간 타협과 절충이 이루어졌다. 하지만 이 공간을 활용하여 수령이 핵법적 원칙을 내세우면서 촌락사회에 공세적인 호구수괄을 감행할 경우, 관민 간의 이해와 균형은 언제든 깨질 수 있었다. 여기에 중요한 변수로 작용한 것이 이서배들이다. 이들은 지역사정과 실무에 밝았기 때문에 수령의 지역 통치에 절대적으로 의존해야 하는 존재였다. 수령이 핵법적 원칙을 내세우면서 가좌책을 근거로 마을민을 압박할 경우 이서들이 그 첨병이 되었다. 수령과 그 수족이라 할 수 있는 이서배를 중심으로 하는 관권의 축과 사족세력을 중심으로 소민들이 가담한 마을민을 다른 축으로 한 분쟁의 양상은 호구파악과 호적개수 과정에서 일상적인 타협과 동의의 절차가 지켜지지 않을 경우 어떠한 일이 벌어지는지 상징적으로 보여준다.

이같이 핵법의 이상과 관법의 현실은 왕조의 호정 과정에서 하나의 통일체를 이루면서 왕조의 인적 자원을 확보하는 중요한 기제로 기능하였다. 영해부 호구분쟁이 터진 것도 바로 이 지점이었다. 이 같은 핵법과 관법의 모순은 호적개수가 장기지속하는 제도로 자리 잡을 수 있었던 동력인 동시에 갈등과 분쟁을 일으킬 수 있는 불씨이기도 했다. 왕조의 핵법적 관법은 군현 내에서 언제라도 관법적 핵법으로 전화되어 공세적 호구수괄을 불러올 수 있었고 이것이 임계점을 넘을 경우 등소나 민란과 같은 형태의 저항을 불러올 수 있었다. 지역 차원 호구운영의 독자적 정치성은 점차 자체의 모순을 격화해 새로운 제도적 변혁을 전망하는 데까지 다가갔다. 영해부의 호구분쟁 사례는 이를 잘 보여준다.

마지막으로 이 글의 한계와 관련하여 지적하지 않을 수 없는 것은 이 연구에서 활용한 문서 대부분이 영해마을민들의 입장이 투영된 것으로 영해부사나 경상감영의 입장은 제대로 살펴보지 못했다는 점이다. 호적개수를 둘러싸고는 지위와 위치에 따라 각기 다른 견해를 가질 수밖에 없었고 자신들만의 정당성을 갖게 마련이었다. 하지만 자료의 한계로 이들이 해당사자들의 입장을 균형 있게 살펴보지 못하고 마을민의 주장이 일방적으로 반영된 자료로 호구분쟁을 살펴볼 수밖에 없었다. 이 점 차후의 과제로 남긴다.

송양섭
고려대학교 한국사학과 교수로 재직 중이다. 조선 후기 사회경제사를 전공했고 최근에는 주로 조선왕조의 재정원리와 경제이념을 공부하고 있다. 주요 논저로는 『18세기 조선의 공공성과 민본이념』(태학사, 2015), 『동아시아는 몇 시인가?』(너머북스, 2015, 공저), 「19세기 부세운영과 향중공론의 대두」 등이 있다.

집필경위
이 글은 2017년 2월 17일 성균관대학교 동아시아학술원 학술회의 〈19세기 동아시아의 국가와 사회〉에서 발표된 「1888년 영해부 호구분쟁에 나타난 戶政運營의 일단-호적색 윤일찬의 '봉뢰감호'에 대한 마을민의 등소사례」를 『조선시대사학보』 82집(2017. 9)에 같은 제목으로 실었던 것이다.

⑥
순치順治시기 휘주의 청장淸丈과 향촌사회

◎

홍성구

1 입관 직후의 청장 시도

청장淸丈은 국가가 토지를 측량하여 그 등급을 정하고 과세의 대상으로 삼는 정책이다. 청은 입관入關 직후부터 명말의 대표적인 폐정弊政인 삼향三餉의 가파加派를 혁파하는 등 '경요박부輕徭薄賦' 정책을 실시하였다. 하지만 중국을 정복하는 과정에서 극심한 재정 부족에 시달렸던 청조의 처지에서 과연 '경요박부'가 실제로 어느 정도 실현되었을지는 의문이다.[1] 여전히 각지에서 반청 세력이 활발하게 활동했고, 아직 안정적인 통치 기반을 세우지 못한 순치시기의 청조는 새로운 부역제도를 마련하여 시행할 처지나 입장이 못 되었다. 이러한 상황에서 청조의 재정 정책은 만력 연간의 원액原額을 확보하는 데 초점을 맞추었고, 그것을 실현하는 방법으로 입관 직후부터 청장에 관한 논의가 있었다.

청초의 청장에 대해서는 일찍이 니시무라 겐쇼西村元照가 상세한 연구를 진행하였다. 그는 『청실록淸實錄』, 『대청회전大淸會典』 등 관찬사료를 근거로 순치 초기부터 조정에서 청장을 둘러싸고 활발한 논의가 있었음을 밝혔다. 이미 순치 원년 12월 진정순안眞定巡按 위주윤衛周允은 전란으로 황폐해진 땅과 도망한 인정人丁을 파악하기 위한 방법으로 장량丈量과 편심編審을 건의하였고, 순치 4년 5월 강서순안江西巡按 오찬원吳贊元은 강서의 3부府에 대해서, 진우량陳友諒이 할거한 이래 허량포흠虛糧逋欠이 매우 심하므로 관리가 직접 청장에 참여하도록 하고, 황지荒地 등 부세를 납부하기 어려운 토지에 대해서는 세를 면제하거나 경감하여 부역을 균평하게 할 것을 건의하였다. 또 순치 8년 8월에는 소송순무蘇松巡撫 진세정秦世禎이 강남의 중부重賦 문제를 해결하기 위해 지주가 스스로 장량에 참여하는 방안을 제시하기도 하였고, 이부좌시랑吏部左侍郎 웅문거熊文擧는 실제로 청장을 담당하는 사람들은 지역의 무뢰배들이기 때문에 부자는 뇌물을 써서 장량을 면하고 힘없는 백성이 오히려 그 해를 입게 된다는 사실을 지적하며 장량 대신 개황보황책開荒報荒册의 찬조를 건의하기도 하였다.

이에 마침내 순치 10년에 어린노책魚鱗老册에 기록된 원래의 면적[地

畝] · 구획[坵段] · 위치[坐落] · 형태[田形] · 경계[四至] 등의 항목에 간혹 분명하지 못한 점이 있으니 지현知縣 등이 친히 장량할 것을 전국의 주현 州縣에 명령하였다. 또 순치 13년 4월에는 대학사 성극공成克鞏이 재정 궁핍을 해결하기 위해 장량과 편심을 실시해야 한다고 건의하자, 같은 해 조정에서는 균량均糧을 위해 청장을 실시할 것을 명령하였다. 이에 따르면 순치 10년과 13년에 정식으로 청장 실시 명령이 있었던 것이다. 이와 관련하여 니시무라는 순치 10년 이전 청조에서는 논의만 무성했을 뿐 실제로 청장을 실시하지는 못했고, 순치 10년과 13년 두 차례에 걸쳐 실제 토지 상황을 파악하고 증세와 균량 문제를 해결하기 위해 본격적으로 장량을 추진하였지만, 이마저도 향신鄕紳의 강력한 저항에 부딪혀 중단되거나 실효를 거두지 못하였다고 하였다.[2]

다카시마 코우高嶋航도 "현재하는 전토田土와 민간에서 실제로 경작하는 전토는 어느 정도인가"[3]를 파악하는 것이 부역전서 편찬의 중요한 동기 중 하나임에도 이 시점에서 청조는 각지의 현실을 파악할 능력이 없었고, 지방관에게 조사시킬 수도 있었지만 처한 현실이 다른 상황에서 그들이 제공하는 '생생한 숫자'보다는 오히려 문서라고 하는 현실이 신뢰할 만한 것이었으며, 당시 청조에서는 실제 토지와 인구 상황을 파악하는 것보다도 만력 청장을 근거로 하여 만들어진 명대의 원액을 확보하여 징세의 근거를 마련하고 이를 제도화하는 것이 더 시급하다고 하였다.[4]

장옌張研도 『청실록』의 청장 기록을 근거로 개괄적인 연구를 진행하였는데 그 내용을 정리하면 〈표 1〉과 같다.

이에 대해 장연은, 이상의 여덟 차례에 걸친 청장이 모두 불완전한 청

〈표 1〉『청실록』에 보이는 주요 청장 관련 기록[5]

시기	주요 내용(A)	주요 내용(B)	장량차수
순치 2년 (1645)	만력 청장의 원액에 맞추어 황무지를 없애고 경작지에 징세하기 위한 목적으로 청장	어사 영승훈寧承勳, 어사 위주조衛周祚, 산동총하總河 양방흥楊方興이 청장편심지법淸丈編審之法의 시행을 건의 무주지·황무지의 통계를 제출할 것을 명령	1
순치 3년 (1646)		어사 장무희張懋熹는 부역전서의 편찬을, 어사 황찬원黃贊元은 토지 면적의 혼란과 부역의 불균등을 이유로 강남의 토지를 청장할 것을 건의	
순치 8년 (1651)		소송순안 진세정, 이부좌시랑 웅문거가 책적册籍이 부실하고 토지가 황폐해졌다는 이유로 지주가 스스로 장량을 실행하는 방안을 건의	
순치 10~13년 (1653~1656)	만력시기의 옛 책적에 맞추어 황책, 어린도책, 부역전서를 편찬할 목적으로 청장 실시를 명령	10년, 장량원칙을 제시 11년, 장량규제를 제시 12년, 표준보궁척標準步弓尺 주조, 원액과 일치하는 토지는 다시 고치지 않는다는 새 원칙 발포 13년, 균량을 강조	2
순치 14년 (1657)		부역전서, 장량책, 황책을 편찬하여 시행	
순치 15년 (1658)	토지의 등록을 목적으로 한 청장		3
강희 2~4년 (1663~1665)	토지 면적을 조사하고 토지대장을 확립할 목적으로 청장		4
강희 15년 (1676)	숨겨진 토지를 조사할 목적으로 청장		5
강희 28년 (1689)	토지의 면적을 장량		6
강희 29년 (1690)	전국의 노지蘆地를 청장		7
건륭 56년 (1794)	각 성의 개간지와 황무지를 청장		8

장이었고 실행되지 못하였으며, 특히 순치 2년의 청장에 관해서는 계획은 되었지만 아무런 진전이 없었다고 하였다.[6]

이상의 선행 연구에 따르면, 관찬사료에 의거하는 한 순치시기에는 청조가 청장을 실시할 만한 상황도 아니었고 능력도 없었으며, 순치 10년 이후에 실시된 청장도 사실상 실패했다는 것이 일반적인 이해이다. 그리고 각 지역의 사정과 필요에 따라 부분적으로 지방 차원의 청장이 이루어졌겠지만,[7] 그 구체적인 사례도 찾아보기 힘들다.

그러나 현재 전해지는 방대한 양의 휘주문서 중에는 순치 연간 장량의 실례를 생생하게 보여주는 자료가 적지 않게 남아 있다. 일찍이 휘주문서를 대상으로 한 연구에서 이러한 문서자료를 활용하여 장량 조직과 인역, 장량 단위, 장량 수치의 의미 등에 대한 연구가 진행된 바도 있다.[8] 하지만 순치시기의 장량 관련 휘주문서가 관찬사료에서는 확인할 수 없는 순치시기 청장의 실제를 확인할 중요한 사례라는 사실을 지적한 연구는 아직 없었다.

2 휘주부 각 현의 청장

지방지 기록에 따르면, 휘주에서는 역사적으로 남송대의 소흥 연간, 원대의 연우 2년,[9] 명대 홍무 24년(1391), 영락 10년(1412), 천순 6년(1462), 성화 18년(1482), 홍치 5년(1492), 가정 41년(1562), 만력 9년(1581), 만력 20년(1592), 만력 48년(1620)=태창 원년(1620), 천계 2년(1622)에 장량이 실시되

없음을 알 수 있다.[10] 하지만 이 중에서 충실하게 이루어진 것은 홍무 연간과 만력 연간의 장량뿐이라는 것이 일반적인 이해다.

청대에는 앞에서 언급한 것처럼 순치 · 강희 연간에 이루어진 여러 차례의 장량 시도가 실패로 돌아간 탓인지 강희『휘주부지徽州府志』, 도광『휘주부지』에도 이 시기 장량에 관한 명확한 언급이 없다. 다만 민국『안휘통지고安徽通志稿 · 재정고財政考』에서 이 시기 청장에 관해 다음과 같은 기록을 찾을 수 있다.

순치 2년(1645)에 칙유를 받들었다. 본조(청조)가 강남을 평정함에 그 전토에 관한 규칙은 모두 이전 명조의 옛것을 이용하여 만력 연간의 부세액을 기준으로 징수한다. 6년(1649)에 명을 받들어 청장하였으나 얼마 후 다시 정지하였다. 그 전토의 등급 · 면적 · 모양은 모두 만력시기의 청장탄칙淸丈攤則을 따르도록 하였다. 이후 강희 원년(1662)에 다시 청장을 시행하여 2년(1663)에 완료하였다. 전무는 원액대로 하였고 간명책(『간명부역전서簡明賦役全書』)을 만들어 호부에 보고하고, 어린도책은 현에 보존하였다.[11]

이에 따르면, 휘주에서는 순치 6년에 처음으로 장량을 시도하였으나 실패하였고 그 후 강희 원년에야 다시 장량이 시도되어 1년여 만인 강희 2년에 완료되었으며, 마침내 어린도책과 부역전서를 작성할 수 있었다. 그리고 강희『휴녕현지休寧縣志』에는 청대의 호구 · 공부 · 요역의 상세한 내용은 부역전서에 따른다고 설명하면서 '순치 12년 부역전서, 강희 5년 간명부역전서'[12]라고 할주를 달았다. 이 부역전서가 순치 12년(1655) 이전 어느 시기, 강희 5년(1666) 이전의 어느 시기에 실시된 장량의 결과임을 알수 있다. 시기로 보아 〈표 1〉의 순치 10~13년에 실시된 제2차 장량, 강희 2~4년에 실시된 제4차 장량에 해당하는 것으로 짐작된다.

이상과 같이 휘주 지방지에도 청대 순치 연간과 강희 초기의 장량에 관한 기록은 분명하지 않다. 대략 순치 6년과 순치 12년 이전의 어느 시기 두 차례 장량이 실시되었음을 짐작할 수 있을 뿐이고, 그나마 청장을 완료하여 결과물을 만들어낸 것은 순치 12년 이전의 어느 시기 단 한 차례뿐이었다고 이해할 수 있겠다.

그런데 방대한 양의 휘주문서 중에는 순치시기 청장의 흔적을 분명하게 확인할 수 있는 문서 자료가 많이 남아 있다. 우선 각 현의 지현이 현의 백성들에게 장량 실시를 명령한 몇 건의 고시告示가 남아 있다.

Ⅱ-1) 청 순치 3년 장량조례丈量條例[13]

토지를 청장하는 일에 관한 조례. ㉠ 휘주부에서 패문牌文를 내렸다. "도원道院에서 내린 패문을 받들었다. '호부에서 보낸 앞의 사안에 대한 자문咨文을 받았다. 현에서 패문의 내용에 따라 처리하기를 바란다.' ㉡ 즉시 친히 현장에 나가 몸소 측량하여 원액과 등급이 얼마인지를 확인하여 세량을 징수하라. 지금 얼마가 원액에 부합하는지, 곡식이 잘 익은 토지가 얼마이고 황폐한 토지가 얼마인지, 주인이 있는지 없는지를 조사하여 사람들을 불러들여 개간하고 경작하게 하라. 그리고 확정된 수를 조사하여 책을 만들어 부에 송부하여 보고하라." 이러한 내용을 고시하여 알린다. 이외에 ㉢ 지금 옛 궁보弓步(에 따라 측량한) 전토의 수목數目과 관청에서 시행한 조관條款 및 방원사직方圓斜直

등 (토지의) 형태를 항목별로 열거하여 책을 만들어 각 도圖의 공정인公正人 등이 법식에 따라 시행하는 데 편리하게 하라.

| 내역 |

하나. 측량 기구는 이전 장량에 따른다. 전에는 초척鈔尺 5척으로써 1보를 삼았으나 지금은 만력 9년에 공정이 남긴 옛 궁弓을 모방하여 현에 이르게 하였다. 지금 각리에서 새로 추천한 공정이 법식에 따라 목궁木弓을 만드는데 반드시 쇠로 먹줄을 싸고 밀랍을 바른 실로써 기준을 삼는다. 가운데에 붉은 실을 사용하여 단위의 마디를 만들고 대나무 패牌를 사용하여 궁보弓步를 만든다. 모두 일치되게 교정하고 검사하여 압인을 새기고 발급하여 준행遵行하도록 하고, 마땅히 공정하게 청장하는 데 힘써 초과하거나 줄어들지 않도록 하여 나라를 넉넉하게 하고 백성을 편안하게 해야 한다. 감히 멋대로 길이와 단위의 마디를 바꾸면 조사하여 무겁게 다스린다.

하나. 공정은 공도公道를 따르고 정직해야 한다. 재간才幹을 겸비하여 여러 사람들이 따르고 복종하는 사람이라야 공정이 될 수 있다. 이미 이 역役을 담당한 후에는 마땅히 공정한 마음을 가지고 사사로운 정을 쫓아서는 안 되며 뇌물을 받아서도 안 된다. 하물며 장량은 조정의 무거운 책무이므로 모름지기 위로는 세과稅課를 부족하게 만들어서는 안 되며 아래로는 백성들에게 손해를 끼치지 않아야 비로소 이 역에 합당한 인물이라고 할 수 있다. 너희가 과연 법을 지키고 공무를 잘 수행한다면 상을 정하여 시행할 것이고, 만약 양量·화畵·서인書人 등이 혹 연줄을 만들어 불법적인 일을 행한다면 공정이 직접 적발하도록 하고 한 패가 된 사람들은 모두 처벌할 것이다.

하나. 전에 장량에 참여했던 공정의 자손은 만력 9년에 장량한 면적·경계가 기록된 어린청책을 새로 추천된 공정에게 준다. 각 (공정은) 해당 도의 원래 장량한 전田 · 지地 · 산山 · 당塘이 각각 얼마인지를 10일 내에 일도一都의 총수책總手冊을 만들어 현에 송부하여 (현에서) 대총大總을 합산하고 대조하여 실징實徵하는 데 편리하게 하라. 만약 수목數目을 은닉하여 국과國課를 부족하게 하는 사람은 조사하여 처벌한다. 전에 역을 맡은 사람 가운데 고의로 책적冊籍을 움켜쥐고 주지 않아 공무를 지체하게 만든 사람은 모두 구류하여 처벌한다.

하나. 토지를 경계 짓는 것은 장량의 법에서는 경계를 세우는 것이 우선이다. 본현의 장량할 경계는 창화 · 순안 · 태평 · 적계 · 휴녕과 인접해 있으므로 장량을 실시할 때에 경계를 접한 지방의 공정은 모름지기 결과에 따라 상대측 현과 경계를 나누어야 한다. 혹시 강함을 믿고 (경계를) 넘어 점거하여 분쟁을 일으키면 즉시 (관에) 가서 아뢰는 것을 허락하니 일을 맡은 관리가 모여 잘못을 바로잡는 데 편리하게 하라. 각 도都와 도圖 역시 원액에 따라 깃발을 세워 경계로 삼아 장량에 편리하게 하라. 만약 호강豪强 중에 경계를 넘어 분쟁을 일으키는 사람이 있다면 무겁게 처벌할 것이다. (후략)

Ⅱ-1) 사료는 순치 3년 흡현歙縣의 장량조례이다.[14] 장량의 주체와 목적, 구체적인 진행 방법과 절차 등에 관한 상세한 내용을 담았다. 우선 이 청장은 밑줄 친 ㉠에서 언급하듯이 호부의 자문을 근거로 순무와 도원 그리고 지부를 거쳐 지현에게 이르는 계통을 거쳐 국가 차원에서 추진된 것이다. 〈표 1〉의 첫 번째 장량 명령(순치 2년)이 휘주의 현 단위에까지 전달되어 장량이 실시되었음을 보여주는 사료다. ㉡에서는 이 청장이 중점을

둔 내용을 살펴볼 수 있다. 청조는 지현에게 직접 현장에서 청장을 주관할 것을 요구하였고, 조사 내용은 현지의 토지 상황이 만력 원액에 부합하는지, 경작지와 황무지가 어느 정도인지, 주인 있는 토지와 주인 없는 토지가 어느 정도인지를 파악하여 현재 경작되는 토지에 대해 그 수를 확정해서 보고하도록 하였다. 〈표 1〉의 순치 2년 장량의 주요 내용과 부합한다. 다만 순치 2년의 청장 명령이 휘주에 전달되어 현지에서 실행된 것은 순치 3년으로, 중앙의 결정과 지방에서의 실행 사이에 약간 시간 차이가 있었던 것 같다. 그리고 ⓒ은 조정에서 명령한 내용 외에 지현이 청장 실시에 즈음하여 별도로 추진한 사항이다. 옛 궁보로 측량한 전지의 수량과 형태 등을 항목별로 조사하여 책으로 만들어 각 도圖의 공정이 장량을 실시하는 데 편의를 제공하도록 하였다. 도의 공정이 현장에서 직접 장량을 담당하는 인원임을 고려할 때, 공정이 업무를 신속하게 진행하여 장량을 완료할 수 있도록 지현이 현의 백성들에게 스스로 전지의 면적과 형태를 측량, 조사하도록 지시한 것이라고 이해할 수 있다.

내역에 열거한 내용은 흡현에서 장량을 실시할 때 필요한 구체적인 장량의 지침을 담았다. 첫 번째는 장량의 도구에 대한 것이다. 측량 기구는 만력 연간의 기준에 맞춰 정확하게 제작하여 사용하고 부정행위가 없도록 하였다. 두 번째는 장량에 동원된 인원에 대한 것이다. 공정은 정직함과 능력을 겸비하여 사람들이 따를 만한 인물에게 맡기고 양수量手·화수畵手·서수書手 등 다른 장량 인원을 감독하는 권한을 부여하였다. 세 번째는 장량 업무의 인수인계에 관한 것이다. 만력 9년에 장량을 담당했던 전임 공정의 자손들에게 만력 9년 당시 작성한 어린청책魚鱗淸冊을 새로 임명된 공정에게 이관하도록 하였다. 이는 10일 이내에 신속하게 만력 원액을 확인하고 도都별로 총액을 정리한 책적을 현에 보고하여 현의 총액을 확정하고 실징액과 대조하기 위한 것이었다. 이것은 이번 청장의 목적이 만력 원액에 맞추어 징세할 수 있는 체제를 신속하게 마련하는 데 있었음을 보여준다. 네 번째는 장량의 구체적 방법에 관한 것이다. 장량을 실시함에 우선 현의 경계, 도都와 도圖의 경계를 분명히 하도록 한 것이다.

이상의 장량 지침은 조정의 방침에 따라 만력 원액을 확인하는 데 초점을 맞춘 것이다. 이를 위해 만력 청장의 자료와 경험을 활용하여 정확하고 신속하게, 그리고 분쟁이 일어나지 않도록 엄정하게 청장을 실시하도록 상세하게 규정과 절차를 제시하였다. 청장이 이루어지는 현장에서 벌어지는 실제 문제를 고려하였음을 알 수 있다.

다음 사료는 휴녕현 지현 동응괴佟應魁가 순치 4년 2월 7일 현 전체의 도정圖正 등 장량 인원과 장량의 대상자인 백성들에게 내린 고시다.

Ⅱ-2) 대청국청장전토고시大淸國淸丈田土告示(휴녕현, 순치 4년 2월 초7일)[15]

동지현佟知縣(이름은 응괴應魁)이 내리는 토지를 청장하는 일에 관한 고시. (중략) 이에 현 전체의 도정과 양·화·서·산 및 여러 백성들에게 고시한다. 즉시 도의 전田에 대하여 청장을 시행하라. ㉠ 각 이里에서 아직 보고하지 않은 사람은 속히 모두 보고하고, 아직 (장량의 결과를) 확인하지 못한 사람은 속히 증명서를 갖추고 곧바로 책을 만들어 부에 보고하여 전달하라. 도정과 서수·산수·양수·궁수는 자신의 집에서 덕행 있는 사람을 힘써 찾아 그 임무를 맡도록 하고 ㉡ 이달을 기한으로 보고를 완료하고 책을 만들어 보고하라.

만의 하나라도 (지위를) 이용하여 백성에게 술과 음식을 요구하거나 백성들 토지의 보리를 밟거나 백성의 봄 농사를 망쳐버려서는 안 된다. 이러한 일이 하나라도 있으면 본 지현이 불시에 조사하여 잡아들여 처벌하고 결코 용서하지 않을 것이다. 신속하게 특별히 고시한다.

Ⅱ-2)의 ㉠은 장량 인원과 백성들 중 아직 장량의 결과를 보고하지 않고 확인하지 않은 사람들에게 서둘러 장량을 진행할 것을 독촉하는 내용이고, ㉡은 이달(2월)을 기한으로 정하여 현에 장량 결과를 보고하고 책을 완성하도록 독촉하는 내용이다. 그 내용으로 보아 순치 4년 이전에 이미 장량이 시작되었고, 순치 4년 2월 당시에는 기한이 임박했거나 이미 기한을 넘긴 상황에서 다시 기한을 설정하여 장량의 완료를 독촉한 고시로 보인다.

다음 또 다른 고시를 살펴보자.

Ⅱ-3) 순치 5년 11월 6일 장량고시丈量告示[16]

㉠흡현 지현 고종명高宗明, 자字는 내부來夫가 내리는, 장량을 독촉하고 정문呈文을 올려 완료를 보고하라는 고시. 살펴보건대 ㉡ 토지를 장량할 때에는 반드시 지주가 토지의 원액·번호·세무稅畝·경계를 분명하게 보고해야 그림을 그리고 장량을 시작하는 데 착오가 없게 된다. ㉢ 그런데 청장의 일이 이미 3년이 지났고, 이제 순무巡撫·순안巡按·사도司道의 격문을 받들었다. "급하게 (장량을) 독촉하고 (책적의) 제출을 기다리는 것이 성화와 같다. 너희들 지주는 신경 쓰지 않고 앉아서 끝내 패를 꽂아 토지를 (어린도책에) 등기하

지 않으며, 공정 등 인원은 한패가 되어 게으름을 피우며 공무를 그르치게 하
며 일을 지연시키거나 멈추게 만들어 법을 가지고 노니 마땅히 급하게 (장량
을) 독촉하여 토지를 (어린도책에) 등기하도록 해야 한다." 이에 고시를 내리니
현 전체의 공정과 책리, 양수·화수·서수·산수 그리고 지주는 (이상의 지시
를) 잘 이해하고 모두 신속히 전달하기 바란다. 지주는 즉시 각각의 해당 토지
에 패를 꽂고 (어린도책에) 등기하여 공정이 청장하고 책적을 만드는 데 편리
하게 하고, 10일 내에 보고를 완료하라. 감히 지주 중에 교활하게 가서 토지를
등기하지 않고 원액의 사방 경계를 보고하지 않아 장량을 중단하거나 공무를
그르치는 경우에는 공정 인원이 (해당하는 사람을) 지명하여 보고하도록 하고,
본 지현은 이를 근거로 즉시 잡아들여 무겁게 처벌하고 토지는 관에 몰수하
여 군향에 충당하며 결코 가볍게 용서하지 않을 것이니 후회를 남기지 말고
신속하고 신중하게 처리하라.

Ⅱ-3) 사료는 ㉠으로 보아 흡현 지현의 고시임을 알 수 있고,[17] ㉡의 내
용으로 보아 장량의 절차는 지주가 자기 토지의 원액과 번호, 세무, 경계
를 보고하면 장량 인원이 이를 근거로 토지 모양을 그림으로 그리고 면적
을 실측하는 방식으로 이루어졌음을 알 수 있다. 그리고 ㉢에서 청장이
시작된 지 지금까지 3년이 되었다고 한 것으로 보아 Ⅱ-1) 사료에서 살펴
본 바와 같이 흡현의 청장은 순치 3년에 시작된 것이 분명하다. 그 이하의
내용은 지현이 순무와 순안어사 등 상부의 명령에 근거하여 장량을 독촉
하면서, 지주가 자진 보고를 하지 않고 공정을 포함한 장량 인원 역시 태
만하여 공무를 제대로 수행하지 못했다고 비판하고, 10일 이내에 장량을

완료하되 협조하지 않는 지주에 대해서는 공정에게 고발하도록 하고 그 재산을 몰수하여 군향에 충당하겠다는 적극적인 처벌 의사를 밝혔다. 이러한 내용으로 보아 휘주에서도 지주는 청장을 달가워하지 않았고, 적극적인 저항이나 방해까지는 아니더라도 소극적인 비협조나 해태는 일상적으로 행해졌음을 알 수 있다. 적어도 청장을 적극 추진하는 청조와 지방관의 기대에 미치지 못했음은 분명한 것 같다.

이상에서 살펴본 바와 같이 적어도 흡현과 휴녕현에서는 순치 3년 이래 지방관 주도로 구체적인 절차에 따라 실제로 청장이 실행되었음을 확인할 수 있다. 그러면 순치 3년 이래의 이러한 청장이 실효적으로 진행되었음을 어떻게 증명할 수 있을까?

토지 매매 문서는 토지소유권의 이전을 확인하는 문서인 만큼 토지의 명칭, 위치, 면적, 가격 등 토지에 관한 모든 정보를 가급적 상세하고 정확하게 기록해야만 한다. 다음 사료는 순치 3년 1월에 휴녕현에서 작성된 토지 매매 계약서다.

Ⅱ-4) 청 순치 3년 휴녕현 허재중원지매계許在中園地賣契[18]

24도都 1도圖의 매계賣契를 체결하는 사람 허재중은 지금 조상에게 물려받은 원지 1편[위치와 명칭은 사하원沙下園, 상자常字 4868·4869호이며 땅의 면적은 합계 지地 19보 8분 4리인데, 그중 69호는 지 17보 3분이다. 그 땅의 동서남북 경계는 (생략) 이다]과 또한 조상에게 물려받은 것과 자신이 이어 구입한 이보李輔·이현복李玄福의 원지 1편[위치와 명칭은 유자원지留子園地, 상자常字 4865호이며 자신이 구매한 해당 땅의 면적은 지 70보, 세액은 3분이다. 그 땅의 동서남북 경계는

(생략) 이다]에 대해 지금 앞의 12방향 경계 내의 땅과 나무·석방石埅 등의 모든 물건에 대해 계약을 맺어 족숙族叔 아무개의 이름 아래로 매각한다. 당일 중견인中見人에 의지하여 삼자가 모여 의논하여 다음과 같이 정하였다. 가격 은 시가로 은 13냥으로 하고 그 은은 계약이 이루어지는 날에 한꺼번에 직접 받는다. 그 원지는 매매가 완료된 이후에는 구매한 사람이 스스로 관리하고 경계를 조정한다. 만약 내외인內外人이 무단 점거하거나 중복 교역하였거나 일체의 분명하지 못한 일이 발생하면 모두 매각한 사람이 책임지고 매입한 사람과는 관계가 없다. 그 세액은 신례新例를 기다려 본래 지주가 스스로 (명의를) 이전하면 다른 어려움이나 문제가 없을 것이다. 지금 증빙이 없을 것을 염려하여 이 매계를 작성하여 증거로 삼는다.

위 (토지의) 내력을 알 수 있는 계약서 3매를 구매인에게 교부하고 보관하도록 한다. 재비再批.

순치 병술년 정월 일 매계를 체결한 사람 허재중許在中. 중견인中見人 허봉석許鳳石.

세액의 합계 4분 2리 7호. 그 괴호魁戶인 본래 삼갑三甲의 허도호許道戶가 양도한 것을 접수하였다.

앞의 계약 내의 가은價銀은 한꺼번에 직접 받았다. 동년 월 일. 재비再批. 호號. 수령함.

Ⅱ-4) 사료는 순치 3년 1월에 휴녕현 24도 1도에 거주하는 매주賣主가 역시 24도 1도에 위치하는 상자 4868호와 4869호 그리고 4865호의 토지를 족숙 아무개에게 팔기 위해 작성한 매매 계약서다. 그런데 밑줄 친 부

분의 '신례新例'는 '새로 실시한 청장의 예'를 의미하는 것으로 이해된다. 매매 대상 토지에 부과되는 부세와 관련하여 새로 실시하는 장량의 결과를 기다려 매주賣主가 관부에 신고하고 그 명의를 이전하겠다는 내용이다. 사료 Ⅱ-2)의 내용처럼 순치 3년 당시에는 장량이 한창 진행 중이었기 때문에 장량이 완료된 후에야 새로 정해진 과세 등급과 면적에 따라 부세액이 정해지므로 이를 근거로 매주買主에게 명의를 이전하겠다는 의미이다.[19]

한편 다음 사료는 순치 3년 10월 26일자로 체결된 매매 계약서다.

Ⅱ-5) 청 순치 3년 휴녕현 왕학주모자매방지홍계汪學朱母子 賣房地紅契[20]

동북우東北隅 3도圖의 매계를 체결하는 사람 왕학주汪學朱와 주맹모主盟母 유씨劉氏는 지금 형편이 어려우므로 조상에게서 유산으로 물려받은 기지토고방옥基地土庫房屋 한곳, 토지 명칭은 남가선인항南街宣仁巷, 새로 장량한 토지 번호는 우자宇字 70호, (과세 등급은) 상칙上則, (면적은) 지地 214(보) 4분 9리 남짓, 세액의 합계는 1무 7리 2호, (중략)

순치 3년 10월 26일 계약을 세운 사람 왕학주(서명), 주맹모 유씨(서명)

(중략)

지금 계약 내의 가은價銀은 한꺼번에 받고 끝내고 별도로 영수증을 작성하지 않는다.

동년월일, 재비再批(서명),

Ⅱ-5) 사료는 순치 3년 10월 26일에 휴녕현 동북우 3도에 거주하는 매

주賣主가 토지 명칭이 남가선인항이고 토지 번호가 우자 70호[21]인 토지를 팔기 위해 작성한 매매 계약서다. 밑줄 친 부분을 보면 이때의 토지 번호는 '신장新丈'이라고 하여 역시 순치 3년부터 실시한 청장의 결과로 정해진 것임을 밝혀놓았다. 그 이하에는 새로 정해진 과세 등급과 지목이 '상칙上則의 지地'라는 것, 새로 측량한 면적이 '214보 4분 9리'라는 것, 그리고 이것을 세무稅畝로 환산하면 '1무 7리 0분 2호'[22]가 된다는 사실을 명기했다. 토지 번호와 적보, 세무는 토지의 위치와 면적, 세액을 표시하므로 토지 매매 계약서의 핵심 부분이다. 이런 점에서 휴녕현에서 진행된 순치 3년의 청장은 토지 거래에서 소유권을 확인하는 근거로 활용되었음을 확인할 수 있다. 아울러 사료 Ⅱ-2)와 Ⅱ-4), Ⅱ-5)가 작성된 시간을 고려하면 휴녕현에서는 순치 3년 1월부터 청장이 시작되었고 10월경에는 일정한 성과를 거두었으며, 그럼에도 4년 2월 초까지도 완료되지는 못한 상태였기 때문에 지현이 청장을 독촉하는 고시를 발표한 것임을 알 수 있다.

그러면 순치시기에 진행된 휘주의 청장은 언제 완료되었을까? 청장의 기간에 관해서는 다음 사료가 추론의 실마리를 제공한다.

Ⅱ-6) 강희 2년 기문현 삼사도三四都 1도圖 **십배년의립합동문약**拾排年議立合同文約[23]

합동문약을 체결한 삼사도 1도의 10명의 이장 등은 ㉠ 지난 순치 3년 칙지를 받들어 청장을 실시함에 이미 세량의 다과를 기준으로 공정·공부·궁수·산수·서수·화수를 뽑아 보고하였는데, 그 고생이 11년간이나 계속되

어 (순치) 13년에 이르러 비로소 책적册籍을 발송함으로써 완성을 고하였다. 지금 또 칙지를 받들어 다시 장량할 것을 명령하였지만 이전의 상황이 후에 어떻게 변하였는지 알 수 없고, 힘써 보고하고자 해도 또한 서로 소란을 일으켜 기한을 어길까 걱정이다. 이에 여러 이장이 마음을 합쳐 신전神前에서 다음과 같이 의논하였다. 6명의 인원은 모두 10명의 이장 중에서 붕충朋充하는데, 성姓을 적은 사람이나 이름을 적은 사람 모두 고르게 분담하여 역역에 응하고, 호戶마다 성실하고 숙련된 한 사람을 추천하여 일을 맡긴다. 무릇 장량을 시작하여 책적을 발송할 때까지 필요한 각항의 차비差費와 지장紙張ㆍ반식飯食 등의 비용은 2년에 2갑씩에 실징實徵하는 것을 원칙으로 삼아 세량의 다과에 따라 고르게 할당한다. 이후 해마다 실징액에 따라 고르게 할당하는 것은 각호에서 일을 맡은 사람에게 달려 있다. 본호 및 갑에 속한 화호花戶의 은량銀兩은 갑匣에 납입하여 공동으로 수입과 지출을 관리한다. 만약 한 호라도 참여하지 않으면 관리하는 사람에게 책임을 맡기고 이의를 달지 않는다. 점호에 응하는 이장은 모두 본인이 직접 현에 가야 한다. 만약 한 명이라도 이르지 않은 사람이 있다면 여러 사람이 합문合文을 가지고 이치로써 따진다. ⓛ 그 장량ㆍ조책造册ㆍ해책解册ㆍ귀호歸戶 등의 일은 또한 10명의 이장이 균등하게 맡고 현년이장現年里長에게 부담이 치우쳐서는 안 된다. 합문을 체결한 후부터 마땅히 힘써 준수해야 한다. 만약 완고하게 합문을 어기는 사람은 여러 사람이 관에 고발하고 이치로써 따져 공벌公罰한다. 그대로 이 합문에 의거하여 준거로 삼는다. 지금 증빙이 없을 것을 염려하여 이 합문 10장을 작성하고 각각 한 장을 받아 증거로 삼는다.

강희 2년 11월 18일 합동문약을 세운 삼사도 1도의 10명의 이장

1갑甲 **요립등**饒立登, 2갑 **방원무**方元茂, 3갑 **왕문체**汪文體, 4갑 汪**왕복초**復初, 5갑 **강자신**康自新, 6갑 **여안서**余安序, 7갑 **왕문명**王文明, 8갑 **여희훈**余喜訓, 9갑 **왕신태**汪新泰, 10갑 **왕대용**王大用. **해당 도**都 **왕창**汪昌

Ⅱ-6) 사료의 내용은 기문현 삼사도 1도에 속한 10명의 이장이 강희 2년부터 시작하는 청장과 관련하여 장량 인원을 충당하는 방법, 토지 측량과 책적 제작에 필요한 비용을 분담하는 방법 등을 논의하여 합의한 합동문서다. 이 중에서 ㉠의 내용을 보면 기문현에서도 순치 3년에 청장을 시작하였고 순치 13년에 이르러 비로소 완료되었음을 알 수 있다. 그 기간이 무려 11년이나 걸린 것으로 보아 기문현에서도 청장이 생각만큼 원활하게 진행되지는 못했던 것 같다. 앞에서 살펴보았듯이 강희『휴녕현지』에 "순치 12년의 부역전서"가 언급된 점을 미루어보면, 휴녕현에서도 대략 순치 12년 혹은 그 직전에 청장이 완료된 것으로 이해할 수 있을 것이다. 그렇다면 휴녕현과 기문현은 대략 순치 12년과 순치 13년에 청장을 완료한 것인데, 아마도 다른 현도 큰 차이가 없었을 것으로 짐작된다. 휘주의 각 현에서 청장이 진행된 기간은 대략 순치 3년부터 순치 12년과 13년을 전후한 시기까지로 이해해도 무방할 것이다.

그리고 Ⅱ-6)의 ㉠에서는 청장 종료의 지표로 '해책解冊'(어린도책을 현으로 발송하는 것)을 들었다. 청조가 청장을 실시한 궁극적인 목적이 징세의 근거를 갖추는 것이었다는 점을 생각하면 청장의 과정은 단순한 장량, 즉 토지를 측량하는 행위만이 아니라 ㉡의 언급처럼 장량과 조책, 해책, 그리고 귀호 과정을 포함하는 것으로 이해해야 할 것이다. 여기서 말하는 책적은 청장의 결과로 만들어지는 것이고, 장량 인원이 발송해야 할 책임을 맡은 책적이므로 어린도책을 지칭한 것이다. 지현은 이에 근거하여 현 전체에서 납부해야 할 세액의 총액(현총縣總)을 부府에 보고하고, 지부知府는 부의 총액(부총府總)을 포정사에게 보고하며, 포정사는 성의 총액(성총省總)을 호부에 보고함으로써 장량의 결과가 청조 중앙에까지 전달되는 것이다. 지현의 보고에 근거하여 호부에 전달되는 일련의 정보가 축적된 것이 부역전서다. 순치 14년은 전국 대부분 지역에서 부역전서 편찬이 완료된 시점이다.[24] 순치 3년 4월, 순치제가 호부에 명령한 부역전서 편찬 사업이[25] 순치 14년에 이르러서 마침내 완료된 것이다. 그렇다면 순치 3년 휘주에서 시작된 청장은 이때의 부역전서 편찬 사업과 함께 진행된 것으로 보아도 무방할 것이다.

이와 같다면 관찬사료에 근거하여 순치 10년 이전에는 실제로는 청장이 시행되지 않았다든지 순치 10년과 13년에 두 차례에 걸쳐 실시되었다는 선행연구 그리고 순치 6년에 청장을 실시했지만 실패하였고 강희 2년에야 비로소 청장에 성공하였다는 휘주 지방지의 기록은 휘주 청장의 실상을 제대로 반영한 기록이라고 보기 어렵다. 이상에서 살펴본 문서 자료에 따르면, 적어도 휘주 지역에서는 순치 3년부터 13년까지 청장이 연속적인 작업으로 진행되었고, 어려움이 없지 않았지만 장량·조책·해책·귀호의 전 과정이 완료되었음을 알 수 있다.[26]

<u>3</u> 향촌에서의 실상

그럼 실제 향촌에서 장량을 둘러싸고 이루어진 논의를 통해 장량의 실상에 좀 더 접근해보자. 장량 임무를 완수하기 위해서는 장량 인원의 역할이 무엇보다 중요하다. 명말청초 휘주의 이갑제를 연구한 권인용에 따르면, 만력과 순치시기의 장량은 이갑제 편제인 도圖(이里)를 단위로 이루어졌고, 10개 갑의 이장호里長戶가 각각 공정·공부 및 각 2명으로 이루어진 궁(양)수·산수·서수·화수 역할을 맡았다. 그리고 공정·공부를 책임자로하여 각각 1인씩의 궁(양)수·산수·서수·화수를 거느리는 5인 1조로 이루어진 2개 장량 조직이 편성되어 운용되었다.[27] 이에 대해 하유중·왕유명은 남경대학 역사계 자료실 소장 『강희진씨치산부康熙陳氏置産簿』에 수록되어 있는 휴녕현 9도 1도의 청장합동淸丈合同을 분석하여 휘주의 장량인원이 대체로 이갑제를 기반으로 조직된 것은 사실이지만, 현에 보고된장량 인원의 명단과 실제 역을 담당하는 인원의 명단이 다른 경우가 있으며, 장량의 단위도 도圖가 아닌 자연촌自然村을 기준으로 실시된 사례가있음을 제시하여 실제 향촌에서 진행된 장량은 규정이나 원칙에 따른 정연한 모습이라기보다는 장량의 효율성을 높이기 위해 다양한 대책과 방법이 강구되었던 사실을 보여주었다.[28]

이상의 휴녕현 9도 1도의 사례를 선행연구에서 언급하지 않았던 내용을 중심으로 보완하여 장량이 진행되는 현장의 모습을 살펴보겠다.

III-1) 순치 4년 휴녕현 9도 1도 청장합동[29]

9도 1도의 도정·양수·서수·화수·산수가 논의한 합동. 이장 정적성鄭積盛·정세화程世和·정상달程上達·진세방陳世芳·정은조程恩祖·진태무陳泰茂·왕진조汪辰祖·진침陳琛·진량陳梁·진세명陳世明 등은 조정에서 토지를 청장하라는 (명령을) 받들어 본도本圖의 10명 이장이 함께 일을 정하고 각각 조례를 나누어 관할할 도정·양수·화수·서수·산수를 추첨하여 정하였다. 의논하여 정한 3개 촌락을 고르게 관할해야 할 인원은 도정 진정방陳程芳·양수 왕세소汪世昭·화수 정이승鄭以升·서수 정세약程世鑰·산수 진명위陳明偉이고, 현년이장現年里長인 진태무陳泰茂가 명단을 보고하고 명목을 정한다. 아문 등의 사무는 조광조趙光祖에게 맡긴다. 현년現年의 장량과 조책의 명목은 모두 10명 이장이 함께 분담하여 충당한다. 지금 이장 중에 추천되어 관리해야 할 사람은 뒤에 명단을 열거한다. 사무를 이어 관할한 후에는 각각 마음을 다하여 일을 맡고 사사로이 법을 어그러뜨려서는 안 된다. 만약 이와 같은 무리가 있다면 일을 맡은 사람을 처벌한다. 장량에 사용되는 비용 등의 항목은 10배년이 세량의 다과에 따라 매 석당 먼저 5전을 내서 사용하게 하고, 만약 부족하면 다시 5전을 내어 합하여 매 석당 1냥兩으로 한다. 갑수甲首에게 할당하는 서수·산수의 비용 등 항목은 매량每糧 1석에 1냥 5전을 보태어 장부에 기록하고 갑匣에 보존하여 조책 등의 비용으로 지출하게 한다. 만약 버티고 내지 않는 경우에는 10명 이장이 나눠내어 사용한다. 장량에 필요한 일체의 필기구 비용은 여러 사람과 의논하여 갑에 보관했다가 공적인 사용에 대비하고 사사로움에 따르지 않는다. 만약 이러한 정상이 있으면 색출하여 10배로 벌한다. 지금 각각 맡을 일을 추첨하여 정하면 이후에는 남에게 미뤄 공무를 그르쳐서는 안 된다. 지금 증빙이 없을 것을 염려하여 똑같은 내용의 합동 문서 10장을 작성하고 각각 한 장을 보관하여 증거로 삼는다.

내역: 일을 맡을 사람을 아래에 열거한다.

(중략)

3개 촌락의 도정은 진정방이다. (서명, 서명, 서명)

1갑이장 정적성호의 호정戶丁 일례一禮가 화수의 직책을 맡는다. (서명)

2갑이장 정세화호의 호정 문당文堂이 양수의 역을 맡는다. (서명)

3갑이장 정상달호의 호정 개槪와 동棟이 도정의 업무 중 쇄약鎖鑰의 일과 양수의 역을 맡는다. (서명, 서명)

4갑이장 진세방호의 호정 영纓과 휘暉가 도정의 업무 중 중수은갑衆收銀匣의 일을 맡는다. (서명)

5갑이장 정은조호의 호정 지시知時가 서수의 역을 맡는다. (서명)

6갑이장 진태무호의 호정 원전遠銓이 도정의 업무 중 부장簿帳 · 인갑印匣의 일을 맡는다. (서명)

7갑이장 왕진조호의 호정 무진懋進이 화수의 역을 맡는다. (서명)

8갑이장 진침호의 호정 위위衛偉가 산수의 역을 맡는다. (서명)

9갑이장 진량호陳梁戶의 호정 윤조綸照가 서수의 역을 맡는다. (서명)

책리배년冊里排年 진세명호의 호정 조적祖積이 산수의 역을 맡는다. (서명)

이상 12人이 관리하는 업무는 혼란을 일으켜서는 안 된다.

순치 4년 정해丁亥 10월 15일 같은 내용의 합동 10장을 이장이 1장씩 가지고 증빙으로 삼는다.

대서인代書人 조몽기趙夢麒, 중간인中間人 조광조

Ⅲ-2) 순치 4년 휴녕현 9도 1도 청장합동[30]

9도 1도에서 의논하여 체결한 합동. 남도촌藍渡村의 이장 6갑 진태무陳泰
茂, 7갑 왕진조汪辰祖, 9갑 진량陳梁이 지금 신례新例를 받들어 전지산당田地山
塘을 청장하므로 10명 이장이 다음과 같이 합의하였다. 본 도圖는 지방이 넓
어 혼자 힘으로 감당하기 어려우니 전 왕조의 옛 규정에 따라서 삼촌三村이 붕
당하기로 하고 합동 문서를 작성하고 진정방을 도정으로, 왕세소汪世昭를 양
수로, 정이승鄭以升을 화수로 [정세륜程世綸를 서수로, 진명위陳明偉를 산수로] 뽑
아 본 지현에 보고하였다. 삼촌에서 각각 일을 맡기로 한 사람을 세워 남도의
3명 이장이 의논하여 세 몫으로 나누고 일체의 공적 비용과 음식 등 항목을 모
두 세 몫으로 고르게 나누었다. ㉠ 그러나 관리가 내려오면 각각 명목을 확인
할 것이니, 진원전陳遠銓이 도정, 왕시승汪時乘이 양수, 진태약陳泰鑰이 화수
를 맡고, 3인은 (자신의 책임을) 미뤄서는 안 된다. 찬화와 경리는 다시 의논하
여 진수간陳守侃 · 진무소陳懋昭 두 사람을 정한다. 1갑의 정적성은 원래 본촌
에 붙여 직책을 나누어 별도의 명목을 기다린다. 지금 맡아 담당한 후에는 각
자가 마음을 합쳐 협력하고 공정하고 성실하게 해야 하며 뇌물을 받거나 법
을 어겨서는 안 된다. 만약 이러한 잘못이 있으면 일을 맡은 사람을 처벌하고
다른 사람을 연루시키지 않는다. 공적으로 저축한 은물銀物 및 책정을 만드는
데 소요되는 필기구의 자금은 공갑公匣을 설치하여 함께 수입과 지출을 장부
에 기록하여 처리하고, 매월 초하루 서약하고 일을 마치면 몫에 따라 고르게
나눈다. 하지만 일을 어그러뜨리고 사사로이 자신을 살찌우다가 발각되면 10
배로 벌을 주고, 만약 이를 어기면 여러 사람이 관에 고발하여 다스리는 것을
허락한다. 지금 증거가 없을 것을 염려하여 똑같은 세 장의 합동문서를 작성

하고 각각 한 장을 보관하여 증거로 삼는다.

7갑 왕진조 몫의 양糧은 6갑의 진태무가 대신 맡는다. 일이 완료되기를 기다려 몫에 따라 계산하여 돌려준다. 재비再批.

순치 4년 정해년 2월[31] 7일 합동을 체결함.

Ⅲ-3) 순치 6년 휴녕현 9도 1도 청장합동[32]

(전략)

하나, 본도 내의 개자호芥字號에는 모두 1만 개의 번호가 있다. 10명 이장이 의논하기를, ㉠ 지금 시간이 촉박하여 장량을 완료하기 어렵다는 휴녕현 옹지현(이름은 인룡人龍의 뜻을) 받들어 이제 10명 이장을 삼촌에 파견하여 서관촌西館村은 3명 이장이 장량저책丈量底册상의 3천 호號를 관리하고, 남도촌은 3명 이장이 장량저책상의 3천 호를 관리하고, 환주촌環珠村은 3명 이장이 장량저책 상의 3천 호를 관리하고, 정촌鄭村은 1명 이장이 장량저책 상의 1천 호를 관리하기로 하였다. 만약 저책底册에 착오나 늦어서 지장을 초래하는 일이 있으면 관에서 사용하는 비용을 살피고 본촌의 이장이 스스로 감당하되 여러 사람에게 (책임을) 미루지 않는다. 각촌의 책저를 완성하는 날을 2월 초순으로 정하였으니, 완성한 날에 서수와 산수는 작성한 책적의 정본을 수령하여 가져간다. 각촌의 장량반식丈量飯食은 호號마다 은 1분分을 지급하고 관리하는 사람들에게 지급한다. 개간한 곳과 물에 잠긴 곳과 모래와 진흙인 땅은 10명 이장이 여러 사람과 함께 (조사하여) 사사로움을 가진 경우에 10배의 벌을 준다. 그 장량한 책저는 이장마다 은 4냥을 지급하여 장량에 앞서 생반生飯하는 데 대비하도록 하였다.

하나. 귀호歸戶하는 각성各姓의 필기구 (비용)은 사촌四村이 함께 장부에 기록하고 공용에서 지출하되, 그 가운데 사사롭게 취하는 것이 발각되면 백미 1석을 벌로 내게 하여 공용으로 한다.

하나. 도정이 관리를 응대할 때에 1년마다 여러 사람이 7냥 2전을 지출하는데 네 계절로 나누어 지출하고 미루어서는 안 된다. 만약 공무에 어그러짐이 있으면 공식工食에서 공제한다.

하나. (관리가) 현장에 와서 관사官事에 응답할 때에는 1전을 첩은貼銀한다. 장량할 때 의외의 상황을 만나면 공동으로 지출하고 살펴 청구한다.

순치 6년 기축 정월 16일 10명 이장이 문약文約을 체결함. 1장은 조무선趙茂先에게 주어 보존하게 하고 10명 이장이 모두 각각 서명함.

사료 Ⅲ-1)～Ⅲ-3)은 각각 순치 4년 10월과 2월, 순치 6년 1월에 휴녕현 9도 1도에서 청장을 실행하는 방법과 관련하여 10명의 이장이 합의한 합동 문서다.[33] Ⅲ-1)은 구체적으로 누가 어떠한 직역을 담당할지, 장량의 비용을 어떻게 분담할지 등 직무 수행과 경비 지출의 지침에 대해서 1도에 속한 10개 갑의 이장호가 합의하고 실제 직무를 담당할 사람들이 직접 서명한 문서이다. Ⅲ-1)의 내용에 기초하여 휴녕현 9도 1도에서 장량을 담당할 인원의 선발 상황을 표로 정리하면 다음과 같다.

〈표 2〉에서 보듯이 현에 보고한 장량 인원의 호명은 이장호의 호명과도 다르고 직무를 실제 담당하기로 한 호정의 이름과도 다르다. 장량을 위해 이장호의 호명과는 다른 별도의 호명를 세운 것이다. 우선 도정을 담당하는 진정방호는 그 호명으로 보아 3·4·6갑의 이장호를 합쳐서 새

甲	1	2	3	4	5	6 (현년)	7	8	9	10 (책리)
촌명*	정촌	서관	서관	환주	서관	남도	남도	환주	남도	환주
이장호의 호명**	정적성	정세화	정상달	진세방	정은조	진태무	왕진조	진침	진량	진세명
보고된 호명***	정이승	**** 왕세소	진정방	진정방	정세약	진정방	**** 정이승	진명위	**** 정세약	진명위
장량 직책	화수	양수	도정 양수	도정	서수	도정	화수	산수	서수	산수
장량 인명	정일례	정문당	정개 정동	진영 진휘	정지시	진원전	왕무진	진위위	진륜조	진조적

* Ⅲ-1)의 내용만으로는 1·3·4·6·7·9갑 외 나머지 4개 갑은 어느 촌에 속하는지 알 수 없다. 2·5·8·10갑의 촌명은 「비람」의 기록에 근거하여 보충하였다.

** Ⅲ-1)의 합동에 서명한 이장호의 호명이다. 이 문서와 50년 가까운 시간 차이가 있는 강희 30~32년의 상황을 반영하고 있는 「비람」에도 동일한 이장호명이 기록되어 있다. 다만, 6갑과 9갑의 이장호명이 「비람」에는 진대무陳大茂와 진량陳樑으로 기록되어 있어 글자에서 약간 차이가 있다.

*** 현에 보고한 장량을 담당할 호명은 어느 호가 어느 갑에 해당하는지 알 수 없어 10갑 이장이 담당한 장량 직책에 맞추어 추정한 것이다.

**** 2·7·9갑에 해당하는 장량 인원의 보고된 호명은 이장호의 호명과 성이 다르다. 현재로써는 허명虛名을 세운 것으로밖에 볼 수 없는데 분명한 이유는 알 수 없다.

로 호명을 세운 것으로 추정된다. 3개 갑의 이장호가 장량의 책임자인 도정 업무를 함께 부담하는 붕충朋充의 형태를 취한 것이다. 즉 서로 다른 이장호가 붕충을 통해 도정의 역을 분담하고 이를 보증하기 위해 별도 호명을 세운 것으로 이해된다. 그리고 정이승 · 정세약 · 진명위호는 각각 화수 · 서수 · 산수의 직책을 담당하고 있다. 특정 직책을 전담하는 호명을 별도로 세운 경우라고 이해된다. 그런데 양수를 맡고 있는 왕세소호는 다른 호명과는 달리 1번밖에 등장하지 않는다. 그 대신 다른 하나의 양수 직책은 도정을 맡은 3갑의 진정방호가 함께 담당하고 있다. 도정의 직책에 붕충된 3갑의 이장호가 양수의 직무까지 일부 분담한 것이다. Ⅲ-1)의 하단 '내역'를 보면, 3갑에서 실역을 부담하는 호정은 정개·정동 두 사람이고 각각이 도정과 양수 직책을 나누어 담당하고 있다. 그런데 Ⅲ-1)과 Ⅲ-2)의 밑줄 친 부분을 보면, 장량 인원의 선발을 논의한 단위가 '삼촌'이다. 여기서 '삼촌'은 환주·남도·서관을 가리키는 것으로 보이는데, 도정을 맡고 있는 진정방호가 속한 3·4·6갑이 각각 서관·환주·남도에 속해 있다. 즉 진정방의 붕충은 각각 삼촌을 대표하는 세 이장호가 9도 1도의 장량 책임을 분담한 것임을 알 수 있다.

Ⅲ-2)는 '삼촌' 중 하나인 남도촌에 속한 6·7·9갑의 이장호가 자신들에게 부과된 일체의 부담을 셋으로 나누기로 합의한 합동 문서이고, Ⅲ-3)은 Ⅲ-1) 문서에 합의한 지 1년여가 경과한 시점에도 장량이 완료되지 못했고 지현이 이를 독촉했기 때문에 10명의 이장이 다시 장량 업무의 분담을 의논하여 합의한 합동 문서이다. Ⅲ-3) ㉠의 내용을 보면, 장량 이전 '개芥'자호에 해당하는 9도 1도의 전지 1만 호에 대해 장량을 진행하는데, 서관촌에 속한 2·3·5갑의 이장호가 이 중 3천 호를, 남도촌에 속한 6·7·9갑의 이장호가 3천 호를, 환주촌에 속한 4·8·10갑의 이장호가 3천 호를, 마지막으로 정촌에 속한 1갑의 이장호가 1천 호를 책임지기로 합의하였다. 그런데 『편람』에 따르면, 1도에는 정촌·서관·환주라는 촌락이 있었고, 3도에는 남도·사당·산두·하계·전구·대비·갱상·요두라는 촌락이 있었다. 9도 1도의 '삼촌'이라면 당연히 정촌·서관·환주를 가리키는 것이어야 하는데 실제로는 정촌 대신 3도에 속한 남도가 포함되었다. 남도는 지리적으로는 9도 3도에 위치한 촌락이지만 이갑조직 편제상으로는 9

도 1도에 속해 있는 것이다.[34]

Ⅲ-2)의 ㉠은 관부에서 장량의 현장인 남도촌에 내려와 책임을 맡은 도정 진원전, 양수 왕시승, 화수 진태약에게 일을 미루지 말도록 독려했던 사실과 이어서 추가로 찬화와 경리의 직책을 맡을 진수간과 진무소를 임명한 내용을 담고 있다.[35] 양수 왕시승과 화수 진태약은 〈표 2〉에서 7갑과 9갑에 속하여 화수와 서수의 직책을 맡았던 왕무진과 진륜조를 대체한 인물인 것 같다. 이들이 자신이 속한 갑의 이장호와 성이 같았다는 점도 이러한 추론을 가능하게 한다. 같은 논리에서 보면, 추가로 화수와 양수의 업무를 맡은 진수간과 진무소는 6갑 혹은 9갑의 이장호에 속한 인물일 가능성이 높다. 불과 2개월 전인 순치 4년 10월 15일, 10개 갑의 이장호가 장량 업무와 비용 분담 등에 합의한 후인 12월 7일, 남도촌에서는 장량을 실행하기 위해서 일부 인원을 교체하였고, 또 추가 인원을 업무에 투입하기도 하였다.

이와 같이 순치시기 휴녕현 9도 1도의 사례를 보면, 장량이 기본적으로 이갑편제에 기초하여 조직된 장량 조직에 의해 진행되면서도 그것이 정연하고 일률적인 모습으로 이루어진 것은 아니며, 실질적인 장량의 실행을 위해 현장 상황에 따라 새로운 호명을 세운다거나, 촌락을 단위로 책임을 분담한다거나, 담당자를 교체하거나 새로운 인원을 투입하는 등 다양한 권도權道 혹은 편법이 강구되었음을 알 수 있다. 지현으로 대변되는 국가 권력의 명령과 독촉에 대해서 향촌사회에서는 다양한 방식으로 대응했다는 것을 알 수 있다.

이와 유사한 사례는 다음 사료에서도 발견할 수 있다.

순치 5년 휴녕 장기악면역품문張起鶚免役稟文[36]

31도都 3도圖의 부학府學 생원 장기악張起鶚이 품문을 올려 청원합니다. 사난死難을 만났으므로 번거로운 요역을 면제하여 늙고 외로움을 구휼하여 주십시오. 본도의 도정은 전에 오헌吳憲이 담당하였는데 저의 장자인 장대◇張大◇에게 (책임의 일부를) 돌려 호명 장린張麟이 붕충을 위해 새로 호명을 만들어 오인헌吳麟憲이라고 하고 관에 보고하였습니다. 봄 2월에 대◇大◇이 부름을 받아 지현을 대면하여 첩帖을 받고 서향西鄕과 연락할 즈음에 김金·홍洪 두 적병賊兵이 33도의 부량계浮梁界에서 일어나 31도의 지면을 지나 차례로 성 아래에까지 육박하니 대◇이 향병鄕兵을 이끌어 막아내고 명령에 따르며 어그러짐이 없었는데 병사들 중에 호응하는 사람이 없었습니다. 저는 아들이 둘 있을 뿐인데 모두 사난死難을 당하여 청장을 거행함에 공무를 어그러뜨릴까 걱정입니다. 제 나이 팔순이라 늙고 병들어 거동할 수 없고 손자는 5세의 고아이므로 집안에 (대신할) 인정人丁이 없으니, 늙은 저와 어린 손자 ⋯⋯ 사난을 만난 일을 생각하시어 지현의 눈과 귀로 살피시어 원래대로 오헌에게 도정의 직책을 담당하게 하시고 장린이 함께 담당한 직무를 면제하고 인印을 내려 허락하시기를 청합니다. 위로는 공무를 어그러뜨리지 않고 아래로는 늙고 어린 사람을 구휼하시기를 바랍니다. 은혜를 감당하기 어려워 절절하게 갖추어 아룁니다.

장대◇가 이미 죽었으므로 도정의 직책을 면제하고 오헌으로 충당하며 (다른 사람을) 끌어들이는 것을 허가하지 않는다. [비批]

순치 5년 7월 13일 갖춤. 포품인抱稟人 왕표汪表

위 사료의 내용에 따르면, 휴녕현 31도 3도의 도정은 오헌이었는데 장린이라는 호명에 속한 장기악의 장자 장대◇과 붕충하기로 하고 새로 오인헌이라는 호명을 세워 관의 승인을 받았다. 그런데 장대◇가 사망하여 장량의 부담을 떠맡기 어려우므로 붕충을 해지하고 다시 오헌으로 하여금 단독으로 도정의 직책을 담당하도록 요청한 것이다. 여기서 오인헌이라는 호명은 오헌과 장린을 합쳐서 만든 이름임을 쉽게 추측할 수 있다. 장린호도 처음부터 실명과 호명이 일치하지 않았으며, 장량 인원으로 붕충될 때에 다시 새로운 호명을 세운 것, 그리고 이성異姓 간에 붕충이 이루어진 것 등이 모두 9도 1도의 사례에서 확인했던 방식이다. 이러한 대응은 당시로서는 상당히 일반적이었고, 관부로부터도 묵인되던 방식이었음을 알 수 있다.

그러면 이와 같은 향촌사회의 대응을 어떻게 이해해야 할까? 적어도 사료 Ⅲ-1)~Ⅲ-3)에서는 향촌사회에서 장량을 방해하거나 저항하는 모습은 거의 볼 수 없다. 지현의 독촉이 있었던 것으로 보아 어느 정도 소극적인 비협조나 해태가 있었을지는 몰라도 결국에는 장량을 실행하고 완수하기 위해 직무와 비용의 분담을 의논하고 지침을 마련하고, 또다시 새로운 분담 방법을 강구하는 모습이 나타난다. 장량의 직무를 감당하는 일은 이장호에게 큰 부담이었음이 틀림없다. 그렇기 때문에 청조 국가나 지현의 기대에 부응할 정도는 아니었을지라도, 이갑편제 내부에서, 또는 향촌의 촌락 단위에서는 청장 업무를 완수하기 위해 실제 업무를 나누고 비용을 분담하는 등 관부의 요구에 맞춰 업무를 완수하기 위한 다양한 대응이 자율적이고 자발적으로 모색되었던 것이다.

$\overset{4}{}$ 청장의 이중성

앞에서 언급한 대로 청장은 장량·조책·해책·귀호의 과정을 거친다. 장량은 국가가 세량을 거둘 수 있는 토지를 정확히 파악하기 위해 실시하는 것이므로 어린도책 편찬이 무엇보다도 일차적 목적이다. 따라서 '조책'과 '해책'은 어린도책을 편찬하여 현에 제출하는 것을 의미한다. 휘주 지역에는 순치시기의 어린도책이 적지 않게 남아 있다.

〈표 3〉에서 나열한 어린도책은 모두 순치 청장의 결과물로 보인다.[37] 여기에서 편찬 시기를 확정할 수 있는 어린도책 가운데 순치 6년의 것이 13부로 가장 많고, 순치 10년의 것이 2부, 순치 13년의 것이 1부이다. 지역적으로는 흡현이 10부, 휴녕현이 6부,[38] 기문현이 5부이다. 시기적으로는 순치 6년 이전에 청장이 집중적으로 이루어졌고, 지역적으로는 흡현, 휴녕현, 기문현에서 활발하게 추진되었다는 사실을 알 수 있다. 이 점은 앞에서 살펴본 각 현의 상황과 대체로 일치하며, 순치 3~6년 사이의 장량 관련 문서들이 현재까지도 상당량 남아 있는 것이 우연의 결과가 아님을 짐작하게 한다.

청대 어린도책의 신뢰성에 대해서는 오적吳敵·부원阜元이 사천사범학원四川師範學院 소장 순치 6년과 10년 어린도책 잔본 2건에 대해 연구를 진행하여 대체로 명대의 구책舊册을 기반으로 만들었지만 구책에 완전히 얽매인 것도 아니라고 하여 다소 모호하게 언급한 바 있다.[39] 조강趙岡은 쯔루미 나오히로鶴見尚弘가 소개한 「강희 15년 장량 장주현하長洲縣下 25도都 정선正扇 19도圖 어린책」을 대상으로 연구하여 도량형의 기술적 측

<표 3> 현존 순치시기 휘주 지역 어린도책 목록[40]

번호	시기	지역	자료명	책수	소장처
1	순치연간	□현	칠도삼도장량문자호어린청책 七都三圖丈量文字號魚鱗清册	1	
2	순치연간	기문현	십육도일도청장우자호어린책 十六都一圖清丈雨字號魚鱗册	1	
3	순치연간	기문현	십동도일도추자호어린책 十東都一圖秋字號魚鱗册	1	
4	순치 6년	흡현	이십이도사도상자호어린청책 二十二都四圖常字號魚鱗清册	4	
5	순치 6년	흡현	이십구도장량어린청책 二十九都丈量魚鱗清册	1	
6	순치 6년	휴녕현	삼십도일도장량욕자호어린청책 三十都一圖丈量欲字號魚鱗清册	1	
7	순치 6년	휴녕현	삼십삼도육도극자호궁구어린책 三十三都六圖克字號弓口魚鱗册	4	중국 사회과학원 역사연구소
8	순치 6년	휴녕현	이도장량황자호어린청책 二都丈量荒字號魚鱗清册	1	
9	순치 6년	기문현	십일도일도장량장자호어린청책 十一都一圖丈量藏字號魚鱗清册	1	
10	순치 6년	흡현	칠도삼도장량세자호어린청책 七都三圖丈量歲字號魚鱗清册	1	
11	순치 6년	기문현	삼사도장량월자호어린청책* 三四都丈量月字號魚鱗清册	1	
12	순치 6년	흡현	이십일도이도장량방자호어린청책 二十一都二圖丈量方字號魚鱗清册	1	
13	순치 10년	흡현	십구도팔도장량죽자호어린청책 十九都八圖丈量竹字號魚鱗清册	1	
14	순치 13년	흡현	고관도서관도장량지자호어린청책 古關都西關都丈量之字號魚鱗清册	1	
15	순치 6년	흡현	도·도청장토지서자어린청책 都·圖清丈土地署字魚鱗清册	5	적계현 당안관**
16	순치연간	□현	광자호궁구초저자 光字號弓口草底	1	안휘성 당안관
17	순치연간	□현	칭자호어린경책 稱字號魚鱗經册	1	
18	순치연간	흡현	어린책(유관인)魚鱗册(有官印)	1	남경대학 역사계 자료실
19	순치연간	휴녕현	장량어린경책(유관인) 丈量魚鱗經册(有官印)	1	

번호	시기	지역	자료명	책수	소장처
20	순치연간	기문현	육도일도어린호책六都一圖魚鱗號册	1	안휘성 당안관
21	순치 6년(강희 3년 초사)	휴녕현	이십사도육도어린청책 二十四都六圖魚鱗淸册	1	
22	순치 6년		장량어린책丈量魚鱗册	2	중국국가박물관
23	순치 6년	흡현	필자호장량어린청책必字號丈量魚鱗淸册	1	안휘성 박물관
24	순치 10년	흡현	일자호장량어린청책壹字號丈量魚鱗淸册	1	
25	순치 4년 ~	휴녕현	어린도책魚鱗圖册***		휴녕현 당안관

* 『휘주천년계약문서』 청민국편 제19권, 5～203쪽.
** 순치 연간 당시에는 흡현에 속하였으나 현재는 적계현에 속하는 지역이므로 적계현당안관에서 소장하고 있다.
*** 『휘주역사당안총목제요』(엄계부 주편, 황산서사, 1996, 178～192쪽)에 그 목록이 있다. 시기는 표기가 없기 때문에 순치시기의 것이 어느 정도인지는 목록만으로는 알 수 없다.

면에서 어린도책에 기록된 토지 면적의 수치는 기본적으로 신뢰할 만한 것이라고 하였다.[41) 또 왕경원은 『순치 7년 휴녕현 균도청책均圖淸册』에 대해 연구를 진행했는데, 전토총액수와 매호號 전토의 원액, 적보積步, 계세計稅 등의 칸에 각각 대조 확인을 거쳤다는 표시인 주인朱印이 찍혀 있고, 내용 중에는 순치 이래 민국시대에 이르기까지 소유권 변화가 기록된 경우도 있다고 하여 자료의 신뢰성을 확인하였다.[42) 난성현도 휘주 어린도책의 연구 가치에 대해 언급하면서 토지의 자연 형태와 지주의 토지 점유 문제, 대호大戶의 경제 형태, 토지소유권의 문제 등의 연구에서 중요한 가치가 있다고 하여 어린도책의 자료적 가치를 높이 평가하였다.[43) 현재까지 필자는 순치시기 휘주 어린도책에 대해 실물 연구를 할 기회가 없었기 때문에 실증적 연구를 진행한 후에야 일정한 결론에 도달할 수 있겠지만, 지금까지 선행 연구에 의거하는 한 순치시기 휘주의 어린도책은 내용

면에서 일정한 신뢰성이 있다고 평가할 수 있을 것 같다. 어린도책의 내용을 신뢰할 수 있다면 그 근거가 되었던 청장도 실효성을 인정할 수 있는 것이 자연스러운 논리일 것이다. 그럼에도 지금까지 순치 청장에 대해서 대체로 부정적 견해가 우세했던 것은 어린도책 연구는 실물 연구가 가능했던 반면, 청장 연구는 주로 관찬의 문헌사료에 의거했기 때문일 것이다. 이런 점에서 청장에서 부역전서 편찬에 이르기까지 일련의 과정을 논리적으로 연결하는 연구가 거의 없다는 점은 이 분야 연구의 중요한 과제라고 하겠다.

청장의 결과를 바탕으로 어린도책을 편찬하는 과정은 청장에서 파악한 토지 번호, 명칭, 면적, 등급, 세액, 소유자 등 토지에 관한 일련의 정보를 납세자인 지주에게 통보하고 확인하는 하향의 '귀호歸戶' 과정이 있고, 다른 한편으로는 현에서 어린도책에 기초하여 세액의 총액(현총)을 부와 성을 거쳐 호부로 보고하는 상향의 '해책' 과정이 남는다. 하향의 과정에서는 귀호표歸戶票와 귀호책歸戶冊이 만들어지고 상향 과정에서는 부역전서가 찬조됨으로써 청장의 목적이 완결된다.

먼저 하향 과정에서 만들어지는 귀호표와 귀호책을 살펴보자. 귀호책은 어린도책의 어떤 하나의 호가 소유한 전토를 모아 놓은 것인데 그 주요한 근거가 되는 것이 귀호표이다. 한 호가 소유한 전토의 지편수地片數와 같은 수의 귀호표가 만들어지는데, 어떤 호의 귀호표에 기록된 전토를 합하면 이것이 그 호가 소유한 전토의 총액이 되는 것이다.[44] 귀호표는 '모자귀호표某字歸戶票', '분무귀호표分畝歸戶票'라고도 하는데[45] 장량을 마친 전토에 대해 토지 번호와 명칭(사방 경계를 적시하기도 함), 면적과 등급, 세액을 기재하였기 때문에 지주로서는 소유권을 확인받을 수 있는 중요한 근거가 된다.

귀호표의 성격에 대해 하유중·왕유명은 『강희손씨치산부康熙孫氏置産簿』의 귀호표를 예로 들면서 귀호표의 종류를 토지를 위주로 하는 청책 계통의 귀호표(어린귀호표魚鱗歸戶票)와 인호人戶를 위주로 하는 황책 계통의 귀호표(황책귀호표黃册歸戶票)로 구별하고, 전자는 도정(공정)이 여러 장량 인역과 함께 서명하고, 후자는 책리(황책이장)가 역시 여러 장량 인역과 함께 서명한다고 하였다. 따라서 하나의 도에는 도정과 책리가 중심이 되는 별개 조직이 존재했고, 서로 다른 직능을 맡았으며, 전자는 주로 전지 청장의 책임을, 후자는 주로 호산戶産의 등기와 황책 찬조의 책임을 맡았다고 하였다.[46] 이를 귀호표의 실제 사례로 확인해 보자.

순치 6년 정질부호첨업귀호표程質夫戶僉業歸戶票[47]
21도都 9도圖는 본현의 지시를 받들어 전지산당田地山塘을 장량하였다. ㉠ 호마다 면적을 측량하고, 과세 등급에 따라 세액을 계산하여 첨업표僉業票를 발급하니 지주가 직접 수령하여 해당 도의 책리에게 제출하고 직접 귀호歸戶한다.

표조票照: ㉡ 귀자歸字 2362호, 토지 명칭 왕가탄王家灘은 지금 장량한 면적이 124보 1분 5리 0호이고, 중지세中地稅는 0무 3분 5리 4호 7 사이다. 현재 소유주는 21도 2도 갑의 호정 정질부程質夫이다.

순치 6년 10월 일 도정 왕본소汪本昭, 책리 하승봉何承鳳, 양수 왕극가汪克家, 화수 왕진덕汪振德, 서수 하원괴何元魁, 산수 왕종덕汪種德

위 귀호표에서 ㉠의 내용은 귀호의 절차를 설명한 것이다. 장량을 통해 면적을 측량하고 과세 등급에 따라 세액를 확정하여 귀호표를 발급하면 지주가 직접 수령하여 해당 도의 책리에게 신고함으로써 귀호의 절차가 마무리된다. 이것은 청장의 궁극적 목적이 토지의 세액을 확정하는 것임을 분명히 보여준다. 그렇다면 귀호책 역시 세량의 확정이 목적인 문서다. 귀호표를 근거로 만들어지는 귀호책의 내용을 보면 이 점은 더욱 분명하다. 왕경원은 안휘성당안관 소장『순치 18년 휴녕현 정통무귀호책程通茂歸戶册』을 소개했는데,[48] 그 내용을 보면 정통무호가 소유하고 있는 전·지·산·당을 지편별地片別로 토지 번호와 명칭, 세액을 열거하고 지목별 세액의 총액을 기재하였다. 결국 중요한 것은 호별로 부담해야 할 세액의 총액인데, 이를 확정하는 근거가 과세 등급에 따른 세액이고, 이를 전田을 기준으로 환산한 것이 절실전折實田의 액수다.[49]

그럼 상향의 과정은 어떠한가? 장량의 결과는 궁극적으로 부역전서를 편찬하는 것으로 귀결된다. 청대 부역전서에 관해서는 다카시마 코우高嶋航의 연구가 비교적 상세하므로 그의 연구에 근거하여 청장의 의미를 생각해보기로 하자.[50] 앞에서 언급한 것처럼, 부역전서는 현에서 현총을 보고하면 부에서 현총을 집계하여 부총을 확정하고, 포정사는 부총을 집계 성총을 확정하여 호부에 보고하는 시스템으로 만들어진다. 호부는 이러한 과정을 통해서 전국적인 인정과 전토에 관한 정보를 파악할 수 있다. 그런데 여기서 중요한 것은 부총에는 각 현에서 세액을 산출하는 근거가 되었던 과세 등급별 전무田畝 표시가 없다는 사실이다. 과세 등급 표시 없는 무수畝數만으로는 정확한 세액을 산출할 수 없다. 다시 말해 부

이상의 부역전서는 각 현 단위의 총액을 단순히 집계한 것에 불과한 것이다. 이것은 부 이상의 관청에서 필요로 하는 수치 정보는 총액이라는 것을 의미한다. 여기에는 현의 부역전서와 부 이상의 부역전서의 현실적인 기능이 서로 다르다는 사실이 반영되어 있다. 즉, 현의 부역전서는 현에서 징수해야 할 세액과 그 근거를 보여주는 것인 반면 부 이상의 부역전서는 현에 할당해야 세액을 의미한다. 이 때문에 현에서 부로 보고되는 과정에서 부역전서의 수치에 기능상의 괴리가 나타나는 것이다. 그리고 국가 차원에서 정확한 징세의 근거를 확보하는 것이 부역전서의 목적이라면 실제 토지상황을 정확히 반영하는 어린도책를 근거로 편찬하는 것이 당연하다. 하지만 어린도책도 실제로는 그러한 역할을 담당하지 못하였다. 어린도책도 실제 토지상황을 실시간으로 반영할 수 없었기 때문이다. 여기에 어린도책과 부역전서의 괴리, 청장과 부역전서의 괴리가 나타난다.

⁵
문서의 이면

선행 연구에서는 관찬사료나 지방지 자료를 근거로 순치시기의 청장은 실제 실시되지 못하였거나 실패하였다고 보았다. 휘주 지역 지방관의 행정 명령을 담고 있는 장량조례와 고시 등과 같은 공문서에도 대체로 청장의 어려움이 반영되어 있다. 하지만 민간에서 작성된 문서에는 이와는 조금은 다른 모습이 담겨 있었다. 어려움이 없지 않았지만 민간에서는 부담을 완화하면서 지현의 명령에 따라 청장을 완수하려는 다양한 방법이 자율적이고 자발적으로 모색되었다. 이처럼 관찬사료 혹은 관문서와 민간문서는 서로 다른 실상을 담고 있다. 민간문서에는 관부의 시각에서는 보이지 않았던 생생한 현장의 모습이 그대로 드러나 있다. 순치시기 청장에 대처하는 휘주 향촌민들의 모습에서 국가의 정책에 대응하여 적극적으로 대책을 강구하는 향촌민들의 숨결을 느낄 수 있었다.

청장에는 이중적인 측면이 있다. 청장이 징세의 근거를 확보하는 것이라는 점에서 보면, 이것이 국가가 청장을 추진하는 이유이고 그렇기 때문에 지주로서는 반대할 수밖에 없는 정책이다. 당시 신사층이 청장에 강력하게 저항했다고 알려진 것도 이 때문이다. 하지만 토지대장은 토지소유권을 보장하는 근거가 되기도 한다. 소유권 변화가 빈번했던 명·청 시대 사회는 토지소유권 분쟁도 빈발했다. 이에 대비할 근거를 마련한다는 차원에서 보면, 청장은 지주로서도 반드시 반대해야 할 것만은 아니었다. 휘주 지역에서 청장이 실시될 수 있었던 이유는 토지소유권의 근거를 확보해야 할 필요성이 상대적으로 더 강했기 아닌가 싶다. 휘주가 소송이 성행했던 지역으로 특히 유명했다는 사실로 보아도 그러하다.

청장의 이중성은 청장의 결과가 서로 다른 두 방향으로 향한다는 점에서도 나타난다. 청장의 결과는 귀호표을 통해 토지소유자에게 전달되어 그들이 부담해야 할 세액을 확인해준다. 이것은 분쟁이 발생했을 때 소유권을 확인받는 중요한 근거를 제공받는 것이기도 하다. 다른 한편으로 청장의 결과는 국가가 징세의 근거로 삼는 부역전서의 편찬으로 이어진다. 이념적으로 부역전서는 청장의 결과를 반영한 어린도책을 근거로 정확한 징세 정보를 담아야 한다. 하지만 최말단 행정단위인 주현에서 부로 보고되는 과정에서 '정보의 괴리'가 발생한다. 세량을 직접 징수해야 하는 입장과 그것을 할당하는 입장이 다르기 때문이다. 여기에는 세량 징수를 직접 담당하는 주현급 지방 정부와 그것을 할당하는 부 이상에서 호부에 이르는 상급 기관 및 중앙 정부의 입장 사이에 괴리가 존재한다. 민간과 관의 세계가 다르듯이 관부 내부에서도 주현급에서 중앙정부에 이르기까지 각급 정부 기관은 서로 다른 이해관계를 가졌다. 이것이 각 단계의 문서에 '정보의 괴리'가 발생하는 원인이다.

하지만 문서가 현실을 전혀 반영하지 못하는 상황이라면 어떻게 성공적인 통치가 가능할까? 문서가 현실을 반영하지 못한다면 이를 보완하는 이면의 체제가 존재하지 않으면 안 된다. 그렇기 때문에 국가는 문서가 현실을 반영하지 못한다는 사실을 인지하고 있었고, 그 이면에 이를 보완하는 체제가 존재한다는 사실도 묵인할 수밖에 없었을 것이다. 이러한 국가의 '묵인', 혹은 '타협' 속에서 각 단계의 행정단위는 운신의 여유를 가질수 있었고, 민간은 관부의 직접적 통치의 범위에서 벗어난 자신만의 자율적 공간을 확보할 수 있었을 것이다.

홍성구

고려대학교 사학과를 졸업하고 고려대학교 대학원에서 박사학위를 취득했다. 2005년부터 경북대학교 사범대학 역사교육과에서 동아시아사를 강의하고 있다. 명청시대 사회사, 동아시아 국제관계사, 휘주문서와 만문문서 등을 연구하고 있으며, 주요 연구로는 「丁酉再亂時期明朝的糧餉海運」(『新亞學報』 34, 2017), 「국립중앙도서관 소장 淸太宗詔諭에 대하여」(『대구사학』 123, 2016), 「明末淸初の徽州における宗族と徭役分擔公議」(『東洋史硏究』 61-4, 2003) 등이 있다.

집필경위

이 글은 2015년 동양사학회 동계 연토회(주제: 동아시아 역사상에서의 공적 문서와 국가권력)에서 발표한 원고를 수정·보완한 것이다. 「청대 순치시기 휘주에서의 청장과 국가권력」이라는 제목으로 『동양사학연구』 131집(2015)에 게재되었고 이후 '19세기 동아시아' 세미나에서 발표하기 위해 내용의 일부를 다시 수정·보완하였다.

7

국 운 과 가 운 :
대만 무봉 임가의 성쇠로 본 국가권력의 교체와 지역엘리트의 운명

◎

문명기

1 가문의 성쇠에 비추어보는 근대 대만의 시대상

이 글에서는 근현대 대만의 '5대 가족' 중 하나인 무봉霧峰 임가林家의 성
쇠에서 국가권력의 변동과 가족 성쇠의 관계를 살펴보려고 한다. 청 건륭
연간부터 대만 중부에서 발전한 무봉 임가는 일반적으로 대만 북부의 판
교板橋 임가林家와 더불어 대만 양대 망족으로 꼽히는데, 판교 임가에 관
한 자료가 영성한 데 반해 무봉 임가에 관해서는 자료가 다양하고 풍부하

게 남아 있어 연구도 활발한 편이다.[1]

무봉 임가는 흔히 간호墾戶로 불리는 청대 대만 개간 집단의 전형적인 사례일 뿐 아니라 19세기 후반의 건성建省과 신정新政, 식민지시대의 대만의회설치청원운동과 대만문화협회의 활동 그리고 1947년의 2·28사건과도 직간접적으로 연관되어 있어서 대만 근현대사 연구자들의 관심을 집중적으로 받아왔다.[2] 그만큼 풍부하고 다면적인 분석과 평가가 가능할 것이다. 이 글에서는 18세기부터 20세기 중반에 이르는 비교적 장기간에 걸쳐 대만이라는 지역사회에서 무봉 임가의 역할과 사회경제적 성쇠의 상관관계에 한해 다루고자 한다. 특히 무봉 임가의 성쇠를 관찰해 식민지시대와 식민지 이전 시대를 어떻게 연결해 이해할 것인가 하는 문제를 생각해보고자 한다.[3]

이 글의 구성은 다음과 같다. 우선 제2절에서는 주로 필자의 청대 대만사에 관한 기왕의 연구에 의존하여 18~20세기 근대사 전개과정을 족군정치族群政治, ethnic politics와 지역엘리트의 변화라는 관점에서 정리함으로써 청대 대만 정치경제사에 대한 개략적 이해를 도모한다. 이를 바탕으로 무봉 임가가 사회경제적으로 성장하는 데 국가권력, 좀 더 정확하게는 국가권력의 대행자인 지방권력(이하 청대에 대해서는 대만성정부臺灣省政府, 식민지시대에 대해서는 대만총독부臺灣總督府로 칭함)과 관계가 어떻게 작용했는지 살펴본다. 이를 위해 청대, 특히 19세기 말에 진행된 대만신정臺灣新政에 무봉 임가가 개입한 양상과 특징을 드러내고(제3절), 식민지시대에 이전과는 여러 면에서 이질적인 지방권력, 즉 대만총독부의 등장이 무봉 임가의 사회경제적 성쇠에 어떻게 작용했는지를 살펴본다(제4절). 마지막으로 결론 부분에서는 국가권력의 교체와 무봉 임가의 성쇠를 관찰해 식민지시대 이전과 이후를 어떻게 연결하여 이해할지 초보적이나마 필자의 견해를 제시해본다.

2 청대 대만의 족군정치[4]와 지역엘리트(1683~1895)

영역적으로 명제국(650만 ㎢)의 두 배 넘게 팽창한 청제국(1,315만 ㎢, 18세기 말 기준)은 광대한 영역을 관리하는 방식의 하나로 격리quarantine전략을 구사했다. 발상지인 만주와 명제국의 영토는 직접 통치했지만 몽골·티베트·신강 등에는 간접지배를 실시했다. 나아가 만한滿漢의 호적을 분리한다거나 족군별로 거주구역을 구분하고 화폐도 달리 쓰게 하는 등 일관된 격리전략을 시행했다.[5] 이와 함께 변경 지역 본래의 관습과 문화를 온존하는 본속주의本俗主義를 실행했다.[6] 몽골에 대해서는 부족마다 자삭jasak을 두어 유목민 관리를 맡겼고 신강의 위구르인에 대해서는 토착 지배자인 벡beg을 관리에 임명함과 동시에 이슬람 법률과 전통에 따라 통치하게 하는 등의 조치를 취했다.[7] 요컨대 청대에 새로이 편입된 강역에 대해서는 격리전략과 본속주의에 기초한 일종의 간접지배를 실시한 것이다. 청대 초기에 비로소 청제국에 편입된 대만에도 일종의 격리전략이 활용되었다.

강희제가 정성공鄭成功 세력을 평정한 1683년 이전부터 대만에 거주해온 원주민은 청대 들어 청조의 통치를 수용하느냐에 따라 생번生番과 숙번熟番으로 구분되었다.[8] 일부는 농경에도 종사했지만 대체로 구릉과 산지에 살면서 사냥·채취·어로 등을 했고, 특히 사냥으로 획득한 사슴 가죽을 한인이 제공하는 다양한 생활필수품과 교환했다.[9]

그 이전에도 한인의 대만 이주가 없었던 것은 아니지만 강희제가 대만을 정복한 이후 대륙으로부터 이민이 꾸준히 증가하여 생번·숙번과는 다른 족군이 형성되었으니, 이들이 각각 민남인閩南人과 객가客家다. 이들은 자신들이 본래 살던 지역[原鄕]의 지리적 특징을 반영하여 민남인은 대만 서부평원, 객가는 구릉지대에 정착하는 한편 원주민들과도 협조와 갈등, 경쟁과 충돌을 반복해갔다.[10]

청대 대륙에서는 대체로 신사층과 지방관이 서로 협력해 지역질서를 유지해나가는 이른바 관신질서官紳秩序가 형성되었지만,[11] 유교문화의 침윤도가 낮고 과거제도가 정착되지 않은 대만을 관신질서 방식으로 통치하기는 어려웠다. 신사층은 과거제도를 매개로 하여 형성된 사회계층이기 때문이다. 게다가 이민사회의 특성을 반영하여 사회질서도 불안정했다. '3년마다 작은 난리, 5년마다 큰 난리(삼년일소란三年一小亂, 오년일대란五年一大亂)'라는 속담은 대만의 사회 상황을 단적으로 말해준다.[12] 이 때문에 청조 중앙은 행정적으로는 복건성福建省 대만부臺灣府로서 내지와 다를 바 없었지만 민남인·객가·원주민 등 복수의 족군이 공존한 대만에 대해, 족군끼리 상호견제하게 함으로써 사회적 균형과 안정을 유지하는 이른바 '족군정치'를 실행하게 된다.

우선 청조 중앙의 입장에서 가장 바람직하지 못한 상황은 한인과 원주민이 결탁하여 청조에 대항하는 것이었기 때문에 한인과 원주민을 격리하는 전략을 취했다. 한인은 개간하기 위해 원주민거주지[番地]를 침탈하고 싶어 했고 실제로도 그랬다. 반면 원주민, 특히 생번에게는 출초出草(원주민이 한인거주지에 침입해 한인을 참살한 후 수급을 가지고 돌아오는 행위)라는 풍습이 있었다. 출초에 관해서는 한인의 토지 침탈과 생존 공간의 위협에 대한 보복행위, 성인이 되기 위한 통과의례, 용맹의 과시, 축제의 일환, 배우자의 선택 그리고 전염병이 창궐하면 한인의 수급을 희생으로 바치는 의례 등으로 해석되어왔다.[13] 대만이 성으로 승격한 후 최초로 대만 최고책임자인 순무를 지낸 유명전劉銘傳이 "생번은 본성이 야만적이어서 순치시키기 어려운 데다 살인을 낙으로 삼아 진압하고 위무한 후에도 여전히 출초를 행하여 사람을 죽인다"라고 한 것도 순전한 편견만은 아니었다.[14] 원인이야 어쨌든 생번의 출초 습속은 한인에게는 공포의 대상이었다. 이러한 양자의 대립과 모순을 이용해 한인과 원주민을 격리하는 것이 청조 중앙의 통치전략 중 하나였다. 한인과 생번의 경계 지역에 흙벽을 쌓아 서로 넘나들지 못하게 한 토우구土牛溝(소가 엎드려 있는 모양의 흙더미)나 각종 관찬 지도에 선명하게 그려진 홍선紅線(한인거주지와 원주민거주지의 경계선)은 이러한 격리전략을 상징한다.[15]

하지만 주일귀朱一貴의 난(1721)과 임상문林爽文의 난(1786) 등 한인의 반란을 거치면서 이러한 격리전략만으로는 충분치 않음이 판명된다. 특히 반란군이 번지에 숨어 지내면서 원주민과 내통하여 장기간 대치한 사실은 기존의 격리전략이 유효하지 못함을 드러냈다.[16] 이에 청조 중앙은 임상문의 난 당시 반란 진압에 협조한 숙번을 활용한 새로운 격리전략을 구상했다. 숙번의 군사적 효용에 주목한 청조는 한인거주지와 생번거주지 중간지대에 숙번을 의도적으로 재배치하고 일정한 토지를 부여함으로써 숙번에 경제적 기반을 제공하면서 동시에 한인과 생번의 충돌(및 결탁)을 방지하고자 했다. 이렇게 족군을 공간적으로 재배치하고 경제적으로는 약세에 있지만 군사적으로는 효용을 갖춘 숙번을 지원함으로써 한인과 생번을 동시에 견제하고 나아가 대만 통치의 실질을 기하고자 한 대만 특유의 족군정치는 점차 쇠퇴하면서도 19세기 후반까지 그 골격을 유지했다.[17]

반청 세력의 근거지였기에 제국 강역에 편입되기는 했지만 강희제가 표현한 대로 '총알만 한 땅[彈丸之地]'에 불과한[18] 대만에 과다한 재원을 투입하고 싶지 않았던 청조 중앙의 입장에서 재정지출은 억제하면서도 통치효과를 거둘 수 있다고 판단된 이러한 재조정된 족군정치는 매력적인 대안으로 여겨졌을 법하다. 하지만 19세기 후반 서북 변경, 즉 내륙아시아에서 오는 위협에 더해 동남 연안, 즉 바다에서 오는 위협에도 대처해야 하는 상황이 연이어 발생하게 된다. 1874년 대만사건과 1883년 청불전쟁이 그것이다.[19] 이로써 제국 전체에서 차지하는 대만의 전략적 위상은 크게 달라졌고 청조의 대만 통치전략 역시 변화를 겪게 된다.

제2차 중영전쟁 결과 담수淡水(현재 타이베이)와 안평安平(현재 타이난)의 개항(1861)으로 세계경제에 본격적으로 연결된 대만은 적지 않은 사회경제적 변화를 겪게 된다. 특히 19세기 후반 대만의 3대 수출품인 차, 장뇌樟腦, 설탕의 해외 수요가 급증함에 따라 서양상인, (중국)대륙상인, 대만상인이 각축을 벌였고, 자연스레 (일본도 포함한) 서구열강의 관심도 높아졌다.[20] 대만사건과 청불전쟁은 대륙에서 겪은 영토적 위기에서 대만도 예외가 아님을 보여줬다. 청조로 하여금 적극적인 대만 경영으로 전환하게 만든 것이다.

동부 대만에 표류한 류큐 어민을 생번이 피살한 것에 대한 책임을 추궁한 일본 중앙정부에 '화외지지化外之地', 즉 번지인 대만 동부는 천자의 교화가 미치지 않는 지역이고 따라서 책임도 질 수 없다는 논리로 대응한 결과 일본군의 대만출병이라는 사태까지 초래한 청조 정부는 심보정沈葆楨을 파견하여 부분적인 행정·군사 개편에 더하여 '개산무번開山撫番'이라 불린 원주민 초무와 번지개발에 나섰지만, 여전히 제국 방위의 우선순위는 신강 등 서북 변경에 있었다. 저 유명한 육방-해방 논쟁에서 이홍장李鴻章은 신강을 포기해서라도 대만을 포함한 동남연안 방위에 중점을 두어야 한다고 역설했다. 하지만 신강 방위는 몽골, 나아가 북경 방위에 필수적이라는 주장을 전개함으로써 유목민족과 중원왕조 간의 기나긴 전쟁의 역사를 잘 알고 있던 청조 중앙을 설득하는 데 성공한 좌종당左宗棠의 육방우선론이 판정승을 거두면서 대만에 대한 대대적 개혁은 주춤하게 된다.[21] 대만을 좀 더 심도 있게 개혁하기 위해서는 청불전쟁이라는 제2의 충격이 필요했다.

청불전쟁 과정에서 복건성 연안에 정박 중이던 중국 함대가 프랑스 함대에 전멸되다시피 했고, 특히 동남연안 공격의 거점을 찾던 프랑스 함대가 대만을 봉쇄하는 경험을 하게 된 청조 중앙은 대만의 전략적 가치를 더는 무시할 수 없었다. 이러한 인식의 변화는 이른바 대만신정臺灣新政으로 이어진다. 대만신정의 핵심은 바로 전해(1884)에 신강에서 실행한 것과 마찬가지로 성의 수립[建省]을 통한 내지화內地化였다. 그 결과 건성

과 함께 행정·군사 개편을 포함한 각종 근대적 개혁이 본격적으로 실행되었다.[22]

청불전쟁 기간에 대만을 방어하려고 군대를 이끌고 왔다가 대만성정부 초대 장관으로 부임한 유명전을 몹시 괴롭힌 문제 중 하나는 바로 제반 개혁을 위한 재원을 마련하는 것이었다. 청조 중앙은 대만신정을 위한 재정지원을 거의 할 수 없는 상황이었다. 이 때문에 초기 몇 년간 약간의 재정지원(주로 복건성의 지원)을 제외하고는 외부 도움을 기대하기 힘든 형편이었다.[23] 따라서 현실적으로 유일한 대안은 재원을 현지에서 조달하는 것뿐이었다. 이때 대만성정부가 주목한 것이 바로 생번의 거주지, 즉 번지였다.

번지에는 장수樟樹가 대량 분포했다. 장수에서 원액을 채취하여 끓인 후 천천히 굳히면 반고형 장뇌가 만들어진다.[24] 이 장뇌는 방충제나 무연화약의 원료로 사용되었고, 특히 1890년 전후 유럽에서 장뇌를 이용한 셀룰로이드 제조법이 개발되면서 수요가 급증했다.[25] 따라서 생번의 위협을 무릅쓰고 번지에서 장뇌를 채취할 수 있다면 큰 수익을 보장할 수 있었다. 장뇌를 채취한 뒤에는 장수를 제거한 자리에 차를 재배할 수 있었다. 영국 상인 존 도드John Dodd가 복건에서 들여와 재배에 성공한 우롱차烏龍茶는 특히 미국인과 영국인의 기호에 맞아서 큰 이윤을 남길 수 있었다. 게다가 기온과 토양, 강수량 등에서 까다로운 생장 조건을 갖춘 우롱차 재배에 최적화된 지역이 번지와 중첩되는 대만 중북부 산지였다.[26] 후술하게 될 무봉 임가를 필두로 한 대만 지역엘리트들은 번지개발의 경제적 이익을 잘 이해했지만 생번의 강력한 저항 때문에 번지개발에 번번이 좌절했다.[27] 반면 유명전은 신정에 드는 재원을 마련하려면 이들 지역엘리트의 협조가 절실한 상황이었다.

바로 이 지점에서 대만성정부와 지역엘리트 사이에 번지개발을 매개로 한 정치경제적 타협이 실현될 조건이 마련되고 있었다. 즉 유명전은 지역엘리트의 협조를 얻어 토지조사와 토지세 개혁을 통해 대만성정부에 필요한 재원을 마련하는 한편, 자신이 보유한 군사력을 지역엘리트의 번지개발에 쓸 수 있도록 해주었다. 지역엘리트들은 대만성정부의 재원 확보에 협력하는 대가로 성정부가 보유한 군사력을 활용해 원주민을 내쫓고 번지를 개발하여 경제적 이익을 거둘 수 있었다.[28]

예컨대 대만신정 시기 유명전의 오른팔로 각종 개혁에 적극 협력한 판교 임가는 번지개발의 최대 수혜자 중 하나였다. 1896년 대만총독부의 조사에 따르면 타이베이 지역 252개 차상茶商 중 자본금이 12만 엔을 넘는 것은 판교 임가의 건상호建祥號뿐이었다. 이는 대만 최대 매판이자 차상인 이춘생李春生 자본금의 3배를 넘는 수치였다.[29] 차 무역과 장뇌 무역에서 큰 재미를 본 판교 임가가 왜 그토록 유명전의 개혁에 적극적이었는지를 알 수 있는 대목이다.[30] 은전隱田을 발굴해 세원을 확대한다는 목표를 세운 토지조사와 지세개혁이 자신의 토지 관련 이익을 침해하리라는 것을 충분히 예상했음에도 이에 적극 협력한 판교 임가의 행동은 일반적인 대토지소유자의 행동양식과 달랐기 때문에 일견 이해하기 힘들지만 실제로는 대단히 합리적인 경제행위였다.

한편 대만성정부와 대만 한인 엘리트의 정치경제적 '교환관계'의 성립은 19세기 중반까지 근근이 유지되던 대만 내 족군 사이의 세력균형을 무너뜨렸다. 즉 대만성정부와 한인 엘리트 사이의 '동맹'은 번지개발을 촉진했지만, 이는 번지에 살던 원주민에게는 삶의 터전의 상실(과 많은 경우 죽음)을 의미했다. 19세기 중엽 이래 대만에 들이닥친 대외적 위기와 그에 대한 청조 중앙의 대응 그리고 대만성정부와 지역엘리트 간의 동맹은 미약하게나마 유지되던 대만의 족군정치에 사실상 종말을 고했다. 대만 원주민은 1895년 이후 대만총독부의 통치가 시작되면서 더욱 정교하고 강력한 근대적 폭력장치의 압박을 견디지 못하고 더욱더 깊은 산속으로 숨거나 철저한 굴종을 강요당했다. 물론 무사사건霧社事件(1930) 같은 강력한 저항이 없었던 것은 아니지만 청 말까지 족군정치의 한 주체로 존립하던 사회세력으로서 원주민은 점차 역사의 뒤안길로 사라져갔다.[31] 그렇다면 이러한 청대 대만의 정치경제적 변화 속에서 청대 대만의 최대 망족 중 하나였던 무봉 임가는 어떻게 대응해나갔는가.

3 호수분류浩水奔流─지역정치의 변동과 무봉 임가(1746~1895)

무봉 임가의 원적은 복건성 장주부漳州府인데, 1746년 임석林石이 가족을 이끌고 대만 중부로 이주했다. 1786년에 발생한 임상문의 난에 연루되어 가세가 크게 기운 임가는 무봉으로 이주했고, 임석의 손자인 임갑인林甲寅 때 농업과 무역을 경영하여 토지 2,000갑(1甲≒11.3畝)에 달하는 대지주로 성장한다.[32] 이후 무봉 임가의 성장과정은 이른바 '관상호혜官商互惠'[33]의 전형적인 모습을 띠게 된다.

청대 대만의 지역엘리트는 비교적 분명한 특징이 있다. 동시대 중국 대륙과 다르게 지역엘리트 중 거인擧人도 거의 없었을뿐더러 학위소지자는 대부분 연납이나 군공 등의 방식으로 과거 공명을 획득했다.[34] 판교 임가가 대체로 연납으로 공명을 획득했다면[35] 무봉 임가는 주로 군공 방식을 거쳤다. 예컨대 임갑인의 손자 임문찰林文察은 청조의 명을 받아 의용대(이른바 대용臺勇)를 모집하여 태평천국 진압에 공을 세워 부장副將이 되었고, 1863년에도 군공으로 복건육로제독福建陸路提督에 임명되었다. 동생 임문명林文明 역시 군공을 세워 부장에 제수되었다.[36] 그뿐만 아니라 1862년 대만에서 발생한 대조춘戴潮春의 난을 진압하는 데도 핵심 역할을 담당함으로써 대만 중부에서 기반을 다져나갔다.[37] 대만 개발 초기 여러 이유로 사적 무장력을 보유한 개간 집단들은[38] 19세기 중엽 이래 내우외환에 직면한 청조 중앙과 대만 지방권력의 요청에 호응하여 군사력을 제공했고, 이를 발판으로 지역사회에서 정치경제적 발언권을 높여갔다.[39]

하지만 복건-대만 지방관과 무봉 임가의 관계는 임문명 즉결처형[就地正法] 사건으로 크게 흔들리게 된다. 임문명은 1870년 모반을 꾀했다는 죄목으로 창화彰化현 현청에서 즉결처형되었다. 여기에는 형인 임문찰이 단기간에 제독으로 승진한 데 따른 복건 관료들의 경계심, 문관의 무관 차별 그리고 대조춘의 난 수습 과정에서 중부의 다른 망족들의 원한을 산 점 등이 작용했다. 요컨대 복건-대만 지방관의 예상을 뛰어넘는 지역엘리트의 성장이 관신官紳 관계의 균형을 깨뜨린 것으로 간주된 결과였다.[40]

이후 10여 년에 걸쳐 무봉 임가는 복건-대만의 지방권력과 껄끄러운 관계였다. 하지만 1880년 복건순무 잠육영岑毓英과 임문찰의 장남 임조동林朝棟이 절충한 끝에 처형사건이 마무리됨에 따라 양자 관계도 개선된다. 임문명의 차남 임조선林朝選이 의용대를 모집해 심보정의 번지개발에 적극 협조했고, 잠육영의 교량 설치 공사에도 인력과 자금을 제공함으로써 점차 지방권력과 관계개선에 진전을 보았다.[41]

특히 청불전쟁이 발발하자 임조동은 의용병 500명을 모집하여 기륭 일대를 수비했다. 대륙으로부터 지원이 전무한 상황에서 임조동의 군사적 지원은 유명전에게 큰 인상을 남겼다. 유명전은 전쟁 종료 이후 임조동에 도함道銜의 제수를 주청했고,[42] 임문명 처형사건의 신원과 관직의 회복을 주청했을 뿐 아니라[43] 임조동의 부친 임문찰의 사당 건립도 주청했다.[44]

청불전쟁을 거치면서 유명전의 '왼팔'로 격상된 임조동은 대만 중부의 번지개발을 거의 독점하다시피 하게 된다. 1886년 현재 그의 직함은 '흠가삼품판리중로영무처欽加三品辦理中路營務處 · 중로무간사무中路撫墾事務 · 통령동자등영우결진선전선용도경용파도로겸습기도위림統領棟字等營遇缺儘先前選用道勁勇巴圖魯兼襲騎都尉林'이었다.[45] 번지개발에 관한 한 '중부 산지의 최고권력자'라는 세간의 평가에 손색이 없었다.[46] 이 중 판리중로영무처나 총판중로무간사의總辦中路撫墾事宜는 판교 임가의 임유원林維源이 방판대북개간사의幇辦臺北開墾撫番事宜에 임명된 것과 거의 때를 같이하여 임명된 것으로 추측된다.[47] 이러한 반관반민半官半民 직함의 신설이 회피제라는 제도적 제약 속에서 지역엘리트를 최대한 동원하기 위해 취해진 조치임을 고려한다면 직함의 형식을 떠나 대만 중부 번지개

발과 관련한 실권을 임조동이 장악했다는 점은 분명해 보인다.[48]

어쨌든 유명전과 관계를 개선해 우호적인 관계를 회복한 임조동은 본 격적으로 번지개발에 나서는데, 임조동이 원주민 진압에 적극 개입했음 은 〈표 1〉에서 비교적 쉽게 확인할 수 있다. 표에서 잘 드러나듯이 임조동 은 군사력 배치와 원주민 진압 관련 업무를 유명전과 공동으로 처리할 정 도로 성장했다.[49] 그리고 이로써 대만 중부에서 무봉 임가의 위상을 강화 했다. 1886년 말 원주민 진압이 일단락된 후 유명전은 해당 지역의 질서 유지와 생번에게서 획득한 토지 처리를 임조동에게 위임했다. 이는 임조 동에게 정치적 지위에 더하여 중부 산지에서 경제적 실익을 확보할 기회 를 제공하게 된다. 그리고 이것이 새로운 대형 개간조직 '광태성간호廣泰 成墾戶'의 탄생으로 이어졌다.[50]

〈표 1〉 대만 중부의 원주민 진압 관련 주요 전투[51]

일련번호	기간	출병 원인	출병 지역	동원 규모	군대 소속	결과	비고
①	1885년 11월~1886년 1월	생번의 출초	조란장(罩蘭莊)·포리(埔裡)	1,700명	동자군棟字軍(2영) 등	조란罩蘭 일대의 원주민 부락 평정	임조동林朝棟 등이 참가
②	1886년 7~10월	수로사(蘇魯社)의 반란	조란장(罩蘭莊)	5,500명	동자군棟字軍(2영), 회군淮軍(4영) 등	반란 원주민 부락의 귀화	유명전劉銘傳과 임조동林朝棟 참가
③	1886년 11월	도로 개착	창화(彰化)~후산(後山)	700명	진해중군鎭海中軍(1영) 등	관통 도로의 개통	
④	1886년 11월	개간민의 생번 토벌 요구	신죽(新竹) 내산(內山)	700명	동자군棟字軍(2영)	24개 부락의 '일률 귀화'	임조동林朝棟 참가
⑤	1887년 6~10월	생번의 출초	창화현(彰化縣)	미상	동자군棟字軍 등	2개 원주민 부락의 귀화	임조동林朝棟 참가

번지개발로 무봉 임가가 실현한 경제적 이익을 정리해보면, 우선 무봉 임가가 원주민을 진압해 중부 산지의 개간권을 획득한 이래 임조동이 당숙인 임문흠林文欽과 함께 조직한 '임합林合'(일종의 개간사업체)으로 거둔 수입은 연간 14~15만 석 규모였다.[52] 소작료[租穀] 징수와 더불어 무봉 임가의 역점사업은 산지에서 장뇌를 채취·가공하는 것이었다. 무봉 임가는 각지에서 생산된 장뇌를 매집하여 다시 양행洋行에 판매하는 방식을 취했다. 즉 임조동과 이해관계가 있는 중부 각지의 중소 개간 조직들을 장뇌 채취 책임자로 임명하여 채취권을 나눠준 후 이들이 생산한 장뇌를 일괄 수매하는 방식이었다. 무봉 임가의 장뇌 생산-유통망에 포함된 간호는 임조동이 담당한 중로中路 전체를 망라했다고 해도 지나친 말이 아니다.[53]

요컨대 대만 중부에서 생산된 장뇌의 50%는 무봉 임가 공관으로 집결되었고 이는 계약을 맺은 공태양행公泰洋行 등에 판매되었다.[54] 장뇌전매 실시 기간에 무봉 임가는 1담擔(약 60kg)당 12원元을 관청에 우선 지불한 후 장뇌를 매입하여 이를 다시 28~33원에 양행에 판매해 큰 이익을 남겼다.[55] 서양 상인들의 항의로 전매가 취소되기는 했지만 중부 지역에서 무봉 임가의 장뇌 독점권은 거의 변화를 겪지 않았다.[56] 이렇게 토지 개간과 장뇌 유통으로 형성된 무봉 임가의 자산 규모는 1901년 발간된『대만관습기사臺灣慣習記事』에 따르면 임문흠 주도의 정조방頂厝房이 토지와 기타 수입을 합해 100만 엔이었고, 임조동 주도의 하조방下厝房이 50만 엔[57]으로 양자를 합한 규모는 150만 엔이었다.

4
세수장류細水長流─국가권력의 교체와 무봉 임가의 쇠퇴(1895~1945)

청일전쟁을 거쳐 대만에 등장한 새로운 지방권력인 대만총독부는 여러 면에서 이전의 대만성정부와 달랐지만, 특히 지역엘리트와 관계 형성이라는 면에서 중요한 차이를 보였다. 대만성정부가 중앙정부의 빈약한 재정 지원으로 끊임없이 지역엘리트와 교섭하고 타협해야 했던 반면, 대만총독부는 그럴 필요가 상대적으로 훨씬 적었다. 예컨대 청조 중앙정부가 1885년 건성 이후 실시된 대만신정에 지원한 금액(이른바 복건협향福建協餉)은 1886~1890년 5년간 매년 44만 냥兩(합계 220만 냥)이었고,[58] 이를 1냥=1.538엔(초기 대만총독부의 공식 교환비율)으로 환산하면 338만 3,600엔이 된다.[59] 즉 대만신정 초기 5년간 매년 67만 6,720엔을 중앙정부에서 지원했다.

반면 일본 중앙정부는 통치 초기에 해당하는 1896년부터 1904년까지 9년간 총 4,879만 4,000엔(연평균 487만 9,000엔)[60] 외에 군사비로 따로 매년 300만~400만 엔을 지원했다.[61] 여기에 더하여 1901~1914년 사이에 본래는 일본 중앙정부에 귀속되어야 할 설탕소비세砂糖消費税를 대만총독부 수입으로 귀속시킨 5,985만 8,000엔(연평균 427만 5,571엔)까지 합하면 일본 중앙정부는 대만총독부에 (청조 중앙정부에 비해) 매년 10~15배의 재정지원을 한 셈이 된다.[62]

이러한 재정 지원의 현저한 격차는 대만의 지역엘리트에 대한 대만총독부와 대만성정부의 태도 차이를 사실상 결정지었다. 전술한 바와 같이 대만성정부는 부족한 군사력과 행정력을 메우기 위해 지역엘리트의 사적 무장력과 인적 자원에 기댄 반면, 총독부는 군사력뿐만 아니라 경찰력과 행정력 역시 지역엘리트의 협조와 무관하게 조직할 수 있었다. 이러한 두 지방권력의 군사력·행정력과 재정 조달 면에서 근본적 차이는 자신이 보유한 사적 무장력을 대만성정부에 제공하고 이를 발판으로 정치경제적 이익을 추구해온 무봉 임가에 심대한 영향을 주었다고 추론할 수 있고 현실적으로도 그랬던 것 같다.

우선 무봉 임가가 보유해온 사적 무장력은 점차 축소되었다. 1895년 일본군이 대만 중부로 진격하자 무봉 임가의 일원이자 임조동의 사촌인 임소당林紹堂은 촌민을 동원하여 '국기國旗'(일장기)를 흔들며 일본군을 환영했고, 나아가 임가가 보유한 군복, 총포, 탄약 등을 반납했다.[63] 다만 이때도 산지에서 원주민이 준동하여 장뇌산업에 지장을 초래하자 고노에 近衛 사령부의 허가를 얻어 장정隘丁 400명을 고용하여 산지에 배치하는 등 일정한 무장력의 보유를 총독부로부터 허가받고 있다. 1896년부터는 임가가 고용한 장정에 대해 대중현臺中縣의 감독을 받도록 변경되었다. 1901~1902년까지 대만은 '토비'의 저항이 지속된 데다가 원주민의 활동으로 치안이 혼란한 상황이었다. 이 때문에 총독부는 임가의 무장력을 용인하면서도 총독부 감독 아래 두었다.[64]

이렇게 보면 대만신정 기간 무봉 임가의 행동양식과 다를 바 없어 보이기도 하지만 이는 통치초기 치안 혼란 상황에서 임시조치였을 뿐이다. '토비' 진압이 진전되고 원주민 거주지에 대한 경찰업무를 총독부와 경찰이 대체함에 따라 임가의 사적 무장력은 급격히 축소되어 1901년 임가의 장정은 2영에서 1영으로 줄었고 결국 장정을 전혀 보유하지 못하게 된다.[65]

<표 2> 무봉 구장과 장장, 1901~1944[66]

직위	성명	임기
장장(莊長)	임헌당(林獻堂)	1901~1906
구장(區長)	임헌당(林獻堂)	1906~1911
	임여언(林汝言)	1912
	임유춘(林幼春)	1913~1919
장장(莊長)	임징당(林澄堂)	1920~1923
	임계당(林階堂)	1923~1931
	임유룡(林猶龍)	1931~1936
	임운룡(林雲龍)	1936~1940
	임기룡(林夔龍)	1940~1944

이렇게 폭력장치의 독점, 즉 공권력 확립에 따른 임가의 기존 역할 축소는 당연하게도 지역정치에서 임가의 영향력을 크게 축소시켰다. 대만 신정 시기 임조동은 대만 중부의 군사업무를 총괄하고 중부의 원주민 진압과 개간 업무를 통할함과 동시에 동자영棟字營이라는 독자적 부대를 보유했다. 그의 영향력이 중부 지역 전체에까지 미쳤던 것이다. 반면 식민지시대 무봉 임가는 주로 무봉구장霧峰區長(또는 무봉장장霧峰莊長), 즉 대중청臺中廳에서만 67명이 임명되는 일종의 행정촌인 구區와 장莊의 수장에 머물렀다(<표2> 참조).[67]

물론 식민지시대 무봉 임가의 족장 역할을 한 임헌당林獻堂은 총독부 평의원(1921~1936, 1941~1945)과 황민봉공회皇民奉公會 중앙본부 참여參與(1941~1945), 귀족원 의원(1945. 4)을 역임하는 외에도[68] 대중중학臺中中學, 대만동화회臺灣同化會, 대만의회설치청원운동, 대만문화협회, 대만민중당臺灣民衆黨, 대만지방자치연맹 등의 설립·조직·활동에도 실질적·

〈표 3〉 무봉 임가와 신장紳章 수여, 1895~1916[69]

성명	신장 수여 시점	기타
임계상(=임조밀)	1902년 8월	국적 변경(중화민국)
임윤경(=임문흠)	1897년 4월	1899년 사망
임열당	1902년 8월	1901년 대중청 참사
임집당	1897년 4월	1901년 사망
임소당	1897년 4월	1897년 서훈 6등, 단광욱일장 제수, 1909년 사망
임헌당	1905년 12월	1900년 대중청 참사와 무봉구장
임기당	1905년 12월	

상징적 역할을 수행하는 등 전도全島 차원의 명망가였다는 점도 부인할
수 없다.[70] 다만 전체적으로 보아 대만총독부와 관계에서는 한편으로는
협조하면서도 한편으로는 저항하는 양상을 보였다.[71] 그가 총독부 평의
원으로 있던 시기가 (전시를 제외하면) 대만의 대표적 항일운동으로 일컬
어지는 대만의회설치청원운동의 전개 시기와 거의 겹친다는 사실은 이
점을 잘 말해준다.[72]

이렇게 총독부에 대해 협력과 저항을 반복하게 된 데는 여러 원인이 작
용했을 텐데, 어쨌든 녹항鹿港 고가辜家나 판교板橋 임가林家처럼 적극적
으로 총독부에 협조하는 망족이 존재하는 상황이었음을 고려한다면[73] 무
봉 임가의 양면적 태도는 총독부와 관계라는 각도에서 볼 때 지방권력에
대한 정치경제적 협상능력을 제약했을 가능성이 크다.

그리고 이러한 협상능력의 저하는 어찌 보면 당연하게도 임가 치부의
주된 원천 중 하나인 장뇌사업에 직접 영향을 미쳤다. 1898년 대만총독부
는 재정수입을 증대하기 위해 장뇌전매를 실시했고, 대만 중부의 장뇌산

업을 사실상 독점하던 임가의 장뇌업도 이후 쇠퇴 일로를 걷게 된다. 무봉 임가의 장뇌업 쇠퇴는 당시 대만인 장뇌업자들의 공통된 현상이기도 했다. 식민지화 이전의 장뇌산업은 서양 상인과 대만 상인의 결합으로 유지되었지만[74] 총독부에서 장뇌전매를 실시한 이후 서양 상인과 대만 상인은 크게 후퇴하고 총독부의 보호를 받는 일본 상인의 대두가 두드러지게 된다. 다음 그래프는 이러한 변화된 양상을 잘 보여준다(〈표 4〉에 근거해 작성).

통치 초기에 해당하는 1904년까지는 대만인의 장뇌 제조가 우위를 보였으나 1905년 이후로는 일본인의 장뇌 제조가 압도적 우위를 점했음을 쉽게 알 수 있다. 장뇌전매를 실시하면서 장뇌산업이 서양 상인의 개입에서 벗어나고, 번지에 대한 총독부의 통제력이 강화되는 한편으로 치안 안정화에 동반하여 지역엘리트의 사적 무장력이 점차 거세됨에 따라 대만인이 장뇌산업에서 차지하는 비중 역시 급격하게 줄었다. 이는 토지조사사업 완료, 임시대만호구조사와 지방행정 정비 등으로 통치 기초가 수립된 1905년을 전후하여 대만총독부가 지역엘리트에게 제공한 정치경제적 특혜를 점차 거두어들인 결과일 것이다. 특히 1910년부터 본격적으로 시작되어 1915년에 마무리된 이번사업理蕃事業으로 번지에 대한 지배력까지 확보한 이후로는 번지를 통제하려고 지역엘리트의 힘을 빌릴 이유도 없어졌다.[75]

다만 무봉 임가의 경우에는 1907년까지는 청 말의 장뇌산업 규모를 유지하거나 오히려 다소 확대한 듯하다. 1903년 통계에 따르면 임가의 뇌조腦灶(장뇌 원액을 채취한 후 끓일 때 쓰는 아궁이)는 1,670개로 전매국 대중

〈표 4〉대만총독부의 장뇌제조 허가량과 민족별 비중(대만인/일본인)[76]

연도	대만인 허가량(A)(근)	일본인 허가량(B)(근)	(A)/(B)(%)
1899	823,491	467,482	176
1900	1,961,940	1,896,240	103
1901	2,663,440	1,292,000	206
1902	1,665,370	663,015	251
1903	2,290,448	1,301,000	176
1904	2,318,762	2,093,024	111
1905	1,860,268	2,286,088	81
1906	1,753,505	3,574,963	49
1907	1,579,043	2,478,790	64
1908	754,618	2,828,264	27
1909	560,000	2,987,500	19
1910	825,000	4,757,857	17
1911	465,530	4,232,782	11
1912	482,500	4,001,000	12
1913	497,994	4,765,000	10
1914	620,000	4,653,625	13
1915	867,000	4,553,040	19
1916	742,990	4,693,366	16
1917	365,000	4,182,745	9
1918	285,200	2,726,109	10

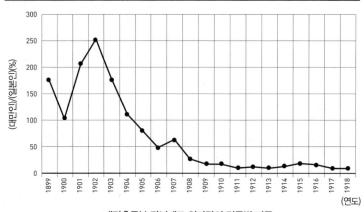

대만총독부 장뇌제조 허가량의 민족별 비중

지국臺中支局 관할 뇌조(3,026개)의 절반을 차지했고, 1904년에도 뇌조는 2,127개로 대만 전체의 약 28%를 차지했다. 장뇌 생산량 역시 90만 근斤으로 대만 전체의 25%, 장뇌 부산물인 뇌유腦油 역시 69만 근으로 25%를 차지했다.[77]

하지만 1906년까지 대만 전체 생산량의 20%를 상회하기도 했던 임가의 장뇌업은 1907년을 경계로 축소되었다. 예컨대 임가의 뇌조는 1914년 300개, 1918년 142개로 급격히 줄었다. 결국 1919년에는 생산설비와 채취권 일체를 총독부에 매각하고 장뇌업에서 손을 떼게 된다.[78] 이를 『대만장뇌전매지臺灣樟腦專賣志』의 '장뇌제조 허가표'에서 좀 더 상세히 확인해보면 다음 그래프와 같다(〈표 5〉 참조).

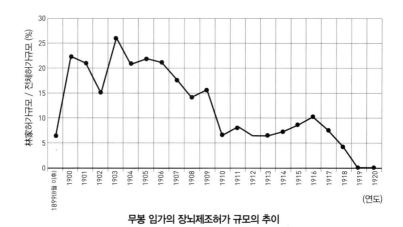

무봉 임가의 장뇌제조허가 규모의 추이

〈표 5〉 무봉 임가의 장뇌제조 규모 추이(허가량 기준)[79]

연도	장뇌제조 특허자	무봉 임가: 장뇌(근, A)		전체: 장뇌 (근, B)	비율 (A/B, %)
1899 (8월 이후)	임집당/임열당	32,000	146,880	2,257,467	6.51
	임계상	38,176			
	임계상	76,704			
1900	임집당/임열당	204,840	693,398	2,858,180	22.12
	임집당	45,420			
	임열당	42,069			
	임열당/임계상	340,000			
	임계상	61,069			
1901	임계상	326,040	819,180	3,955,440	20.71
	임열당	273,540			
	임자빈	219,600			
1902	임자빈	176,900	424,400	2,829,552	15.00
	임열당	247,500			
1903	임계상 외 1명	409,009	920,324	3,591,448	25.63
	임열당 외 1명	511,315			
1904	임계상 외 1명	401,000	905,156	4,411,786	20.52
	임열당 외 1명	350,000	905,156		
	임열당 외 2명	154,156	905,156		
1905	임계상 외 1명	350,000	898,930	4,146,356	21.68
	임열당 외 1명	350,000			
	임열당 외 6명	198,930			
1906	임계상 외 1명	121,500	803,915	3,831,846	20.98
	임열당 외 1명	68,000			
	임계상 외 1명	210,000			
	임열당 외 1명	200,000			
	임열당 외 7명	204,415			
1907	임열당 외 1명	150,000	714,259	4,057,833	17.60
	임계상 외 1명	80,000			
	임계상 외 1명	217,840			
	임열당 외 1명	117,000			
	임열당 외 7명	149,419			
1908	임계상 외 1명	52,090	502,080	3,582,882	14.01
	임계상 외 1명	140,000			
	임열당 외 1명	80,000			
	임열당 외 7명	29,990			
	가의제뇌조합	200,000			

1909	임서등 외 1명	35,000	555,000	3,547,500	15.64
	임열당 외 1명	80,000			
	임서등 외 1명	80,000			
	임열당 외 1명	60,000			
	가의제뇌조합	300,000			
1910	임서등 외 1명	45,000	395,744	5,682,857	6.96
	임열당 외 1명	100,000			
	임서등 외 1명	105,000			
	임열당 외 1명	85,000			
	가의제뇌조합	60,744			
1911	임서등 외 1명	35,000	381,000	4,698,312	8.11
	임열당 외 1명	100,000			
	임서등 외 1명	86,000			
	임열당 외 1명	180,000			
1912	임서등 외 1명	50,000	292,500	4,483,500	6.52
	임열당 외 1명	60,000			
	임서등 외 1명	75,000			
	임열당 외 1명	107,500			
1913	임서등 외 1명	110,000	351,000	5,262,994	6.67
	임열당 외 1명	52,000			
	임서등 외 1명	77,000			
	임열당 외 1명	112,000			
1914	임서등 외 1명	92,000	482,000	5,273,625	9.14
	임열당 외 1명	100,000			
	임서등 외 1명	80,000			
	임열당 외 1명	110,000			
	임열당 외 4명	100,000			
1915	임서등 외 1명	48,000	668,000	5,420,040	12.32
	임열당 외 1명	120,000			
	임서등 외 1명	100,000			
	임열당 외 1명	150,000			
	임열당 외 4명	250,000 (52,812)			
1916	임서등 외 1명	56,800	631,710	5,432,326	11.62
	임열당 외 1명	150,000	631,710		
	임서등 외 1명	120,000	631,710		
	임열당 외 1명	154,190	631,710		
	임열당 외 4명	150,000 (76,471)	631,710		

1917	임서등 외 1명	110,000	350,000	4,547,745	7.70
	임서등 외 1명	240,000			
1918	임서등 외 1명	60,000	130,000	3,011,309	4.32
	임서등 외 1명	70,000			
1919	대만제뇌주식회사	-		2,868,708	-
1920	대만제뇌주식회사	-		2,954,884	-

그래프에서 드러나듯이 대만 전체 장뇌 생산(허가량 기준)에서 차지하는 무봉 임가의 비중은 다소 등락은 있어도 경향적으로 하락하는 추세였다. 이러한 추세는 장뇌 전체 생산량을 조절하고 생산비를 절감하려고 장뇌 제조업자가 연합하여 1919년 설립한 대만제뇌주식회사臺灣製腦株式會社의 권리금 비중에도 그대로 반영되었다. 대만제뇌주식회사의 권리금 총액에서 임열당林烈堂, 임서등林瑞騰(모두 무봉 임가)과 간아우簡阿牛, 진경린陳慶麟 등 대만인 자본은 8%에 머무른 반면, 미쓰이三井물산주식회사 등 일본인 자본이 92%를 차지했다.[80]

무봉 임가는 이러한 변화된 상황에 대응하기 위하여 대만에서 벗어나 복건성에서 장뇌산업을 시도하는 등 방향 전환을 꾀하지만 중국과 일본의 외교적 갈등, 복건 장뇌의 낮은 품질과 복건 상인과 갈등 등으로 성공하지 못했다.[81] 이로써 방대한 토지소유에 기초하여 거두어들인 소작료[租穀]와 함께[82] 무봉 임가 치부의 양대 주축의 하나였던 장뇌업은 일본 자본에 자리를 내주게 된다.[83]

그렇다면 (미곡과 장뇌 등 전통산업 외에) 무봉 임가는 대만총독부의 통치와 함께 본격적으로 도입된 자본주의 경제가 제공하는 기회를 잡을 수 있었을까. 식민지시대 무봉 임가의 근대산업 경영 문제를 다룬 기존 연구는 무봉 임가 전체의 근대산업 경영과 그 손익에 대해 명확한 전체상을 아직까지는 보여주지 못하지만,[84] 어쨌든 이들 연구에 근거하여 무봉 임가의 근대산업 진출 양상과 그 결과를 불충분하나마 묘사해보자.

우선 대만인의 근대산업 진출은 일본인의 참여 없이 대만인 단독으로 회사를 조직할 수 없다는 규정(부령 제15호, 1912)이 폐지된 1923년을 기준으로 전기와 후기로 나누어볼 수 있다. 전기에 무봉 임가가 주력으로 삼은 것은 토지와 건물의 매매·임대, 개간사업을 위주로 한 회사들이었다. 임헌당이 사장으로 참여한 삼오三五실업주식회사, 임열당이 사장으로 참여한 정상禎祥척식주식회사, 역시 임열당과 임수공林垂拱이 이사와 감사로 참여한 포여布嶼척식주식회사 등이 그것이다.[85] 하지만 이들 회사는 회사 형태를 취할 경우 순익을 과세표준으로 한다는 점을 이용한, 다시 말해 절세를 목적으로 설립된 것으로, 무봉 임가가 보유한 방대한 토지와 건물을 기초로 해서 전통산업의 연장선상에 있었다. 금융업 방면에서는 토지조사사업 당시 대조권 취소에 대한 보상금으로 수령한 공채를 준비금으로 하여 임헌당과 오여상吳汝祥 등 대표적인 대만 중부 신사들이 1905년 설립한 창화은행彰化銀行, 대만 북부 판교 임가의 임웅광林熊光과 함께 임헌당이 참여한 대성大成화재해상보험주식회사(1919년 설립) 등이 있었으나 대성화재의 사례에서 알 수 있듯이 금융업 투자는 이익보다는 손실이 컸다.[86]

후기에도 무봉 임가의 주력산업은 토지 매매와 미곡 교역 등을 위주로 하는 서유瑞裕척식주식회사(1926년 설립), 오랑五郎합자회사(1926년 설립), 대안大安산업주식회사(1930년 설립), 신광新光산업주식회사(1935년 설립)

등이었고,[87] 금융업에서는 대만인이 일본인의 참여 없이 독자적으로 회사를 설립할 수 있게 된 1923년 이후 진흔陳炘과 합작하여 설립한 대동大東신탁주식회사(1926년 설립) 등이 있었으나, 총독부와 일본인 금융업자들의 직간접적 견제와 압력 속에 경영은 순탄치 않았다.[88] (1923년을 경계로) 전기와 후기에 걸친 근대산업 진출은 전체적으로 보아 후기로 갈수록 경영난이 심화되었다고 할 수 있다.

이에 따라 무봉 임가의 전체 자산에도 중요한 변화가 눈에 띈다. 개략적 수치에 불과하기는 하지만 1916년에 발간된 『대만열신전臺灣列紳傳』에 따르면, 무봉 임가의 자산은 임열당이 70만 엔, 임기당林紀堂이 40만 엔, 임헌당이 60만 엔, 임계상林季商이 50만 엔으로 합계 220만 엔으로 집계된다.[89] 전술한 대로 1901년 현재 임가의 자산총액이 150만 엔 내외였음을 상기한다면, (물가변동 등을 고려하더라도) 가산이 급증했다고 보기는 힘들지만 그런대로 유지되었던 것 같다.

하지만 여러 원인으로 식민지시대 후기에 들어서 임가의 재산은 지속적으로 축소되어갔다. 우선 임계상은 가산을 정리해 중국으로 간 후 각종 사업에 투자했지만 1925년 군벌 장의張毅에 살해되고 가산이 몰수되었으며 그 아들인 임서등 역시 가산의 절반을 잃었다.[90] 임열당은 1916년 당시 70만 엔의 자산가로 평가받았지만 1944년 다섯 아들에게 재산을 분배한 시점에서는 환산가격이 27만 엔인 토지와 정상척식禎祥拓植 주식 1,800주(환산 액수는 미상)만 남아 있었다. 임헌당의 일기에 따르면 1943년 임열당은 '세금 부담 때문에 수입이 지출보다 적을 것을 걱정한 나머지 신경쇠약에 걸릴 지경'이었다고 한다.[91] 임집당林輯堂의 장자인 임자빈林資彬 역시 자식들에게 토지 1,500갑을 물려주기는 했으나 대출금 40여 만 엔과 상속세도 남겼기 때문에 토지를 팔아 채무를 변제해야 했다.[92] 요컨대 식민지시대 말기로 갈수록 무봉 임가의 자산은 청 말과 식민지시대 초·중기에 비해 축소되었다.[93]

물론 총독부와 관계에서 협상능력이 떨어진 것이 무봉 임가 쇠퇴의 유일한 원인이라고 보기는 힘들다. 예컨대 일본의 대만 통치가 대만인 자본에 제공한 최고 기회, 즉 (만주와 동남아시아를 포함한) 해외투자와 무역에 무봉 임가가 적극적이지 않은 채 전통적인 소작료 수취나 토지매매, 개간에만 매달렸던 점도 있을 것이다.[94] 하지만 임가의 투자 활동이 일본인 관민과 적극적인 관계를 맺지 못했기 때문에 (예컨대 판교 임가나 녹항 고가에 비해) 상대적으로 경제적 실익을 거두기 어려웠다는 지적에서도 드러나듯이,[95] 대만총독부와 상대적으로 소원한 관계는 무봉 임가의 가운에도 무시하지 못할 영향을 미쳤던 것 같다.

5 지역엘리트, 공치자共治者에서 피치자被治者로

이상의 서술로 18세기에서 20세기 전반에 이르는 비교적 장기간에 걸친 대만 지역정치의 전개 과정과 구조 변동 그리고 그 속에서 한 대만 망족 성쇠의 궤적을 초보적이나마 묘사해보았다. 청대 대만의 다원적 족군 상황은 족군정치를 낳았고 그 틀 속에서 주로 사적 무장력과 경제력을 기반으로 한 지역엘리트가 성장해갔다. 19세기 중반 이후 내우외환은 대만 지역엘리트가 활동할 공간을 넓게 열어주었고, 대만 지역엘리트는 국가권력의 대행자인 지방권력이 원하는 군사력(과 행정력)을 제공한 것에 대한 보상으로 대만의 사회경제적 자원에 대한 장악을 강화해나갔다.

이는 뒤집어보면 국가권력이 지역사회를 적절하게 통제할 정도로 군사력·행정력과 재정능력을 보유하지 못하는 구조적 상황이 대만 지역엘리트의 활동공간을 크게 넓혀준 것이다. 대만성정부가 지역엘리트에 의존해야 했던 이러한 상황은 대만 지역엘리트의 대만성정부에 대한 협상능력bargaining power을 제고했다. 동시에 성정부의 주요 정책은 이들 유력 지역엘리트와 협상하거나 절충하지 않고는 실행에 옮기기 힘들었다. 대만성 초대 순무 유명전의 문집이라고 할 수 있는 『유장숙공주의劉壯肅公奏議』의 편자 진담연陳澹然이 "관官이 꺼리는 것 중 신신紳만 한 것이 없는데, 공公(유명전을 지칭)은 유독 신사에 의존했다(官之所忌, 莫若紳權, 公獨惟紳是賴)"라고 할 정도로 19세기 말 대만성정부는 지역엘리트에 의존하지 않을 수 없었다.[96] 이러한 상황을 정확하게 포착한 무봉 임가는 대만성정부의 요구에 충실히 응함으로써 정치적 위상을 제고했고, 동시에 이를 바탕으로 경제적 성공을 거둘 수 있었다.

반면에 (군사력과 경찰력을 포함한) 공권력의 독점을 특징으로 하는, 이전의 대만성정부와는 이질적 국가권력인 대만총독부는 충분한 군사력·행정력과 재정능력을 배경으로 하여 기존의 관신官紳관계를 크게 의식하지 않으면서 통치할 수 있었다. 물론 지역엘리트와 최소한의 교환조차 필요하지 않은 것은 아니었지만 성정부와는 비교할 수 없을 정도로 우월한 재정능력과 군사력·행정력을 바탕으로 대만사회를 총독부의 시간표와

의지에 따라 재편해나갈 수 있었다.[97]

　19세기 말 대만에서 일어난 '국운'의 전변을 전후하여 대만 지역엘리트는 청 말 대만성정부와 관계에서 발휘했던 고도의 정치적 협상능력을 상실하고 '명망 있는 부호'로 후퇴하게 된다. 달리 표현하면 청 말 국가권력의 유력한 파트너(공치자共治者)에서, 경제적 권리는 유지하나 정치과정에는 실질적 영향력을 행사하기 힘든 피치자被治者로 후퇴한 셈이다. 무봉 임가의 족장 임헌당이 대만의회설치청원운동이나 지방자치연맹운동 등에서 보여준 '무기력한 저항'은 그의 당형인 임조동이 청 말에 보여준 정치적 활력과 대비되어 협상능력을 거세당한 지역엘리트의 퇴영을 상징적으로 보여준다. 이렇게 본다면 지역엘리트의 존재양태라는 측면에서 청대의 무봉 임가와 식민지시대의 무봉 임가를 같은 차원에서 논할 수 있을까?[98]

문명기
국민대학교 한국역사학과 부교수로 재직 중이다. 주된 연구 영역은 청대 이래 대만사이며 현재는 식민지시대 대만과 조선의 비교연구에 관심을 쏟고 있다. 최근의 논문으로는 「대만·조선총독부의 전매정책 비교연구―사회경제적 유산과 '국가' 능력의 차이」, 『사림』 52, 2015; 「식민지시대 대만인과 조선인의 야스쿠니신사 합사」, 『중국근현대사연구』 76, 2017; 「20세기 전반기 대만인과 조선인의 역외이주와 귀환―역외이주 및 귀환 규모의 추산」, 『한국학논총』 50, 2018 등이 있다.

집필경위
이 글은 동아시아학술원 HK사업단의 학술대회 〈장기 19세기의 동아시아―변화와 지속, 관계와 비교(2)〉에서 발표한 후 『중국근현대사연구』 69(2016)에 게재하였던 글에 약간의 수정과 가필을 거친 것이다. 식민지 이전과 이후의 시대를 어떻게 연결하여 이해할 것인지가 한국근대사 학계의 관심사 중 하나라는 점을 의식하면서 대만의 경우를 하나의 참조사례로 제시하고자 했다. 특히 한 유력 가문의 성쇠와 국가권력의 성격을 관련지어 이해함으로써 국가―사회 관계가 식민지화 이전과 이후에 질적으로 달라졌음을 보여주고자 했다.

3

비교사로 본

정치 · 경제의 지속과 변동

⑧

책 봉 체 제 하 에 서   국 역 :
조 선 왕 조   재 정   시 스 템 의   특 징 과   관 련 하 여

◎

손병규

¹ 국역체계로 전근대 동아시아 국제관계를 본다면?

동아시아사 논의는 역사적이고 지리적인 공통성을 발견하는 목적에서가
아니라 각 지역의 고유한 역사경험의 축적에 근거하여 비교사적으로 관
찰함으로써 각 지역의 차이점을 발견하는 데에 주의를 기울인다.[1] 동아
시아 역사과정에서 각 지역 역사의 그러한 독자성이 각각 집권적 통치형
태를 형성하면서 국제관계 운영 시스템의 주체로 활동하게 했을 것이다.

이 글에서는 산업화 직전 단계에 전통 동아시아 각국의 일국적 통치·재정 시스템이 갖는 비교사적 특징을 '책봉체제冊封體制'라는 국제관계 시스템상의 위상과 관련하여 관찰하고자 한다. 특히 조선왕조를 활동 주체로 하여 '국역國役' 체계를 중심으로 비교 분석하겠다.

책봉체제라 함은 '조공체제朝貢體制' 혹은 '조공책봉체제朝貢冊封體制'라는 기왕의 국제질서 개념을 가리킨다. 단지 여기서는 국제무역을 중심으로 논의되는 조공체제라는 용어보다는 국가통치체제와 국제정치질서에 관심을 두고 그 연관성에 주목하기 위해 '책봉체제'라는 용어를 사용했음을 미리 밝혀둔다. 조공책봉체제는 종주국에 대한 종속적 지배체제로서 관점이 비판되어왔는데, 최근 연구는 국제정세와 관련하여 동아시아 국제질서의 획일화할 수 없는 역동적 실체를 밝히고 있다.[2] 동아시아의 조공책봉체제는 중국 중심의 절대적 가치로 인식되기 쉽다. 이에 대해 중심과 주변의 상호작용과 중심의 가변성이라는 관점에서 재고할 것이 요구된다.[3]

중앙집권적인 전제국가의 재정 시스템에서 볼 때 국역은 '군역軍役'을 비롯하여 개개인에 대한 국가의 노동력 징발—이른바 '노역勞役'—을 통틀어 지칭하는 것이 일반적이다.[4] 여기서는 그 가운데 특히 조선왕조에는 지속해서 중앙재정을 충당하기 위한 징수 부분으로 남아 있던 군역에 주목하여 동아시아 각국 재정 시스템의 특징을 관찰한다.

중국 고대사회에서는 농민을 전쟁에 병사로 동원하는 병농일치兵農一致의 '군역제軍役制'를 시행했는데, 일찍이 당 말기 이후 전문 군대를 양성하기 위한 재원을 농민에게서 징수하는 병농분리의 재정체계를 시행하게 되었다. 이후 재정의 중앙집권화를 진행하면서 명·청대를 통하여 지방에서 요역을 동원하는 것 이외에 대부분 부세가 토지세로 일원화되어 갔다.[5] 일본은 중세에서 강호시대라는 근세로 전환하면서 농촌으로부터 무사 계급이 특화되어 병농兵農이 분리되었으며, 농민은 토지세를 부담했다.[6] 그런데 각 지역 영주를 비롯한 무사계급이 영지인 번국藩國을 단위로 집권적 권력에 따른 군역 동원에 부응했다. 전문군인의 군역 동원으로 중국 고대 병농일치 제도의 군역과는 다소 의미를 달리한다. 그런데 조선왕조는 농민이 군사적 업무에 동원되는 병농일치의 '군역제'를 유지했다.

조선왕조는 왜 명·청이나 강호 막부와 달리 재정 시스템에 군역제에 기초한 징발, 징수를 지속적으로 유지했을까? 이러한 '국역國役', 특히 군역은 각국 재정 시스템의 어떠한 구조적 특징을 형성하는가? 그리고 국역을 매개로 하는 재정 시스템의 차이는 또한 각국을 아우르는 국제질서로서 책봉체제와 어떻게 관련되어 있는가? 이 글에서는 재정 시스템을 비교 분석해 동아시아 국제관계를 바라보는 또 하나의 시각을 제기해보고자 한다.

[2] 조공책봉체제에 대한 문제인식

서구중심적 세계사 인식에 대한 비판에서 중국사, 동아시아사를 재인식하고자 하는 연구경향이 일반화되었다.[7] 포머란츠Kenneth Pomeranz는 중국 양자강 하류 델타지역의 생활수준이 산업화 초기 서유럽 선진지역과 비교해서 그리 뒤지지 않는다는 사실을 밝힌 바 있다.[8] 그의 논지는 중국의 높은 인구 압력에도 불구하고 높은 노동생산성을 유지할 수 있는 사회경제학적이고 생태학적인 근거에 기초해서 제기되었다. 노동을 인구나 가족 단위당 소득으로 계산하거나 생산 자원의 사용과 소비 측면에서 절약적인 관례, 그에 따라 소득이 갖는 상대적 가치를 고려하여 생활수준을 측정한 듯하다. 그는 '유럽은 자유, 중국은 전제專制'라는 전제하에서 비교하는 서구 중심의 역사인식을 비판하여, 국가나 그보다 광범위한 국제체제를 단위로 경제발전을 비교하는 것을 부정하는 데에서 논의를 출발한다. 중국의 여러 지역을 국지적으로 관찰하여 다른 지역들과 동등하게 비교하고 통합적으로 생각하기를 제안한 것이다.

그러나 일국의 전제주의적 통치체제나 주변의 몇몇 국가를 포함하여 조공책봉체제로 관계하는 국제질서의 특질을 벗어나 혹은 그것을 경시하고 중국이나 동아시아에 대한 이해가 가능할지는 의문이다. 중국 내부의 다양성을 인정하더라도, 그것을 광범위하게 지배할 수 있는 일국적 집권성은 서구 역사와 다른 고유한 특성을 부정할 수 없다. 특히 조선왕조의 경우는 중국 내 다양성의 한 유형으로 인식될 수도 있으나 결코 중국의 일부로 흡수되지 않고 독립된 왕조로서 국제관계를 견지해왔다. 동아시아 전통사회로부터 국가적 규정성이나 국제질서의 형성이 갖는 영향력이 도외시되기는 어렵다는 말이다.

단지 포머란츠는 '동아시아' 인식에 새삼스럽게 대답하는 이 책의 일본어판 서문에서 국가재정, 조공책봉체제와 관련하여 서구와 동아시아를 비교하는 견해를 밝혔다.[9] 자본시장에서 큰 부분을 차지하는 재정 측면에서 관찰할 때, 서구의 정부지출에서 압도적인 비중을 차지하는 것은 전쟁을 위한 지출이다. 이것은 그다지 건설적이지 못한 소비에 해당하는 것으로 평가되었다. 이 군사비는 유럽의 자원조달이나 시장개척을 위한 원거리무역을 보호하는 데 지출되었다. 이에 반해 19세기가 되기 전까지 중국이나 일본의 군사비는 일시적이어서 임시 징세로 보전이 가능할 뿐만 아니라 부의 축적도 가능했다고 판단되었다. 재정 지출과 축적이 높은 노동생산성, 민의 생활수준에 미친 영향을 긍정하는 것이다.

중국 중심의 '조공무역朝貢貿易'에 대해서는 하마시타 다케시浜下武志의 논지를 받아서, 그것이 국가가 조직하고 의례적인 것이지만 실제로는 사무역私貿易에 기반을 제공하여 이에 간접적으로 지원한 것으로 이해한다.[10] 그와 더불어 중국 '화교華僑' 상인 네트워크는 서구 중상주의 제국처럼 국가와 공생관계로 발전하지는 않았지만, 비무장 해역을 포괄하는 효과적인 네트워크 구축에 성공하여 일본의 초기 공업화에 기여했음을 소개한다. 상업자본이 동아시아 사회의 변화를 초래하는 주요인으로 제시될 수도 있는 것이다. 국가재정과 조공책봉체제에 대한 포머란츠의 이해는 강남 델타지역의 높은 생활수준을 논할 때 국가와 경제적 관계를 동아시아 범위에서 제시한 것이라고 할 수 있다.

그런데 명·청대 천자의 군대와 이민족들의 빈번한 침입에 대비하는 변방지역 둔민에 들어가는 군사비용, 강호 일본의 각지 영주들의 사병조직과 도쿠가와 막부 산하 군대에 드는 군비와 비교하면 조선왕조의 군역제도로 운영되는 군사체계는 월등히 적은 군비를 요구할 뿐이다. 여기에 조선왕조의 군역체계와 관련하여 조선왕조의 재정 목적과 운영체계의 속성을 동등한 선상에 올려놓고 비교해볼 필요성을 느낀다.

또한 포머란츠는 서구 중심적 이데올로기를 비판하면서도 결국 유럽이 주도하는 세계경제 시스템에 편입되는 변화로 논의를 귀결한다. 그것이 불가항력인지에 관심이 머물지 않는다면, 그러한 변화 가운데 일정 지역이나 국가의 역사적 고유성이 어떻게 유지되면서 상호 관계성을 어떻게 변화시키는지에 대한 이해가 필요하다. 그것은 변화 이전부터 지역의 독자성에 따른 각각의 차이에서 상호관계가 형성된 동아시아 조공책봉 체제의 역사경험에 근거한다.

최근 중국의 정치강론 가운데 중화 전통의 계승이 강조되는 것을 볼 수 있다. 서구 중심적 세계사 인식에 대한 중국 중심적 역사인식의 발로로 여겨지지만, 중국의 일국사적이고 민족주의적인 정치이념으로 사용되는 데에 그치는 것이 아닌지 우려된다.

본래 전통시대에 중화의 통치원리는 천자(=황제)가 의례 이념에 기초하여 중국의 국내 및 국외의 인민에게 영향력을 발휘하는 구조이다. 하마시타는 조공체제라는 관점에서 중국 중심적 통치체제에 비판적 인식을 제시했다.[11] 우선, 국내적으로 각 성의 총독과 순무는 황제에 대해 독립된 상주권上奏權을 가지며, 재정권에서도 중앙의 호부가 제도상 중심에 있었지만 운용 면에서는 그들 재량에 맡겨져 있었다. 대외관계는 기본적으로는 이러한 중앙집권과 지방의 독자적 운용이라는 통치원리가 외연으로 확대되는 형태를 보였다. 변경의 이민족에 대해 재지의 유력자를 중국 관리로 임명하여 중화질서화하고, 조선과 일본을 비롯한 주변 조공국에는 당지의 국왕을 인정하는 책봉을 행하며, 더 확대해서는 호시관계 互市關係에 따른 교섭관계를 유지하는 여러 단계의 형태로 주변 세계가 포섭되었다고 하는 것이다.

조공체제는 '조공朝貢－회사回賜'라는 중국과의 양자관계로 중국을 중심으로 하면서도 상호 경합 관계에 있는 복합적 시스템을 가지고 있었다. 가령 조선왕조는 중국에 조공국임과 동시에 일본과 사절을 왕래하는 관계에 있다. 조공은 그 이념이 공납으로써 국내의 재정운영체제와 동일한 원리에 있는 한편, 그 자체가 양국의 상업거래행위로 행해져 국제적 통상도 '조공무역관계朝貢貿易關係'를 매개로 확대되었다고 이해한다. 조공국으로 중국과 관계가 가장 긴밀한 조선의 경우에도 조공물품에 답례가 주어져 실질적으로 대가를 지불하는 조공무역을 했음을 알 수 있다.

그런데 하마시타가 말한 바와 같이 조공무역은 중국 국내시장 은유통의 확대와 가격변동에 연동하여 행해졌다. 조공무역이 의례적 관계에 기초함으로써 그에 따른 시장은 어디까지나 국가적 통제 아래 있었다고 할 수 있다. 국외로는 사무역에 기회를 제공했다고 하나 교역 주체는 화교이며, 중국 주변으로 형성되는 경제권도 그들의 지역적 확대과정과 병행했음에 주의할 필요가 있다. 사무역의 주 활동자인 화교에게는 중국 정부에서 정책적 간여를 하지 않았지만 조공무역은 여전히 중국 중심적인 것으로 이해되었다.[12] 따라서 조공체제라 하면, 중국을 중심으로 한 국가 간 교역과 시장 발달이라는 측면에 경도될 염려가 없지 않다.

동아시아 은교역에서 조선왕조의 역할이 작지 않았던 것으로 밝혀져 있다. 16세기까지 명에 대한 조공물품에 은의 비중을 줄이기 위해 국내

은의 생산과 소비를 억제해왔다. 명·청 교체기에 일본 은이 대량 유입되자 은을 대청무역에 적극적으로 활용하여 일본 생산과 중국 소비의 중개적 역할을 수행한 것이다. 18세기에 일본에서는 은 생산량이 줄어들면서 은의 생산과 유통이 다시 억제되었다.[13] 이렇게 시장이 발달하지 않았고 국가에서 주도해 동아시아 은 유통체제에 연동했지만 조선왕조가 중국의 은수요에 일방적으로 끌려 다니지는 않았다고 할 수 있다. 중국 중심의 경제권에 흡수되어 국가재분배를 실현하고자 하는 관 주도 시장경제의 독립성을 상실할 위험으로부터 보호하고자 했던 것이라 여겨진다.

중화는 중국 내부 각지에 대한 중앙정부의 일국적 통치이념일 뿐만 아니라 주변국을 포함하여 국가 간의 국제관계로 설정되는 책봉체제의 이념이기도 하다. 그것은 오히려 평화적 국제질서를 장기에 걸쳐 유지하기 위해 주변국에서 제기하고 상호 동의를 획득한 것으로, 어쩌면 주변국이 주체적으로 주도하는 국제질서일 수도 있다. 중화를 중국만의 고유성으로 이해하는 현대 중국의 세계사 인식은 재고할 필요가 있다.

책봉체제와 그 이념인 중화의 설정은 고대사회부터 중국의 일국적 통치영역에 한정되지 않았다. 이후 지방통치를 중앙집권화하기 위한 '군현제郡縣制'가 일국적으로 실시되는 반면, 책봉체제는 동아시아 국제질서를 유지하기 위한 것으로 존속되었다. 그러나 광범위한 지역에 대해 중앙집권적인 군현제를 실시하는 한편으로 행정구획 설정과 동시에 확보되는 자율성, 그 봉건제적 속성의 존속이 고려될 수도 있다.

여기서는 중국과 주변의 정치외교적 관계와 조공무역 내지 광범위한 지역 간의 경제교류를 포함하는 책봉체제를 동아시아 각국이 일국적 통치제도에 어떻게 통일적으로 체계화했는지에 관심을 두겠다. 특히 동아시아 각국의 재정체제에 주목하여 그 차이점을 책봉체제와 관련해 관찰한다.

조선왕조는 건국 초기에 명으로부터 책봉받을 당시에 조선의 토지징수와 군사제도에 대한 명조 사신의 질문에 당면하게 된다. 특히 농민이 수시로 군병으로 차출되는 병농일치의 군역제도에 명 사신이 만족하고 돌아간 것으로 여겨진다.[14] 이후 1590년대에 책봉체제의 '원지遠地'에 '주연周緣'으로 존재하던 일본이 조선을 침공하자 명의 원병이 파견되었다. 이때 조선왕조의 군대조직은 부재에 가까웠으며 관군 소수만이 동원되고 민간에서 구성된 의병이 그 빈 자리를 메우고자 했을 뿐이다.[15]

명의 임진왜란 지원은 책봉체제에 평가를 요구하는 문제이다. 중국으로서는 군사적 '지원=개입'이 책봉체제의 국제관계를 유지하기 위해 종주국으로서 당연한 의리이며, 그로써 자신의 국방도 지켜지는 일이었다.[16] 그런데 천자의 군대만 존재하고 책봉국 군대는 부정되는 책봉관계가 조선왕조 상황에서 전적으로 종속적이거나 불리한 측면으로만 이해되어서는 안 된다. 이 문제는 조선의 재정 시스템과 함께 뒤에서 상세히 논한다.

곧이어 강호 막부와 강화가 맺어지고 차왜差倭와 조선통신사의 왕래가 19세기 초까지 이어졌다. 일본 측은 책봉체제를 이중적으로 활용하면서 막부의 '장군將軍'과 체결하는 국제관계로 대응했다. 1627년에 후금은 조선을 침공하여 서로 '형제의 맹약'을 맺는 데에 그쳤지만, 1636년 재침공하여 '군신의 의義'로 개약改約하기에 이르렀다. 명이 멸망하자 청조와 책봉체제가 형성된 것이다.

1885년의 톈진조약은 조선에서 갑신정변이 있은 후 조선 주둔 청·일 군대의 철병과 파병에 관해 청일 양국이 맺은 조약이다. 그런데 1894년에 동학농민군 봉기를 진압하기 위해 조선정부가 청의 원병 파견을 요청했고, 이에 대해 일본군이 파병됨으로써 청일전쟁이 발발하였다. 내적으로 일본군에 대한 조선 동학군의 항쟁이 병행되었지만, 외적으로는 책봉체제에서 연유하여 책봉체제가 붕괴되는 과정이기도 했다.

조선왕조의 군사제도는 병사의 동원과 군사재정을 군역이라는 국역 징수체제의 일환으로 조달하는 한편, 책봉체제에 의지하여 중국의 파병을 요청함으로써 국제적 전란에 대응한 셈이다. 조선왕조는 양인良人에게 국가의 공공업무 수행을 의무화한 국역을 재구성하여 인민 통치의 기반으로 삼았다. 국역은 일반적으로 병농일치 원칙에 따른 군역 부과를 비롯하여 각종 관직과 '정역定役'을 설정하고 개개인에게 그것들을 '직역職役'으로 부여한 것을 가리킨다. 그러나 여기서는 국역의 의미를 조선왕조의 재정운영체계로, 책봉이라는 동아시아 국제질서와 관련해 이해하고자 한다.

18세기 동아시아 각국의 군비지출 비중

1) 청의 군비지출

〈표 1〉청대의 세출구조(1766)

내역	액수(은량)	비중(%)
만한병향滿漢兵餉	1,700만+	49
왕공백관봉王公百官俸	90만+	3
외번왕공봉外藩王公俸	12만	0
문직양렴文職養廉	347만	10
무직양렴武職養廉	80만	2
경관각아문공비반식京官各衙門公費飯食	14만	0
내무부공부 등 제사빈객 비용은內務府工部等 祭祀賓客 費用銀	56만	2
채변안료목동포은採辨顔料木銅布銀	12만	0
직조은織造銀	14만	0
보천보원국공료은寶泉寶源局工料銀	10만	0
경사각아문서역공식은京師各衙門胥役工食銀	8만	0
경사관목마우양등추말은京師官牧馬牛羊等芻秣銀	8만	0
동하남하세수은東河南河歲修銀	380만+	11
각성유지역참 제사의헌관봉역各省留支驛站 祭祀儀憲官俸役	600만+	17
식료장름선등은食料場廩膳等銀	120만	3
경주조선更走漕船	(조미漕米)	
합계(은에 한해서)	약 3,460만	100

* 출전: 『淸史稿』 권125, 3707~3708쪽.

청조 중앙재무기관인 호부의 1766년 재정지출을 보자.[17] 총세출액은 은으로 약 3,460만 냥에 이른다―조운漕運을 위한 소량의 곡물 재원을 제외하고 대부분 은납화銀納化되었다―. 그 가운데 절반, 1,700만 냥 이상이

'만한병향滿漢兵餉'이다. '만한관군滿漢官軍'은 만주족 전통의 팔기군에 몽골족, 한족 등을 더하여 형성된 황제 직속부대와 청 정예부대를 가리킨다. 20만 병사에 가족을 포함하여 100만 명의 둔민으로 형성되어 있었다. 중앙재정 가운데 50%에 육박할 정도의 높은 비중으로 군비가 지출된 것이다. 기타 관직자와 노역자 인건비가 대부분을 차지한다. 지방에 남겨둔 '각성유지各省留支' 인건비도 600만 냥 이상이다.

그러나 그것이 군비의 전부가 아니었다. 1714년에 산서성에서 호부에 보고한 회계책인 『주소책奏銷册』에 정액으로 징수되는 지정은地丁銀 295만 냥 가운데 지방의 재정지출 내역을 살펴보자.[18)]

　一. **급협해합서감숙**給協解陝西甘肅 **53년** **병향은**兵餉銀 660,000**냥**

　　흠봉상유안내발급감숙欽奉上諭案內撥給甘肅 **병향은** 207,742**냥**

　一. **급해부은**給解部銀 500,478**냥**

　一. (**휴공**虧空, **미완지정등**未完地丁等) ……

　一. **존잉지정등은**存剩地丁等銀 484,161**냥**

여기에는 첫째로 '협향協餉'이라 하여 합서성과 감숙성 등의 다른 성에 군사비, 병향兵餉으로 보내는 66만 냥 그리고 그외에도 특별요청으로 지급하는 병향 20만 냥 정도가 기록되었다. 도합 86만 냥으로 지방재원 전체의 29%에 해당한다. 다음으로 '경향京餉'이라 하여 호부의 정규예산으로 상납된 은이 50만 냥 정도이다. 지정은의 잉여분에는 성재정省財政 경비도 포함되나 원칙상으로 호부에 납부하게 되어 있는 경향으로 48만 냥 정도이다. 도합 98만 냥으로 전체의 33%에 해당한다. 끝으로 '휴공虧空'이라 되어 있는데, 지방에서 세수가 미납되거나 유용된 공금으로, 사실상 성재정이나 내부 군현의 경비로 할애되는 유지분留支分이다. 총 110만 냥으로 전체의 37%에 해당한다.

중앙으로 상납되는 호부의 정규 재원 가운데 반이 군사비용인데 여기에 중앙으로 상납되지 않고 바로 변방의 군사비용으로 옮겨지는 부분이 더해져야 한다. 전시가 아니더라도 일국적 국방을 위해, 나아가 책봉체제에 도전하는 변방민족에 대해 항상적으로 경비태세를 갖춘 군대가 필요했다. 하나의 국가로 독립되어 있는 주변국에 대해서도 책봉체제에 들어와 있는 한 외부의 침입으로부터 보호해야 할 의무를 지녔던 것이다.

2) 강호 막부의 재정지출

18세기 초와 19세기 중엽의 막부재정 세출 내역 비중을 비교해보자.[19] 18세기 초에는 막부의 군비지출로서 무사에 지불하는 봉록인 '절미·역료'가 42%에 이른다. 강호성을 비롯한 직할지 관청의 경비[役所經費]가 20%, 미가 상승으로 수요량만큼 구매할 때에 발생한 차액을 보전하는 '미매상' 비용이 14%, 장군과 다이묘大名의 가족 거소에 드는 '오향비용'이 8%에 해당하며, 나머지 기타 잡비가 16%다.

강호 막부가 성립되기 전까지 각지의 영주들이 개별적으로 군대를 보유하고, 관할하는 영지 내에 군수물자를 수송하기 위한 노동력을 '인별장人別帳' 조사로 파악하는 동안에는 군사비용이 절대적 비중을 차지했을 것이다.[20] 전쟁을 피하기 위한 책봉체제에 의지하지 못하고 봉건제적 자

〈표 2〉 강호 막부 세출의 항목별 비율(1730, 1843)   (단위: %)

세출항목	1730(교호 15)	1843(덴포 14)
절미切米 · 역료役料	42	28
역소경비役所經費	20	23
미매상米賣上	14	6
오향비용奧向費用	8	6
일광참사비용日光參社費用		7
기타 비용	16	30

* 출전: 江戸文化歴史検定會, 「江戸博覧強記」 改定新版, 小學館, 2013, 32쪽.

치성을 확보하는 데에는 필연적인 비용일 것이다. 이에 반해 막부재정은 직속 가신단의 군사력과 농민의 연공年貢 납입을 재정 기반으로 집권적 권력을 형성했다. 그러나 통일된 이후라 하더라도 막부의 권력을 유지하는 방편으로 군사비용이 지출되었으니 지방 번주(다이묘)와 가신 등의 무사에 대한 재정지출이 막부재정의 군비에 해당한다. 즉 강호 막부의 군비지출은 무사를 정점으로 하는 신분제를 유지하기 위한 재정지출이라 할 수 있다.

그러나 무사계급을 억제하여 중앙집권적 통치체제를 추진하면서 신분제적 군비지출을 지속해야 하는 점에 막부재정의 모순이 내재했다. 강호 막부는 18세기 초부터 여러 차례 개혁을 거쳐 재정의 중앙집권화를 추진했다. 18세기 초에는 검약령儉約令으로 무사계급의 재정지출을 억제하고, 다이묘도 출미出米를 내도록 했다. 신전新田 개발을 장려하여 토지세인 연공 수입을 증대하고자 하는 한편, 연공 수입을 안정화하기 위해 정액화를 추진하기도 했다. 세수 증대가 어려운 현실에서 18세기 말에는 긴

축재정을 더욱 강행하는 한편, 19세기 초에는 농업 재생산을 하기 위한 기근책饑饉策을 마련하고 새로운 재원을 확보하기 위한 상업통제가 이루어졌다.

19세기 중엽의 막부재정 변동을 살펴보면 군비에 해당하는 절미·역료가 28%로 현격히 감소했음을 발견할 수 있다. 막부의 중앙집권 정책이 진행된 결과인 반면, 무사계급의 몰락과 반발이 예상되었다. 항상적인 재정지출로 역소경비 23%, 미매상 6%, 오향비용 6%가 분배되어 있는 한편, 새로운 재정지출항목으로 도쿠가와 묘지에 참배하기 위한 일광참사비용이 7% 정도 책정되었다. 막부의 집권화와 더불어 막부 권위를 높이기 위한 지출이 늘어난 것이다. 기타 재정도 30%로 증가했는데, 이 항상적이지 않은 비용지출 가운데에는 농민과 무사들의 반발에 대응하는 군사비용도 포함되었을 것이다. 무사의 몰락은 강호 막부의 몰락을 재촉했다.

3) 조선왕조의 군비지출

조선왕조 중앙재정의 세출내역을 1867년의『육전조례六典條例』에서 확인해보자. 이 시기의 세입·세출 규모는 18세기 중엽에 재정징수의 총액제가 실시된 이후 큰 변화는 없는 것으로 판단된다. 국역에 연유하여 노동력으로 징발되는 동원방법도 지속적으로 유지되었지만, 많은 부분이 물납物納 징수와 인건비 지출로 전환되었다. 중앙재정으로 수입되는 세입에는 각종 기관이 개별 분산적으로 획득하는 재원과 재무기관으로부터 이전받는 재원이 모두 합해져 있다. 국가기관들 가운데 '병전兵典'에는 병조, 훈련도감, 어영청, 금위영, 총융청 등의 군사기관이 속해 있다. 이 병

〈표 3〉 1867년 중앙재정의 세입과 세출

(미환산(석))

	세입	세출	비중(%)
이전	50,357	54,999	3
호전	907,524	968,177	60
예전	127,549	127,242	8
병전	324,598	310,724	19
형전	3,792	4,304	0
공전	38,439	36,280	2
기타	119,907	119,907	7
計	1,572,168	1,621,633	100

* 출전: 김재호, 2010년 논문, 〈표 2-11〉에서 재구성.

전의 세출은 19%에 그치는데, 수도경비 재원이 대부분을 차지해 국방경비와 의미를 달리하고, 기관을 유지하는 자체 경비도 포함되어 군비라고 단정하기가 망설여지는 부분도 있다.[21]

조선왕조는 군병을 군역의 노역 동원에 의지하여 전문군대가 존재하지 않았다. 그런데 1590년대에 일본의 침공을 받은 뒤 훈련도감의 포수·사수·살수 등을 전문군인으로 육성하게 되었다. 이들을 훈련하고 관리하는 재원은 이들의 각 보인保人들이 훈련도감에 납부하는 재원과 지세화하여 호조에 납입토록 한 삼수량미三手糧米가 전부다. 호조에 납입되는 삼수량미는 5,420석으로 호전조戶典條의 1%에도 미치지 못한다. 중앙재정에서 군비에 해당되는 물납 재원의 비중이 20% 이하라 한다면, 이것은 청조나 강호 막부의 중앙재정 가운데 차지하는 군비의 비중에 한참 못 미치는 수준이다.

지방 군현의 재정 지출 내역을 18세기 말의 『부역실총賦役實摠』에서 확인해보자.[22] 지방 군현에서 중앙에 소재하는 국가기관으로 상납되는 부분이 경사상납京司上納으로 중앙재정에 해당한다. 지방 군영과 왜관倭館 등으로 지출되는 재원은 '영읍봉용營邑捧用'이다. 이 부분에 지방에 소재하는 도 단위의 병영, 수영, 감영 소속 지방군을 점검하기 위한 군사비용

『부역실총』 충청도 충주의 기재사례(항목선별)

【경사상납질】
호조 전세미田稅米 1168석6두2승9합, 잡비미雜費米 162석12두6승. ……
　　삼수량미 三手糧米 889석8두2승5합, 잡비미 50석8두4승9합. ……
　　노공전奴貢錢 28냥, 잡비전雜費錢 4냥2전. ……
　　숙경공주방면세미淑敬公主房免稅米 43석7두4합, 잡비미 5석12두. ……
선혜청 대동미大同米 5247석14두9승9합, 잡비미 1024석4두7승2합. ……
균역청 결전結錢 5662냥1전6분, 잡비전 113냥2전4분. ……
　　선무군관전選武軍官錢 840냥, 선세전船稅錢 39냥5전 춘추분납春秋分納. ……
훈련도감 포수보목砲手保木 8동33필, 잡비전 86냥6전
　　유황포목硫黃保木 1동9필, 잡비전 11냥8전. ……
양향청 둔세미屯稅米 70석10두5승8합, 잡비미 7석1두1승. ……
금위영 보미保米 390석, 잡비미 9석11두2승5합. ……
경기감영 역복미驛復米 19석4두9승4합.

【영읍봉용질】
(감영) 쌍수산성별군관제번미雙樹山城別軍官除番米 21석. 별무사제번미別武士除番米 11석9두. ……
병영 대변군관제번전待變軍官除番錢 12냥. 신선전新選錢 696냥 춘추분납, 잡비전 69냥6전. ……
수영 수군전水軍錢 492냥, 잡비전 73냥8전
충주진 수미需米 49석13두8승. 지필묵가미紙筆墨價米 2석12두2승. ……

【본관(봉용질)】
관수미官需米 400석. 유청가미油淸價米 66석10두. 공사지가미公事紙價米 12석. 사객지공미使客支供米 100석. ……
잡역상정미雜役詳定米 1447석4두5승6합. 화속전火粟田 869냥6전6분. 21처 장시세전場市稅錢 583냥. ……
식정食鼎 10좌 춘추분납어점인春秋分納於店人. 유기柳器 매식8부식 수봉어장인收捧於匠人. ……
식년성적시式年成籍時 매호 전6분식 합전승錢 1070냥3전4분. ……
진상약부보전進上藥夫保錢 20냥. 향교보전鄕校保錢 240냥. 누암서원보전樓巖書院保錢 120냥. ……

이 포함될 것이나 이 재원들은 항상적 경비나 그것을 위한 재정지원이라 기보다는 군영과 감영, 그리고 산하 군사기구의 자체 경비로 사용되는 경우가 많았다. 이 부분은 중앙으로 상납되는 재원의 20% 정도를 차지한다.[23] 이것은 청조의 성재정 가운데 타 지방으로 이전되는 협향의 군사비용보다 적은 편이다.

전문군인인 훈련도감의 포수·사수·살수를 제외하고 중앙과 지방 군병은 모두 농민 군역자이다. 군역은 노동력이 동원되는 정군正軍과 그것에 대신해서 물납하는 보인으로 구분되며, 재정 회계상 수치는 보인의 군역가軍役價 납부에 따른 것이다. 또한 조선왕조 경상도 상납재원 가운데 왜관이 있는 동래부로 '하납下納'되는 재원이 큰 비중을 차지하는 사실이 눈에 띈다. 평안도에서도 중앙으로 상납되는 재원은 제한되고 많은 부분이 지방유치분으로 사용되었는데, 여기에는 연행을 위한 지출이 일부 포함되었다. 국제질서를 유지하기 위한 비용이 별도로 책정되어 감소하지 않고 고정되어 있었는데, 외교비용도 중앙재정의 일부를 현지에서 조달하는 방식을 취했다.

그리고 군현의 지방관아 자체 경비가 '본관봉용本官捧用'인데 이 부분은 보고 책자에 모두 기재되지는 않은 것으로 여겨진다.[24] 더구나 18세기 말 당시에 물납이 아니라 인적 재원으로 동원되는 부분도 적지 않았다. 그러나 군현의 지방관은 군대를 둘 수 없으므로 여기에는 군비가 책정되어 있지 않다.

<u>4</u> 동아시아 각국의 '국역'과 재정 시스템

동아시아 전제국가에 대한 분석으로 14~16세기 이후 각지에서 지향되는 공통 요소로서 통치체제와 군사제도의 비교사적 관점이 제시된 바 있다.[25] 명은 관료제의 통치체제에 기초하여 토지와 호구 및 조세 관련 대장을 작성해 국가재정과 군제의 기초를 확립했다.[26] 청도 명대 후기의 체제를 계승했는데, 18세기에 중앙 군사기구를 강화하고 북경을 중심으로 중국 각지에 파견된 '팔기八旗'와 지방 각 성 자체의 '녹영綠營'으로 군대를 편성했다. 한편 일본의 강호 막부는 중국이나 조선과 같은 집권적 국가형태가 아니라 무사계급 내에서 상하관계인 영주가 토지와 인민을 분할 영유하고 각자 독자 군제를 갖추는 봉건적 체제 위에 성립했다.[27]

군사제도 측면에서 청 팔기의 병사와 일본 막부제의 무사는 토지 지급, 특권부여, 군역부과가 시행된 측면에서 유사하나 전자는 연령과 인원수에 따라 일률적으로 군역이 부과되는 데 반해 후자는 영지마다 토지세 징수 기준으로 정해진 '영지고領知高'에 따라 군역이 부과되었다. 청 녹영의 병사는 민간에서 모집되어 민으로부터 징수한 군향으로 유지되었다.[28] 청의 병사와 일본의 무사는 전문화되어 농업에 종사하지 않는 '병농분리兵農分離'의 원칙에 기초했다고 할 수 있다. 그러나 조선의 경우는 군사전문 병사가 아니라 농민이 군사기관에 동원되는 '병농일치兵農一致'의 군역제로 징발되었다.

중앙집권적 전제국가의 재정 시스템상 국역은 본래 개개인의 노역 징수만이 아니라 토지세나 공물과 같이 재화로 상납되는 부분을 포함하여 모든 국가재원의 징수를 의미하는데, 그것은 모든 징수 항목이 노역 제공에서 유래한다는 점에서 그러하다.[29] 토지세는 세납곡을 생산하는 경작지에 대한 농업경영 가구의 노동력 제공으로 시작되었으며, 공납 물품의 채집 및 제작, 수송납입도 그 일이 부과된―'분정分定'된― 가구의 노동력 제공에 근거한다. 이렇게 국가재원 납부 의무라는 의미에서 국역을 거론한다면, 재원징수 방법으로 호구조사에 기초한 요역―혹은 잡역의 징발도 국역에 대한 상대적인 부분으로, 혹은 그것에 포괄되는 것으로 이해할 수 있다. 요역도 노역으로 징발될 뿐 아니라 재정과정의 일부이기 때문이다.

이렇게 본다면 재정 징수 자체가 모두 국가에 대한 의무로서 국역이라 할 수 있지만, 조세―혹은 지대― 납부형태가 노동력―현물―화폐로 다양한 가운데 물적 재원이 아니라 인적 재원을 지칭하게 되었다. 국역은 군역이나 요역과 같은 인적 재원의 동원에 한정해서 인식된 것이다. 동아시아의 재정 시스템은 이 국역이 토지세 징수로 전환되어 군비로 지출되거나 여전히 인적 재원을 직접 동원하여 노동력을 제공하도록 하는 등의 운영체계를 유지하기도 했다. 특히 군역은 '군사軍事'라는 공공업무를 수행함으로써 납세자가 직접 노동력을 제공하는 부세 납부방법을 말하는 것이다.

군역은 농민을 전쟁에 병사로 동원하는 병농일치의 군사제도로, 중국 고대의 전제국가가 설정한 재정 시스템의 한 구조였다. 일찍이 당 말기 이후 농업 소경영이 발달해 집약적인 농법으로 토지생산력을 높이던 농민은 농사에 집중함으로써 군사 동원에 대신하는 재원을 납부하게 되었다. 이 재원은 빈번한 전쟁에 대응하여 형성된 전문군대를 양성하는 비용으로 충당되었다. 군역제를 파기하고 병농이 분리되는 재정체계를 시행하게 된 것이다. 이것은 관직, 군역과 같은 전제국가의 공공업무 수행을 기준으로 이루어진 신분제를 파기하는 과정이기도 했다.

이후 재정의 중앙집권화가 진행되면서 명·청대를 통하여 지방에서 요역을 동원하는 것 이외에 대부분 부세가 토지세로 일원화되어갔다. 명·청대의 재정은 재정 중앙집권화의 단계별 결과라 할 수 있는 정액화, 즉 세물 징수와 분배 액수에 대한 '원액주의元額主義'의 시도를 경험해왔다.[30] 명 말인 16세기에 각종 요역을 토지세로 일원화하는 일조편법이 시행됨과 더불어 지방관부의 재정 계획서인 부역전서賦役全書가 전국적으로 편찬되기 시작했다. 이 제도는 명 말 당시 군사비 지출증가에 따른 재정궁핍에서 벗어나기 위해 시도한 조세개혁으로 평가되기도 한다.[31] 그렇지만 각종 부세, 특히 요역의 토지세화, 상납수단의 화폐화 등은 재정의 중앙집권화 과정을 현저히 촉진하는 것이었다. 이 제도개혁은 청대에도 인정에 부과되는 요역을 토지세로 일원화할 뿐 아니라 납부형태를 은으로 통일하는 지정은 제도로 이어졌다.

그러나 지방의 모든 징수 재원이 정규 재정 부분으로 공식화된 것은 아니다. 지방재정 운영에는 여전히 정규화되지 않은 요역 징수가 잔존하여 재생산되고 있었다. 청대 초기는 군사비 지출을 비롯하여 전국적으로 만성적 재정적자를 기록하던 명 말과 달리 재정적으로 안정을 찾은 양상을 보인다. 이때 중앙정부는 지방에 소재하는 재원총액을 전반적으로 파악하고 그 처리 여부에 대한 결정권을 가지고 있었던 것으로 추측된다. 그러나 정액재정 가운데 여전히 지방경비가 가장 많은 비중을 차지하고 사전에 정해진 중앙상납은 낮게 책정되어 있었다. 그리고 지방 수요를 채운 뒤에 남는 것이 있다면 그 재원을 중앙 상납재원으로 첨가하는 데에 그쳤다.[32]

중국 재정 시스템은 중앙집권적 관리체제를 지향하는 법정적인 조세나 그러한 정세正稅 수입에 따른 법정적 예산 내의 정규 재정에 대하여 부가적·추가적 징수와 노역동원을 자원으로 하는 별도의 비정규 재정이 지속적으로 재생산되어 병존하는 재정의 이중구조를 특징으로 했다.[33] 정규 군사조직을 유지하고 전쟁에 동원하는 데에 드는 비용은 호부의 중앙 재정에서 혹은 인근 군현의 정규 재원 가운데 일부를 이전함으로써 충당했다. 그러나 그러한 정규 재정을 안정적으로 확보하여 책봉체제의 중주국으로 존재하기 위한 재원이 지방재정 운영상에서 국역의 다른 한 부분인 요역의 징발로 가능했다고 할 수 있다.

일본의 중세와 근세를 구분하는 대표적 지표로 '병농분리', '석고제石高制', '쇄국鎖國'을 드는 것이 일반적이다.[34] 이것은 일본의 중세와 근대 사이에 설정된 일본 근세사회의 특질을 규정하는 문제이기도 하다. 강호시대로의 전환을 알리는 것으로써 병농분리는 사농공상士農工商이라는 동아시아 전통의 신분 구분 가운데 무사와 농이 분리되는 것을 말한다. 동시에 이런 신분적 분리는 무사의 도시 집거와 농민의 농촌 긴박이라는 지역적 분리를 의미하며, 상공이 무사와 함께 도시에 거주함으로써 그들과 농민의 분리가 그것에 부차적으로 뒤따르게 된다. 이는 주로 봉건제도 전개의 역사과정으로 인식한다. 따라서 봉건적 토지소유와의 관련으로부터 '타이코 켄치太閤檢地'를 병농분리의 획기로 본다.

　타이코 켄치는 일본을 통일한 도요토미 히데요시豊臣秀吉가 조세를 일률적으로 징수하기 위해 시도한 토지조사를 가리킨다. 등급별 토지마다 생산량을 계산하여 마을 단위에서 영주 다이묘의 영지 단위에 이르기까지 일정 비율의 조세인 연공을 책정했다. 이것은 지역의 조세부담일 뿐 아니라 유사시 영지 단위의 군역―중앙권력에 대한 영주의― 동원을 위한 기준이 되었다. 영주 이외의 무사들에게는 토지소유가 인정되지 않고 그들이 영주로부터 받은 봉록으로 생계를 유지하는 병농분리가 시행된 것이다.[35] 하급무사들은 막번체제하의 무사단을 형성하게 된다.

　토지조사에 기초하여 책정되는 석고제는 병농분리 결과로 영주가 자기 영지의 연공부담 능력을 파악할 필요에서 시행되었다. 쌀로 환산되는 석고石高의 수량에 대해 여러 가지 평가가 있으나 거기에는 현물지대라는 측면과 군역부과 기준이라는 측면이 존재하고 그러한 관점에서 군역론이 전개되었다.[36] 어떠한 평가와 논의가 있든 여기서는 병농분리와 군역이 동일한 결과물로 인식되고 있으며, 그것이 통일정권의 성립과 관련된다는 점에 주목하고자 한다. 일본 근세는 재원 징수와 군역 징발은 중앙정부에서 소경영농민을 직접적인 대상으로 시행한 것이 아니라 막부에서 지방 영주를 대상으로 했다는 동아시아 비교사적 특징이 있기 때문이다.

　통일정권 성립 후의 막번체제에서 지방은 강호―지금의 동경―에 자리 잡은 도쿠가와 막부와 각지의 영주가 지배하는 번국으로 구성된다. 중앙정부로서 조정을 상징하는 것으로 경도의 천황이 추대되어 있었지만,

실질적 권력은 강호 막부의 장군에게 집중되었다. 지방 영지 단위의 재원 징수는 물론 군역 징발이 '번국'을 단위로 이루어졌으며, 이에 대한 권한은 사실상 막부의 장군에게 있었다.[37] 농민에서 분리된 무사가 번 단위로 국역 의무를 수행하는 것을 군역으로 이해한 것이다. 이러한 군역 징발은 전국 통일과 왜란에 군사력을 동원하는 특수한 경우에 지나지 않았다.

명·청대 재원징수가 지세화·은납화로 일원화되는 경향을 보이는데, 조선왕조도 재정의 중앙집권화 정책으로 그와 유사한 경향을 띠어간다. 그러나 여전히 중앙재정에서 국역 체계에 근거한 군역 징발이 존속되고, 호구조사에 근거한 요역의 할당이 지방재정 운영의 중추적 역할로 존재했다. 조선왕조 재정체제에서 국역의 존속은 국가재정 규모를 최소화하여 '절용이애인節用而愛人'이라는 덕치의 정치이념을 실현하기 위한 방편이었다.

노역 동원은 납역자가 직접 와서 노동력으로 봉사하므로 재정과정에서 징수와 운송납부에 드는 비용이 필요하지 않다. 납역자로서는 반드시 재화 납부로 대신하는 것보다 부담이 더하다고 할 수는 없다. 국역에 근거한 인적·물적 재원은 여러 수요처로 분산되어 직접 납부되는 것이 일반적이다. 재정의 중앙집권화 정책으로 중앙재무기관인 호조로 모든 재원이 수렴되었다가 수요처인 각종 국가기관과 왕실로 재분배되는 체제가 지향되었다. 하지만 국역 징수는 재원 이동 과정에서 지불되는 부가적 소비를 줄일 수 있었다.

조선왕조의 국역은 중국 고대사회의 국가경제체제에서 배운 바가 많다. 그러나 중국 고대사회 말기부터 소경영이 발달하고 군사 전문화에 따른 병농분리의 진행, 즉 국역 체계가 붕괴되었는데도 조선왕조에 이르기까지 한국사는 병농일치의 국역 체계를 버리지 않았다. 특히 조선왕조는 신분을 '양천良賤'으로 구분하고 양인에게 직역의 국가 공공업무 수행을 의무화하는 국역을 더욱 체계화했다. 그것은 귀족적 지배를 부정하고 왕조의 중앙정부가 양인을 집권적으로 파악하는 통치방법으로 유용했다. 양인에 반해 국역을 부담하기 어려운 인구와 가족들은 국역 부담을 면하는 대신에 개인이나 개별 국가기관에 귀속되어 그들에게 '노비신공奴婢身貢'의 역을 부담했다. 양인에 대한 국역 징수는 이들 노비에 의한 지원으로 안정성을 확보할 수 있었다.

특히 군역체계에 근거하는 재원은 직접 소속된 국가기관으로 분산적으로 징발되어 재원 징수에서 재분배에 이르는 재정과정을 생략함으로써 중간의 잡비가 최소화되었다. 그러나 18세기 전반기에 걸친 군역의 정액화와 18세기 중엽 일부 군역부담의 지세화로 최대한의 중앙집권화가 추진되었다.[38] 각 국가기관은 군역 재원을 경쟁적으로 확보해갔으며 그로써 지방의 군역부담을 가중해갔다. 현실적으로 모집 인원수에 미달하는 군역 징발에 그치므로 기관마다 소속 군역자의 정족수를 하향 고정화했다. 그와 더불어 노역 징발에 대신해서 물납되는 보인의 군역가 부담을 반감하고 대신 토지에 추가로 부과하여 중앙재무기관이 일률적으로 징수하는 조치[均役法]가 취해졌다.

국역체제는 1894년 갑오개혁으로 소멸되기에 이르렀다.[39] 지세화에서 벗어나 노역봉사로 존속되던 국역도 호구조사에 기초하여 중앙재무기관에서 호세로 일괄 징수했다. 재정운영에 관한 지방 군현의 자율성을 완전히 부정하고 중앙재무기관에서 일률적으로 재원을 징수, 재분배하는 중앙집권적 재정체제를 완성하고자 했다. 이것은 기왕의 책봉체제를 부정하고 개별 국가의 독립을 주장하는 시도와 동시에 진행되었다.

⁵ 근세 동아시아 각국의 재정체제에 대한 관점

전쟁이 회피되고 장기에 걸쳐 왕조가 지속되는 동아시아의 평화는 책봉체제에 기초한 국제질서의 유지에서도 그 이유를 찾을 수 있다. 전근대 동아시아의 국가예산은 왕권의 권위와 관련된 재정지출 이외에 군사비용이 가장 큰 부분을 차지한다. 그러나 조선왕조는 책봉체제하에서 전문화된 별도 군사조직을 가질 수 없었다. 원칙적으로 천자의 나라만이 군대를 통솔하여 전쟁에 동원할 수 있었다. 조선왕조의 국방은 안으로는 농민이 수시로 상번上番하여 수도경비를 수행하는 국역 체계와 바깥으로는 중국 천자의 군사적 보호를 배경으로 하는 책봉의 국제질서에 의지했다고 보인다. 이것은 조선왕조가 덕치의 정치이념을 실현하는 기반으로 절약재정을 견지하기 위해 군사비용 절감을 주체적으로 해결하는 방법이었는지도 모른다.

명·청과 조선은 모두 중앙집권적인 전제주의 재정구조를 가지고 있으나 군비지출에 주목하여 동아시아 삼국의 재정구조를 관찰할 때에 각각 다른 성격을 발견할 수 있다. 명과 청은 중화를 이념으로 하는 책봉체제의 중심으로 천자의 군대를 유지하기 위한 군비지출이 많은 반면에 조선은 그것이 극도로 억제되어왔다. 청은 19세기에 들어 백련교도나 태평천국의 난에 대응하기 위한 군비지출이 증가하여 중앙의 호부재정이 급격히 축소되고, 진압에 동원된 민간자위집단[團練]에서 기인하는 임시군대가 조직되어 지방재원을 임의로 소진했다.[40] 그러한 재정상황에서 기왕의 책봉체제의 중심을 유지하기는 어려웠다.

강호 막부는 각지의 번주와 직할지의 다이묘와 무사에 대한 재정지원을 축소하며 중앙집권적 재정체제를 추구했으나 그것은 메이지 정부에서 완성을 보았다.[41] 메이지유신은 막부체제에 대신해서 천황이 중앙집권적으로 통치하는 왕정복고의 성공이면서 스스로 책봉체제의 또 다른 중심임을 천명하는 '소중화小中華'의 성공이라 할 수 있다. 이후 폐번치현廢藩置縣으로 무사계급을 소멸시키고 무사군대에 대신하는 농민군대를 형성하기 위해 징병령이 내려졌으며, 근대열강의 부국강병 경쟁에 동참하기에 이르렀다. 메이지 정부는 책봉체제의 중심임을 천명하면서 일국적인 영역 확대를 꾀하는 모순으로부터 식민지를 확대해가는 제국주의 일본을 선택하게 되었다.

조선왕조는 청일전쟁 이후 대한제국을 건립하여 천자국과 동격의 황제국을 주장함으로써 아이러니하게도 책봉체제로 유지되어온 기왕의 국제질서를 부정했다. 모든 재원을 중앙재정으로 일원화하는 궁극적인 중앙집권적 재정체제를 완수하고자 하였으나 노역 동원을 근간으로 하는 지금까지의 절약적 재정체제에서 벗어나지는 못했다.[42] 그것으로 인한 국가재정의 빈약함은 부국강병의 경쟁을 견뎌낼 기반이 되지 못했다. 조선왕조 재정체제의 붕괴는 동아시아 국제질서가 책봉체제에서 제국—식민지체제로 전환되는 계기를 마련했다. 일본에 의한 조선의 제국-식민지체제 성립은 양국 간의 평화주의적 관계가 아니라 식민지 조선의 일본화라는 일국적 확대에 지나지 않았다. 그러나 책봉체제하의 소정부주의적 재정체제는 현대국가의 복지적 재정과 평화주의적 국제관계의 형성에 맞닿아 있음을 느낀다.

손병규

성균관대학교 동아시아학술원 교수. '조선왕조 지방재정사 연구'로 일본 도쿄대학에서 박사학위를 받았다. 다수의 재정 관련 연구에서 조선왕조의 재정은 국역체계를 근간으로 하는 절약적인 재정체제를 특징으로 함을 밝혔다. 현재는 근세 동아시아 각국의 재정체제를 비교하는 연구를 진행 중이다. 국역체계와 관련하여 분석한 호적 자료로부터 인구와 가족을 추적함으로써 역사인구학 연구를 병행하고 있다. 주요 저서로는『호적, 1606~1923 호구기록으로 본 조선의 문화사』(휴머니스트, 2007),『조선왕조 재정시스템의 재발견』(역사비평사, 2008),『한국역사인구학연구의 가능성』(성균관대학교출판부, 2016, 공저),『19세기 지방재정 운영』(경인문화사, 2018) 등이 있다.

집필경위

이 글은 2007년 교육부의 재원으로 한국연구재단의 지원을 받아 수행된 연구(NRF-2007-361-AL0014)의 하나를 이 책의 체계에 맞추어 약간 수정한 것이다. 성균관대학교 동아시아학술원과 중국 사회과학원이 공동으로 개최한 국제학술회의에 발표되었으며,「册封體制下에서의 '國役'-朝鮮王朝 재정시스템의 특징과 관련하여-」라는 제목으로 2017년 1월에 수선사학회의 학술지『史林』59호에 게재된 바 있다.

1 9 세 기 청 조 의 경 제 성 장 과 위 기

◎

홍성화

1 '성장과 위기'의 비교경제사

명·청 교체를 비롯한 '17세기 위기'를 넘어서 청조가 맞이한 18세기는
'강건성세康乾盛世'라고 하는 호황의 한 정점을 이루었다. 그렇지만 19세
기가 되면서 백련교白蓮教 반란이나 아편전쟁을 비롯하여 여러 가지 위
기 상황을 맞이하였다는 사실은 잘 알려져 있다. 과거에는 이러한 위기
에 대해 아편 수입에 따른 은유출, '은귀전천銀貴錢賤 현상'이나 아편전

〈표 1〉 1700~2003년까지 각국의 세계 GDP 점유율　　　　　　　　　　(단위: 달러)

	1700	1820	1952	1978	2003
중국	22.3	32.9	5.2	4.9	15.1
일본	4.1	3.0	3.4	7.6	6.6
유럽	24.9	26.6	29.3	27.8	21.1

* 자료: Maddison, 2007, p. 44.

쟁 등의 제국주의 침략 등으로 설명해왔지만, 최근에는 포메란츠Kenneth Pomeranz[1]나 매디슨Angus Maddison(1926~2010)[2] 등을 비롯하여 비교경제사라는 관점에서 청조의 경제 발달과 위기를 설명하려는 시도들이 등장하고 있다.

　이러한 성과 가운데 하나로 매디슨의 연구를 들 수 있다. 그는 전 세계 국민소득의 역사적 변천을 추적하는 방법으로 이제까지 다른 연구에서는 주목되지 않았던 흥미로운 관점을 제시한 바 있다. 그는 중국에 관한 것만 별도로 저서를 출간하였는데,[3] 그중에서 인상적인 부분은 〈표 1〉과 같다.

　그의 추계에 따르면 유럽에서 산업혁명이 완수되기 이전에 1700년 중국과 유럽의 경제 규모는 나란히 세계에서 가장 최대 규모였고, 전 세계 국내총생산GDP에서 거의 비슷한 22.3%와 24.9%를 차지했다. 그 뒤 아편전쟁 전인 1820년대에는 32.9%까지 확대되었던 중국의 점유율은 1952년에 무려 5.2%까지 급락하고 말았다. 이처럼 매디슨이 제시하는 흥미로운 관점 가운데 하나는 각국의 GDP 성장률을 역사적으로 비교하는 것이라고 할 수 있다.

〈표 2〉 1700~1995년까지 세계 1인당 GDP 성장률　　　　　　　　　　　　(단위: %)

	1700~1820	1820~1952	1952~1978	1978~2003
중국	0.00	−0.10	2.33	6.57
일본	0.13	0.95	6.69	2.11
유럽	0.14	1.05	3.63	1.79

　매디슨은 전근대, 특히 명·청 시대 중국의 1인당 GDP 성장률을 '0'으로 보는데, 1820년대부터는 도리어 −0.1%로 하락했다고 추론한다.[4] 반면 같은 시기 일본과 유럽은 각각 0.95%, 1.05% 성장했다고 본다.[5] 이런 의미에서 볼 때 1820년대, 즉 도광연간(1821~1850)은 18세기의 성장이 위기로 전화하는 시기(이른바 '도광불황道光不況, Daoguang Depression')에 해당한다고 할 수 있다. 물론 18세기의 '성장'과 19세기의 '위기'라는 콘트라스트를 과연 어떻게 설명할 것인가는 청대사 연구자들의 오랜 숙제였다.[6] 이는 단지 '위기'를 설명할 뿐만 아니라 18세기 성장의 성격이 과연 어떠한 것인가 하는 문제와도 직결된다고 할 수 있기 때문이다.

　중국 근세 경제의 발전 양상에 대해서는 연구가 많은데 대체로 세 가지 견해가 있다고 할 수 있다. 첫째, 엘빈Mark Elvin과 같이 송대에 경제 혁명이 일어났지만, 청대에 이르러 '고도 균형함정The High Level Equilibrium Trap'에 빠졌다는 견해다.[7] 이러한 견해는 매디슨의 연구에서도 계승되고 있다. 그는 농업의 상업화와 도시화 추세는 이미 송대에 정점을 맞이하였고 생산력은 15세기 이후 정체되었으며 1600년부터 1820년까지 1인당 GDP는 변화가 없었다고 주장했다.[8]

　둘째, 당·송 시대에 소농경제가 발전하여 토지생산성과 생활수준이 크게 향상된 후 도리어 인구증가에 따라 생활수준이 지속적으로 떨어지는 맬서스적 후퇴가 진행되었다는 견해를 들 수 있다. 그 대표적인 사례로 필립 황Philip Huang의 '과밀화involution' 가설을 들 수 있다. 필립 황은 '집약화Intensification'와 '발전Development'이라는 용어를 구분하여 사용한다. 즉 집약화는 노동의 한계생산이 불변인 것을 의미하며, '발전'은 노동의 한계생산이 증대한 것을 의미한다. 발전은 과학기술의 발전과 그에 따른 자원투입의 증대에 따라 일어나는 데 비해 과밀화過密化는 과학기술의 발전 없이 주어진 가용자원하에서 인구가 증가할 때 발생한다고 한다. 따라서 과밀화는 명·청 시대에 과학발전, 즉 농업 생산력 발전이 일어나지 않았다는 점을 전제로 한다.[9]

셋째, 당·송 시대부터 청대까지 강남 지역의 토지생산성뿐만 아니라 농업생산성 역시 증가했다는 견해, 스미스적 성장Smithian Growth이 가능했다고 파악하는 리보중李伯重[10]과 포메란츠의 견해를 들 수 있다. 앞서 필립 황의 견해와 완전히 정반대로 18세기까지 중국의 발전 수준은 서유럽 수준과 별 차이가 없었고 두 지역 모두 스미스적 성장을 경험했다고 한다. 19세기에 들어와서야 중국과 유럽 간에 '대분기Great Divergence'가 발생하였으며, 서유럽이 '스미스적 성장'을 돌파할 수 있었던 것은 노스[11] 등이 주장한 것처럼 '제도' 등 내부적 요인이 아니라 석탄과 신대륙 발견과 같은 우연한 요인에 의한 것이라고 주장한다. 참고로 선진국과 후진국 사이에 생활수준 격차가 증가되는 현상을 '분기(디버전스divergence)'라 하고 격차가 줄어드는 현상을 '수렴(컨버전스convergence)'이라고 한다.

여기에서 자주 등장하는 '스미스적 성장'이라는 개념을 최초로 정립한

사람은 경제사가인 모키어Joel Mokyr인데, 그는 경제성장Economic Growth
을 네 종류로 구분한 바 있다.[12] 그는 ① 자본 투자의 증대로 인한 성장을
경제학자 솔로Robert Solow의 이름을 따서 '솔로적 성장Solovian Growth', ②
상업(시장)의 확대에 따른 성장을 애덤 스미스의 이름을 따서 '스미스적
성장Smithian Growth', ③ 인구 규모의 확대에 따른 성장, ④ 지식 축적이나
기술 진보를 통한 성장을 '슘페터적 성장Schumpeterian Growth'이라고 구분
했다.

위와 같은 모키어의 네 가지 구분 외에 그보다 일찍 쿠즈네츠Simon
Kuznets(1901~1985)는 ① 인구와 1인당 생산이 동시에 급성장한다, ② 산업
구조가 급속히 변화하고 인구의 도시 집중이 일어난다, ③ 이러한 변화가
일시적인 것이 아니라 장기간에 걸쳐 지속되어 이른바 '자기지속적 성장'
이 존재한다고 지적했다. 위와 같은 조건을 충족할 때 '근대적 경제성장
Modern Economic Growth'[13]이라고 했는데, 이러한 성장을 보통 그의 이름을
따서 '쿠즈네츠적 성장Kuznetsian Growth'이라고도 한다. 인구가 증가하면서
동시에 1인당 GDP가 급속히 증가하려면 생산이 인구 증가 속도보다 훨
씬 빨리 증가하지 않으면 안 된다. 이러한 조건을 충족시키려면 생산기술
의 획기적인 변화가 따라야 하는데, 생산기술의 혁신은 근대가 되어야 비
로소 가능했다는 점에서 '근대적'인 셈이다.

위와 같은 경제성장과 가장 대조적인 현상으로는 생산력의 증가 속도
보다 인구 증가 속도 쪽이 빨라서 결과적으로 생활수준이 후퇴하는 이른
바 '맬서스적 함정Malthusian Trap'[14] 현상을 들 수 있다. 그리고 '맬서스적 함
정'을 돌파한 '쿠즈네츠적 성장=근대적 경제성장'의 대표적 사례로 잉글

랜드의 산업혁명을 들 수 있다.[15]

이상에서는 '성장'과 '위기'를 측정하는 기준을 검토해보았다. 청대(1644~1912)의 경제성장을 측정하려면 '스미스적 성장'과 '맬서스적 함정'이라는 두 가지 기준에 근거해도 무방하리라 생각된다. 아울러 이 글의 목적은 18세기에 경제성장을 이루었던 청조가 19세기에 들어와 위기를 맞이한 이유가 무엇이었는지 설명하는 것이다.

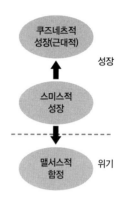

〈그림 1〉 경제성장과 위기의 유형

이 글에서 기존 연구에 대해 갖는 의구심은 첫 번째, 청대 중국의 경제성장에 대한 기존의 연구에서는 경기 변동과 같은 시기적 차이를 고려하지 않는다는 점이다.[16] 두 번째로 '스미스적 성장'[17]이나 '맬서스적 함정'이라는 기준을 청대 중국에 적용할 때, 마치 청대 중국을 '근대 국민국가'처럼 하나의 완결된 형태로 보는 것이다. 이 때문에 선진지역인 강남 지역의 경우를 마치 전체 중국에 동일하게 적용할 수 있는 것처럼 오해를 불러올 수 있으리라 생각된다. 지역 차이뿐만 아니라 실제로 각 지역 간의 분업과 산업구조가 과연 어떤 형태였고, 서로 어떠한 관련을 맺고 성장 혹은 위기를 맞이하였는지는 별반 연구되지 못하였다.

이하에서는 위의 두 가지 기준을 지역별·시대별로 적용하여 청대 경제발전 모습을 부각하려고 한다. 그 지역적으로는 최선진 지역인 강남 지역[18]과 시장경제가 확대되어갔던 장강 중상류 지역(호남·호북·사천)을 고찰 대상으로 하고자 한다.

2 명조의 유산: 거대한 지역차

앞서 간단히 '지역차'를 언급하였는데, 근세 중국 역시 지역 차이가 많았다. 한 예로 명대 휘상徽商의 전당典當 분포를 보면 다음과 같다(〈그림 2〉).[19] 전당 소재지는 화폐와 물자 유통의 중심지를 의미한다고 할 수 있다. 휘상의 전당이 북경에서 산동·하남·호광·남경·강서·절강에 집중적으로 분포한다. 즉 대체로 대운하와 장강 양축에 있으며 예외가 있다면 하남성 정도일 것이다. 휘주상인은 명·청 시대에 걸쳐 "휘주상인이 없으면 상업 도시가 이루어지지 않는다(無徽不成鎭)"고 할 정도로 활발히 활약한 만큼 이들의 전당업 분포는 바로 상품 생산과 유통의 중요 지역을 그대로 보여준다고 생각된다.

그렇게 본다면 명대에 상품경제가 활발했던 지역은 예상보다 범위가 훨씬 더 좁다는 것을 알 수 있다. 참고로 명대 화폐 사용의 지역적 차이를 규명한 하마타 후쿠죠浜口福寿의 논문[20]에서 제시된 지도(〈그림 3〉)를 보면, 은량과 동전을 사용하는 화폐 유통 지역과 휘상의 전당포 분포도가 거의 일치한다는 점을 알 수 있다. 일례로 『명홍치실록明弘治實錄』 권197 홍치 16년(1503) 3월 21일에서는 다음과 같이 지적하고 있다.

호부戶部에서 말하였다. "예전부터 동전이 사용되지 않는 지방은 힘써 방법을 강구하여 (동전 통용을) 시행해야 할 필요가 있습니다. 신이 생각건대 토

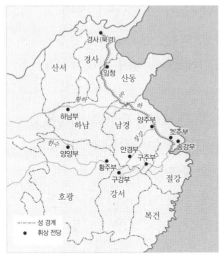

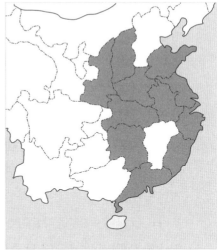

〈그림 2〉 명대 휘상의 전당 분포　　　〈그림 3〉 명대 만력·천계 연간 화폐 사용지역

화貨의 생산이 다르면 거래하는 사정도 달라지게 됩니다. 운남에서는 (화폐로서 해초를 이용한 비료인) 해비海肥를 사용하고 있고, 사천과 귀주 지방에서는 회향화은茴香花銀과 염포塩布를 (화폐로) 사용하고 있습니다. 강서江西와 호남湖南 지방에서는 미곡과 은포銀布를 사용하고 있으며, 산서와 섬서 지방 사이에서는 모피를 (화폐로) 사용하고 있습니다. 자고이래 동전이 유통되지 않는 곳에서 이를 갑자기 바꾸려고 한다고 해도 어렵습니다."

따라서 명대에는 상품·화폐 유통이 활발한 지역과 그렇지 않은 지역 간에 차이가 매우 컸다는 점을 알 수 있다.

이러한 명대 중후기의 시장구조를 살펴보면 다음과 같다. 대운하와 장

강의 교차점에 소주를 비롯한 강남 지역이 있다. 그리고 여타 지역은 ①
강남 지역·안휘 남부·복건 연해를 중심으로 한 상품 공급 지역, ② 강서
남부, 안휘 북부 지역이라는 미곡 공급 지역, ③ 여타 판매 지역으로 각각
나눌 수 있다.

　또한 안휘 남부 지역(연초·사탕수수·차)·복건 연해 지역(차엽·목재)에
서 상업적 농업이 발전하였지만, 원래 식량생산이 부족한 지역이기도 했
다는 점을 고려해보면, 결국 명대 중기의 상품유통은 강남 지역이 하남
지역과 인근 강서 남부·안휘 북부 지역을 각각 면화·미곡의 공급지로 거
느리고, 그 나머지 지역을 강남 지역에서 독점적으로 생산한 면직물과 견
직물 판매지로 삼았다는 것을 알 수 있다.[21] 전체적으로 명대 중기까지 상
품생산과 유통이 활발한 지역은 강남 지역과 복건·안휘·강서의 일부 지
역에 한정되어 있었던 것이다. 그중에서도 특히 강남 지역은 명실상부한
전국시장의 중심지였다. 이렇게 본다면 소주, 송강, 상주, 가흥, 호주부
등 강남 지역에서의 세수가 전체 중국의 절대 다수를 차지한다고 한 고염
무顧炎武(1613~1682)의 서술이 결코 과장이 아님을 알 수 있다.[22]

3 18세기 강남 지역: '스미스적 성장'

1644년 청의 입관入關을 거쳐 삼번三藩의 난(1673~1681)이 진압되고 천계
령遷界令이 해제된 1684년까지 중국은 대동난의 시기로서 국내 상품생산
역시 일시적으로 정체기를 맞이할 수밖에 없었다. 그 뒤 정치적 안정을

되찾은 강희 후반기부터 상품생산이 다시 본격화되었다.[23] 덧붙이면 명말청초 국내 유통 상품과 해외 유통 상품 간의 비율은 사료상 한계로 잘 알 수 없다. 다만 아편전쟁 직전 중국 국내 유통에 관한 우청밍吳承明의 통계에 따르면, 국내 상품 유통액은 총계 약 3억 5,000만 냥인데 수출액은 1,350만 냥(3.86%)이고, 수입액은 380만 냥(1.09%)에 지나지 않았다고 한다.[24] 간단히 말하면, 아편전쟁 당시에는 국내 유통 상품이 전체의 95%를 차지한다고 할 수 있다.

옹정연간 중국 유통 시장에서 두드러진 변화는 미곡 생산 지역이 다시

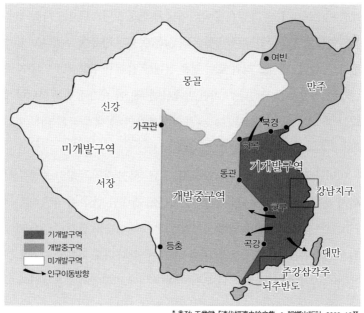

* 출전: 王業鍵, 「淸代經濟史論文集」 1, 稻鄕出版社, 2003, 12쪽.

〈그림 4〉 청대의 인구 이동과 개발

대폭 서진한 것을 들 수 있다. 미곡만을 두고 나누어보면 소비지역은 복건·광동·강절이고, 공급지는 대만·광서[25]·강서·호남·호북 지역이었다. 사천 지역 역시 옹정연간에는 전국적인 곡창지대로 자리 잡았다.[26] 한편 절강 지역은 소비지와 공급지의 성격을 모두 가지고 있었다.

이러한 서진西進은 옹정연간을 거쳐 건륭연간까지 줄곧 지속되었다. 청대 전중기 대량 이주의 세 가지 방향은 ① 강서, 호북, 호남, 사천 방향, ② 한수를 따라 호북의 북부에서 섬서의 남부를 거쳐 감숙 지방으로, ③ 광동·복건에서 대만으로 향한 것이었다. 그리고 만주나 해외 이주는 19세기 후반부에 이르러 시작되었다.[27] 포메란츠는 같은 시기 유럽인의 신대륙 이주보다 훨씬 더 많은 중국인이 중국 변경 지역으로 이주하였으며, 유럽인들보다 중국인들 쪽이 훨씬 더 많은 이주의 자유를 누렸다고 평가했다.[28] 한편, 제임스 리와 로빈 웡은 청대에 걸쳐 이주한 인구의 숫자를 1,000만 명으로 추산했다.[29] 이런 면에서 볼 때, 이 시기 유럽은 라틴아메리카 등 '외부 식민지external frontier'를 개척했다면, 청대 중국은 '내부 변경 internal frontier'을 개척했다고 할 수 있다.

이러한 상품 시장의 서진으로 호북·호남·사천 지역의 장강 중상류 지역이 대대적으로 개발되었다.[30] 그 이전에 광대한 한수 유역은 대부분 1700년까지 처녀림에 둘러싸여 있었다.[31] 그와 아울러 장강 중상류 지역들은 옹정연간부터 미곡을 강남 지역에 수출한 대가로 화폐나 견직물 등을 손에 넣었으며, 특히 은과 동전이 지역 내에서 활발하게 유통됨에 따라 이들 지역 내에서 시장경제와 상품 유통망이 확산되었다. 동전보다 휴대하기가 비교적 용이한 은이 광범위하게 유통되면서 원격지 무역이 발전하였고, 장강 상·하류 간의 교역이 가능하게 되었다. 즉 상품시장의 대대적인 서진과 대량의 이주민 이동은 한마디로 말해 '시장의 확대'이며 앞서 서론에서 거론한 '스미스적 성장'의 대표적 사례라고 할 수 있다.

상품경제의 발전은 새로운 구매력의 등장과도 연결된다고 할 수 있다. 이처럼 '내부 변경internal frontier'이 개발되면서 강남 지역으로서는 이제까지 존재하지 않았던 거대한 '유효수요effective demand'가 대대적으로 창출된 셈이다. 그렇다면 '중심 지역=강남 지역'과 '주변부=장강 중·상류' 지역 간의 교환은 어떠한 성격을 지녔을까?

우선 강남의 경우 그 지리적 한계를 극복하고 상품생산이 엄청난 규모로 성장할 수 있었다.[32] 한 예로 강남 지역에서 생산된 견직물의 경우, 명 말에는 강남 지역에서 중국 내수용으로 연간 54만 필이 나왔는데 은으로 환산하면 38만 냥에 상당한다. 이것이 19세기 초가 되면 1,400만 필(은으로 환산하면 1,500만 냥)까지 확대되어 무려 35배 정도 증가하였다.[33] 한편 면포의 경우 강남 지역에서 명대 후기에는 매년 1,500~2,000만 필이 수출되었는데 1830년대에는 매년 4,000만 필이 생산되어 2배 이상 증가했다.[34]

강남 지역 연해에서 생산된 소금이 장강 중상류 지역에서 어떻게 판매되었는지 보자. 양회 지역에서 생산된 소금의 원가는 1근당 동전 1~4문에 지나지 않았으나, 그것이 장강 중상류 지역 소비자들에게 판매될 때는 80~90문에 달하였다. 최종적으로 소금 가격은 ① 원가(1~4문)+② 중개료와 운송료(40~50문)+③ 이윤(40~50문)으로 이루어졌다.[35] 즉 이윤이 약 절반에 달할 정도로 부등가 교환이었다.

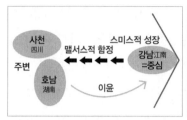
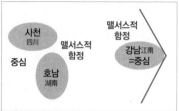

〈그림 5〉 18세기 경제성장　　　　〈그림 6〉 19세기 경제위기

　　반면 장강 중상류에서 강남 지역으로 수출하는 것은 주로 미곡으로 18
세기 후반에는 연간 1,500만 석(약 500만 명분)이 수출되었다. 이 루트를 장
악한 이들은 강남 출신 휘상으로 이들은 해당 지역의 지주들과 연결되어
미곡을 값싸게 거두어들여 강남 지역에 판매하였다.[36] 한 연구에 따르면
18세기에서 19세기 전기까지 장강 중상류 지역에서 강절 지역으로 수출
되는 미곡량은 1,000만 석에서 2,000만 석으로 크게 증가하였다고 한다.[37]
해당 지역들의 전호佃戶들은 신대륙 작물들을 식용으로 삼고 미곡을 '궁
핍판매窮乏販賣'하지 않을 수 없었다.[38] 즉 강남 지역은 장강 중상류 지역
과 교환(면포·비단·소금⇌미곡)을 통하여 커다란 이익을 얻은 것이다.

　　앞서 서술했듯이 강남 지역에서는 시장이 서쪽으로 대대적으로 확대
됨으로써 인구가 늘고[39] 소득이 증가하는 '스미스적 성장'을 달성할 수 있
었다. 이는 장강 중상류 지역에서 대대적으로 이윤을 가져올 수 있었기
때문이다. 다시 말해 강남 지역의 '스미스적 성장'은 생산력 발전을 수반
하지 않은 채 우월한 산업구조에 따라 다른 주변부 지역의 잉여가치를 부
등가 교환으로 가져오는 바에 힘입은 바가 컸다.

리보중에 따르면 강남 지역의 호당 평균 가경면적은 송대 40무, 명대 15무, 청대 10무 정도로 계속 축소되었고, 송대와 비교해볼 때 명·청 시대 근본적인 농업기술의 개혁(개변改變)은 없었다. 다만 시비량施肥量의 확대(즉 자본투자)와 노동력의 투입도가 현저히 증가하여 '집약도集約度'가 현저히 높아졌고, 뽕잎 재배 등 농업 경영 역시 합리적으로 운용되었다는 특징을 들 수 있다.[40] 이는 자급자족이 아니라 시장의 수요에 맞추어 작물을 선택하고 시비를 구입하는 등 상업적 농업의 성격이 분명해졌다는 점에서 두드러진다.[41] 그리고 16세기부터 18세기까지 농가수입은 15% 증가하였는데 이는 주로 방직업에서 부녀 노동의 비중이 높아졌기 때문이다.

건륭연간 초기 강남 지역의 한 지방지에는 농민들의 생활 안정상에 대해 다음과 같이 서술하고 있다.

> 향민들의 소박함은 예전에는 미칠 수 없지만, 경작의 근면함 역시 예전 사람들이 미칠 바가 아니고, 가뭄이나 홍수의 따위는 이전에는 곤란함을 두려워하여 방치하였지만 요즘은 힘을 다하여 피해를 막고, 또한 흉년의 소작료 면제[免租]를 계기로 재산을 만드는 자도 있을 정도이다.[42]

그리고 여러 사람이 남긴 회고록이나 물가자료 등에서 경기 변화와 소득 수준 변화[43]를 짐작할 수 있는데, 여기에 참고가 되는 것이 소비 문화의 변화 형태라고 할 수 있다. 왕휘조汪輝祖 등의 기록을 보면 건륭 30년대(1765~1774)에는 관리들과 사대부층의 의복이 화려해지고 건륭 40년대

(1775~1784)에는 물가가 앙등하였으며, 건륭 50년대(1785~1794)에 들어와서는 일반인들의 의복 역시 화려해지기 시작하였다. 미곡을 비롯한 여러 생활물가뿐만 아니라 지가地價 등도 상승하고 막우幕友를 비롯한 사람들의 수입도 몇 배 증가하는 등 여러 면에서 건륭 후기가 경기활황의 시대[44]였다는 점은 부인할 수 없으리라 생각된다. 이는 '건가성세乾嘉盛世'라는 종래 이미지와도 부합한다고 할 수 있다. 이런 면에서 볼 때 18세기 내내 강남 지역은 시장이 확대됨에 따라 인구와 소득이 모두 증가하였기 때문에 '스미스적 성장'이라고 간주해도 좋지 않을까 생각된다. 그렇다면 주변부인 장강 중상류 지역의 성장 패턴은 어땠을까?

[4] 18세기 장강 중상류 지역: '맬서스적 함정'

청대 대표적 인구 이주 지역인 호남·호북 지역의 인구 변화는 대체로 아래와 같이 시기로 구분할 수 있다.[45]

1. 1572~1661(마이너스 성장기)

　이 시기 80년 동안 인구는 매년 3.45% 줄어들었음. 특히 명말청초 동란기에는 약 12%의 인구 체감률을 보임.

2. 1661~1850(플러스 성장기)

　① 인구 회복 단계(1661~1711)

　② 인구 급속 증가 단계(1771~1812): '강서전호광江西塡湖廣, 호광전사천

湖廣塡四川' 현상 발생

③ 인구 완만한 성장 단계(1812~1850): 인구 압력 발생 단계

　　명대까지 인구는 주로 강남 지역과 그 인근에 집중되어 있었고, 인구 이동 역시 대운하를 따라 이루어지는 경우가 많았다. 시장 네트워크 역시 단지 성도省都와 주현성州縣城이 연결되는 정도가 많았던 이른바 '점과 선의 경제'였다고 할 수 있다. 반면 청초에는 인구가 대폭 서쪽으로 이동하여 대대적으로 개간되었기 때문에 시장 네트워크 역시 모세혈관처럼 산간지역 구석구석까지 확장되는 형태로 지역경제가 형성되기 시작하였다.[46] 나아가 옹정연간에는 미곡이 수출되었고 건륭연간에는 이를 기반으로 하여 상업적 농업과 상품생산 역시 활발했다. 이런 의미에서 중국사에서 강남 지역만이 아니라 여타 후진지역까지 상품경제가 침투하여 소상품생산이 구석구석 정착하기 시작했던 것은 대체로 건륭연간[47]이었다고 할 수 있다.

　　청초에는 다른 성으로 이주, 즉 '지역 간 이주'가 활발하였다면 건륭연간부터는 '지역 내 이주'가 본격화되었다. 청초부터 계속된 이주로 인구압이 높아짐에 따라 역시 지역 내에서도 인구압이 낮은 변경지역으로 이주가 본격화된 것이다. 지역 내 중심부에서 밀려난 빈곤층은 사천·호북·섬서성이 교차하는 3성교계三省交界 지역은 물론이고 소수민족 거주지 등으로 이주하면서 산악 지역에서 농지를 개간하거나 광업이나 수공업[48]에 종사하는 경우도 나타나기 시작하였다. 이들 지역 농민들은 미곡을 강남 지역에 매각하여 현금을 손에 넣을 수 있었고, 그 부족분은 산간이

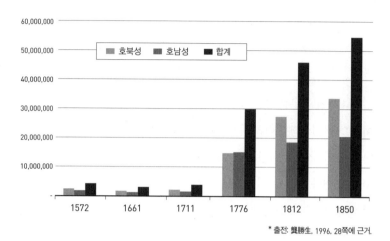

* 출전: 龔勝生, 1996, 28쪽에 근거.

〈그림 7〉 호남성과 호북성의 인구 변화

나 구릉지대에 재배한 감자나 옥수수 같은 신대륙 작물 등으로 보충할 수 있었다. [49]

   청대의 지역개발은 호남·호북 지역 평야지대에서 시작되어 점차 산악 지역으로 확대되는 순서로 이루어졌다. 농지 개발은 크게 ① 수리시설과 관련된 '공학적 적응', ② 열악한 환경에서도 생육 가능한 품종의 도입과 같은 '농학적 적응'으로 나눌 수 있다. 호북과 호남 지역 등은 완전垸田 등 이 대대적으로 개발되었기 때문에 '공학적 적응'에 해당하고, 사천이나 3 성교계 지역 등 산악지역은 감자나 옥수수 등을 재배하여 개발[50]되었기 때문에 '농학적 적응'에 해당한다고 할 수 있다.

   한편 우청밍은 명대와 비교할 때 청대에 개간된 토지는 3억 무이며 그 중에서 가장 많이 개간된 곳은 서남부로 4,000여 만 무에 달했다고 추산했

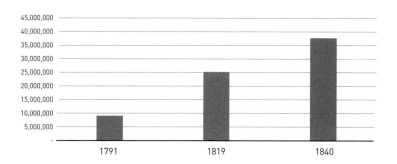

〈그림 8〉 청대 사천 지역의 인구 증가

다.[51] 강남 지역의 전체 경지면적이 450만 무로 추정되는데, 이는 강남 지역 전체 경지면적의 무려 10배에 달하는 셈이다. 반면 농법으로 볼 때 강남 지역은 집약적이고 상업적인 농업을 위주로 했다면, 장강 중상류 산악 지역에서는 매우 조방적인 농업이 행해진 것도 선명하게 대조되는 특징이며, 그 때문에 이 지역에서 생산된 미곡 가격은 강남 지역의 곡물 가격보다 한참 낮았다.[52]

옥수수 경작과 관련해 흥미로운 사실은 산악 지역 경작자들이 새로운 경작지를 찾아 이동할 때 가재도구 등을 그대로 남겨두고 떠나는 경우가 있었다는 것이다. 지방지의 설명에 따르면 그것은 일정 시간이 흐른 뒤 다시 돌아오려고 했기 때문이다. 산악 지역의 옥수수 경작은 '정착→화전 경작→이동→원래 경작지로 재이동→3차 이동'이라는 순환 과정을 거치면서 산악 지역 일대의 경작 가능성에 발맞추어 인구가 증가해갔다.[53]

		(인구수)
		7억
		6억
		5억
		4억
		3억
		2억

1961
1949
1911
1억
5천만

1141 1234 1275 1368 1644 1870

| 남송 | 원 | 명 | 청 | 중화민국 | 중화인민공화국 |

〈그림 9〉 중국사에서 인구 증가

그러나 청초가 되면서 호광 평원 지역의 개발 역시 그 한계에 도달하게 되었다. 이 지역은 명대 강서로부터 이주민을 수용할 정도였으나 청초가 되면서 사천 지역으로 이주민을 보내는 처지가 되었다. 즉 호광 지역 역시 과잉인구로 인하여 경지 확대를 추구하였으나, 완전垸田을 축조함으로써 안정적으로 경지를 확보했던 동정호 저습지 지역과 당塘과 언堰 등을 통해 수리를 확보하였던 미고지微高地나 산간부는 청대에 들어오면서 점차 기능이 저하되었다. 완전垸田 지역은 빈번한 수해로 고통을 받았고, 당塘과 언堰을 설치한 미고지에서는 가뭄이 심각해졌기 때문이다. 또한 인구 증가로 인한 토지 부족과 경지 가격의 급등, 부호富戶의 토지 집중 등이 가속화됨에 따라 영세 전호佃戶들은 재생산이 매우 어려워졌고, 이에 사천 지역 등으로 이주하는 경우가 급증하였다. [54]

이로 인하여 사천 지역의 인구 역시 건륭 후반기에서 가경연간에 걸쳐 급격하게 팽창하였다. 사천의 인구는 건륭 56년(1791)에 948만 명, 가경 24년(1819)에 2,566만 명, 도광 20년(1840)에 3,833만 명으로 50년 사이에 4배로 팽창하였다.[55] 인구 증가는 외지 객민이 급격히 늘어났기 때문이다. 이미 건륭연간부터 미개간지가 고갈되었지만, 인구가 계속 유입되면서 생활수준은 계속 악화되었다.[56] 이와 함께 치안상태를 위협하는 괵로啯嚕가 출현하는 등 생존 환경이 매우 악화되었다.[57]

이들 지역에서도 당초 개발이 시작될 때는 '스미스적 성장'의 모습을 찾아볼 수 있었다. 하나 시장이 확산되고 수입이 증가하게 되자 다시 인구가 집중·증가되면서 생활수준이 하락할 수밖에 없었다. 따라서 높아진 인구압으로 다시 이주할 수밖에 없었다. 즉 초기의 '스미스적 성장'은 농업 생산력 향상이 뒷받침되지 않았기 때문에 19세기에 들어와서는 '맬서스적 함정'에 빠지지 않을 수 없었다. 이러한 '맬서스적 함정'은 정치적으로는 가경연간 백련교도白蓮敎徒의 난亂[58] 등의 경제적 원인이라고 할 수 있다.

그러나 이들 지역의 '맬서스적 함정' 현상과 아울러 이들 지역은 점차 강남 지역으로부터 자립을 달성했다는 사실을 지적해야 한다. 즉 예전에는 강남 지역에서 견직물이나 면직물 등을 수입함으로써 많은 이윤을 빼앗기거나 미곡을 값싸게 판매해야 했지만, 이들 지역도 시장 네트워크가 발전함으로써 점차 지역 내 수요를 위한 상품생산이 개시되었다. 이렇게 본다면 이들 지역에서 상품생산의 흐름은 ① 주곡主穀 생산 → ② 면포나 견직물 등의 의류 생산 → ③ 담배나 찻잎 등 기호품 생산[59]으로 점차 이행

해갔다고 할 수 있다.[60]

이러한 변화 과정에서 각 지역의 시장권은 전국 시장과 분업관계를 유지하면서 성내에 새로운 산업을 확대해 오로지 특정 상품만 생산하는 불안정한 상황을 극복함으로써 전국 시장의 수급 변동에 유연하게 대응할 수 있게 되었다. 그리고 나아가 지역 내 수요를 위한 생산으로 점점 눈을 돌리게 되었다. 이러한 패턴은 ① 강남 지역으로 미곡 수출→② 판매를 위한 상품 작물의 재배→③ 지역 경제의 성립→④ 지역 자체 수요를 위한 생산 순서를 밟았다고 할 수 있다.

5 19세기 초 강남 지역: '맬서스적 함정'

앞서 서술하였듯이, 18세기 강남 지역은 장강을 따라 서쪽으로 대대적으로 시장을 확대해 '스미스적 성장'을 달성하였고, 인구압을 완화할 수 있었다. 장강 중류와 상류 지역들 역시 특별한 생산력 발전 없이도 시장 확대에 따라 인구 압력이 가중되면 다시 서쪽으로 이주하는 방식을 취하면서 인구압을 완화할 수 있었다. 이러한 시장 확대는 건륭연간에 절정을 맞이하여 이른바 '강건성세康乾盛世'를 맞이할 수 있었다. 그러나 이러한 시장 확대는 건륭 후기에 들어오면서 한계에 부딪힐 수밖에 없었다. 즉 아직 개발되지 못한 '변경'이 남아 있는 한 성장은 지속될 수 있었지만, 사천이나 3성교계 지역[61]까지 개발이 점차 완료되면서 더는 이런 식의 성장은 가능하지 않았다. 19세기에 이르러 중국에서는 쉽게 경작할 수 있는

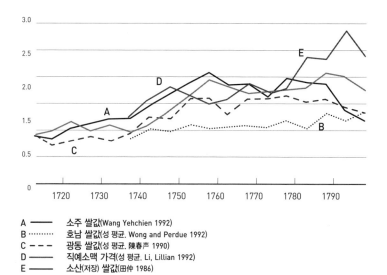

A ——— 소주 쌀값(Wang Yehchien 1992)
B ·········· 호남 쌀값(성 평균. Wong and Perdue 1992)
C - - - 광동 쌀값(성 평균. 陳春声 1990)
D ——— 직예소맥 가격(성 평균. Li, Lillian 1992)
E ——— 소산(저장) 쌀값(田仲 1986)

* 출전: 岸本美緒, 1997, 48쪽.

〈그림 10〉 청대 각 지역의 쌀값 변화

토지가 거의 대부분 고갈되었다.[62] 개간의 종언은 바로 시장 확대의 종언
을 알리는 것이며, 변경 지역에 면포와 소금을 수출하던 강남 지역 역시
'스미스적 성장'이 이제 더는 불가능하게 되었다는 것을 의미한다.

　이와 아울러 주변부에서도 시장의 자립화가 두드러짐에 따라 강남 지
역과 긴밀한 연결도 점차 사라졌을 뿐만 아니라 이들 지역에 대한 강남 지
역의 우위도 점차 사라졌다.

　이러한 시장구조의 변화는 전국적인 쌀값 연동폭의 변화에서도 쉽게
확인할 수 있다. 각 지역의 쌀값 연동성이 17세기보다 18세기 후반 그리
고 19세기 초에 들어서 두드러지게 낮아졌다는 점을 확인할 수 있다. 왕

예지엔王業鍵은 18세기 초반 '시장 통합도market integration'라는 측면에서 중국이 유럽에 필적할 만했지만 19세기 중반이 되면서 중국은 유럽에 역전되었다고 평가했다.[63] 시장통합도 역시 19세기에 강화되지 않고 도리어 저하되었다.

이러한 과정을 거쳐 18세기에 적어도 강남 지역은 '스미스적 성장'을 누렸지만 18세기 말, 19세기 초에 들어와서는 이 지역 역시 '맬서스적 함정'에 빠질 수밖에 없었다. 이제 19세기 강남 지역의 경기하락을 살펴보자. 우선 강남 지역의 불황 국면은 〈그림 10〉에서처럼 상관세常關稅의 변화에서도 확인할 수 있다. 이를 보면 건륭연간 중후반 상승일로였던 상관 세액은 건륭 말기에 급격하게 감소했다는 점을 알 수 있다.

건륭연간 이래 강남 지역의 사회상을 고찰할 때 나타나는 두드러진 특징 가운데 하나는 빈번한 자연재해다.[64] 그러나 자연재해로 나타난 현상의 배후에는 공통적으로 수리시설 관리의 미비라는 문제점이 자리 잡고 있었다. 인구가 2억 명에서 4억 명으로 증가한 18세기에는 모든 지역에서 적극적으로 치수사업을 진행했지만, 대다수 성에서는 16세기처럼 활발하게 진행되지는 않았다. 청의 국력 쇠퇴 또한 19세기 치수사업의 급격한 하락을 설명할 수 있는 요인이다.[65]

이처럼 지역 시장의 자립화에 따른 면직물 판매 부진 등이 중첩되어 이 지역의 경기하락을 가져왔고, 그것이 항상적인 수리시설 불비로 나타날 수밖에 없었다. 수리시설의 낙후는 곧바로 농업생산력의 하락을 의미했다. 강남 지역의 경우 건륭 중기 이후 우선 특징적인 것은 면포 판매의 저조와 '수리시설 취약→수해→농업생산력의 저하→수입 급감→수리

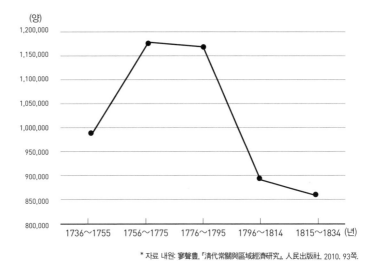

(양)

* 자료 내원: 寥聲豊, 『清代常關與區域經濟硏究』, 人民出版社, 2010. 93쪽.

〈그림 11〉 청대 전기 운하 연변 상관 관세액의 변화

시설의 악화'라는 악순환이 나타났다. 맨 처음 '수리시설 취약'의 원인은
바로 면포 판매의 저조로 인한 지역경제의 불황국면에 있었고, 이러한 면
포 판매 저조의 원인은 2절에서 언급했듯이 이제까지 주변부에서 면직물
을 생산할 수 있어서 강남 지역에서 자립한 결과였다.

강소성 출신인 홍양길洪亮吉(1746~1809)과 공위龔煒(1704~1769)는 당
시 세태를 다음과 같이 각각 서술했다.

수입은 점점 미미해지고 지출할 곳은 점점 더 늘어나기만 한다. 이에 사농
공상은 그 모자란 [수익]부분을 [채우기 위해 시장] 판매에 의지하게 되고, 포백
속미布帛粟米를 [물가 앙등으로] 증가된 가격으로 시장에 내다 팔고 있다.[66]

집에는 한 섬의 저축도 없으면서도 흰 포의 입는 걸 부끄럽게 여긴다. ……
음식으로 말하자면 천천千錢을 쓰더라도 풍족하다고 여기지 않고 기나긴 밤
흥청망청 쓰면서도 취할 줄 모른다. 물가는 점점 오르지만 [사람들의 경제적]
능력으로는 [생활하는 데] 점점 더 어려움을 느끼고 있다.[67]

도광 6년(1826) 강소순무 도주陶澍(1779~1839)의 상소는 다음과 같다.

신이 (강남 지역으로) 부임하면서 회양과 진강, 소주, 상주 일대를 보니 민간
이 모두 조밀하지 않은 곳이 없고 백성들의 재물도 넉넉하지 않은 바가 없습
니다. 그러나 회양 지역에 홍수를 입은 뒤 백성들의 기운은 여유가 없으며 강
녕, 진강, 소주, 상주 등처 소민들의 생계를 보면 외견상으로는 넉넉하지만
내실은 부족하며, 의관과 문물은 번쩍번쩍해서 볼 만하지만, 경박하고 사치
스러운 나머지 점점 사기와 겉치레로 흘러 시정市井에 사기와 속임수가 많아
지고 있습니다.[68]

위의 사료에 보는 한 도광연간에 강남 지역 역시 '맬서스적 함정'에 빠
졌다는 점(도광불황)[69]은 의심할 나위가 없다고 생각된다.

다음 두 그림은 송쉬우宋敍五·자오샨쉬엔趙善軒이라는 두 연구자가 청
대의 임금 변화[70]를 업종별, 지역별로 나타낸 것이다.[71] 설령 자료가 풍부
한 편인 청대라고 하더라도 임금에 대한 자료는 극히 적은 편이다. 더구
나 화폐 단위와 도량형도 각각 다르며 일별, 월별, 계절별도 각각 다르기
때문에 이것을 비교한다는 것은 매우 곤란하다. 송서오·조선헌의 추계

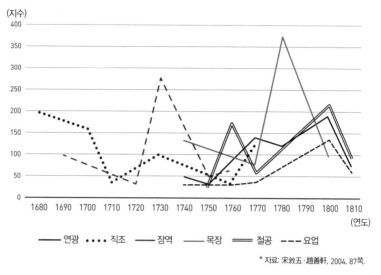

* 자료: 宋敎五·趙善軒, 2004, 87쪽.

〈그림 12〉 업종별 임금 변화

역시 그런 면에서 한계가 있다고 할 수 있으나 1,500문을 100이라는 '지수'
로 통일해 이를 도표로 만들었기 때문에 임금 변화를 대략적으로라도 추
론하기에 부족하지 않다고 생각된다. 그리고 여러 가지 명목임금nominal
wage을 물가를 반영한 실질임금real wage, 즉 구매력purchasing power으로 환산
하는 점도 이 추계의 신뢰도를 높인다.

  업종별로 볼 때 업종에 따라 임금이 다르기 때문에 일률적으로 말할 수
는 없지만, 대체로 강희 후기와 옹정연간에 낮아지는 추세였다가 건륭 초
반기에 다시 높아지고 건륭 중기에 낮아지다가 건륭 후기에 다시 정점을
찍고 가경연간에 와서 떨어지는 추세를 보이는 점은 매우 흥미롭다. 가경
연간부터 중국 전 지역이 '맬서스적 함정'에 빠졌다는 것을 보여준다.

지역별 임금 변화는 더욱 흥미로운데, 강남 지역(강소·절강 지역)은 앞서 '스미스적 성장'을 보였다고 추정되는 건륭연간 중반까지는 계속 다른 지역보다 높은 임금 수준을 유지하였지만, 그 이후에는 점차 격차가 줄어든다는 점을 알 수 있다. 그리고 마지막 가경연간에는 강남 지역의 높았던 임금 수준이 하향하여 호남, 양광, 복건 지역 임금과 별 차이가 없었다는 점을 알 수 있다. 이런 의미에서 볼 때 19세기 초 강남 지역 역시 '맬서스적 함정'에 빠졌다고 할 수 있다.

이렇게 본다면, 리보중이나 포메란츠가 주장한 중국의 '스미스적 성장'에 대한 설명은 재고가 필요하다고 할 수 있다. 서유럽에 '대분기Great Divergence'가 발생한 것은 서구가 석탄을 활용하게 되거나 신대륙을 발견하였다는 등 외부적 요인으로만 결코 설명할 수 없을 것이다. 물론 중국이 신대륙의 포토시Potosí나 사카테카스Zacatecas 은광과 같은 대규모 광물 자원을 가지고 있지 못했다는 점은 분명하다. 다만 서구의 대항해시대와 거의 같은 시기에 중국은 이제까지 상품경제가 그다지 현저하게 발전하지 못했던 장강 중상류 지역을 대대적으로 개발할 수 있었다. 이러한 변경 개발로 청대 중국 경제의 중심축인 강남 지역은 '스미스적 성장'을 거듭할 수 있었다. 그러나 생산성 자체의 근본적 변화가 없는 상태에서 19세기 초반부터 변경 지역의 개발이 한계에 부딪히게 되자 강남 지역의 '스미스적 성장' 역시 다른 지역과 마찬가지로 '맬서스적 함정'에 빠질 수밖에 없었다.

18세기 강남 지역에서 '스미스적 성장'이 이루어진 뒤 논리적으로는 19세기에 들어와서는 그보다 더 질 높은 성장을 이룩해야 한다. 그러나 실

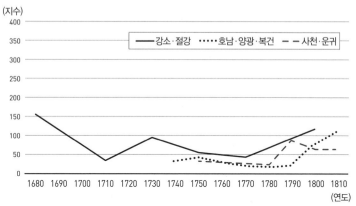

(지수)

* 자료: 宋敘五·趙善軒, 2004, 83쪽.

〈그림 13〉 지역별 임금 변화

제로는 도리어 19세기에 '맬서스적 함정'에 빠졌다는 것이 중국 경제발전
의 실상이라고 해야 한다. 〈그림 1〉 '경제성장과 위기의 유형'과 각주 15)
의 '근대적 경제성장'에 대한 설명에 입각해서 본다면 논리적으로 '스미스
적 성장' 과정 속에서 기술혁신이 더해지면 '쿠즈네츠적(근대적) 경제성장'
에 진입한다는 것이다. 이러한 경제성장의 단계론에 입각한다면, 맬서스
적 함정에 빠진 19세기 중국은 '스미스적 성장'에서 이탈하였으며, 18세기
보다 오히려 19세기에 들어와 '쿠즈네츠적(근대적) 성장'과 더욱 멀어지게
되었다고 결론 지을 수 있다.

6 경제성장에서 위기로

상품경제가 발달했다고 하는 명 말까지도 상품·화폐경제가 보편적인 지역과 그렇지 못한 지역의 차이가 상당했고 인구 밀집도도 역시 커다란 차이를 보였다. 이러한 명 말의 지역 차이는 강희연간 후기부터 본격적인 시장경제 서진의 바탕이 되었다. 이러한 지역 차이로 '스미스적 성장'인가 아니면 '맬서스적 함정'인가 하는 기준을 전 중국에 동일하게 적용할 수는 없다고 생각된다. 또 서구의 프로토 공업화[72] 역시 전국적 현상이 아니라 국지적 현상이라는 점을 고려하면 더더욱 그러하다.

삼번의 난이 최종적으로 진압되고, 천계령이 해제된 1680년대에 청조의 본격적인 시장 확대가 시작되었다. 옹정연간을 거치면서 장강을 거슬러 올라가 대대적 개간이 이루어졌고, 미곡을 판매하기 위하여 시장 네트워크가 형성되었으며, 상품·화폐 경제가 보급되었다. 다시 말해 '성장'과 '위기' 모두 지역 간의 경제적 연결 형태, 즉 시장구조와 밀접한 연관이 있었다.

18세기는 주지하다시피 번영의 시대였고 그 결과 가운데 하나는 폭발적인 인구 증가로 귀결되었다. 학자들 간에 수치상 약간 이견이 있지만, 대체로 명 말에 1억에서 1억 5,000명이었던 중국 인구는 1850년대에는 4억 3,000만 명까지 증가하였다.[73] 이러한 인구 증가는 잘 알려져 있듯이, 신대륙 작물의 보급과 호남성 등을 비롯한 농업 프론티어의 확대(이른바 호광숙천하족湖廣熟天下足)와 산악지역의 개발(산구경제山區經濟)도 있지만 상평창의 정비 등 재연재해에 신속히 대응하는 정비된 관료제도의 뒷받침[74]도 간과할 수 없을 것이다.

다시 말하면, 18세기 중국의 경제성장은 대량 이주를 허용함으로써 상대적 과잉인구를 인구 집중 지역의 외부로 배출하면서 팽창하는 형식이었다. 18세기에도 이전 시기와 마찬가지로 확대된 해외무역을 통하여 계속 은이 대량 유입되었다. 은의 풍요로운 유입은 호경기를 화폐적으로 뒷받침하였고, 그 결과 확대된 고용 기회는 인구 증대를 가능하게 하였다. 그리고 호경기에 따른 기호품의 다양화, 증가된 욕망은 자원의 보고인 '내부 변경'을 활성화하면서 인구를 대량 흡수할 수 있었다. 반면 '내부 변경' 개발이 어느 정도 완료되자 위기는 변경에서 시작되어 다시 중심인 강남 지역으로 몰려왔고, 청조로서도 이를 만회할 방법을 찾지 못한 채 1841년 아편전쟁을 맞이하였다. 다시 말해서 18세기 경제성장이 19세기에 이르러 '위기'의 원인이 된 것이다. 19세기에 들어와서 맬서스적 함정에 빠진 중국은 결국 '스미스적 성장'에서 이탈하였으며, 18세기보다 오히려 19세기에 '근대적 경제성장'과는 더욱 멀어지게 되었다고 결론 지을 수 있다.

반면, 에도시대 일본의 경우 산아율이 억제됨으로써[75] 생활수준이 유지될 수 있었고, 농업에서는 단위 면적당 수확을 늘리는 집약화를 도모[76]하여 인구 압력을 흡수함으로써 인구압에 따른 체제 위기를 넘겼다고 할 수 있다. 이러한 점이 청대 중국과 에도시대 일본의 근본적 차이점 가운데 하나가 아닐까 생각된다.

홍성화

성균관대학교 사학과와 같은 대학원 석사과정을 마치고, 일본 도쿄대학에서 중국 청대 사회경제사에 관한 연구로 박사학위를 받았다. 일리노이주립대학교 방문학자를 거쳐 2019년 현재 부산대학교 역사교육과 부교수로 재직 중이며 2018년에는 중국 사회과학원 역사연구소 방문학자로 있었다.

집필경위

명청시대 사회경제사를 수공업, 화폐, 도량형 등을 중심으로 연구해왔다. 연구를 진행하면서 점점 수공업이나 화폐 등의 변화를 좌우하는 것은 그 자체의 속성이라기보다 이것들을 둘러싼 시장구조가 더 중요하다는 것을 절실히 느끼게 되었다. 그리고 성균관대학교 동아시아학술원의 '19세기 모임'에 참여하면서 비교사적 관점에 대해 관심을 갖는 계기가 되었다. 이 글은 이미 발표한 「19세기 청조의 경제성장과 위기」(『역사학보』 232, 2016)를 일부 수정·보완한 것이다.

1장

1 宮嶋博史,「東アジア小農社会の形成」,『アジアから考える6 長期社會變動』, 東京大學出版會, 1994.

2 페르낭 브로델, 이정옥 옮김, 「역사학과 사회과학들: 장기지속」, 『역사학논고』, 민음사, 1990.

3 本田 洋, 『韓国農村社会の歴史民族誌: 産業化過程でのフィールドワーク再考』, 風響社, 2016.

4 '실천으로서 커뮤니티'라는 개념은 현재 세계화globalization 속에서 생긴 이민들의 네트워크, 인권·환경 NGO 등 지금까지의 공동체 개념으로는 파악할 수 없는 커뮤니티를 이해하기 위해 제기되었다. 즉 전통적인 커뮤니티 개념은 명확한 경계, 동종의 문화적 속성, 집단적 안정성 등을 전제로 한 것이었음에 비해 내부에 경합, 모순을 포함하면서 통합이 대단히 느슨한 커뮤니티를 사람들이 상황에 대응해 스스로의 삶을 개조하려는 실천의 장으로서 커뮤니티로 파악하려는 입장이다(平井京之介, 『實踐としてのコミュニティ─移動·國家·運動』, 京都大學學術出版會, 2012).

5 上田 信, 『傳統中國』, 講談社, 1995.

6 미야지마 히로시, 「家族,親族制度からみた東アジア三国社会」, 경원대학교 『아시아문화연구』 8, 2004.

7 페르낭 브로델, 위의 책, 50~51쪽.

8 정근식, 「구림권의 장기구조사의 구상」, 정근식 외, 『구림연구: 마을 공동체의 구조와 변동』, 경인문화사, 2003.

9 上田 信, 위의 책.

10 페르낭 브로델, 주경철 옮김, 『물질문명과 자본주의』 Ⅲ-2, 까치, 1997, 810쪽.

11 에릭 R. 울프, 박현주 옮김, 『농민』, 청년사, 1988; ロバート·レッドフィールド, 安藤慶一郎 옮김, 『文明の文化人類学: 農村社会と文化』, 誠信書房, 1960.

12 アラン·マクファーレン, 酒田利夫 옮김, 『イギリス個人主義の起源: 家族·結婚·社會

変化』, リブロポート, 1990.

2장

1 전남 장흥의 김주현은 50세가 되던 1938년부터 1948년까지 10년 동안 거의 하루도 빼놓지 않고 정갈한 한문으로 일기를 썼으며, 제목은 자신의 호를 따서 『정강일기定岡日記』라고 하였다. 이 일기는 한반도 최남단에 살던 보수적 유생이 쓴 것이면서도 당시 사회상과 그에 대한 저자의 생각이 매우 생동감 있게 기록되어 있다. 『정강일기』 해제는 김희태, 「『定岡日記』: 일제말~광복 직후 장흥 유생의 일기」, 『지방사와 지방문화』 1, 역사문화학회, 1998 참조.

2 한영규는 한말~일제하에 지방 유림 사이에서 유교 교의의 경화 현상이 나타나는 사례를 분석하면서 당시에 유학적 사고구조를 지닌 인물들이 비록 시대의 주류는 아니었지만 전국에 걸쳐 광범하게 존재했다는 사실에 대한 적극적 해석의 필요성을 제기하였다(한영규, 「한말 일제하 나주유림의 逸民 의식과 伯夷 이해」, 하원호 외, 『한말 일제하 나주지역의 사회변동연구』, 성균관대학교 대동문화연구원, 2008).

3 조형근, 「비판과 굴절, 전화 속의 한국 식민지 근대성론」, 『역사학보』 203, 역사학회, 2009.

4 공제욱·정근식 편, 『식민지의 일상, 지배와 균열』, 문화과학사, 2006; 윤해동 외, 『근대를 다시 읽는다―한국 근대 인식의 새로운 패러다임을 위하여』 I·II, 역사비평사, 2006; 역사문제연구소 민중사반, 『민중사를 다시 말한다』, 역사비평사, 2013; 윤해동, 『탈식민주의 상상의 역사학으로』, 푸른역사, 2014.

5 배항섭은 서구에 의한 비서구의 타자화·식민화를 서구중심주의라고 하듯이 근대에 의한 전근대의 타자화·식민화를 근대중심주의로 개념화하며, 근대중심주의는 근대인의 의식 속에 전근대를 여과하여 주입하기 위한 하나의 지식체계이자 전근대를 지배하고 재구성하며 억압하는 동시에 근대에 대한 환상을 심어주는 이데올로기라고 본다. 배항섭, 「동아시아사 연구의 시각: 서구·근대 중심주의 비판과 극복」, 미야지마 히로시·배항섭 편, 『동아시아는 몇 시인가?』, 너머북스, 2015 참조.

6 '전통적 권위 질서'란 전근대 시기에 형성된 신분적 위계질서가 근대 시기에도 지역사회의 재편과 운영에 중요한 변수로 작동하고 있음에 주목하여 필자가 고안한 개념이다. 조선시대 향촌사회에는 특정한 가문들을 정점으로 양반―향리―평민으로 이어지는 중층적이고 위계적인 신분질서가 형성되어 현실적인 권력구조로 작동했다. 이러한 전근대적 신분 질서는 조선 후기 신분제의 동요와 갑오개혁으로 붕괴되었고, 양반들이 내세우던 신분적 권위

는 더는 공식적 권력으로 작동할 수 없었다. 그럼에도 과거 전근대 사회에서 형성된 명망과 권위는 근대 시기에도 '전통'이라는 이름으로 끊임없이 재확인되며, 변화하는 현실에 대응하기 위한 상징적 정치 자원으로 활용되었다. 그래서 근대 시기에 지역사회에서 전통적 권위 질서는 실제적인 권력구조와 유리되었지만 비공식적·비제도적·비가시적 차원에서는 현실의 권력관계, 사회적 관계망, 심성구조 등에 상당한 영향을 미쳤다. 결국 전통적 권위 질서는 단순한 과거의 사태가 아니라 당대의 현실적 힘의 하나로서 일종의 '상징권력' 같은 의미가 있다.

7   이용기, 「일제시기 지역사회에서 전통적 권위 질서의 지속과 변용—전남 장흥군 향교 교임 분석을 중심으로」, 『역사문제연구』 21, 역사문제연구소, 2009(a); 이용기, 「일제시기 면 단위 유력자의 구성과 지역정치—전남 장흥군 용산면 사례를 중심으로」, 『대동문화연구』 67, 대동문화연구원, 2009(b); 이용기, 「일제시기 지역 사회운동의 주도세력 변화와 그 함의—전남 장흥군 사례를 중심으로」, 『역사문제연구』 31, 역사문제연구소, 2014(a); 이용기, 「전후 한국 농촌사회의 '재전통화'와 그 이면—전남 장흥군 용산면 사례를 중심으로」, 『역사와 현실』 93, 한국역사연구회, 2014(b); 이용기, 「한국 농지개혁의 가능성과 한계—혈연적 관계망에 주목하여」, 유용태 편, 『동아시아의 농지개혁과 토지혁명』, 서울대학교출판부, 2014(c).

8   이러한 의미에서 '전통적인 것'은 미야지마 히로시가 말하는 따옴표를 친 '전통'이나 이타가키 류타가 말하는 꺾쇠를 친 〈근세〉와 유사한 개념이다. 이들의 논의는 뒤에서 상술한다.

9   샹탈 무페, 이보경 옮김, 『정치적인 것의 귀환』, 후마니타스, 2007; 자크 랑시에르, 양창렬 옮김, 『정치적인 것의 가장자리에서』, 도서출판 길, 2008; 김홍중, 「사회로 변신한 신과 행위자의 가면을 쓴 메시아의 전투—아렌트의 '사회적인 것'의 개념을 중심으로」, 『한국사회학』 47-5, 한국사회학회, 2013.

10 지역사회에서 주도적·지도적 위치에 있는 자들을 가리키는 용어로는 지역 또는 지방의 '유지', '유력자', '엘리트', '명망가' 등 다양한 용어가 사용되는데, 당대에도 많이 쓰인 '유지'라는 용어가 학술적 차원에서도 가장 널리 쓰인다. 그러나 지역유지에 관해서는 동일한 용어를 사용하면서도 그 범주와 성격에 관해 너무나도 상반된 견해가 대립한다(지수걸, 「일제하 지방통치 시스템과 군 단위 '관료-유지 지배체제'」, 『역사와 현실』 63, 한국역사연구회, 2007; 한상구, 「일제시기 지역사회의 '이중권위구조'에 대한 연구시론」, 역사문제연구소 토론마당 발표문, 2002). 그래서 이 글에서는 박찬승의 견해를 따라서 이들 용어를 포괄할 수 있는 개념으로 '지역엘리트'라는 용어를 사용한다. 이에 관한 연구사 정리는 박찬승, 「서론: 연구의 목적과 방법」, 충남대학교 내포지역연구단, 『근대이행기 지역엘리트 연구』 I, 경인문화사, 2006, 12~22쪽 참조.

11 이훈상, 『조선 후기 향리연구』, 일조각, 1990; 이훈상, 「조선 후기의 향리와 근대 이후 이들

의 진출—중재엘리트의 담론과 귀결」, 『역사학보』 141, 역사학회, 1994; 홍성찬, 「한말—일제하의 사회변동과 향리층—전남 곡성의 사례를 중심으로」, 연세대학교 국학연구원, 『한국근대이행기 중인연구』, 신서원, 1999.

12 지수걸, 「구한말—일제초기 유지집단의 형성과 향리」, 연세대학교 국학연구원, 앞의 책; 지수걸, 앞의 논문, 2007, 지수걸, 「지방유지의 '식민지적' 삶」, 『역사비평』 90, 역사문제연구소, 2010; 한상구, 앞의 논문.

13 지승종, 「갑오개혁 이후 양반신분의 동향」, 지승종 외, 『근대사회변동과 양반』, 아세아문화사, 2000; 정진상, 「해방 직후 사회신분제 유제의 해체—경남 진양군 두 마을 사례연구」, 지승종 외, 앞의 책.

14 정근식, 「구림권의 장기구조사의 구상」, 정근식 외, 『구림연구—마을공동체의 구조와 변동』, 경인문화사, 2003, 22~26면; 정근식, 「지역전통과 정체성 연구의 시각」, 정근식 외, 『지역전통과 정체성의 문화정치—장성 황룡연구』, 경인문화사, 2004, 19~32쪽.

15 이용기, 「19세기 후반~20세기 중반 洞契와 마을자치—전남 장흥군 용산면 어서리 사례를 중심으로」, 서울대학교 박사학위논문, 2007; 정승진, 『한국근세지역경세사—전라도 영광군 일대의 사례』, 경인문화사, 2003.

16 이타가키 류타, 홍종욱·이대화 옮김, 『한국 근대의 역사민족지—경북 상주의 식민지 경험』, 혜안, 2015.

17 이타가키는 단순한 '근대'의 부정형인 '非근대', 시간적인 선행성을 가리킬 뿐인 소극적 개념인 '前근대', 몰역사적인 개념인 '전통'이 아니라, 식민지화 이전의 역사적 동태를 강조하는 의미에서 '근세'라는 개념을 도입한다. 아타가키 류타, 위의 책, 32, 409쪽 참조.

18 미야지마 히로시는 서구중심적 발전론에서 벗어나 한·중·일 동아시아가 유럽과는 다른 역사적 궤적을 밟아왔음에 주목하여 '소농사회'론을 제기하였으며, 최근에는 '초기 근대' 개념을 넘어 '유교적 근대'로 이를 개념화하고 있다. 미야지마 히로시, 『나의 한국사 공부』, 너머북스, 2013; 미야지마 히로시, 「'유교적 근대론'과 한국과 일본의 역사적 위치」, 미야지마 히로시·배항섭 편, 앞의 책 참조.

19 지수걸은 이타가키의 저서에 관한 서평에서 식민지기 지역엘리트는 '과거 신분'과 무관하게 형성되었기 때문에 이들이 사족 출신인지 이족 출신인지를 강조하는 것은 어색하다고 논평하였다(지수걸, 「지방지 쓰기와 공동체 문화 만들기」, 『황해문화』 89, 2015, 395쪽). 그러나 필자는 오히려 이타가키가 이 점을 심각하게 고려하지 않은 점을 비판하고 싶다.

20 향교는 흔히 오해되는 것처럼 조선 중기 이후 서원의 강화로 교육기능을 상실하면서 퇴락한 게 아니라 조선 후기에는 다시금 재지사족들의 집결지이자 향권 행사의 근거지가 되었으며, 이러한 경향은 호남에서 특히 강했다(윤희면, 『조선후기 향교연구』, 일조각, 1990; 박

경하, 「18세기 주현향약의 성격」, 향촌사회사연구회, 『조선후기 향약 연구』, 민음사, 1990, 175쪽).

21 조선 후기 장흥의 신분적 위계구조와 장흥 향교 교임의 동향에 관해서는 이용기, 앞의 논문, 2009(a), 260~266쪽 참조.

22 장흥에서 문집 발간과 사우 건립에 관한 사항은 장흥문화원 편, 『장흥문집해제』, 1997; 『長興院祠錄』, 1989를 참조할 수 있다. 이에 따르면 식민지기에 문집은 24종이 발간되었다. 원사 건립은 17~19세기에 20개였지만, 20세기 전반에 17개로 폭증하였으며, 20세기 후반에는 12개로 다소 줄어든다.

23 장흥의 전통적 엘리트들의 읍지 발간에 관해서는 이용기, 위의 논문, 2009(a), 281~284쪽 참조.

24 식민지기에 향교에서 읍지를 발간한 사례는 전남의 순천·능주·무안·영광과 충남의 공주·연기·아산에서도 확인된다(홍영기, 「일제강점하 순천향교의 동향과 재정운용」, 순천향교, 『순천향교사』, 2000, 300쪽; 지수걸, 「한국 근현대 지역사 서술체계와 활용자료」, 국사편찬위원회, 『지역사 연구의 이론과 실제』, 2001, 328쪽). 반면 행정당국에서 공식적으로 읍지류를 발간하는 경우는 충남 홍성과 서산에서 당시 군수 이민영이 발간했던 『홍성군지』(1925)와 『서산군지』(1927)를 제외하면(지수걸, 「일제하 충남 서산군의 '관료-유지 지배체제」, 『역사문제연구』 3, 역사문제연구소, 1999, 19쪽) 거의 발견되지 않는다. 읍지 발간을 둘러싼 신구 세대의 갈등을 보여주는 상주의 사례에 관해서는 이타가키 류타, 앞의 책, 258~260쪽 참조.

25 이용기, 위의 논문, 2009(a), 268~272쪽 참조. 1921년 공주향교에서도 '원유原儒'가 중심이 되면서도 '신유新儒'를 포섭하여 유림층을 두껍게 하는 방식으로 청금록을 중수하였다(이정우, 「19~20세기초 공주지방 유림의 동향과 향촌활동의 성격변화」, 『충북사학』 11·12, 충북대학교 사학회, 2000, 397~399쪽).

26 이용기, 앞의 논문, 2009(a), 266~268쪽 참조.

27 서두에서 밝힌 심포지엄 종합토론에서 황종연 선생님은 '비양반의 양반적 실천'에 더 주목할 것을 주문했는데, 필자는 이 개념에서 큰 시사와 가르침을 얻어 이 글을 집필하는 데 그 문제 제기를 적극 수용했다.

28 장흥문화원 편, 『長興院祠錄』, 1989, 11~15쪽. 대덕면 사람은 향교 교임에서 철저히 배제되다가 1950년에 교임을 면별로 할당하는 방식으로 전환되면서 비로소 교임을 맡을 수 있었다.

29 이용기, 앞의 논문, 2009(a), 284~285쪽.

30 이용기, 「일제시기 지역 사회운동의 주도세력 변화와 그 함의-전남 장흥군 사례를 중심으

로」, 『역사문제연구』 31, 역사문제연구소, 2014(a).

31   지수걸, 「일제시기 충남 부여·논산군의 유지집단과 혁신청년집단」, 『한국문화』 36, 서울대
      학교 규장각한국학연구원, 2005; 이기훈, 「1920년대 전남지방의 청년단체와 청년운동—사
      회정치적 공간의 구성과 변화를 중심으로」, 『역사문제연구』 26, 역사문제연구소, 2011.

32   정근식, 「지역전통과 정체성 연구의 시각」, 정근식 외, 『지역전통과 정체성의 문화정치—장
      성 황룡연구』, 경인문화사, 2004, 20~21쪽.

33   홍성찬, 「한말—일제하의 사회변동과 향리층—전남 곡성의 사례를 중심으로」, 연세대학교
      국학연구원, 『한국근대이행기 중인연구』, 신서원, 1999; 염미경, 「전쟁과 지역권력구조의
      변화」, 표인주 외, 『전쟁과 사람들』, 한울, 2003.

34   박찬승, 「1920·30년대 강진의 민족운동과 사회운동」, 『지방사와 지방문화』 14-1, 역사문화
      학회, 2011, 198쪽.

35   이선옥, 「일제시기 진주지역 사립고등보통학교 설립과 운영을 둘러싼 주도세력의 동향」,
      『청람사학』 24, 청람사학회, 2015.

36   전통적 지배층인 양반 세력이 사회주의 운동에 적극 뛰어드는 가장 대표적인 예로는 양반
      문화의 중심지 중 하나인 안동문화권을 들 수 있다. 심상훈, 「1920년대 경북 북부지역 유학
      적 지식인들의 사회주의운동과 성격」, 『국학연구』 4, 한국국학진흥원, 2004 참조.

37   이용기, 「일제시기 면 단위 유력자의 구성과 지역정치—전남 장흥군 용산면 사례를 중심으
      로」, 『대동문화연구』 67, 대동문화연구원, 2009(b), 73~75쪽.

38   미야지마 히로시, 『나의 한국사 공부』, 너머북스, 2013, 49쪽.

39   미야지마의 논의에서 특히 가족·친족제도와 신분제도에 관한 부분이 주목되는데, 한국은
      신분제가 미약하고 형용사적 관계(결사체)가 발달한 중국과 신분제가 강하고 명사적 관계
      (공동체)가 발달한 일본의 중간적 성격을 갖는다고 본다. 말하자면 한국은 신분구조와 인간
      관계가 개방적·유동적인 중국과 폐쇄적·고정적인 일본의 중간쯤에 해당한다는 것이다. 결
      국 한국에는 신분제적 질서가 존재하면서도 개방적·경쟁적인 특징이 있으며, 종법질서와
      문중이 발달했으면서도 그것은 고정적 실체가 아니라 역동적으로 변화한다. 미야지마 히
      로시, 앞의 책, 210~243쪽 참조.

40   미야지마 히로시, 위의 책, 72쪽. "소농사회 성립을 전후로 하는 동아시아 사회구조의 대변
      동에 비한다면 전근대로부터 근대로의 변화는 오히려 상대적으로 작은 것이었을 뿐만 아
      니라 동아시아의 근대는 실로 많은 것을 소농사회의 유산에서 힘입었다."

41   마쓰모토 다케노리, 윤해동 옮김, 『조선농촌의 식민지 근대 경험』, 논형, 2011, 21~26쪽,
      33~36쪽.

42   마쓰모토 다케노리·정승진, 「근대 한국촌락의 중층성과 일본모델—사회적 동원화와 '전통

의 창조' 개념을 중심으로」, 『아세아연구』 131, 고려대학교 아세아문제연구소, 2008; 정승진, 「동아시아 촌락 담론을 통해 본 한국 촌락의 위상—동아시아지역학에서의 농민문화라는 관점」, 『담론 201』 11-1, 한국사회역사학회, 2008.

43 마쓰모토 다케노리, 위의 책, 36쪽. 마쓰모토는 식민지 '권력'의 헤게모니를 주장하는 것은 아니라고 하면서도(6~7쪽) 분명 식민지 '근대'의 헤게모니가 성립되었다고 명시적으로 말한다. 때로는 촌락을 "'근대'적 헤게모니와 전통적 규범이 각축하는 장"(40쪽)으로 설정한다는 견해를 밝히기도 하지만, 이 책의 전체를 흐르는 기조는 근대의 헤게모니 성립에 치우쳐 있다.

44 한상구, 「일제시기 지역사회의 '이중권위구조'에 대한 연구시론」, 역사문제연구소 토론마당 발표문, 2002.

45 『定岡日記』1938. 5. 23. "금년부터 음력[舊曆]을 폐지하고 양력[新曆]을 시행하니, 장차 날짜마저 잃어버릴까 개탄스러워 오늘부터 일기를 시작한다(至於曆日 自今年廢舊行新 則將未免有失日之歎 故以是日爲日記之始)."

46 노인은 전시동원의 부담으로 맘 놓고 술을 먹기 힘들었던 양력 1940년 1월 2일에 오랜만에 벗과 더불어 술을 마시게 되자 '역시 신랍新臘이 좋다'고 농담[戲日]하였고 벗도 '그렇다'고 웃으며 맞장구를 쳤다(『定岡日記』1939. 11. 23). 음력으로 1940년을 정리하는 시점에는 구정 금지를 비판하는 '구랍입시舊臘入詩'를 지었으며, 매일같이 만나던 벗과 헤어지면서 '내년 봄에 보자'고 농담 섞인 인사를 하였다(『定岡日記』1940. 12. 29).

47 이용기, 「19세기 후반~20세기 중반 洞契와 마을자치」, 서울대학교 박사학위논문, 2007, 129~157쪽.

48 마쓰모토 다케노리·정승진, 앞의 논문, 212~213쪽.

49 이하의 서술은 필자가 전남 장흥과 강진 현지에서 확인하거나 자료집으로 공간되어 있는 50여 개 계 문서를 분석한 논문의 핵심 부분을 추리면서 추가로 설명한 것이다. 자세한 내용과 계 문서 목록은 이용기, 「식민지기 민중의 셈법과 '자율적' 생활세계—생활문서의 화폐 기록을 통하여」, 『역사문제연구』 23, 역사문제연구소, 2010 참조.

50 이용기, 앞의 논문, 2010, 112쪽.

51 고문서의 회계정리 방식은 이영훈, 「호남 고문서에 나타난 장기추세와 중기파동」, 정구복 외, 『호남지방 고문서 기초연구』, 한국정신문화연구원, 1999, 308~332쪽 참조.

52 이용기, 위의 논문, 2010, 113~114쪽.

53 같은 논문, 108~111쪽.

3장

1   김성보, 『남북한 경제구조의 기원과 전개: 북한 농업체제의 형성을 중심으로』, 역사비평사, 2000.

2   暉峻衆三 편, 전운성 옮김, 『日本農業經濟史: 자본주의의 전개와 농업문제』, 강원대학교출판부, 1991.

3   ワリンスキ― 編, 齊藤仁 外 譯, 『ウォルフ ラデジンスキ―農業改革-貧困への挑戦』, 日本經濟評論社, 1984(원저: Wolf Ladejinsky, *Agrarian Reform as Unfinished Business*, Oxford, 1977); 유용태 편, 『동아시아의 농지개혁과 토지혁명』, 서울대학교출판부, 2014.

4   ワリンスキ― 編, 위의 책, 제I장 '東京時代 1945~54' 참조.

5   김성호 외, 『농지개혁사연구』, 한국농촌경제연구원, 1989; 장시원, 「지주제 해체와 자작농체제 성립의 역사적 의의」, 『광복 50주년기념 학술대회-한국 경제발전의 회고와 전망』, 한국경제학회·경제사학회, 1995.

6   이러한 논점에 대해 홍성찬 편, 『농지개혁 연구』, 연세대학교출판부, 2001 참조.

7   영세과소농은 농촌에 과밀하게 퇴적되어 있는 영세한 소농을 가리킨다. 이들은 여전히 수공업적 농기구로 가족노동력을 완전히 연소시키지 못한 채 적은 땅을 영세하게 경작해서 (지주 등) 외부 지원이 끊긴 상태에서 자연재해 등 흉작에 매우 취약하며, 기근과 농가수지 악화로 생존 위기에 쉽게 노출되었다. 장시원(앞의 논문, 1995, 351쪽)은 농지개혁에 대한 불철저성 내지 허구성을 강조하는 초기의 연구사(대표적으로 김준보, 정영일, 박현채 등)를 다음과 같이 정리했다. "첫째, 농지개혁의 지연으로 많은 소작지가 사전 방매되어 개혁 대상에서 누락되었으며 …… 둘째, 지가증권의 가치 저하와 방매로 토지자본의 산업자본화에도 실패했다. 셋째, 농업만으로는 생계유지가 곤란한 영세과소농제를 창출하여 소작제 부활을 방지할 수 없었다."

8   장시원, 위의 논문, 1995; Jeon Young-Deok and Kim Young-Yong, "Land Reform, Income Redistribution, and Agricultural Production in Korea", *Economic Development and Cultural Change* 48-2, 2000; 조석곤, 「'토지대장'을 통해 본 토지생산성의 변화(1910~1961): 김제시 죽산면 사례연구」, 『농촌경제』 36-4, 2013; 「토지 등급으로 살펴본 식민지기와 농지개혁기 토지생산성의 변화: 원주시 호저면 사례」, 『동향과 전망』 94, 2015.

9   ワリンスキ― 編, 앞의 책 참조.

10 유용태 편, 앞의 책, 2014.

11 이용기, 「한국 농지개혁의 가능성과 한계: 혈연적 관계망에 주목하여」, 유용태 편, 위의 책, 2014, 85쪽.

12 조석곤, 「한국 농지개혁 당시 수배농가의 변동: 경기도 광주시 남종면 사례」, 유용태 편, 위의 책, 2014, 51~52쪽.

13 조석곤, 위의 논문, 2013; 앞의 논문, 2015.

14 정승진, 「1930년대 羅州 榮山江 유역의 농업변동」, 『대동문화연구』 44, 2003; 「20세기 전반 전통 농촌지역의 사회변동 양상: 全南 羅州郡 多侍面의 사례」, 『대동문화연구』 48, 2004; 「羅州 草洞 洞契의 장기지속과 변화, 1601~2001」, 『대동문화연구』 54, 2006.

15 두 자료는 해방 이후 전남 나주군 금천면 11개리를 대상으로 한 것이다. 자료의 표제가 시사하듯 양식상에 다음과 같은 상이점이 있다. 『나주군금천면귀속분배농지부』는 1948년 귀속농지 분배사업 시에 작성된 것으로 1998년까지 기록을 포함한다. 여기에는 동리, 지번, 지목, 상환가격, (정조正租)상환액, 분배농가의 주소, 성명, 피보상자의 주소, 성명, 마지막으로 등기 여부(연도)가 수록된다. 요컨대 분배농지의 필지별筆地別 파악에 주력하는 반면, 후술하는 자료는 수배농가별受配農家別 경지분배와 상환과정을 기록해 커다란 대조를 보인다. 『나주군금천면일반농지상환대장』은 1950년 농지개혁 시행에 따른 것으로서 1966년까지 변동양상을 수록했다. 경지의 질적 상태를 보여주는 기초조사 사항은 전자와 유사한 듯하지만, 수록한 내용이 수배농가를 중심으로 편제되어 있다는 점에서 특징적이다. 여기에는 지번, 지목, 지적, 상환액뿐 아니라 '상환액징수내역'(연도별 상환액과 잔액, 상환 연월일 표기)이 부기됨으로써 상세한 지가상환 일정을 보여준다.

16 이상, 『나주군지』, 1980 참조.

17 배항섭, 「나주지역 동학농민전쟁과 향리층의 동향」, 『동학연구』 19, 2005.

18 張錫興, 「일제하 榮山浦 식민기지의 형성」, 『한국학보』 58, 1990.

19 佐堀伸三, 『榮山浦における日本人町の形成』, 2000.

20 久間健一, 『朝鮮農業經營地帶の研究』, 農業總合研究刊行會, 1946, 422쪽.

21 조선시대 이전부터 영산포는 영산강 일대의 내륙 포구로서 서남해의 나주 제도(특히, 흑산도)와 오랜 지역 연관이 있었다. 지금도 지역특산물인 나주홍어(일명 홍탁)가 그 시대의 흔적으로 향수를 불러일으키고 있다. 2016년 1월 26일~28일 필자의 나주 답사에 따른 의견이다.

22 정승진, 앞의 논문, 2003; 앞의 논문, 2004.

23 『농은실록』의 저자 이기원의 글이다. 이기원은 1930년대 10년간 나주 금천면장을 지냈는데, 그의 기록이 금천면 광암리 거주 이정룡(이기원의 아들)의 고문서에 실려 있다.

24 佐堀伸三, 위의 책, 2000.

25 權寧旭, 「東洋拓植株式會社と宮三面事件」, 『朝鮮研究』 8, 1968; 安秉珆, 「東洋拓植株式會社の土地收奪について」, 『龍谷大學社會科學年報』 7, 1976; 張錫興, 「광주학생운동

의 사회경제적 배경: 榮山浦를 중심으로」, 『역사비평』 8, 1989; 함한희, 「朝鮮末·日帝時代 宮三面農民의 社會經濟的 地位와 그 變化」, 『한국학보』 18-1, 1992; 이규수, 『近代朝鮮における植民地地主制と農民運動』, 信山社, 1996; 박이준, 『한국근현대시기 토지탈환운동 연구』, 선인, 2007.

26 佐堀伸三, 앞의 책, 2000, 47쪽.

27 임진왜란 이후 창설되기 시작한 조선왕조의 궁방전은 1사 7궁 체제였다. 광무개혁 이후 경선궁과 영친왕궁이 차례로 창설되었지만, 영친왕궁(5천 두락)은 사실상 경선궁(2만 두락)에서 관리·운영되었다. 이규수, 위의 책, 1996 참조.

28 당시 토지반환을 둘러싼 지역농민들의 소요, 이어진 관의 악행(회유, 투옥, 고문 등)과 일대 탄압이 함한희의 현지조사연구(함한희, 위의 논문, 1992)로 보고되었다.

29 함한희, 위의 논문, 1992, 11쪽.

30 佐堀伸三, 위의 책, 2000, 48쪽.

31 함한희, 앞의 논문, 1992, 14쪽.

32 이규수, 앞의 책, 1996, 40쪽.

33 1920년대 동척의 나주 궁삼면 일대 경지면적   (단위: 정보)

面 別	답	전	대지	계
세지면	537	176	6	721
봉황면	46	42	1	89
영산면	354	116	7	477
왕곡면	222	88	12	322
다시면	5	22	0	27
계	1,164	446	26	1,636

  * 자료: 이규수, 「일제하 토지회수운동의 전개과정: 전남 나주군 궁삼면의 사례」, 『한국독립운동사연구』 16, 2001, 237쪽(원자료: 경무국, 『舊宮三面土地問題槪要附表』).

34 이규수, 「전남 나주군 '궁삼면'의 토지소유관계의 변동과 동양척식주식회사의 토지집적」, 『한국독립운동사연구』 14, 2000, 217쪽.

35 이규수, 위의 논문, 2001, 245쪽.

36 함한희, 위의 논문, 1992, 27쪽.

37 같은 논문, 34쪽.

38 박이준, 앞의 책, 2007, 150쪽.

39 「全羅南道 榮山浦槪況」, 『韓國中央農會報(舊朝鮮農會報)』 제3권 제10호, 1909, 21쪽.

40 정승진, 앞의 논문, 2003 참조.

41 孫禎睦, 『韓國地方制度·自治史研究(上): 甲午更張~日帝强占期』, 일지사, 1992, 257쪽.

42 장석흥, 앞의 논문, 1990, 55쪽.

43 동척의 전라남도 지점은 목포에 있었다. 국책회사인 동척의 일반적 동향은 河合和男 外, 『國策會社·東拓の研究』, 不二出版, 2000 참조.

44 정승진, 위의 논문, 2003; 앞의 논문, 2004 참조.

45 1938년 8월 30일 조합 설립, 蒙利面積 191정보, 水源은 揚水機型, 조합사무소는 古洞里 소재. 『朝鮮土地改良事業要覽』 1941년판, 20~21쪽.

46 마야지마 히로시, 「장호원 공여 수리조합의 창설 과정」, 이영훈 외, 『근대조선수리조합연구』, 일조각, 1992, 92쪽.

47 이기원(나주 금천면 광암리 거주), 「金川水利組合設立의 經緯」, 『農隱實錄 1』.

48 장석흥, 앞의 논문, 1989; 함한희, 「해방 이후의 농지개혁과 궁삼면 농민의 사회경제적 지위 및 그 변화」, 『한국문화인류학』 23, 1991; 이규수, 앞의 논문, 2001; 박이준, 앞의 책, 2007.

49 이규수, 앞의 책, 1996; 박이준, 앞의 책, 2007 참조.

50 박이준에 따르면, 1930년대 말 이후 농민운동뿐 아니라 "전시체제로 인해 민족운동과 사회 운동은 위축될 수밖에 없었다"라는 총평이 있다. 박이준, 앞의 책, 2007, 150쪽. 전라북도의 거시적 통계이지만 "소작쟁의 발생 건수는 1920년대 후반 이래 증가 경향을 보이다가 1935 년을 정점으로 하여 감소 경향으로 돌아섰다"라는 평가도 존재한다. 松本武祝, 『植民地權 力と朝鮮農民』, 社會評論社, 1998, 117쪽.

51 함한희, 앞의 논문, 1991 참조.

52 1927년 말 통계치. 『全羅南道羅州郡勢一斑』, 1928, 14쪽.

53 함한희, 위의 논문, 1991, 46쪽.

54 ワリンスキー 編, 앞의 책, 92~95쪽.

55 같은 책, 1977, 97~101쪽.

56 같은 책, 1977, 제I장 '워싱턴시대 1935~45' 참조.

57 1960년대 중반 나주군 금천면의 경지는 약 2,000정보인 가운데 논[畓]이 1,100정보, 밭[田] 이 900정보 전후이다. 『나주군통계연보』(1965년판, 1966년판) 및 『나주군군세일람』(1962) 에 따르면, 1961년 말 현재 금천면 전체 경지면적은 1,854정보로 추산되는 가운데 금천면 의 귀속농지 775.6정보는 42%를 점하고 있다. 나주군 내 다시면의 해당 수치는 약 36%, 논 만 고려하면 약 43%로 나타나, 다시면보다도 금천면에서 귀속농지의 분배 효과가 한층 크 다는 것을 알 수 있다(정승진, 앞의 논문, 2004, 249쪽).

58 전북 익산군 포춘면 토지대장 분석(정승진·松本武祝, 「토지대장에 나타난 농지개혁의 실 상(1945~70): 全北 『益山君春浦面土地臺帳』의 분석」, 『한국경제연구』 17, 한국경제연구

학회, 2006) 참조.

59 궁삼면사건을 분석한 이규수는 일찍이 조선에 진출한 일본인 지주층을 기간지형旣墾地型 (동척형東拓型) 지주와 미간지형未墾地型(등정형藤井型) 지주로 2대 유형화한 바 있는데, 금천면의 상기 두 지역은 하천변의 저지대로 가격도 저렴하고 개간작답開墾作畓 및 농장 경영상의 위험성도 적어 토지매수 이후 개발의 이득이 극히 안정적이고 높을 것으로 예상 되는 지역으로 주목하였다(따라서 기간지형 지주에 주목). 이규수, 위의 책, 1996, 제1장 '일 본인지주의 토지집적과정과 식민지지주제: 기간지형 지주와 미간지형 지주' 참조.

60 함한희, 앞의 논문, 1992, 34쪽.

61 김성호 외, 앞의 책, 1989 참조.

62 1926년 궁삼면 내 동척 소유지의 매각과정에서 "법정 지가의 2배를 상환 총액"으로 산정한 사실을 상기할 필요가 있다. 당시 법정 지가는 당해 필지의 1년 소출량을 3배 한 것으로 추 정된다. 따라서 나주 농민들에게 "1년 소출량의 3배를 총매각지가(=상환총액)'로 산정한 귀속농지의 분배조치는 그 상환조건 면에서 50%가량 부담이 경감된 것이었다고 추정된다.

63 이용기, 앞의 논문, 2014.

64 김성호 외, 앞의 책, 1989 참조.

65 이는 상환을 완료한 귀속농지의 경우 사실상 즉각적으로 등기과정을 거쳤음을 시사한다. 따라서 해당 귀속농지의 등기는 일반농지의 거래관행과 다소 다르지 않았을까 하는 여지 를 남긴다.

66 함한희, 앞의 논문, 1991 참조.

67 영세한 소작빈농이 농가잉여를 축적해 자작지를 점차 확보해나감으로써 자소작농, 나아가 자작농으로 전신하는 극적인 과정을 농업사에서는 '자소작전진'이라 하는데, 일본과 달리 한국 농촌에서는 나타나지 않았다. 暉峻衆三 編, 앞의 책, 1981; 松本武祝, 앞의 책, 1998.

68 김성호 외, 위의 책, 1989; 홍성찬 편, 『농지개혁 연구』, 연세대학교출판부, 2001.

69 단, 전국통계상으로는 '일반매수농지'가 '귀속농지'를 30%가량 상회하였다. 김성호 외, 위의 책, 1989, 660쪽.

70 정승진·松本武祝, 앞의 논문, 2006, 58쪽.

71 경지소유 상한이 3정보로 확대되면서 지가총액(상환부담)이 상승할 수밖에 없기 때문이다. 참고로 북한의 토지개혁에서는 경지분배 상한이 5정보였는데, 전작田作이 주류를 이루는 북선한전농업지대北鮮旱田農業地帶의 특성을 반영했다. 여기서는 북한의 토지개혁이 무 상몰수에 따른 무상분배였기 때문에 소유권이 이전된 것이 아니라 경작권이 분배되었다는 점에 유의할 필요가 있다. 김성보, 앞의 책, 2000, 제2부 '토지개혁' 참조.

72 정승진·松本武祝, 위의 논문, 2006, 56~57쪽.

73　1948년 미군정청에서 귀속농지사업을 담당했던 미첼(신한공사 총재)은 귀국 후 다음과 같은 학위논문을 제출했다. Charles C. Jr. Mitchell, "The New Korea Company, Limited: Land Management and Tenancy Reform in Korea against a Background of United States Army Occupation, 1945~1948," Ph.D. Dissertation, Harvard University, 1949.

74　정승진·松本武祝, 위의 논문, 2006 참조.

75　김성호 외, 위의 책, 1989, 834~836쪽.

76　1960년대 전반 나주 금천면의 지역통계(『나주군군세일람』(1962), 『나주군통계연보』(1965·1966년판)에 따르면, 1호당 가족 수는 6인 정도를 평균으로 하는데, 하나의 소가족이 생계유지(단순재생산)를 위해 필요한 최소한의 경영면적은 1정보(3,000평, 10단보) 전후로 알려져 있다. 한국의 농지개혁에서 창출된 영세소농이란 실상 경작면적 1정보를 크게 하회하는 자작빈농을 지칭하는 셈이다.

77　김성호 외, 앞의 책, 1989 참조.

78　함한희, 앞의 논문, 1991, 41쪽.

79　이러한 시나리오가 가능하다면 금천면 내 '접계지역' 농민들은 지가상환에 대해 좀 더 '저항적인' 자세로 임했을 가능성이 더 커졌다고 생각된다.

80　이 사실(지연된 상환과정)은 여타 지역사례와 상이한 나주 금천면 사례의 지역적 특질이라고 할 수 있는데, 궁삼면 토지분쟁의 여파 등 좀 더 구체적인 요인분석은 향후 필자의 연구과제로 남아 있다.

81　우대형, 「농지개혁의 생산성 증대효과 분석」, 홍성찬 편, 『농지개혁 연구』, 연세대학교출판부, 2001 참조.

82　ワリンスキー 編, 앞의 책; 暉峻衆三 編, 앞의 책, 1981 참조.

83　우대형, 앞의 논문, 2001, 245쪽.

84　조석곤, 앞의 논문, 2013, 22쪽.

85　조석곤, 앞의 논문, 2015, 205쪽.

86　Jeon & Kim, 앞의 논문, 2000 참조.

87　정승진, 「羅州 草洞 洞契의 장기지속과 변화, 1601~2001」, 『대동문화연구』 54, 2006 참조.

88　농지개혁 또는 토지개혁을 연구할 때 필자를 포함한 이 계통의 연구자들은 구래의 지주제, 특히 식민지지주제에 대해 부정적인 면만을 강조한다. 그러나 장기사적 관점에서 본다면, 본문에서 서술한 바와 같이 지주제에 대한 양면적인 특질도 확인할 수밖에 없다. 이 점은 우대형(위의 논문, 2001)으로부터 시사받은 것이다.

89　정승진, 앞의 논문, 2004; 위의 논문, 2006.

90　전후 촌락해체 현상이 더디거나 진행되지 않았다는 의미에서 그러하다. 방증자료이지만 전

남 영광 신씨가(종가형 재촌지주) 사례에서는 신씨 일가친척의 소작농 비율이 40% 강을 기록했다. 정승진, 『한국근세지역경제사: 全羅道 靈光郡 일대의 사례』, 경인문화사, 2003, 180쪽.

91 나주 금천면의 『귀속분배농지부歸屬分配農地簿』(1948~1998)에 따르면, '리내里內' 거주 분배농가의 압도적 우위가 나타나는데('리외면내里外面內', '면외군내面外郡內', '군외郡外'의 비중을 상회), 이는 농지개혁의 거리규정에 따른 자연스러운 결과다. 이 경우 농지개혁은 상기 요인에 따라 전통적 요소를 재건·존속할 기초조건으로 작용한다. 결국, 농지개혁의 거리규정에 의거한 경지분배는 현대 농촌사회에서 집성촌이라는 전통적 요소를 강화하면서 경자유전이라는 급진적 이데올로기를 농민 삶의 구체적 현장으로 실현하는 과정으로도 이해할 수 있다.

92 이 사례는 인근 영암군의 구림 대동계와 유사하다. 정근식 편, 『구림연구: 마을공동체의 구조와 변동』, 경인문화사, 2003, 제2장 '문중문헌의 분석과 활용' 및 제5장 '대동계의 형성과 변화' 참조.

93 김용택, 『한국 농협의 뿌리와 성립과정』, 역사비평사, 2015, 제3부 '종합농협의 완성' 참조.

4장

1 이에 대해서는 김인걸, 「조선후기 향촌통제책의 위기」, 『진단학보』 58, 1984; 「19세기 전반 관주도 향촌통제책의 위기」, 『국사관논총』 6, 1989; 고석규, 「19세기 전반 향촌사회 지배구조의 성격」, 『외대사학』 2, 1989; 「19세기 농민항쟁의 전개와 변혁주체의 성장」, 한국역사연구회 편, 『1894년 농민전쟁연구』(1), 역사비평사, 1991 참조.

2 이러한 변화에는 18세기에 들어 국왕들이 왕권강화를 도모하여 수령권을 강화한 반면 사족층에 대한 견제를 강화하고자 한 태도도 중요한 영향을 미쳤다. 예컨대 정조는 사족층을 대표하는 산림山林에 대해서도 붕당을 양성하여 쓸데없는 분란만 야기하는 존재로 인식했으며, 사족에 대해 국가를 함께 이끌어갈 주체로 생각하기보다는 오히려 국가운영의 방해자로 인식했다(우인수, 「18~19세기 산림의 기능 약화와 성격 변화」, 『대구사학』 55, 1998).

3 김광억, 「관계의 망과 문화공동체」, 문옥표 외, 『조선양반의 생활세계』, 백산서당, 2004, 268~269쪽.

4 삼척 도하면의 사례는 이규대, 「19세기 동계와 동역」, 김호일 편저, 『한국 근현대이행기 사회연구』, 신서원, 2000 참조.

5 김준형, 『조선 후기 단성사족층연구』, 아시아문화사, 2000, 271~272쪽.

6 배항섭, 「19세기 지배질서의 변화와 정치문화의 변용—仁政 願望의 향방을 중심으로—」, 『한국사학보』 39, 2010 참조.

7 『寒州先生文集』 권4, 擬陳時弊仍進畝忠錄疏; 우인수, 「『畝忠錄』을 통해 본 寒州 李震相의 國政改革論」, 『퇴계학과 유교문화』 38, 2006, 110쪽; 이윤갑, 「경상도 성주의 1862년 농민항쟁과 사회변동」, 『대구사학』 115, 2014, 140쪽.

8 배항섭, 「19세기 후반 민중운동과 公論」, 『한국사연구』 161, 2013.

9 김동철, 「19세기 말 함안지방의 향전」, 『한국문화연구』 2, 1989; 김성윤, 「吳宖黙(1834~?)을 통해서 본 수령 군현통치의 과정과 전략 —"善政" 목민관의 모델과 관련하여—」, 『朝鮮時代史學報』 53, 2010.

10 고성민란은 동학농민혁명이 발발한 다음인 1894년 7월에 일어났기 때문에 동학농민혁명의 영향을 받지 않을 수 없었다고 생각하지만, 운동의 배경이나 전개과정, 요구조건 등에서 일반적인 민란과 유사하기 때문에 이 글의 분석대상으로 삼고자 한다. 고성민란에 대해서는 장영민, 「고성민요연구」, 『윤병석교수화갑기념 한국근대사논총』, 지식산업사, 1990; 「1894년 고성민요연구」(Ⅱ), 『상지대논문집』 11, 1990 참조.

11 金容燮, 「朝鮮後期의 賦稅制度 釐正策」, 『韓國近代農業史研究』(增補版), 1988.

12 관의 재물을 사적으로 유용하는 행위를 말한다.

13 김현영, 『조선시대의 양반과 향촌사회』, 집문당, 1999.

14 이러한 인물의 대표 사례는 조관을 지냈지만 낙향하여 단성민란을 주도한 김인섭을 들 수 있다. 김인섭의 사례를 고찰한 정진영은 이러한 인물들에게서는 수탈자 입장 혹은 민중 측에 서는 입장이 완전히 별개가 아니라 많은 경우 상황에 따라 양자 입장을 넘나들기도 했을 것으로 본다(정진영, 「19~20세기 전반 한 몰락 양반가의 중소지주로의 성장」, 『대동문화연구』 52, 2005 참조).

15 상한과 서리를 좌수로 선임하기도 하였으며(고석규, 앞의 논문, 1991, 336쪽), 향소 아래에 있는 면리 단위의 하급 임장자리를 사족들이 기피한 것은 말할 필요도 없었다. 『備邊司謄錄』 肅宗 37年 12月 26日 庚辰, "爲其尊位者, 在昔皆是有名稱兩班是白如可, 本官視同官任, 輒加侵責, 故無不厭避歸之於卑微之類, 由是而全無紀綱, 宜定上副尊位, 必以其里之表著兩班, 定爲上尊位爲白遣, 今此閑丁望報一事乙良, 專委於副尊位以下, 而使上尊位, 檢察申飭而已, 則必有所益是白在果, 果能通行此法, 則爲其里中之任者, 非止一二, 且有上尊位之檢飭, 衆目所覩, 公論所在, 完定望報, 必不敢公然容私訖不喩, 代定者, 旣出同里, 則孰肯爲其僞故·僞逃者, 而自當其役是白乎旀."

16 『철종실록』 권12, 철종 11년 8월 29일 경인, "而今爲貪吏墨倅之所剝割攘奪, 富民無不蕩柝, 殘民莫可支保, 控訴無所, 惟是塗炭溝壑而已."

17   망원한국사연구실, 『1862년 농민항쟁』, 동녘, 1988, 42쪽, 50쪽.

18   安秉旭, 「19세기 賦稅의 都結化와 封建的 收取體制의 해체」, 『國史館論叢』 7, 1989.

19   김선경, 「1862년 농민항쟁'의 都結혁파요구에 관한 연구」, 『李載襲博士還曆紀念 韓國史
      學論叢』, 1990.

20   『승정원일기』 고종 29년 6월 29일 을묘, 경상도 암행어사 김사철 별단, "민고民庫의 필요치
      않은 잡비와 아전들이 축낸 부당한 돈을 걸핏하면 향회鄕會라는 것을 핑계 대고서 결가結
      價에다 넘기고, 예목禮木과 필채筆債 등의 돈을 혼잡하게 기록한 장부를 만들어 과외科外
      로 거두는 것이 도리어 정공正供보다 무거운데."

21   『비변사등록』, 철종 3년 8월 29일 정미[병오].

22   김석형, 「1862년 진주농민폭동과 각지 농민들의 봉기」, 박시형·홍희유·김석형, 『봉건지
      배계급에 반대한 농민들의 투쟁-이조편-(여기서는 같은 책, 열사람, 1989 재간행본을 활
      용하였다), 1963, 145쪽; 정창열, 「조선후기 농민 봉기의 정치의식」, 『한국인의 생활의식과
      민중예술』, 성균관대학교 대동문화연구원, 1983, 50쪽.

23   김인걸, 「조선 후기 향촌통제책의 위기」, 『진단학보』 58, 1984; 김선경, 위의 논문, 1990,
      638~641쪽; 송형섭, 「19세기 良役收取法의 변화-洞布制의 성립과 관련하여-」, 『韓國史
      硏究』 89, 1995 참조.

24   안병욱, 「19세기 민중의식의 성장과 민중운동」, 『역사비평』 1, 1987, 158~161쪽.

25   삼척 도하면의 사례는 이규대, 「19세기 동계와 동역」, 김호일 편저, 『한국 근현대이행기 사
      회연구』, 신서원, 2000 참조. 부세운영의 불균등과 차별에 반대하여 분동을 요구한 또 다
      른 사례로는 정진영, 「18, 19세기 사족의 촌락지배와 그 해체과정」, 『조선후기 향약연구』,
      1990, 민음사 참조.

26   『임술록』, 205쪽.

27   『임술록』, 224쪽.

28   함창농민항쟁을 분석한 송찬섭에 따르면, 민란의 발단은 관남지라는 못의 준설에 주민들을
      부역으로 동원한 것이었다. 양반들을 비롯하여 많은 주민이 시작부터 반발하여 부역을 회
      피하였으며, 동원된 농민들을 사역하던 사령들이 심하게 부리면서 농민들의 불만도 고조
      되었다. 이때 관남지 준설에 반대하는 등장을 올리자는 논의는 문창리에서 처음으로 이루
      어졌으나[里會], 문창리 주민 수십 명이 등소하려고 관아로 가던 도중 준설작업을 마치고
      돌아오던 주민들이 주막에서 합류하면서 가담 지역이 확대되었으며(민회), 논의 내용도 준
      설문제뿐만 아니라 결세의 추가부담 문제로까지 확대되었고, 여기서 통문을 작성하여 각
      면 각 동에 보냄으로써 함창 전체 주민이 가담하는 민란으로 비화하였다(송찬섭, 「1890년
      함창농민항쟁의 성격」, 정만조 외, 『조선의 정치와 사회』, 집문당, 2002, 861~862쪽).

29 배항섭, 앞의 논문, 2013 참조.

30 이에 대해서는 배항섭, 앞의 논문, 2010 참조. 지금도 '전근대' 혹은 조선시대에 정치의 주체는 엘리트층 혹은 사족에 국한되고, 평·천민들은 오로지 정치의 대상일 뿐이었다는 이해가 지배적이다. 그러나 이는 정치 혹은 정치의 주체라는 의미를 관직에 진출할 수 있는 신분적 특권, 상소 등 공식적 제도로 정치적 발언을 할 수 있는 권리가 있는 자 정도로 매우 좁게 이해한 결과이거나, 주권재민이라는 '근대'의 정치원리를 지나치게 낭만적으로 이해한 반면 전근대의 정치는 폄하하는 근대중심적 발상과도 연결된 것이라 생각된다. 특히 중앙집권적 체제였던 조선에서 조세문제나 관리들의 부정부패에 대한 민중의 이의제기와 다양한 형태의 요구와 행동은 그 자체로 언제든지 국왕으로 하여금 지방관을 해직하지 않을 수 없게 하거나, 정책을 철회 혹은 조정하거나, 국왕 스스로 민인들에게 '사죄'하지 않을 수 없도록 하거나, 그러한 가능성을 충분히 내장한 것이었다는 점에서 소민을 비롯한 향촌주민들의 정치참여는 일상화했다고 생각한다.

31 김용민, 「1860年代 農民蜂起의 組織基盤과 民會」, 『史叢』 43, 1994, 64~66쪽.

32 배항섭, 위의 논문, 2013 참조.

33 이용기, 「19세기 후반 반촌 동계의 기능과 성격변화」, 『사학연구』 91, 2008, 285쪽, 294~303쪽.

34 19세기에 들어 민은民隱에 대한 민중의 호소와 민은을 둘러싼 민중과 관권의 대립양상이 집단화해나가는 모습은 한명기, 「19세기 전반 반봉건항쟁의 성격과 그 유형」, 한국역사연구회 편, 『1894년 농민전쟁연구』(2), 역사비평사, 1992, 122~128쪽 참조.

35 『헌종실록』 권8, 헌종 7년 9월 7일 무오.

36 『경상도함안군총쇄록』, 1889년 5월 6일.

37 『경상도함안군총쇄록』, 1889년 5월 4일.

38 『경상도함안군총쇄록』, 1889년 5월 6일. 이러한 토호들의 행태에 대해 정약용은 "7월 초순에 비로소 서원청書員廳을 개설하는데, 소와 돼지를 잡고 오얏과 외를 물에 띄우며, 계로주桂露酒·죽력주竹瀝酒는 향기가 강렬한데 기생과 광대는 가장하고 술상이 어지럽게 흩어진다. 그들이 들판에 나가서 가을 농사를 보게 될 때엔 먼저 부유한 백성의 잘 여문 전지를 택해서 거짓 재상[僞災]을 미리 팔아, 현령과 감사가 비록 서너 차례 삭제해도 진짜 재상[眞災]이 삭감을 당할지언정 거짓 재상은 요지부동이니, 그 죄악이 이와 같다"라고 지적하였다(『經世遺表』 권7, 地官修制, 田制 7).

39 『경상도함안군총쇄록』, 1890년 7월 12일.

40 『경상도함안군총쇄록』, 1889년 4월 23일.

41 『경상도함안군총쇄록』, 1889년 5월 6일.

42 1854년(철종 5년) 경상좌도 암행어사 朴珪寿의 書啓(『일성록』, 철종 5년 11월 28일 계사[임진]).

43 『고종실록』 권30, 30년 10월 28일 병자; 『고종실록』 권27, 27년 7월 5일 계유. 앞서 언급했듯이 경상도 함안에서 "간악한 향소의 임원이 포리逋吏들과 공모하여" "무리를 지어 감영에 글을 올리기도 하고, 몰래 방문을 붙이기도 하"였다거나(『함안군총쇄록』, 1889년 5월 6일), 이방과 결탁한 토호가 감영에 갇혔다가 한 달 만에 서류상으로만 갇혀 있고 빠져나와 향회에까지 참석한 사실(『함안군총쇄록』, 1889년 4월 23일), 그리고 고성민란이 일어나 민회소의 조사 결과 향리들에게 불리한 상황이 일어나자 곧장 감영에 이를 알리려 한 태도도 향리들이 영리나 감사와 결탁해 있었음을 시사한다(『고성부총쇄록』, 1894년 8월 5일). 이러한 실정은 "지금의 향리는 재상과 결탁하고 감사와 연통해 있어서 위로는 수령을 업수이 보고 아래로는 생민을 수탈하니, 능히 여기에 굴하지 않을 수 있는 자는 훌륭한 수령이다"라고 한 다산 정약용의 말에서도 잘 드러난다(『역주목민심서』Ⅱ, 이전 속리조, 91쪽). 또 다산은 이러한 결탁이 이루어진 배경 그리고 그 시점이 19세기 전후인 것으로 파악하였다(『經世遺表』 권7, 地官修制, 田制 7). 향리와 영리의 결탁에 대한 보성 지역 사례로는 정진영, 「19세기 향촌사회의 지배구조와 대립관계」, 한국역사연구회 편, 『1894년 농민전쟁연구』(1), 역사비평사, 1991, 295~296쪽 참조.

44 『고종실록』 권30, 30년 11월 6일 경신, "近日民之起鬧. 在在可駭. 其犯分蔑法. 固難容貸. 究其所以致此者. 必由於虐厲之政. 而但罪其民. 不治其官. 何可謂平允之政乎." 이러한 실정에 대해 동학농민군은 "聖明在上 生民塗炭何者 民弊之本由於吏逋 吏逋之根由於貪官 貪官之所犯 由於執權之貪婪"이라고 하여 그 부패의 사슬구조를 정확히 인식하고 있었다(「東匪討錄」, 320~321쪽; 『駐韓日本公使館記錄』1, 20쪽).

45 『經世遺表』 권7, 地官修制, 田制 7, "법은 이와 같으나 백성이 상납하는 것은 저와 같으니, 법인들 장차 어찌 믿겠는가? 법이란 시행하는 것인데 법이 있어도 시행되지 않으면 법은 없는 것과 같으니, 탄식하고 눈물 흘릴 일이라고 할 만하다."

46 『승정원일기』, 철종 3년 11월 25일 신미[경오].

47 숙종 대에 시행된 「양역변통절목」에도 '취회상의聚會商議, 종공론從公論'할 것을 강조했다(『備邊司謄錄』 肅宗 37年 12月 26日 경진). '향중공론'이 정치문화로 자리 잡은 사정은 배항섭, 2013, 앞의 논문 참조.

48 김선경, 「조선후기의 조세수취와 面里운영」, 연세대학교 석사학위논문, 1984; 송양섭, 「19세기 良役收取法의 변화—洞布制의 성립과 관련하여」, 『한국사연구』 89, 1995.

49 『경상도함안군총쇄록』, 1890년 1월 21일.

50 향회는 부세문제뿐만 아니라 수령이 자신의 사감을 푸는 데도 활용되었다. 『일성록』, 정조

12년 9월 8일 병인, "康胤構罪時 持淳欲使一鄉士民證之 捉致鄉中知名之士三四人 牢囚
數日忽然放釋 傳令一鄉使之齊會各其里書堂 輪回杖康胤限死爲度云云 鄉中士民 不肯
聽令 則迫令鄉會 勒定罰目 遂以此報營 移囚于豊基郡."

51 배항섭, 위의 논문, 2013 참조. 송찬섭에 따르면 고성민란보다 4년 정도 앞서 일어난 함창
농민항쟁에서도 이방 김규목이 자신의 포흠한 공곡을 메우기 위해 강압으로 향민들을 모
으고, 이 자리에 '대소민인'이 모두 모였다는 점을 내세워 민인들이 자원하여 조세를 추가
납부하려 한 것으로 포장하려 하였으나, 그 자리는 주로 면임, 동임 등이 중심이 되었던 것
으로 이해하였다. 나아가 향리들은 반대의견을 제시하는 사람들에게는 잡아들여서 형추하
겠다고 협박하는 등 '공론'을 조작하였다(송찬섭, 앞의 논문, 2002, 857~858쪽).

52 『경상도함안군총쇄록』, 1889년 4월 23일.

53 송찬섭은 민란 시 항쟁을 이끈 대중조직을 기존의 향회와 구별하여 민회로 명명하였다(송
찬섭, 「1862년 농민항쟁의 조직과 활동」, 『한국사론』 21, 1989, 347쪽; 송찬섭, 「농민항쟁
과 민회」, 『역사비평』 37, 1997 참조).

54 『고성부총쇄록』, 1894년 7월 23일, 28일.

55 『고성부총쇄록』, 1894년 8월 25일.

56 『고성부총쇄록』, 1894년 8월 25일.

57 『고성부총쇄록』, 1894년 8월 25일.

58 '민회소'를 주도한 계층이 누구였는지는 확인되지 않는다. 소민들은 향촌사회에서 명망이
있거나, 특히 조관朝官을 지낸 경력이 있는 사족들이 장두狀頭로 나설 경우 자신들의 요구
가 더 쉽게 관철될 것이라고 기대했으며, 실제로 단성의 김인섭과 같이 조관을 지낸 사족이
민란을 주도하기도 했다. 고성에서도 마찬가지였을 것으로 보인다. 그것은 후술하는 바와
같이 주민들이 부사 오횡묵에게 장두가 되어주기를 요청한 데서도 알 수 있다. 그러나 사족
이 장두로 나선다 하더라도 그의 위상은 이전의 '향중공론'을 주도하던 때와는 달랐을 것으
로 생각한다. 향중공론을 주도하고 스스로 대표가 된 것과 달리 민란 당시에는 오히려 향
중공론 형성에서 배제되거나 예전 같은 영향력이 사라진 가운데, 소민을 비롯한 주민의 공
론에 따라 그들의 원망이 반영되어 추대된 데 불과한 경우가 많았을 것으로 보인다. 예컨
대 1862년 농민항쟁 당시 상주에서 사족들이 소민들의 추대에 응하지 않을 경우 그들의 집
을 파괴하는 등 보복조치가 뒤따랐다는 점은 그러한 사정을 잘 말해준다. 따라서 고성에서
도 민회소 주도층이 사족이나 유식 계층이었다 하더라도 자신들의 계급적 이해만을 대변
할 수 없었고, 오히려 소민들도 포함된 주민 전체가 공론으로 정한 의사나 요구를 부정하지
는 못하였을 것이며, 주민들의 공론을 충실히 수행하는 존재에 가까웠을 것으로 생각된다
(배항섭, 앞의 논문, 2013, 327~328쪽 참조).

59 『고성부총쇄록』, 1894년 8월 2일.

60 『고성부총쇄록』, 1894년 8월 18일.

61 『고성부총쇄록』, 1894년 8월 18일.

62 『고성부총쇄록』, 1894년 8월 2일.

63 『고성부총쇄록』, 1894년 7월 23일, 28일.

64 이 점은 다른 지역 민란에서도 거의 유사하게 나타났다. 예컨대 경상도 상주의 사례는 『일성록』, 철종 13년 7월 8일 기축, 경상우도암행어사慶尙右道暗行御史 조병옥진서계별단단趙秉鈺進書啓別單 참조.

65 『경상도함안군총쇄록』, 1889년 12월 1일.

66 『경상도함안군총쇄록』, 1890년, 1월 19일.

67 『경상도함안군총쇄록』, 1890년 1월 20일.

68 "고을 안 고약한 자제 수십 명을 불러온다. 턱으로 지시하고 기세부리는 자들을 객관客館에 모은 다음, 돼지를 잡고 술을 걸러서 연석宴席을 마련하고는 '향회에서 논의해서 역가를 증액하였다' 하면, 모두 '참으로 그렇습니다' 하는데, 누가 감히 이의를 달겠는가?'라고 하였듯이 강화된 관권은 비단 소민들의 이해와 배치되었을 뿐만 아니라 대민들도 관의 의중을 거역하기 어려운 실정이었다(『經世遺表』 권7, 地官修制, 田制 7).

69 『경상도함안군총쇄록』, 1890년 1월 21일.

70 『고성부총쇄록』, 1894년 3월 10일, 3월 17일, 3월 18일.

71 『고성부총쇄록』, 1894년 7월 28일.

72 『고성부총쇄록』, 1894년 8월 18일, "官民共處一以滌瘼存邑爲意."

73 『고성부총쇄록』, 1894년 7월 28일.

74 『고성부총쇄록』, 1894년 8월 18일.

75 『고성부총쇄록』, 1894년 8월 21일.

76 이에 대해서는 배항섭, 앞의 글, 2013; 「19세기 동아시아 민중운동과 여성의 참여」, 『역사교육』 152, 2019 참조.

77 이에 대한 자세한 내용은 배항섭, 앞의 글, 2010, 147~149쪽; 위의 글, 2013, 336~338쪽 참조.

78 이에 대해서는 지난해 성균관대학교 동아시아학술원에서 개최한 학술대회에서 발표한 바 있으며, 곧 출간할 필자의 책(『19세기 민중운동과 정치문화』)에 실릴 예정이다. 배항섭, "'근대전환기 '민주적' 향촌질서의 성장과 '근대'에 의한 억압─조선후기의 '민회'와 갑오개혁의 향회를 중심으로─", 성균관대학교 동아시아학술원 HK+연구소, 「근대전환기 국가 권력과 사회 질서」, 2020년 8월 25일 참조

79 「鄕約辦務規程」 및 「鄕會條規」, 『內部請議書 2』, 개국 504(1895)년 10월 16일.

80 이에 대한 비판적인 견해도 있다. 독립협회가 동학농민군이나 의병, 농민에 대해 비판적이 었기 때문에 민주주의적이지 않았다는 것이지만, 독립협회의 의회 구상이 그 이전 시기부 터 온축되어 온 새로운 질서, '민주적' 질서를 억압, 횡령하는 것이라는 점을 지적하지는 못 하였다. 신용하의 독립협회 연구에 대한 비판적 견해를 정리한 최근의 연구로는 주진오, 「사회사상사적 독립협회 연구의 확립과 문제점」, 『한국사연구』 149, 2010 참조.

81 정교, 『대한계년사』(상), 287~288쪽; 정교, 조광 편, 김우철 역주, 『대한계년사』(3), 소명출 판, 2004, 260쪽.

82 이는 「독립신문」에 게재된 다음과 같은 기사에서 엿볼 수 있다. "이것만 보아도 대한이 개 화 못 된 것은 알 것이요 인민이 문견도 없고 진보한 생각도 없는 것을 알지니, 이러한 백성 을 가지고 하의원을 꾸미자 하는 사람도 있으나 우리 생각에는 대단 불가한 것으로 아는 바 라"(「독립신문」 1898년 7월 26일).

"우리나라 인민들은 몇백 년 교육이 없어서 나라 일이 어찌되든지 자기에게 당장 괴로운 일 이 없으면 막연히 상관 아니하며, 정부가 뉘 손에 들던지 조반석죽만 하고 지내면 어느 나 라 속국이 되던지 걱정 아니하며 자유니 민권이니 하는 것은 말도 모르고 혹 말이나 들은 사람은 아무렇게나 하는 것을 자유로 알고 남을 해롭게 하여 자기를 이롭게 하는 것을 권리 로 아니, 이러한 백성에게 홀연히 민권을 주어서 하의원을 실시하는 것은 도리어 위태함을 속하게 함이라. …… 유익한 학문을 배워다가 인민의 지식이 쾌히 열려 사오십 년 진보한 후에나 하의원을 생각하는 것이 온당하겠도다"(「독립신문」 1898년 7월 27일).

83 최근 『사이언스Science』에는 이례적인 논문이 실렸다. 핵심 내용은 환경문제(c-19 같은 전 염병도)와 경제적 불평등, 인종차별 간에는 매우 혹은 의미 있는 상관성이 있으며, 환경과 생물다양성 보존을 위해서는 인종적, 경제적 억압 체계를 해체할 필요가 있음을 주장하고 있다(Christopher J. Schell et al., "The ecological and evolutionary consequences of systemic racism in urban environments", *Science*, 1, 1126, 2020).

5장

1 조선 후기 호적 연구현황과 쟁점에 대해서는 다음 논고가 참조된다. 송양섭, 「조선후기 신 분직역 연구와 '직역체제'의 인식」, 『조선시대사학보』 34, 2005; 권내현, 「조선후기 호적·호 구의 성격과 새로운 쟁점」, 『한국사연구』 135, 2006; 권내현, 「조선후기 호적에 대한 이해- 논쟁과 쟁점」, 『한국사연구』 165, 2014; 손병규, 「산 자와 죽은 자의 기재: 호적과 족보에

대한 인구역사학의 관점」, 『조선시대사학보』 79, 2016.

2 호적대장의 호를 둘러싼 논쟁은 다음의 논고를 참고할 것. 정진영, 「조선후기 호적 '호'의 이해와 새로운 전망」, 『단성호적대장연구』, 성균관대학교출판부, 2003; 정지영, 「17·18세기 단성호적에 기재된 호의 성격」, 『경제사학』 32, 2004; 이영훈, 「조선시대의 주호·협호관계 재론」, 『고문서연구』 25, 2004.

3 영해부의 호구분쟁 관련 자료는 원래 괴리시 영양남씨 영감댁에 소장된 것으로 한국국학진흥원이 발굴·보관하고 있으며 현재 웹사이트에서 열람할 수 있다(http://yn.ugyo.net/dir/list?uci=KSAC+K08+KSM−XB.1888.4777−20160630.071423100022). 자료수집과 열람에는 국사편찬위원회 명경일 편사연구사와 한국국학진흥원의 김정미 전임연구원 두 분에게 크게 도움을 받았다. 지면을 빌려 감사의 뜻을 표한다.

4 장영민, 「1840년 영해향전과 그 배경에 대한 소고」, 『충남사학』 2, 1987; 정진영, 「'경자향변'일기 해설 및 자료(Ⅰ)」, 『민족문화논총』 9, 영남대학교 민족문화연구소, 1988; 이수건, 「밀암 이재의 가문과 영남학파」, 『밀암이재연구』, 영남대학교출판부, 2001; 영남대 민족문화연구소, 『동해안 지역 반촌의 사회구조와 변화』, 경인문화사, 2008; 장영민, 『1871년 영해 동학란』, 『한국학보』 13−2, 일지사, 1987; 이창언, 「동해안지역 정기시장의 변화에 관한 연구」, 『민족문화논총』 48, 2010.

5 도호부의 치소와 가까운 곳에 위치한 괴시리는 영양남씨 시조 남해南敏의 15세 남두원南斗遠(1610~1674)을 입촌조로 하는 영양남씨 괴시파 및 수안김씨의 세거지이다. 마을 앞에 흐르는 송천松川 주위에는 늪이 많고 북쪽에는 호濠가 있어 호지말[濠池村]이라고도 했다. 괴시리는 목은 이색이 중국을 방문한 후 구양박사歐陽博士 구양현歐陽玄의 괴시마을과 호지말의 풍경이 비슷하다고 하여 '괴시槐市'로 개칭하였다고 한다. 영양남씨는 8세 송정松亭 남수南須(1395~1477)가 대흥백씨와 혼인하면서 울진에서 영해 인량마을로 입향하여 터를 잡기 시작했으며 사재감 참봉을 지낸 남두원이 영해 괴시리로 이거한 이후 괴시파 후손들이 이곳에 세거하면서 집성촌을 형성하기에 이른다. 현재 괴시리는 괴시파 영감댁, 괴시파 종택, 물소와物小窩 남택만南澤萬 고택·서당, 남경괄南景适(1772~1835) 고택인 주곡댁注谷宅, 남공수의 영은고택 등 괴시파 후손들의 고택이 다수 남아 있다. 괴시파 영감댁과 그 소장자료의 현황에 대해서는 김정미, 「'親親愛人'을 실천한 호은 남홍수와 괴시파 사람들」, 『영양남씨괴시파영감댁−한국국학진흥원소장 국학자료목록집』, 한국국학진흥원, 2015를 참조할 수 있다.

6 상서·등장·첩정의 문서형식과 특징에 대해서는 최승희, 『한국고문서연구』, 1981 참조.

7 이하 이들 문건을 활용한 서술의 전거로 ①~⑪의 문서번호를 본문에 부기한다.

8 최승희, 「호구단자준호구에 대하여」, 『규장각』 7, 1983.

9 山內弘一, 「李朝後期の戶籍編成について特に地方の場合お中心に」, 『朝鮮後期の慶尙道丹城縣における社會動態の研究』(Ⅱ), 1997.

10 호구단자의 수봉은 18세기 후반부터 점차 식년 전해 하반기로 시기가 앞당겨지게 된다. 다만, 식년 전해에 작성한 호구단자에도 기재인물의 나이와 같은 정보는 식년의 형식에 맞게 기록하도록 하였다. 또한 이 시기 많은 호구단자가 작성 연월일을 표시하지 않았는데 이 또한 납적 시기가 앞당겨진 것과 관련이 있을 것으로 생각된다(권내현, 「조선후기 호적의 작성과정에 대한 분석」, 『단성호적대장연구』, 성균관대학교 대동문화연구원, 67~68쪽).

11 마을민들은 올려 잡은 호총이 전 식년의 '3~4배'(①), '본총 외 800~900호(⑦)'라고 말하지만 이는 윤일찬 행위의 자의성과 위법성을 부각하기 위한 과장인 듯하다. 뒤의 〈표〉에 윤일찬이 감호한 액수가 247호 정도인데 '감호봉뢰減戶捧賂' 자료의 불완전성을 감안하더라도 마을민의 표현은 지나친 감이 있기 때문이다. 실제 마감된 호총을 알 수 있는 자료는 남아 있지 않으며 마을민들도 최종적으로 마감된 호총은 제시하지 않고 '장적帳籍'이 흠축欠縮된 것을 이로부터 알 수 있는데 다시 장적을 살펴보니 더욱 알 수 있게 되었다(帳籍欠縮從此可知而更考帳籍則尤爲可知矣)(「영해호적색감호봉뢰조」)'라고 짤막하게 덧붙일 뿐이었다. 이러한 점을 고려해본다면 윤일찬은 호총을 크게 줄이지 않고 이전 식년과 비슷한 수준이나 약간 높은 호총을 적용했을 공산이 크다. 또 다른 언급에서 윤일찬이 감액한 호수가 400여 호라면서 그중 원적의 호수가 200~300호에 달한다고 한 것(⑦)으로 보아 애초에 윤일찬이 올려 잡은 호총은 전 식년보다 100~200호 정도 높은 2,600~2,700호 정도일 것으로 보이며 1888년 실제 호총은 앞 식년인 1885년 호총 2,551호에서 대략 200~300호 줄어든 2,200~2,300호선에서 마감되었다고 보는 것이 합리적이라고 생각한다.

12 영해부사는 1887년 12월 20일 김병휴에서 조관재로 교체된다(『승정원일기』 고종 24년 6월 29일; 고종 24년 12월 20일).

13 네 마을의 증호분이 그다지 크지 않은 듯하지만 당시 관행이던 공동납을 감안한다면 문제가 달라진다. 네 마을의 1888년 호수 131호는 1885년의 109호에 비해 20% 정도인 22호가 증가했지만 영해부 전체의 호총에서 차지하는 비중은 1885년 4.2%(109/2551)에서 1888년 5.6~5.9%(131/2300~131/2200)로 81~88%나 늘어난 셈이었다. 호총 비율로 군현 내부에 배정되는 공동납적 부세 운영을 생각한다면 증호로 인한 부세 부담의 증가가 네 마을에 만만치 않은 압박이 되었으리라는 점은 충분히 짐작 가능한 일이다. 다만 현재로서는 영해부 부세의 구체적인 운영방식을 전하는 자료를 찾아볼 수 없기 때문에 이 문제에 대해서는 향후 추가적 고찰을 기약하기로 한다.

14 1899년 『영해군읍지』에 나타난 면리는 다음과 같다. 邑內(磨屹津·系津·乾達·大津·公須津·元洞·柴門·校洞·魚臺·槐市·城內·路下·路上·墟門·閔榮·池洞), 南面(丑山·良庄·

車踰·景汀·守一亭·反浦·古谷·釜谷·牙三·洑基岩·熊倉·大谷·花田), 畝谷面(七星·鳥項山·大洞·白日洞·元邱·梧琴), 西面(仁良·佳山·雨仰峴·新基·雨井洞), 葛面(方介洞·新里·日暮所·蒼水院·美谷·梧村·奉亭·雲溪·三溪·寶林·仁川·壽洞), 北面(揮里·驛里·蓮坪·松川·霞川·沙川·龍巖·項里·角里·連貫·伊川·遠黃·牙谷·居無役·保谷·榮洞·柄谷·白石·綱谷), 石保面(地境·驛里·素溪畓谷院里仁旨·做士洞·茶塢·南谷·腰院·羊邱).

15 이때 경상감사는 이호준으로 1886년 6월에서 1888년 6월까지 재직한 것으로 나타난다(「道先生案」).

16 문서 여백에 붙어 있는 첩황에 '此報呈府官 經旬日而未蒙題敎䂓除 報紙乙爲籍吏所干沒 匿而不出 故更謄帖連 呈寧之一邑民情 覽此而洞悉無餘 伏乞細細垂察是白齊'라고 되어 있는 것으로 보아 이 첩정은 7월 19일 '대소민인' 명의로 감영에 정소하면서 첨부된 사본임을 알 수 있다.

17 주 11) 참조.

18 『영해군읍지』(1899).

19 이때 문제는 원호 2,473호 중 반족班族 600여 호, 해호海戶 400호, 군교軍校·이교吏校·역속驛屬 300여 호에 교원校院과 내수사 노속奴屬을 제외하면 남은 양호良戶가 800~900호에 불과한데 여기에 독녀獨女나 노제老除의 무리도 섞여 있기 때문에 경외京外 군총軍摠 1,137명에 크게 부족한, 전형적인 호소군다戶少軍多로 인한 것이었다(『승정원일기』 정조 22년 12월 17일).

20 호구파악의 이념적·의례적 성격에 대해서는 서호철, 「조선후기의 인구와 통치-『일성록』 '헌민수' 자료의 검토」, 『사회와 역사』 74, 2007 참조.

21 송양섭, 「18~19세기 단성현의 군역파악과 운영-단성호적대장을 중심으로」, 『단성호적대장연구』, 2003, 436~437쪽.

22 『승정원일기』 94책 정조 21년 7월 14일.

23 『玉山文牒抄』「戶籍事傳令各面」.

24 『일성록』 순조 5년 12월 16일 「평안도청남어사홍병철진서계별단」.

25 『목민심서』 제6조 호적.

26 『목민심서』 제6조 호적.

27 『목민심서』 제6조 호적.

28 『목민심서』 제6조 호적. 예컨대 1851년 7월 식년을 한 해 앞둔 경산 현감은 '경영京營의 신칙' 때문에 한 호 한 구의 은루隱漏도 불가하다면서 읍내면에 무려 227호를 가집加執하기에 이른다. 하지만 이것이 지역에 지나친 부담이 될 것을 우려하여 가집한 227호 중 127호

는 특별히 삭감하고 100호만 실호實戶에 넣어 각 동에 분배하도록 하였다. 이 원칙은 다른 면에도 적용되어 면별로 100호씩 추가 사괄하도록 하고 이에 맞추어 별도의 호구단자도 기일을 정해 납부하도록 하였다(『玉山文牒抄』「戶籍事傳令各面」). 군현 내 각 면리에 대한 호총의 조정작업이 어떠한 형태로 이루어졌는지 잘 보여주는 사례이다.

29 『玉山文牒抄』「戶籍事傳令各面」.

30 『목민심서』 호적.

31 『목민심서』에 담긴 정약용의 수령인식과 인시순속적 입장에 대해서는 송양섭, 「목민심서』에 나타난 다산 정약용의 '인시순속'적 지방재정 운영론」, 『다산과 현대』 7, 2014; 「목민심서』에 나타난 정약용의 수령인식과 지방행정의 방향」, 『다산학』 28, 2016 참조.

32 『玉山文牒抄』「戶籍事傳令各面」.

33 『목민심서』 제6조 호적.

34 『玉山文牒抄』「戶籍事傳令各面」.

35 『戶籍所謄錄』 정해 6월 초5일. 가좌책에 대해서는 『임천군가좌초책林川郡家座草冊』을 분석한 김선경, 「조선후기 조세수취와 면리운영」, 연세대학교 석사학위논문, 1984; 김용섭, 「조선후기 無田農民의 문제-『林川郡家座草冊』의 분석」, 『증보판조선후기농업사연구』 I, 지식산업사, 1995와 『구례토지면가좌성명성책求吐旨面家座姓名成冊』을 분석한 이종범, 「19세기 후반 부세제도의 운영과 사회구조-전라도 구례현의 사례」, 『동방학지』 89·90, 순천부가좌책을 살핀 허원영, 「18세기 후반 순천부 농민의 존재양태와 농업경영-『순천부서면가좌책』(1744) 분석을 중심으로」, 『역사문화연구』 47, 2013; 김건태, 「호명을 통해 본 19세기 직역과 솔하노비」, 『한국사연구』 144, 2009 등이 있다.

36 『목민심서』 제6조 호적.

37 송양섭, 「1896년 지도군 창설과 서남해 도서지배구조의 재편-오횡묵의 『지도군총쇄록』을 중심으로」, 『한국사학보』 26, 2007, 212~220쪽.

38 『갑오식성책규식』.

39 『牧綱』, 家座法.

40 『거관대요』 호적; 『거관대요』 가좌법. 정약용은 가좌책의 가호를 바탕으로 호총을 채우는 과정도 상세히 묘사하였다. 가령 마감된 호총이 4,000이고 가좌책의 가호 수가 대호 2,000호, 중호 4,000호, 소호 8,000호라고 한다면 대호 1개와 소호 2개, 중호 2개와 소호 2개를 각각 1호로 입호하는 방식으로 이를 채울 수 있다고 하였다. 이는 마을별 호총에 대한 입호 과정에도 동일하게 적용되었다. 구총도 호총의 비례식에 준하여 정하도록 했다. 가령 지난 식년 4,000호에 남구가 7,800, 여구가 8,200이었다면 1호당 남구 1.95, 여구 2.05이므로 20호인 유천리의 경우 남구 39와 여구 41로 책정하고 18호인 옥산리는 남구 35와 여구 37로

정한 것이다. 하지만 정약용은 이러한 비례식을 지나치게 엄격하게 적용하지 말도록 했는데 이는 바로 『목민심서』 전반을 관통하는 순속적 태도이다. 그는 관법의 큰 틀 속에서 지역사회의 급격한 변동이나 민의 부담이 늘어나는 등의 사태는 바람직하지 않은 것으로 간주했다. '천도의 변화는 점차로 되는 것이요 갑작스럽게 달라지는 것이 아니'라는 관점이었다(『목민심서』 제6조 호적).

41 『거관대요』 가좌규식.

42 『목민심서』 제6조 호적.

43 원호−적외호의 구조에 대해 정진영은 원호의 편제과정을 자연가를 1차적으로 편제하는 법제호 단계, 배정된 호총과 구총에 따라 법제호를 다시 분등하여 2차적으로 편제하는 편호 단계, 그 가운데 일부분을 초정하여 호적에 등재하는 원호초정의 단계로 나누었고 이 과정에서 지역에 배당된 군역·직역의 합당한 대상이 고려된다고 하였다(정진영, 「조선후기 호적 '호'의 이해와 새로운 전망」, 『단성호적대장연구』, 성균관대학교출판부, 2003).

44 이 같은 점은 지방재정의 다른 부문을 운영하는 데에서도 마찬가지로 중요했다. 정약용은 『목민심서』에서 '당대의 시의에 맞추어 향촌사회에 오랜 기간에 걸쳐 정착된 관행을 최대한 존중하는 것[因時順俗]'을 목민관의 중요한 지침으로 삼도록 했다. 특히 은·여결을 '연결羨結'의 형태로 운용하여 부세운영이나 지방재정에 소요되는 각종 비용을 충당하는 방안을 제시했는데 이는 수령 차원에서 자율적으로 운용할 수 있는 재원의 범위를 넓혀 일종의 재정적 완충지대를 설정함으로써 지방재정의 숨통을 틔우고 중앙으로부터 가해지는 각종 부담에 유연하게 대응하기 위한 것이었다(송양섭, 앞의 글, 2014). 지방 차원의 '연결' 조성과 적극적인 활용은 가좌책을 통한 이중적 호구운용과 대동소이한 것으로 정약용이 지방관의 직무수행에 특별히 유의하도록 강조했던 지점이었다. 당대의 현실을 적극적으로 수용한 위에 제시한 순속적 방안이었던 점도 공통적이다.

45 「道先生案」; 『승정원일기』 2981책 고종 26년 1월 15일; 『승정원일기』 2989책 고종 26년 9월 10일; 『巡相國金公諱明鎭永世不忘碑』(1891, 대구 소재).

46 이서층의 지방사회의 영향력과 향역鄕役에 대해서는 이훈상, 『조선후기의 향리』, 일조각, 1990; 김필동, 『차별과 연대−조선사회의 신분과 조직』, 문학과지성사, 1999; 권기중, 『조선시대 지방사회와 향리』, 경인문화사, 2010 참조.

47 정약용은 이러한 사정 때문에 식년이 되면 이서들이 가장 선호하는 직임인 이방만큼이나 호적색을 차지하기 위해 치열한 경쟁이 벌어진다고 하였다. 호적색은 식년마다 이루어지는 호적개수 과정에서 적지 않은 사익을 취할 수 있었는데 그 액수가 큰 고을은 1만 냥, 작은 고을이라도 3,000냥이나 될 정도라고 하였다. 그럼에도 이를 근절하지 못하는 이유는 수령조차도 이들과 깊숙이 결탁되어 있기 때문이라고 하였다(『목민심서』 제6조 호적).

48   19세기 '토호'에 대해서는 곽동찬, 「고종조 토호의 성분과 무단양상－1867년 암행어사토호
     별단의 분석」, 『한국사론』 2, 1975; 井上和枝, 「대원군의 지방통치정책에 관하여－「토호별
     단」의 재검토」, 『벽사이우성교수정년퇴직논총－민족사의 전개와 문화』 상, 1990 참조.

6장

1   陳支平, 『淸代賦役制度演變新探』, 廈門大學出版社, 1988.

2   西村元照, 「淸初の土地丈量について－土地臺帳と隱田をめぐる國家と鄕紳の對抗關係を
     基軸として－」, 『東洋史硏究』 33-3, 1974, 103~107쪽.

3   『淸世祖實錄』 순치 3년 4월 壬寅.

4   高嶋航, 「淸代の賦役全書」, 『東方學報』(京都) 72, 2000, 454쪽.

5   이 표는 張硏, 『淸代經濟簡史』, 中州古籍出版社, 1998, 109~110쪽의 서술을 근거로 필자
     가 정리하여 작성한 것이다. 장연은 후에 같은 제목의 저서를 중국사연구총서로 대만에서
     도 출판하였다(雲龍出版社, 2002, 59~62쪽). 그러나 내용에 대폭 수정이 있었으므로 두 저
     서를 모두 참고하였다. 구별을 위해 1998년 저서의 내용은 주요 내용 (A)로 2002년 저서의
     내용은 주요 내용(B)로 구별하였다.

6   張硏, 위의 책, 1998, 110~111쪽.

7   同治 『通城縣志』 권8, 「田賦志」에는 "순치 5년 지현 조제방趙齊芳이 例를 받들어 청장하였
     는데, 전토에 대한 세량은 모두 전과 같았다"라는 기록이 있다(楊國安, 「淸代康熙年間兩
     湖地區土地丈量與地籍編纂」, 『中國史硏究』 2011년 제4기, 160쪽).

8   權仁溶, 「明末 徽州의 土地丈量과 里甲制: 祁門縣 '謝氏分爭'을 中心으로」, 『東洋史學硏
     究』 63, 1998; 夏維中·王裕明, 「也論明末淸初徽州地區土地丈量與里甲制的關係」, 『南京
     大學學報』 2002년 4기; 汪慶元, 「淸代順治朝土地淸丈在徽州的推行」, 『中國史硏究』 2007
     년 제3기.

9   弘治 『휘주부지』 권2, 食貨, 田地.

10   道光 『휘주부지』 권5, 식화지, 부역. 이 가운데 홍무, 영락, 성화, 홍치, 가정 연간의 장량은
     6현 모두에서 실시된 것으로 기록되어 있으나 만력 9년, 만력 20년, 만력 48년＝태창 원년,
     천계 2년의 장량은 관련 기록이 없는 현도 있다. 특히 만력 9년의 장량은 장거정 개혁의 일
     환으로 전국적으로 실시하여 성공한 장량으로 평가받는 것인데, 흡현과 기문현에서 실시
     한 기록이 없는 점은 의문이다. 또 태창 원년 장량의 결과로 여겨지는 『휘주부부역전서徽
     州府賦役全書』가 현전함에도 휴녕현, 기문현에만 실시된 기록이 남아 있어 이것도 의문

이다.

11 民國『안휘통지고·재정고』, 권3「田賦上」. 趙贇, 「納稅單位"眞實"的一面-以徽州府土地
    數據考釋爲中心」, 『安徽史學』 2003년 제5기, 85쪽에서 재인용. 인용문 번역의 괄호는 필
    자가 이해의 편의를 위해 보충한 것이다. 이하 같다.

12 강희『휴녕현지』 권3, 식화(成文出版社有限公司], 1970년, 383쪽).

13 『明淸兩朝丈量田畝條例(坿田形圖式)』, 중화민국 26년(1937) 11월, 歙縣集成書局, 67쪽.
    이 자료는 복단대학復旦大學 왕진충王振忠 교수가 현지 조사에서 발견하여 촬영한 것의
    일부이다. 이하 『명청양조장량전무조례, 부전형도식明淸兩朝丈量田畝條例, 坿田形圖式』
    의 자료는 모두 왕진충 교수가 제공한 것이다.

14 이 고시가 흡현의 것임은 자료 내용 중 '본현의 장량할 경계는 창화·순안·태평·적계·휴녕
    과 인접해 있다'라는 구절로 알 수 있다. 흡현은 동쪽에서 북쪽 방향, 즉 시계 반대 방향으
    로 순안현, 창화현, 적계현, 정덕현, 태평현, 이현, 휴녕현으로 둘러싸여 있다.

15 『康熙陳氏置産簿』(南京大學歷史系資料室藏). 夏維中·王裕明, 「也論明末淸初徽州地區
    土地丈量與里甲制的關係」, 『南京大學學報』 2002년 제4기, 제39권(총 148기), 121쪽에서
    재인용). 夏維中·王裕明의 위 논문에 따르면, 이 고시는 휴녕현의 것이고, 순치 4년 2월 7
    일자로 발표된 것이다.

16 『明淸兩朝丈量田畝條例(坿田形圖式)』, 중화민국 26년(1937) 11월, 歙縣集成書局, 74쪽.

17 강희『휘주부지』 권4, 秋官志中, 縣職官, 歙縣(成文出版社有限公司, 1970, 620~621쪽).
    여기에는 '高宗玥, 浙江臨安人, 恩貢, 順治中任'이라고 하여 지현의 이름이 고종명高宗明
    이 아니라 고종모高宗玥로 되어 있다.

18 張傳璽 主編, 『中國歷代契約會編考釋』 下, 北京大學出版社, 1995, 1127~1128쪽.

19 『休寧縣都圖地名字號便覽』(中國社會科學院 歷史硏究所藏, 이하『便覽』으로 약칭함)에
    따르면, 24도 1도의 자호는 '상자常字'였고, 청장 이후에는 '개자盖字'로 바뀌었다.

20 張傳璽 主編, 『中國歷代契約會編考釋』 下, 北京大學出版社, 1995, 1130~1132쪽.

21 『편람』에 따르면, 동북우 3도의 원래 토지 번호는 '현자玄字'였고, '신장' 이후에는 '병자丙
    字'이다. 매매 대상 토지의 '신장' 이후 토지 번호가 '우자'이므로 매주賣主의 거주지와 동일
    한 도도都圖에 위치한 토지가 아님을 알 수 있다. 휴녕현에서 '신장' 이후의 토지 번호가 '우
    자'인 곳은 1도都 2도圖이다. 하지만 여기에는 '남가선인항南街宣仁巷'이라는 지명이 없다.
    '남가선인항'이라는 지명은 서북우 2도에 '남가'와 '선인항'이라는 지명이 보이고, 서남우 1도
    에도 '선인항'과 '남가'라는 지명이 보인다. 1도都 내에 존재하지 않는 토지 명칭이 쓰인 것
    은 현치縣治 내의 서북우, 서남우와 현성縣城의 1도가 인접한 상황과 관련 있는 것으로 짐
    작된다.

22 명대에는 토지 등급이 매우 번잡하였고 이것이 부역제도 운영에 큰 문제를 야기하였다. 이에 만력 9년의 장량 때 '관민전지산당官民田地山塘'에 대해서 균일하게 한가지 등급으로 과세한다'는 원칙을 세우고 이에 따라 청장을 진행하였다. 이때 휴녕현에서도 땅의 종류에 따라 균일하게 적용하는 과세 등급이 마련되었다. 아래의 표는 지地에 대한 과세 등급과 그에 따른 1무당 보수를 표시한 것이다.

과세 등급	상	중	하	하하
畝當步數	200	250	350	500

이에 따라 지 214.49보를 상칙의 무당보수인 200보로 환산하면 1,702무가 된다. 이 표는 만력 『휴녕현지』 권2, 식화지에 근거하여 난성현이 작성한 표에서 필요한 부분만 인용한 것이다(欒成顯, 『明代黃册研究』, 中國社會科學出版社, 1998, 167쪽). 만력 9년의 기준이지만 순치 청장도 만력 청장을 기준으로 진행되었으므로 동일한 과세 등급이 적용되었다.

23 『明嘉靖淸嘉慶承當都長丈量公正里役排年合同議約』(南京大學歷史系資料室藏, 權仁溶, 『明末淸初 徽州의 里甲制에 관한 硏究』, 고려대학교 박사학위논문, 2000, 124쪽에서 재인용

24 순치 14년 4월 14일 부역전서 권수卷首에 게재할 칙유의 반포를 요청하는 상주가 올라가고, 순치 14년 9월 4일 순치제는 해당 칙유를 반포하였다. 그 후 각 지역에서 이 칙유를 권수에 수록한 부역전서가 간행되었다(高嶋航, 앞의 논문, 2000, 458쪽).

25 『청세조실록』 순치 3년 4월 임인.

26 앞에서 언급한 '순치 12년, 부역전서'라는 강희 『휴녕현지』의 기록이 이러한 사실을 반영한 것이라고 하겠다(강희 『휴녕현지』 권3, 식화(성문출판사유한공사, 1970, 383쪽).

27 권인용, 앞의 논문, 1998.

28 하유중·왕유명, 앞의 논문, 2002; 왕경원, 앞의 논문, 2007.

29 『강희진씨치산부』(남경대학역사계자료실, 하유중·왕유명, 위의 논문, 2002, 121~122쪽에서 재인용).

30 『강희진씨치산부』(남경대학역사계자료실, 하유중·왕유명, 위의 논문, 2002, 124쪽에서 재인용).

31 하유중·왕유명, 위의 논문, 2002, 124쪽의 본문에서 '12월'로 서술했으나 인용한 사료는 '二月'이다. 원 문서를 확인한 결과 '二月'이 맞다.

32 『강희진씨치산부』(남경대학역사계자료실, 하유중·왕유명, 위의 논문, 2002, 124~125쪽에서 재인용).

33 『편람』에 따르면, 휴녕현 9도都에는 원래 3개 도圖가 있었는데 2도가 없어지고 순치 8년에 5도가 설치되었다. 그러므로 순치 8년 이전에는 1도와 3도만 존재하고 순치 8년 이후에는 여기에 5도를 더하여 모두 3개 도가 존재하였다. 도광『휴녕현지』권1, 강역, 우도隅都에는 "9도都에는 모두 2개 도가 있다. 할주: 현의 서쪽에 있으며 2도가 없어지고, 5도가 늘었다. 옛 (편호는) 개芥와 강薑이고, 새 (편호는) 칭稱과 야夜다"라고 기록되어 있다. 그런데 강희 30~32년의 상황을 반영하는『휴녕현도도이역비람休寧縣都圖里役備覽』(안휘성도서관 소장, 이하『비람備覽』으로 약칭)에 1도, 3도, 5도의 이역里役 상황이 명기되어 있는 것으로 보아 도광『휴녕현지』의 기록은 강희 30~32년 이후의 상황을 반영한 것이라고 할 수 있다. 다만, 본문에는 2개 도가 있다고 하고, 할주에서는 2도가 없어지고 5도가 늘었다고 한 것은 모순된 서술이 된다. 도광『휴녕현지』의 관련 서술의 신빙성이 떨어진다고 하겠다.

34 Ⅲ-3) 문서에 비로소 등장하는 1도에 속한 정촌은 이장호도 하나밖에 없는 비교적 규모가 작은 촌락이었을 것으로 추정된다. 따라서 촌락을 단위로 한 논의에는 대표성을 갖고 참여하지 못한 것이 아닌가 생각된다.

35 찬화와 경리는 사실상 화수와 양수의 역할을 의미하는 것으로 보인다.

36 『徽州千年契約文書』淸民國編 제1권, 20쪽.

37 〈표 3〉에서 도都·도圖·자호字號를 확인할 수 있는 6, 7, 8번의 휴녕현 어린도책을『비람』과 대조해보니 도·도와 자호가 모두 일치하였다.『비람』에서 '신장'을 통해서 새로 정해진 자호가 순치 청장의 결과임을 보여주는 것이다. 순치 청장으로 결정된 새로운 자호는 이후 청대를 통해서 통용되었다. 이 점 또한 순치 청장이 실제로 실행되었고 청대 토지 관리 정책에서 의미 있는 역할을 했음을 증명하는 것이다.

38 〈표 3〉의 25번 자료의 양이 방대하므로 시기를 순치시기의 것으로 한정하지 않으면 휴녕현의 것이 가장 많을 것이다.

39 吳敵·阜元,「淸順治間魚鱗圖冊殘本辨析」,『四川師範學院學報(哲學社會科學版)』1991년 제2기, 42~43쪽.

40 왕경원, 앞의 논문, 2007, 145쪽 주 ③의 내용을 바탕으로 필자가 각 목록집과 자료집 및 연구서와 논문 등을 확인하여 일부 수정한 것이다. 참고한 자료는 다음과 같다.『徽州歷史檔案總目提要』(嚴桂夫 主編, 黃山書社, 1996, 124쪽, 127쪽),『徽州文書類目』(王鈺欣 等編, 黃山書社, 2000, 533~534쪽),『徽州千年契約文書』淸民國編 제19권(花山文藝出版社, 1991, 3~96쪽), 鶴見尙弘,『中國明淸社會經濟硏究』(學苑出版社, 1986, 226쪽), 周紹泉,「徽州文書與徽學」(『歷史硏究』2000년 제1기) 등.

41 趙岡,「簡論魚鱗圖冊」,『中國農史』, 2001년 제20권 제1기, 39~40쪽. 하지만 순치 어린도책에 대해서는 직접 언급하지 않았다.

42 汪慶元, 「淸初徽州的"均圖"魚鱗冊研究」, 『淸史硏究』, 2009년 제2기, 49쪽.

43 欒成顯, 「徽州魚鱗圖冊文書的遺存及其硏究價値」, 『黃山學院學報』, 제7권 제1기, 2005, 8~9쪽.

44 周紹泉, 岸本美緒 譯, 「徽州文書の分類」, 『史潮』新32, 1993.

45 그밖에도 '기업인표跂業印票', '위세표緯稅票' 등 여러 가지 명칭이 있다.

46 하유중·왕유명, 앞의 논문, 2002, 126~128쪽.

47 『휘주천년계약문서』 청민국편 제1권, 26쪽.

48 왕경원, 앞의 논문, 2007, 158~159쪽.

49 절실전折實田은 지·산·당의 면적을 전의 면적으로 환산하는 것인데 세무를 전을 기준으로 환산하기 때문이다. 절실전과 세무의 환산율은 지역에 따라 다르다.

50 다카시마 코우, 앞의 논문, 2000.

7장

1 대표적인 연구만 꼽으면, Johanna Meskill, *A Chinese Pioneer Family: The Lins of Wu-feng, Taiwan, 1729-1895*, Princeton Univ., 1979; 黃富三, 『霧峯林家的興起-從渡海拓荒到封疆大吏(1729~1864)』, 自立晚報, 1987; 黃富三, 『霧峯林家的中挫(1861~1885)』, 自立晚報, 1992; 李文良, 「晚淸臺灣的地方政府與社會-廣泰成墾號事件的觀察」, 『曹永和先生八十壽慶論文集』, 樂學書局, 2001; 黃富三, 「從劉銘傳開山撫番政策看淸廷·地方官·士紳的互動」, 『中華民國史專題第五屆硏討會(國史上中央與地方的關係)』, 國史館, 2000; 黃富三·陳俐甫 編, 『霧峰林家之調査與硏究』, 國立臺灣大學歷史系, 1991 등이 있고, 자료집으로 黃富三等 解讀, 『霧峰林家文書集』(全二卷), 國史館, 2013이 출판되었다.

2 대만의회설치청원운동과 2·28사건의 중심인물인 임헌당林獻堂에 관한 연구가 특히 많은데, 張正昌, 『林獻堂與臺灣民族運動』, 益群書局, 1981; 黃富三, 『林獻堂傳』, 國史館 臺灣文獻館, 2004; 王振勳, 『林獻堂的社會思想與社會活動新論』, 稻田出版, 2009 등이 그것이다.

3 대만 '5대 가족'으로는 판교 임가, 무봉 임가, 기륭基隆 안가顏家, 녹항鹿港, 고가辜家와 고웅高雄 진가陳家가 꼽히는데(司馬嘯靑, 『臺灣五大家族』(上·下), 自立晚報, 1987 등), 涂照彦, 『日本帝國主義下の臺灣』, 東京大學出版會, 1975는 이들을 '5대 족계자본族系資本'이라 지칭한다. 이들 5대 가족 중 1) 기륭 안가와 녹항 고가는 식민지시대에 급성장한 가족이고 2) 판교 임가, 무봉 임가, 고웅 진가는 청대 이래 농업과 무역(고웅 진가는 설탕무역)

으로 성장해온 가족이다. 18세기 이래 대만 지역 정치와 지역엘리트의 사회경제적 성쇠의 관계를 장기적 관점에서 살펴보려는 이 글의 목적에 비추어보면 1)보다는 2)가 적절한 관찰 대상이 된다. 다만 판교 임가와 고웅 진가는 상대적으로 자료가 풍부하지 못하다.

4 다양한 인종과 사회집단이 하나의 '국민nation'을 구성해온 미국 사회에서 국민과는 구별 되는 복수의 하위집단을 지칭하기 위해 1950년대에 고안되었다고 알려진 '에스니시티 ethnicity'나 '에스닉 집단ethnic group'이라는 용어에 정확히 대응하는 한국어를 찾기는 쉽지 않다. 예컨대 '종족種族'이라는 용어는 유전적·선천적 차이가 전제된 용어 자체가 주는 선 입견을 배제하기 어렵다. 에스니시티는 객가와 한인의 구별에서 드러나듯이 (유전적·인종 적 개념이라기보다는) 기본적으로 역사적·문화적 개념이다. 또 예컨대 대만의 생번과 숙번 처럼 청조의 통치(=교화)를 수용했느냐에 따른 정치적 함의를 가지기도 한다. 중국 대륙에 서는 '소수민족'이라는 용어가 널리 사용되지만, 이 용어가 '중화민족中華民族'이라고 할 때 의 민족 개념과 혼동되기 쉽다. 다른 차원의 사회집단에 대해 똑같이 '민족'이라는 용어가 사용되기 때문이다. 반면에 대만 학계에서 널리 사용되는 '족군族群'이라는 용어는 최소한 기존에 사용되던 민족이나 종족, 소수민족 등의 기존 개념과 혼동을 일으킬 위험은 상대적 으로 적다. 따라서 이 글에서는 '족군'이라는 용어를 사용한다.

5 John R. Shepherd, *Statecraft and Political Economy on the Taiwan Frontier 1600-1800*, Stanford Univ. Press, 1993.

6 구범진, 『청나라 – 키메라의 제국』, 민음사, 2012, 121~128쪽.

7 문명기, 「청말 신강 건성과 재정 – 대만 건성과의 비교를 겸하여」, 『중국학보』 63, 2011 참조.

8 柯志明, 『番頭家-淸代臺灣族群政治與熟番地權』, 中央硏究院 社會學硏究所, 2001, 3~4 쪽.

9 伊能嘉矩, 『臺灣蕃政志』, 臺灣日日新報社, 1904, 38쪽.

10 周婉窈, 『臺灣歷史圖說』, 聯經, 2000(2판 7쇄), 66~69쪽.

11 민두기, 『시간과의 경쟁 – 동아시아근현대사논집』, 연세대학교출판부, 2001, 18~19쪽.

12 陳孔立, 『淸代臺灣移民社會硏究』, 九州出版社, 2003, 225쪽.

13 생번의 출초에 관해서는 한인의 생존공간 압박에 대항한 복수로 보는 '압박-저항설'이 제 기되었고, 청대 대만의 번해蕃害에 대한 통계 연구 역시 원주민의 출초 횟수와 한인 개간 이 상관관계를 보인다고 주장한다. 실제로 생번의 출초와 한인 살해가 번지개발이 가장 활 발했던 광서 연간에 가장 두드러지게 나타났던 점이 생번의 출초와 한인의 번지개발을 연 관 짓는 발상에 설득력을 더해주는 것도 사실이다. 하지만 생번의 출초 습속 자체는 생번 스스로 '영광스러운 행위'로 간주하는 고유한 전통이었다. 또 한인의 압박이 없는 상황에서 생번의 '주동적' 출초도 적지 않았던 만큼, 출초를 단순히 압박에 저항한 결과라고만 해석할

수는 없다.

14 劉銘傳, 「中北兩路化番滋事派兵剿復摺」(1887년), 劉銘傳, 『劉壯肅公奏議』(臺灣文獻叢刊第27種), 臺灣省文獻委員會, 1958, 223쪽.

15 이 토우구를 지도에 홍색 선으로 표시하여 경계로 삼았기 때문에 토우홍선土牛紅線이라는 말도 생겼다(施添福, 「淸代臺灣竹塹地區的土牛溝和區域發展」, 『臺灣風物』 40-4, 1990, 5~10쪽).

16 柯志明, 『番頭家-淸代臺灣族群政治與熟番地權』, 52~61쪽.

17 문명기, 「청말 대만의 번지개발과 족군정치ethnic politics의 종언」, 『중국근현대사연구』 30, 2006, 62~63쪽.

18 1683년 10월 강희제의 대만 평정을 기념하여 강희제의 존호를 추가하자는 주청에 대해 정작 강희제 자신은 "대만은 총알만 한 땅으로 획득해도 보탬이 되지 않고 획득하지 않아도 손해될 것 없다. 그런데도 존호를 더하고 조서를 반포한다면 과장되게 꾸미는 것이 된다. 굳이 행할 필요가 없다"라고 물리쳤다(張本政 主編, 『淸實錄臺灣史資料專輯』, 福建人民出版社, 1993, 61쪽).

19 문명기, 「대만사건(1874) 이후 청조의 대만 경영과 建省 방안의 형성」, 『역사학보』 194, 2007 참조.

20 문명기, 「19세기 후반 대만의 개항과 경제변동, 1861~1895-이중종속double dependency 개념의 보완을 위한 시론」, 『중앙사론』 27집, 2008, 90~104쪽.

21 김호동, 『근대 중앙아시아의 혁명과 좌절』, 사계절, 1999, 305~307쪽.

22 문명기, 「청말 대만 建省과 劉銘傳-재원확보 방안을 중심으로」, 서울대학교 동양사학과 박사학위논문, 2007, 79~86쪽.

23 복건성의 재정지원에 관해서는 鄧孔昭, 「臺灣建省初期的福建協餉」, 『臺灣研究集刊』 1994年 4期 참조.

24 장뇌 채취 및 제조과정에 대한 설명으로는 楊騏駿, 「日治前期臺灣樟腦業的發展-以産銷爲中心的觀察(1895~1918)」, 國立臺北大學 歷史學系 碩士學位論文, 2012, 63~86쪽 참조.

25 林滿紅, 『茶·糖·樟腦業與臺灣之社會經濟變遷(1860~1895)』, 聯經, 1997, 33쪽.

26 문명기, 「19세기 후반 대만의 개항과 경제변동, 1861~1895」, 92쪽. 대만총독부 초대 총독 가바야마 스케노리華山資紀 역시 "원주민의 서식지가 대만 장래의 부의 원천이어서 국가경제상 등한시할 수 없다"라고 밝혔다(伊能嘉矩 編, 『理蕃誌稿』(第一編), 臺灣總督府 警察本署, 1918, 9~11쪽).

27 생번의 강력한 저항으로 "장뇌값은 곧 피값이다The Price of Camphor is blood"라는 말이

있을 정도였다(James Davidson, 蔡啓恒 譯, 『臺灣之過去與現在』, 臺灣銀行, 1972, 282쪽).

28 대만 지역엘리트와 대만성정부의 타협과 동맹에 관한 상세한 서술은 문명기, 「청말 (1886~1889) 대만의 지세개혁과 그 성격」, 『동양사학연구』 95집, 2006; 「청말 대만의 번지 개발과 족군정치ethnic politics의 종언」 참조.

29 曾迺碩, 「淸季大稻埕之茶業」, 『臺北文物』 5-4, 1957, 115~116쪽.

30 1901년 임시대만구관조사회臨時臺灣舊慣調查會의 조사에 따르면 판교 임가의 자산은 318 만 엔에 달했다(「臺灣の素封家」, 『臺灣慣習記事』 1권 12호, 1901. 12, 64쪽).

31 문명기, 앞의 글, 2006, 97~98쪽.

32 鄭鏞, 「臺灣建省前後國家與巨族的互動－以臺灣板橋林家·霧峰林家爲研究對象」, 『東 南學術』 2007년 2기, 151쪽; 司馬嘯靑, 『臺灣五大家族』(上), 85쪽; 黃富三, 『霧峰林家的 興起』, 102~106쪽.

33 林玉茹, 『淸代竹塹地區的在地商人及其活動網絡』, 聯經, 2000, 281~312쪽.

34 黃富三·翁佳音, 「淸代台灣漢人懇戶階層初論」, 『近代中國區域硏討會論文集』(上册), 中央硏究院 近代史硏究所, 1986, 143~145쪽.

35 이에 관해서는 黃富三, 「淸季臺灣之外來衝擊與官紳關係－以板橋林家之捐獻爲例」, 『臺 灣文獻』 62-4, 2011, 135~141쪽 참조.

36 黃富三, 「試論霧峰林家之族性與族運」, 『國史硏究通訊』 제2기, 2012, 19~21쪽.

37 王世慶, 「霧峰林家之歷史」, 黃富三·陳俐甫 編, 『霧峰林家之調査與硏究』, 國立臺灣大 學歷史系, 1991, 7~8쪽.

38 청대 대만의 개간 집단은 출신지 차이에 따른 집단적 폭력사태, 이른바 분류계투分類械鬪 에 대비해야 했을 뿐만 아니라 개간 확대에 따른 원주민과의 충돌에도 대비해야 했다. 따 라서 개간 집단은 대개 사적 무장력을 보유했고 지방관도 이를 용인했다. 예컨대 신죽新竹 지방의 최대 개간 집단 중 하나인 금광복金廣福의 경우 장정 수백 명을 동원해 원주민을 공격하는가 하면, 원주민의 보복 공격에 대응하기도 했다. 1886년 금광복이 지방관에 제출 한 자료에 따르면 금광복이 보유한 초소는 총 37곳, 민병隘丁은 121명이었고, 이에 상응하 는 무기도 갖추었다(吳學明, 『金廣福墾隘硏究』(上), 新竹縣立文化中心, 2000, 110~116 쪽). 지방관으로서는 충분치 않은 행정력으로 지방사회의 치안을 이들 개간 집단의 조직화 된 역량에 기대야 했고, 그 결과 개간 집단의 우두머리들은 일정한 사법적 권한까지 보유하 기도 했다(戴炎輝, 『淸代臺灣之鄕治』, 聯經, 1979, 112~114쪽).

39 Johanna Meskill, *A Chinese Pioneer Family: The Lins of Wu-feng, Taiwan, 1729-1895*, 141 쪽과 233쪽에 따르면 식민지시대 초기에 작성된 토지신고서에 따라 무봉 임가의 토지가 각 촌락에서 차지하는 비중을 조사한 결과 阜溪庄 35%, 太平庄 42%, 內新庄 56%, 大里杙

14%, 草湖庄 18%, 溪心墻 30%, 霧峰 77%, 柳樹湳 92%, 吳厝庄 84%, 萬斗六 98% 등이었
다. 이들은 대조춘의 난 이후 반란세력 재산을 몰수하는 과정에서 무봉 임가가 반란세력 재
산 규모를 속여 보고한다든가 이를 불하받아 경영한다든가 아니면 반란 참가자들을 면죄
해 주는 대가를 받아낸다든가 하는 방식으로 토지를 축적한 결과였다(黃富三, 『霧峯林家
的中挫(1861~1885)』, 52~57쪽).

40 黃富三, 「試論霧峰林家之族性與族運」, 21쪽. 즉결처형 당시 무봉 임가가 보유한 장정은
    3,000명에 달했다고 전해진다(司馬嘯靑, 『臺灣五大家族』(上), 91쪽). 경제력뿐만 아니라
    군사력의 '과도한' 팽창은 대만 지방관들에게 확실히 위협 요인이 되었을 것이다.

41 王世慶, 「霧峰林家之歷史」, 13쪽.

42 劉銘傳, 「基隆法兵全退臺北請獎戰守各員紳摺」(1886년), 『劉壯肅公奏議』, 374~377쪽.

43 劉銘傳, 「奏雪林文明冤殺片」(1886년), 『劉壯肅公奏議』, 382~385쪽.

44 劉銘傳, 「請建林文察專祠摺」(1890년), 『劉壯肅公奏議』, 295~296쪽.

45 다만 이 직함은 고정적인 것은 아니었고 군대 통솔 규모의 변동 등에 따라 수시로 변경되기
    도 했다. 예컨대 1891년부터 1892년 봄에 걸쳐 원주민 진압이 진행될 때 임조동의 직함은
    '中路營務處兼統棟字全軍林蔭堂觀察總統前敵各軍'이었다(洪安全 總編輯, 『淸宮月摺
    檔臺灣史料(八)』, 國立故宮博物院, 1999, 6556~6567쪽).

46 黃富三, 「從劉銘傳開山撫番政策看淸廷·地方官·士紳的互動」, 1177~1178쪽.

47 임조동이 보유한 군사력 규모가 어느 정도인지는 불분명하다. 전술한 임조동의 직함 중 통
    령統領은 보통 5영營(1영은 약 350명)의 수장인 것으로 미루어보면 1,700명 정도로 추측되
    지만, 1영이 350명에 미치지 못한 사례도 적지 않으므로 단언할 수는 없다. 유명전이 대만
    순무에서 물러나고 포정사이던 소우렴邵友濂이 뒤를 이었다. 소우렴은 임조동의 군대가
    기강이 해이하고 감독도 불철저하다는 이유로 축소를 주청했다. 그 결과 임조동 휘하 의용
    병은 1영으로 축소되었다(許雪姬, 「評論」, 國立臺灣大學歷史學系 編, 『日據時期臺灣史
    國際學術硏討會論文集』, 國立臺灣大學歷史學系, 1993, 106쪽).

48 이렇게 임시적인 국局·소所를 설치하여 중앙정부의 공적 계통과는 별도의 반관적半官的
    조직을 창설·운영함으로써 중앙의 부족한 재정지원에 대응하는 한편으로 지방 장관[督撫]
    의 재정적 권한을 증대하는 방편으로 삼는 관행은 태평천국 이래 청조 멸망 때까지 지속
    적으로 행해진 현상이었다(岩井茂樹, 『中國近世財政史の硏究』, 京都大學出版會, 2004,
    132~137쪽).

49 〈표 1〉 이외의 원주민 진압 사례는 문명기, 「청말 대만의 번지개발과 족군정치ethnic politics
    의 종언」, 89~90쪽 참조.

50 광태성간호廣泰成墾戶에 관한 상세한 내용은 문명기, 「청말 대만의 번지개발과 족군정치

ethnic politics의 종언」, 91~92쪽 참조.

51 劉銘傳, 『劉壯肅公奏議』(권4: 撫番略), 199~214쪽.

52 王世慶, 「霧峰林家之歷史」, 18~19쪽.

53 黃富三 等 解讀, 『霧峰林家文書集』(墾務·腦務·林務), 154~155쪽에 따르면 임조동은 4
만여 원元을 지방관에 납부한 후 종로의 장뇌 이권을 독점 승계했다.

54 다만 최근에 공간된 『무봉임가문서집霧峰林家文書集』에 따르면 매집한 장뇌의 판매 대상
이 공태양행公泰洋行에만 국한되지는 않았던 것 같다(黃富三 等 解讀, 『霧峰林家文書集』
(墾務·腦務·林務), 58쪽, 80~81쪽).

55 대만신정 기간의 장뇌 전매는 문명기, 「대만 建省 시기(1886~1891) 劉銘傳의 재원확보 노
력과 대외교섭―이금 개혁과 장뇌 전매를 중심으로」, 『명청사연구』 27집, 2007, 448~456쪽
참조.

56 黃富三 等 解讀, 『霧峰林家文書集』(墾務·腦務·林務)의 관련 문서에 따르면 식민지화 이
후인 1890년대 후반까지도 대만 중부의 장뇌 처분은 여전히 무봉 임가를 거쳐 이루어졌다.

57 『臺灣慣習記事』 1권 12호, 1901년 12월, 64쪽.

58 문명기, 「청말 대만 建省과 劉銘傳―재원확보 방안을 중심으로」의 제5장 제1절(대만 세입
의 재검토, 189~190쪽).

59 커즈밍, 문명기 옮김, 『식민시대 대만은 발전했는가―쌀과 설탕의 상극, 1895~1945』, 일
조각, 2008, 17쪽의 도량형 환산표 참조.

60 大藏省 編, 『明治大正財政史』(제19권: 대만총독부), 1958, 915~922쪽.

61 高橋龜吉, 『現代臺灣經濟論』, 千倉書房, 1937, 509~510쪽.

62 黃通·張宗漢·李昌槿 合編, 『日據時代臺灣之財政』, 聯經, 1987, 31쪽.

63 黃富三·黃頌文, 「臺灣總督府樟腦專賣政策與霧峰林家」, 『日据時期臺灣殖民地史學術
研討會論文集』, 342쪽. 환영과 무기 반납 등의 소극적 행동에 그치지는 않은 듯하다. 임조
동의 휘하로 장뇌 관련 업무와 회계를 담당했던 류이전劉以專은 자신이 거느리는 민병을
활용하여 대중현, 제2여단과 합동으로 '토비' 진압에도 나섰다(黃富三 等 解讀, 『霧峰林家
文書集』(墾務·腦務·林務), 134쪽).

64 이 점을 구체적으로 보면, 1) 임소당 휘하의 애용은 대중현 지사知事에 소속되어 번계番界
의 경찰업무에 종사하고, 2) 비상사태가 발생하여 필요하다고 판단될 경우 제2여단장은 수
시로 애정隘丁을 활용할 수 있으며, 3) 애용과 애정은 인원수에 따라 최대 매월 2,000엔까
지 경찰비 항목에서 보조할 수 있고, 4) 무기와 탄약은 필요에 따라 군무국에서 지급하는
등의 내용이었다(黃富三·黃頌文, 앞의 글, 343쪽). 실제로 무봉 임가의 임소당은 애용 400
명을 두면서 1898년 매달 2,800엔의 보조를 받았는데, 애용 1인당 월급이 6엔이었으므로

애용 유지에 큰 부족함이 없는 지원이었던 것 같다. 그뿐만 아니라 생번을 진압하기 위한 대포 사용도 신청하여 구포臼砲, mortar 4대와 포탄 500발을 지급받기도 했다(王世慶, 「霧峰林家之歷史」, 25쪽).

65 黃富三·黃頌文, 위의 글, 346쪽.

66 許雪姬, 「日治時期霧峰林家的産業經營初探」, 351쪽. 1912년의 임여언을 제외한 전원이 무봉 임가 사람이다.

67 구제區制는 1909년에 수립되었는데 구는 구장과 구서기를 두고 청장이 임면하며 판임관 대우를 받는 청廳의 보조기관이었다. 선임 조건은 "관할구역 내에 거주하는 30세 이상의 자로 자산과 명망이 있고 공학교 6년의 수업을 이수한 국어(=일본어) 소양이 있는 자"로 규정했다. 하지만 1916년의 조사에 따르면 구장의 일본어 능력은 충분치 않았고 또 구장에는 '종래의 관계에 따라' 구래의 향신鄕紳, 즉 명망가가 주로 임용되어 행정능력이 중시된 것도 아니었다(藍奕靑, 『帝國之守-日治時期臺灣的郡制與地方統治』, 國史館, 2012, 85쪽). 장장莊長은 1920년 군제郡制가 실시되면서 설치된 무봉장霧峰莊의 수장으로, 관할구역은 이전의 무봉구霧峰區와 일치한다(藍奕靑, 같은 책, 154쪽).

68 黃富三, 『林獻堂傳』의 「附錄: 林獻堂大事年表」(225~237쪽) 참조.

69 鷹取田一郎, 『臺灣列紳傳』, 179~216쪽에 근거함.

70 임헌당은 식민지시대 전체 기간에 걸쳐 연간 수입이 대체로 5만 엔 전후였고, 세금과 헌금 등을 뺀 나머지 3만여 엔 중에서 1만 엔 전후를 대만 민족운동에 찬조했다(許雪姬, 「日治時期霧峰林家的産業經營初探」, 黃富三·翁佳音 主編, 『臺灣商業傳統論文集』, 中央研究院 臺灣史研究所籌備處, 1999, 346쪽).

71 무봉 임가의 구성원 모두가 동일한 태도를 취한 것은 아니다. 전술한 하조방의 임조동은 1895년 일본에 대항하여 수립된 대만민주국에 참여했다가 실패하자 가족들을 데리고 대륙(천주와 상해)으로 옮겼다. 그 아들인 임계상林季商, 임조밀林祖密 역시 대만에서 가산을 돌보다가 1905년 대륙으로 건너가 관료생활과 사업 경영에 종사하면서 국적도 중화민국으로 바꾸었다(黃富三, 「日本領臺與霧峰林家之肆應-以林朝棟爲中心」, 國立臺灣大學歷史學系 編, 『日據時期臺灣史國際學術硏討會論文集』, 國立臺灣大學歷史學系, 1993, 95~99쪽). 반면 주로 정조방의 임문흠林文欽, 임소당林紹堂, 임집당林輯堂 등은 대만에 그대로 거주하며 대만총독부에 협조적인 자세를 취하면서 가산 보전에 애썼다(許雪姬, 「日治時期霧峰林家的産業經營初探」, 348쪽). 이러한 무봉 임가 양대 계파의 움직임은 청말에 하조방이 대만성정부에 적극 협조한 반면 정조방이 소극적이었던 것과 상반되는 움직임이기도 하다. 한편 하조방과 정조방을 막론하고 무봉 임가 구성원은 대부분 대만총독부로부터 신장을 수여받았다(〈표 3〉 참조).

72 대만의회설치청원운동은 문명기, 「1920년대 한국·대만의 자치운동에 대한 비교사적 접근─지배층의 존재양태와 '중국' 요인을 중심으로」, 『중국근현대사연구』 39, 2008 참조.

73 녹항 고가의 대표 고현영辜顯榮을 중심으로 하여 임웅징林熊徵(판교 임가), 이순희(거상 이춘생의 아들) 등은 대만의회설치청원운동의 모체인 대만문화협회에 대항하여 공익회를 조직했다(司馬嘯靑, 『臺灣五大家族』(下), 88쪽). 또 이들 '어용신사'들은 1924년 6월 임헌 당 중심의 대만의회설치청원운동을 성토하는 '유력자대회有力者大會'를 개최했고, 임헌당 은 이에 대항해 같은 해 7월에 '무력자대회無力者大會'를 개최하는 등 대립적 양상을 보였 다(黃富三, 『林獻堂傳』, 38~39쪽).

74 문명기, 「대만 建省 시기(1886~1891) 劉銘傳의 재원확보 노력과 대외교섭」, 452~456쪽.

75 더 정확히 말하면 대만총독부의 이번사업은 두 차례의 '이번理蕃5년계획'에 의거했다. 제1 차는 1907년 시작되었고, 제2차는 1910년부터 1915년에 걸쳐 진행되었다. 다만 제1차 이번 5년계획이 총독부 입장에서 성공적이지 못했고 중도 폐기된 데 반해 제2차 이번5년계획은 '성공'을 거두었기 때문에 이번사업을 말할 때는 대체로 제2차 이번5년계획을 지칭한다(藤 井志津枝, 『理蕃 – 日本治理臺灣的計策』, 文英堂, 1997, 228쪽).

76 張麗芬, 「日本統治下的臺灣樟腦業(1895~1919)」, 國立成功大學 碩士學位論文, 1995, 85~86쪽.

77 黃富三, 『林獻堂傳』, 92쪽.

78 王世慶, 「霧峰林家之歷史」, 30쪽.

79 臺灣總督府 史料編纂委員會 編, 『臺灣樟腦專賣志』, 臺灣日日新報社, 大正13(1924), 「製 腦許可表」(專賣制施行後, 附表 9~45쪽)에 근거함. 가의제뇌조합嘉義製腦組合은 무봉 임가의 임헌당과 임열당이 1905년에 합작하여 조직했으므로 무봉 임가의 제뇌 허가에 포 함시킴(黃富三, 『林獻堂傳』, 93쪽).

80 張麗芬, 앞의 글, 89~90쪽.

81 黃富三, 「日本領臺與霧峰林家之肆應 – 以林朝棟爲中心」, 95~97쪽.

82 1895년 이후 무봉 임가의 조곡은 대체로 1895년 이전의 규모를 유지했던 것으로 보인다. 한 연구에 따르면 이모작을 기준으로 갑당(1甲은 약 11.3畝, 1무는 약 200평) 70~80석의 조곡 을 거둘 수 있었고, 일제 초기 무봉 임가가 보유한 토지는 2,000갑을 약간 넘는 규모였다(『 대만관습기사』에 따르면 2,200갑). 따라서 무봉 임가는 연간 14~15만 석의 조곡을 거둘 수 있었다(王世慶, 「霧峰林家之歷史」, 30~31쪽). 참고로 다른 망족의 토지 보유 규모를 보면 판교 임가가 5,300갑(司馬嘯靑, 『臺灣五大家族』(下), 52쪽), 고웅 진가가 밭[旱田] 4,900갑 과 사탕수수밭 2,900갑(司馬嘯靑, 『臺灣五大家族』(上), 167쪽). 주로 관염官鹽 판매와 아 편·연초의 대리판매 및 해외무역을 중심으로 성장한 녹항 고가도 1,005갑과 염전 247갑(司

馬嘯靑, 『臺灣五大家族』(下), 97쪽, 105쪽) 등이었다(기륭 안가는 광업 위주여서 토지 보유는 미미함).

83 일본인 자본의 침투 외에 수익률 저하 역시 무봉 임가가 장뇌업에서 철수한 원인의 하나로 볼 수 있을 것 같다. 1917년 임서등林瑞騰의 장뇌 수익은 −0.6엔/100근이었는데, 허가된 장뇌제조량 11만 근을 전량 생산했다고 가정하면, 장뇌 생산 결과 임서등은 손실을 660엔 입은 것이 된다(장뇌유 수익은 2.1엔/100근이어서 손실을 장뇌유 생산에서 손실을 장뇌유 생산으로 만회했을 가능성은 있다). 또 임열당도 장뇌 수익이 0.3엔/100근에 불과했다(楊騏駿, 「日治前期臺灣樟腦業的發展 − 以産銷爲中心的觀察(1895~1918)」, 71쪽).

84 여기에는 몇 가지 이유가 있다. 첫째, 토지 면적의 다과로 경제력을 측정하기가 쉽지 않다. 둘째, 무봉 임가 구성원이 매우 많아 이들 구성원을 모두 포괄하여 가문 전체의 경제력을 수치화하기가 어려울 뿐만 아니라 균분상속을 행하다보니 재산 관계의 변동 상황을 추적하기가 쉽지 않다. 셋째, 부동산이나 유가증권 등의 자산 가치를 정확히 계산해내기가 쉽지 않아 전체 규모를 산정하기가 곤란하다(許雪姬, 「日治時期霧峰林家的産業經營初探」, 328쪽).

85 許雪姬, 「日治時期霧峰林家的産業經營初探」, 330쪽.

86 대성화재의 경우, 1934년 하코다테 대화재로 92만 엔의 손실을 보았고, 1940년 시즈오카 대화재로 50만 엔의 손실을 보는 등 손실을 거듭한 끝에 1943년 말 일신화재日新火災에 병합되었다(黃富三, 『林獻堂傳』, 114쪽).

87 許雪姬, 앞의 글, 337~338쪽.

88 黃富三, 『林獻堂傳』, 107~112쪽에 따르면 1929년 김 수출 금지령 해제에 따른 일본 증시의 혼란으로 13만여 엔의 손실을 보았고, 1933년에도 일본 증시 폭락으로 10여 만 엔의 손실을 보는 등 '대만인 경제사업 능력의 유일한 시금석'으로 일컬어진 대동신탁의 경영 역시 순탄치 않았다. 그뿐만 아니라 대만인 자본만으로 구성된 대동신탁에 대한 총독부의 직간접적 탄압도 영향을 미친 듯하다. 예컨대 대동신탁에 발기인이나 주주로 참여한 대만인들은 총독부와 주군州郡 관리들로부터 시종 경고를 받았고 대만은행, 대만상공은행 등 일본계 금융기관으로부터도 대출금 조기상환을 독촉받는 등 회사 운영에 불리한 조치들이 행해졌다(司馬嘯靑, 『臺灣五大家族』(上), 107쪽).

89 鷹取田一郎, 『臺灣列紳傳』, 華夏書坊, 2009(1916년 판본의 영인본), 180쪽, 183쪽, 194쪽, 195쪽.

90 임헌당 일기에 따르면 황죽갱黃竹坑의 임야 수백 갑을 24만 엔에 팔았고 원보장원寶庄의 토지 40갑 역시 팔아치웠다고 한다(「灌園先生日記」, 1941년 5월 11일, 5월 13일, 許雪姬, 「日治時期霧峰林家的産業經營初探」, 345쪽에서 재인용).

91 「灌園先生日記」, 1943년 3월 13일, 許雪姬, 「日治時期霧峰林家的産業經營初探」, 345쪽에서 재인용.

92 「林正方先生訪問紀錄」, 許雪姬 編, 『霧峰林家相關人物訪談紀錄』, 臺中縣立文化中心, 1998.

93 許雪姬, 「日治時期霧峰林家的産業經營初探」, 349~350쪽.

94 예컨대 임헌당이 직영한 두 회사, 즉 삼오실업주식회사와 대안산업주식회사는 기본적으로 토지소유에 기초한 소작료 수취와 관리를 주된 내용으로 하는 사실상 지주적 법인이었다. 같은 대지주 출신인 판교 임가와 비교하여 구래의 지주적 체질을 짙게 띠었다(涂照彦, 『日本帝國主義下の臺灣』, 422쪽).

95 涂照彦, 『日本帝國主義下の臺灣』에 따르면 판교 임가, 기륭 안가, 녹항 고가가 대만을 주된 근거지로 하는 일본 자본('대만 현지 일본 자본')과 결합을 강화하면서 상호결합도 강하게 유지하는 등 대만총독부, 일본 자본과 밀접한 관계를 맺으며 투자 활동을 활발히 한 데 반해 무봉 임가와 고웅 진가는 상대적으로 총독부나 일본 자본과 관계가 지지부진했다(403쪽, 423쪽). 실제로 무봉 임가는 근대산업 참여에서 일본인과 관계를 설정하는 데 신중했던 것 같다. 예컨대 창화은행 운영에서도 1930년대 초 일본인 사카모토坂本素魯哉의 전횡에 대해 (창화은행이 아니라) '사카모토은행'이라며 강한 반대의사를 표명한다거나(黃富三, 『林獻堂傳』, 108쪽), 1932년 자신이 발기한 대만취인소臺灣取引所에 참여해달라는 우시로쿠 신타로(後宮信太郎, 1873~1960)의 요청도 거절했다(許雪姬, 「日治時期霧峰林家的産業經營初探」, 349쪽).

96 「獎賢略序九」, 『劉壯肅公奏議』, 37쪽.

97 王興安, 「植民地統治與地方精英-以新竹·苗栗地區爲中心(1895~1935)」, 國立臺灣大學歷史學硏究所 碩士學位論文, 1999는 대만 지역엘리트에 대한 신장紳章과 참사參事 직위 수여, 장뇌산업에서 일정한 특혜, 신용조합 운영 권한 부여, 다시 말해 '교환과 중개'라는 기제를 바탕으로 총독부가 성공적으로 지역엘리트를 체제 내로 편입할 수 있었다고 본다. 하지만 이 글의 분석에 대과가 없다면 왕흥안王興安의 '교환과 중개' 개념은 제한적 범위에서만 적용되어야 한다. 식민지시대 대만의 장기적 추세를 관찰하면 '본토지주자산계급' 또는 (이 글에서 사용한 개념인) 지역엘리트는 (극히 일부를 제외하면) 지속적으로 정치경제적 이익을 침해당하는 과정에 있었다. 또 총독부의 지역엘리트에 대한 정치경제적 억압이 전제되지 않고는 1920년대 초부터 전개된 임헌당 등에 의한 대만의회설치청원운동의 사회경제적 배경을 설명하기 곤란해진다. 그뿐만 아니라 '정치적 교환과 중개' 개념은 식민지라는 조건하에서는 국가-사회의 관계가 정치경제적 이익의 교환이라는 '합리적 선택'의 결과라기보다는 국가-사회의 비대칭적 역관계의 산물일 수 있다는 점도 간과했다.

한편 무봉 임가를 식민지시대 대만인 정치운동의 리더로 위치 짓고 전후戰後 무봉 임가의 전도적全島的 영향력의 감퇴와 비교하여 식민지시대와 전후의 단절성을 강조하는 견해도 보인다(예컨대 許雪姬, 「日治時期霧峰林家的産業經營初探」, 348~350쪽). 하지만 식민지시대 대만인 민족운동의 리더라고 해서 지방권력(=대만총독부)에 대한 협상능력이 높았다고 보기는 힘들다. 식민지시대에는 일본인이, 전후에는 외성인外省人이 대만의 정치경제적 이익을 독(과)점했다는 점에서 보면 식민지시대와 전후 사이에는 단절성보다 연속성이 오히려 더 강했던 것 아닐까. 그뿐만 아니라 국민당정권이 지방선거를 (1950년대에) 일찌감치 실시함으로써 지방정치에서는 대만 지역엘리트의 활동공간을 식민지시대에 비해 훨씬 확장했음은 주지의 사실이다. 실제로 1951년 지방선거가 실시되어 임가의 임학년林鶴年은 제1·3·5대 대중현장臺中縣長에 당선되었다(司馬嘯靑, 『臺灣五大家族』(上), 126쪽). 또 중화인민공화국(대륙)의 유엔 상임이사국 진출과 중화민국(대만)의 유엔 탈퇴가 결정된 1972년부터 장경국蔣經國이 주도한 '본토화' 정책의 결과 본성인 엘리트의 권력 참여가 크게 늘어났고(이등휘李登輝가 대표적 사례), 이를 토대로 1986년에 민주진보당民主進步黨도 등장할 수 있었다.

98 필자는 최근 발표한 논문에서 대만총독부와 조선총독부의 전매정책과 그 성과에서 두드러진 차이가 식민지화 이전의 사회경제적 유산을 계승한 측면이 강하며, 따라서 전매정책에 관한 한 연속의 측면이 상대적으로 강하다는 점을 시사한 바 있다(문명기, 「대만·조선총독부의 전매정책 비교연구—사회경제적 유산과 '국가' 능력의 차이」, 『사림』 52집, 2015). 하지만 지역엘리트의 성쇠라는 각도에서 보면 반드시 연속성이 강하다고 보기도 어려운 것 같다. 이 문제는 좀 더 많은 사례 연구를 거쳐야만 비교적 명확히 판단할 수 있을 것 같다.

8장

1 미야지마 히로시·배항섭 편, 『동아시아는 몇 시인가?』, 너머북스, 2015, 10~33쪽.

2 김영진, 「전통 동아시아 국제질서 개념으로서 조공체제에 대한 비판적 고찰」, 『한국정치외교사논총』 38-1, 2016, 249~279쪽.

3 고은미, 「글로벌 히스토리와 동아시아론; 일본의 연구성과를 중심으로」, 『동아시아연구, 어떻게 할 것인가』, 성균관대학교출판부, 2016, 219~246쪽.

4 손병규, 『조선왕조 재정 시스템의 재발견』, 역사비평사, 2008, 65~73쪽.

5 岩井茂樹, 『中國近世財政史の硏究』, 京都大學學術出版會, 2004, 318~475쪽.

6 朝尾直弘, 「中世から近世へ」 『日本近世史の自立』, 校倉書房, 1989(2쇄), 101~136쪽.

7 배항섭, 「동아시아사 연구의 시각: 서구·근대 중심주의의 비판과 극복」, 『역사비평』 109, 역 사비평사, 2014, 146~181쪽; 미야지마 히로시, 위의 책, 2015, 36~61쪽.

8 K. Pomerantz, "The Great Divergence: China, Europe, and the Making of the Modern World Economy", Princeton University Press, 2000.

9 K. Pomerantz, 川北 稔 監譯, 『大分岐: 中國, ヨ―ロッパ, そして近代世界經濟の形成』(名古 屋大學出版會, 2015), 「日本語版への序文」 1~16쪽.

10 이에 대한 하마시타 다케시의 논지는 浜下武志, 「朝貢貿易システムと近代アジア」, 『近代 中國の國際的契機』, 東京大學出版會, 1990 참조.

11 같은 책, 1990, 25~47쪽.

12 '조공체제' 이론의 중국 중심적 인식을 비판하고 '책봉체제'로 관점을 확대한 연구는 일찍부 터 제시되었다. 윤영인, 「서구 학계 조공제도 이론의 중국 중심적 문화론 비판」, 『아세아연 구』 45-3, 2002, 269~290쪽; 「10-13세기 동북아시아 多元的 國際秩序에서의 冊封과 盟 約」, 『동양사학연구』 101, 2007, 119~144쪽 참조.

13 권내현, 「17세기 후반~18세기 전반 조선의 은 유통」, 『역사학보』 221, 2014; Chosŏn Korea's Trade with Qing China and the Circulation of Silver, *ACTA KOREANA* 18-1, 2015.

14 손병규, 「조선왕조 재정의 이념」, 『조선왕조 재정 시스템의 재발견』, 역사비평사, 2008, 65~73쪽.

15 임진왜란을 일본사에서는 '문록文祿·경장慶長의 역役', 중국사에서는 '만력萬曆의 역役'이 라고 한다.

16 김영진, 앞의 논문, 2016, 한국 측 연구자들이 중국의 이해관계만 관철되었다고 해서 일방 적으로 그것을 폄하하는 데는 문제가 있다.

17 岩井茂樹, 「正額外財政と地方經費の貧困」, 『中國近世財政史の研究』, 京都大學學術出 版會, 2004에서 인용.

18 「康熙年戶部題本 奏銷26」(岩井茂樹, 2004, 「正額財政の集權構造と變質」, 『中國近世財 政史の研究』, 京都大學學術出版會에서 재인용).

19 江戶文化歷史檢定會, 『江戶博覽强記』改定新版, 小學館, 2013, 32쪽; 飯島千秋, 「第1編 江戶幕府の財政」, 『江戶幕府財政の研究』, 吉川弘文館, 2004, 24~190쪽; 大口勇次郎, 「幕 府の財政」, 新保博/齋藤修 編, 『日本經濟史 2: 近代成長の胎動』, 岩波書店, 1990(2쇄), 127~172쪽.

20 速水 融, 『歷史人口學の世界』, 岩波書店, 1997.

21 김재호, 「조선 후기 중앙재정의 운영: 『六典條例』의 분석을 중심으로」, 이헌창 편, 『조선후 기 재정과 시장: 경제체제론의 접근』, 서울대학교출판문화원, 2010.

22 『賦役實摠』 「忠淸道」忠州, 송양섭, 2008; 「『부역실총』에 나타난 재원파악 방식과 재정정 책」(『역사와 현실』 70) 참조.

23 손병규, 「조선 후기 국가 재원의 지역적 분배─賦役實摠의 상하납 세물을 중심으로」, 『역 사와 현실』 70, 한국역사연구회, 2008.

24 권기중, 『『부역실총』에 기재된 지방재정의 위상』, 『역사와 현실』 70, 한국역사연구회, 2008.

25 藤井讓治, 「アジアにおける官僚制と軍隊」, 荒野泰典石井正敏村井章介 編, 『アジアのな かの日本史; Ⅰアジアと日本』, 東京大學出版會, 1992, 223~248쪽.

26 명 정부는 토지대장인 '어린도책魚鱗圖册'과 호적부조세대장인 '부역황책賦役黃册'을 작성 했다. 16세기 후반에는 일조편법을 시행하여 지방마다 '부역전서賦役全書'가 작성되었다 (손병규, 「조선 후기 비총제 재정의 비교사적 검토─조선의 賦役實摠과 明淸의 賦役全書」, 『역사와 현실』 81, 2011, 214~250쪽).

27 藤井讓治, 앞의 논문, 1992. 만주족의 청대 수립 이후 북방 경비 부담이 줄어서 명대보다 군사의 수는 축소되었다.

28 같은 글.

29 손병규, 앞의 책, 2008.

30 岩井茂樹, 「一條鞭法後の徭役問題」, 『中國近世財政史の硏究』, 京都大學學術出版會, 2004, 391~475쪽.

31 梁方仲, 「明代一條鞭法年表」, 『嶺南學報』 第12卷 第1期, 1952, 14~49쪽.

32 손병규, 「조선 후기 비총제 재정의 비교사적 검토─조선의 賦役實摠과 明淸의 賦役全書」, 『역사와 현실』 81, 2011, 214~250쪽.

33 岩井茂樹, 「徭役と財政のあいだ; 中國稅·役制度の歷史的理解にむけて」, 『經濟經營論 叢』 제28권 4호, 제29권 1, 2, 3호, 京都産業大學, 1994.

34 朝尾直弘, 「中世から近世へ」, 『日本近世史の自立』, 校倉書房, 1989(2쇄), 101~136쪽.

35 무사가 직접 노동 과정에 관여하지 않음으로써 가부장적 노예제로부터 농노제로 변화하는 과정에서 병농분리가 나타나 통일정권의 정책으로 체계화되었다고 본다(朝尾直弘, 위의 책, 1989 참조).

36 朝尾直弘, 위의 책, 1989, 101~136쪽 참조.

37 '번국'이라는 표현은 천황의 '책봉국' 통치형태를 전제하며, 그런 의미에서 지방 영지 단위의 재원 징수와 군역 징발을 '국역'이라 표현할 수도 있다.

38 손병규, 「조선 후기 재정구조와 지방재정운영─재정 중앙집권화와의 관계─」, 『조선시대사 학보』 25, 조선시대사학회, 2003, 117~144쪽.

39 손병규, 「갑오시기 재정개혁의 의미─조선왕조 재정 시스템의 관점에서─」, 『한국사학보』 21,

고려사학회, 2005, 147~178쪽.

40 岩井茂樹, 「正額外財政と地方經費の貧困」, 『中國近世財政史の研究』, 京都大學學術出
    版會, 2004, 26~79쪽.

41 鳥海靖, 「明治國家の發足」, 『日本近代史』, 放送大學敎育振興會, 1992, 22~33쪽.

42 손병규, 위의 논문, 2005.

9장

1 케네스 포메란츠, 김규태 외 옮김, 『대분기─중국과 유럽, 그리고 근대 세계경제의 형성』,
   에코리브르, 2016.

2 Angus Maddison, *Chinese Economic Performance in the Long Run: 960-2030 AD*, OECD,
   2007(Second edition, revised and updated)(http://chinability.com/Chinese%20Economic%20
   Performance%20in%20the%20Long%20Run.pdf). 그가 죽은 뒤에도 지속적으로 이루어
   지는 이른바 '매디슨 프로젝트'는 다음 홈페이지 참조. http://www.ggdc.net/maddison/
   maddison-project/home.htm.

3 매디슨의 연구 방법에 대한 소개는 사이토 오사무, 박이택 옮김, 『비교경제발전론─역사적
   어프로치』, 해남, 2013, 106~117쪽 참조.

4 이 점은 1960년대 퍼킨스의 연구에서 이미 지적된 바 있다. D. H. 퍼킨스, 양필승 옮김, 『중
   국경제사 1368-1968』, 신서원, 1997, 121쪽.

5 물론 반드시 매디슨이 제시한 추계에 대해 모든 연구자가 같은 결론을 내리는 것은 아니라
   고 판단된다. 일례로 에도시대에 실질 소득이 상승하였다는 수잔 한레이(スーザン・ハ
   ンレー, 指昭博 譯, 『江戶時代の遺産─庶民の生活文化』, 中央公論社, 1990)의 연구나
   1820년대까지 잉글랜드의 실질임금이 지속적으로 상승하지 않았다는 클라크의 언급(그레
   고리 클라크, 이은주 옮김, 『맬서스, 산업혁명 그리고 이해할 수 없는 신세계』, 한스미디어,
   2009, 71쪽) 참조.

6 리보중, 이화승 옮김, 『중국 경제사 연구의 새로운 모색』, 책세상, 2006; Richard Von Glahn,
   The Economic History of China: From Antiquity to the Nineteenth Century, Cambridge
   University Press, 2016, pp. 348~349.

7 마크 엘빈, 이춘식 외 옮김, 『중국역사의 발전형태』, 신서원, 1989, 제17장 '질적 성장 양적
   정체' 참조.

8 Angus Maddison, *The World Economy: A Millennial Perspective*, OECD Publishing, 2007, p.

119, pp. 251~252. 그밖에도 이와 유사한 견해로는 Kent Deng, *Demystifying Growth and Development in North Song China, 960-1127*, 2013 참조. 송대 농업 생산력에 대해서 위와 다른 견해로는 大澤正昭, 『唐宋變革期農業社會史研究』, 汲古書院, 1996, 제7장 '宋代「江南」の生産力評價をめぐって', 리보중, 위의 책, 2006, 104~115쪽 참조.

9   Philip Huang, *The Peasant Family and Rural Development in the Yangzi Delta 1350-1988*, Stanford University Press, 1990, pp. 11~15. 황쭝즈, 구범진 옮김, 『중국의 감춰진 농업혁명』, 진인진, 2016 참조. 필립 황의 청대 경제사 연구에 대해서는 리보중, 앞의 책, 2006, 82~99쪽 참조. 잘 알려져 있듯이 그의 '과밀화' 개념은 기어츠의 동남아시아 농업 연구에서 연원하였다. 클리퍼드 기어츠, 김형준 옮김, 『농업의 내향적 정교화: 인도네시아의 생태적 변화 과정』, 일조각, 2012 참조.

10   리보중, 위의 책, 2006, 54~55쪽, 239쪽; 李伯重, 『發展與制約: 明清江南生産力研究』, 聯經出版, 2002 참조. 리보중은 포메란츠와 유사하게 유럽에서 스미스적 경제성장이 지닌 한계를 돌파한 것은 광물 자원의 대개발이 있었기 때문이라는 리글리Wrigley의 지적을 따른다. 리보중은 강남 지역의 확대 재생산을 막은 것은 에너지와 원료 부족이었으며(리보중, 위의 책, 2002, 247쪽), 대규모의 염가 에너지를 공급받을 수 있었다면 강남 지역도 근대 공업화를 이룩할 수 있었다고 본다(리보중, 위의 책, 2006, 57쪽).

11   더글러스 C. 노스, 이병기 옮김, 『제도·제도변화·경제적 성과』, 한국경제연구원, 1996.

12   Joel Mokyr, *Lever of Riches: Technological Creativity and Economic Progress*, Oxford University Press, 1992, Introduction 참조.

13   쿠즈네츠의 '근대적 경제성장' 개념은 Simon Kuznets, *Modern Economic Growth: Rate, Structure, and Spread*, Yale University Press, 1966(サイモン・クズネッツ, 塩野谷祐一 譯, 「近代經濟成長の分析」上·下, 東洋經濟新報社, 1968); "Modern Economic Growth: Findings and Reflections", *American Economic Review*, Vol. 63, No. 3, June, 1973, pp. 248~249 참조.

14   이에 대해서는 그레고리 클라크, 앞의 책, 2009; 제임스 Z. 리·왕펑, 손병규·김경호 옮김, 『일류 사분의 일』, 성균관대학교출판부, 2012 참조.

15   이에 관해서는 다소 길지만 다음과 같은 설명 참조. "농업사회에서 일정 면적의 토지 위에서 일하는 사람 수가 증가할 때 생산량이 증가하지만, 투입하는 인원수가 증가함에 따라 생산량 증가 속도가 점차 정체되는 현상을 '수확 체감 법칙'이라고 한다. 이러한 인구와 1인당 생산량 간의 반비례 관계는 1800년 이전의 거의 모든 사회에서 나타났던 일반적인 경향이었다. 이처럼 수확 체감 법칙으로 인구와 생활수준 사이에 반비례 관계가 존재하는 상황에서는 인구가 지속적으로 증가하기 어렵다. 인구가 증가해서 일정 수준을 넘어가면 질병에 대한 저항력이 약화되어 사망률이 증가하고 출산율이 떨어지고, 이것이 출산율 감소

로 연결되어 다시 인구가 감소하기 시작한다. 인구 감소 과정에서는 생활수준이 점차 향상되므로 사망률이 감소하고 출산율이 다시 증가한다. 이러한 인구의 증가 추이는 인구압population pressure 상황이 다시 유발되기 직전까지 이뤄지고, 같은 메커니즘을 통해 전체 인구수는 다시금 감소와 증가를 반복한다. 이와 같이 인구가 지속적으로 증가하지 못하고 이용 가능한 토지 면적 등에 따라 결정되는 적정 수준을 중심으로 증가와 감소의 사이클을 반복하는 현상을 '인구 순환'이라 하고, 인구 순환이 지배하는 경제를 '맬서스의 세계'라고 부른다. 그런데 1800년 이후의 잉글랜드에서는 인구와 생활수준 사이의 역관계가 사라지고 인구가 지속적으로 증가하는 새로운 현상이 나타났다. 19세기 동안 인구가 매년 1%를 넘는 빠른 속도로 증가하는 가운데 전체적인 생활수준 또한 꾸준히 향상되어갔던 것이다. 이러한 변화를 어떻게 설명할 수 있을까? 그 해답은 생산성 향상에 있다. 기술 발전을 통해 생산성이 충분히 빠른 속도로 향상된다면 인구 증가와 생활수준 향상은 병행해서 일어날 수 있는 것이다. 이처럼 빠른 생산기술 발전에 힘입어 인구와 1인당 생산–생활수준이 동시에 증가하는 현상을 '근대적 경제성장modern economic growth'이라고 한다. 잉글랜드는 인구 순환의 세계에서 근대적 경제성장의 세계로 이행한 역사상 최초의 나라이며, 18세기 말에서 19세기 초 잉글랜드 산업혁명의 가장 중요한 역사적 의의는 바로 여기에 있다." 차명수, 「산업혁명」, 배영수 편, 『서양사강의』, 한울아카데미, 2007, 308~312쪽.

16 기시모토 미오岸本美緖는 16세기부터 18세기의 경기변동을 다음과 같이 정리했다. 제1기: 16세기~1630년대의 활황기, 제2기: 1640년대~1680년대 전반. 명·청교체의 혼란이 계속되고 해금이 이루어져 해외무역이 급속히 퇴조했던 시기. 제3기: 1684년~1750년대. 해금해제를 수반하여 외국무역이 회복했던 시기. 제4기: 1750년대 이후 대외무역의 급속한 성장기(岸本美緖, 『淸代中國の物價と經濟變動』, 研文出版, 1997, 第5章 '淸代前期の國際貿易と經濟變動').

17 1776년 출간된 『국부론』에서 사회적 분업과 이에 따른 시장 교환이 가져온 효율 향상을 경제성장의 원동력으로서 강조했기 때문에 시장 영역 확대 때문에 일어나는 경제성장을 '스미스적 성장'이라고 한다. 외부의 공급 없이 시장과 분업 확대만으로 경제적 성장이 일어날 수 있는가 하는 의문에 대해서는 래드포드Robert Radford의 1945년 논문 「포로수용소에서의 경제조직The Economic Organisation of a P.O.W. Camp」 참조. 한편, 포이에르베르크에 따르면 '스미스적 성장'하에서는 경제 총생산량, 노동생산성이 향상되지만 기술 변화는 크지 않다고 한다(Albert Feuerwerk, "Presidential Address: Questions About China's Early Modern Economic History That I Wish I Could Answer", *The Journal of Asian Studies*, Vol. 51, No. 4, Nov., 1992). 리보중 역시 '스미스적 성장'과 근대적 공업화는 서로 다른 것으로 파악한다. 리보중, 앞의 책, 2006, 54~55쪽.

18 이 글에서 말하는 '강남 지역'은 소주, 송강, 상주, 진강, 응천(강녕), 항주, 가흥, 호주 8개부를 의미한다.

19 최지희, 「明代 徽州 상인의 전당 운영 배경과 분포의 특징」, 『역사학연구』 39, 2010.

20 浜口福寿, 「明代の米價表示法と銀の流通-明代貨幣史覺書」 2, 新潟県立新潟中央高等学校, 『研究年報』 15, 1968, 32쪽.

21 홍성화, 「淸中期 전국시장과 지역경제」, 『역사와 세계』 48, 2015.

22 顧炎武, 『日知錄集釋』 卷10 「蘇松二府田賦之重」, "丘濬 『大學衍義補』曰: "韓愈謂賦出天下, 而江南居十九. 以今觀之, 浙東西又江南十九, 而蘇松常嘉湖五府又居兩折十九也."

23 蔣建平, 『淸代前期米穀貿易硏究』, 北京大學出版社, 1992, 22쪽. 주지하다시피 '호광숙천하족湖廣熟天下足'이라는 속언은 명대 중엽부터 나타났다. 하지만 청초가 되면서 이러한 표현은 사료상에서 자취를 감추었다가 강희 38년(1699)에야 비로소 다시 등장한다(龔勝生, 『淸代兩湖農業地理』, 華中師範大學出版社, 1996, 252~254쪽). 이는 청초의 전란과 삼번의 난 등을 거치면서 전 중국에 걸쳐 상품 유통에 정체현상이 나타났으며, 그에 따라 호광미湖廣米의 생산과 유통에 정체가 발생하였다가 회복된 것을 의미한다.

24 吳承明, 『中國資本主義與國內市場』, 中國社會科學出版社, 1985, 253쪽.

25 稲田淸一, 「西米東運考-淸代の兩廣關係をめぐって」, 『東方學』 71, 1986.

26 安部健夫, 『淸代史の硏究』, 創文社, 1971, 第6章 '米穀需給の硏究-「雍正史」の一章としてみた' 참조.

27 로이드 이스트만, 이승휘 옮김, 『중국 사회의 지속과 변화 1550-1949』, 돌베개, 1999, 29쪽.

28 케네스 포메란츠 외, 박광식 옮김, 『설탕, 커피, 그리고 폭력』, 심산, 2003, 127~130쪽.

29 Lee and Wong, "Population Movements in Qing China and Their Linguistic Legacy", *Journal of Chinese Linguistics Monograph Series*, No. 3, Language and Dialects of China, 1991, p. 50.

30 이러한 서진 배경에는 장강 수운의 발달이 중요한 역할을 하였다. 퍼킨스에 따르면 장강 수운의 비용은 육지 수운에 비해 1/3~1/5 수준에 불과했다고 한다. 퍼킨스, 앞의 책, 1997, 172쪽.

31 허핑티, 정철웅 옮김, 『중국의 인구』, 책세상, 1994, 183쪽.

32 리보중, 앞의 책, 2006, 88쪽.

33 范金民, 「明代江南絲綢的國內貿易」, 『史學月刊』 1992-1; 同, 「淸代江南絲綢的國內貿易」, 『淸史硏究』 1992-2.

34 吳承明 · 許滌新, 『中國資本主義發展史第1卷-中國資本主義萌芽』, 人民出版社, 1985, 277~279쪽.

35 中島樂章, 『徽州商人と明淸中國』, 山川出版社, 2009, 53쪽.

36 重田德, 『清代社會經濟史研究』, 岩波書店, 1975, 第1章 第1節 '淸初における湖南米市場 の一考察' 참조. 이 글 〈그림 10〉 '청대 각 지역의 쌀값 변화'를 보면 특히 호남 지역의 곡가 는 대부분의 시기에 강남 지역의 절반 정도밖에 되지 않았다는 점을 알 수 있다.

37 Li Bozhong, *Agricultural Development in Jiangnan, 1620−1850*, St. Martin's Press, 1997, p. 110.

38 『湖南省例成案』「戶律」, 「市廛」, 「把持行市」卷34, "今聞, 各處市價仍昻. 此皆各處商販 盤踞. 牙行盈千累百, 買運出境, 只知一已圖利. 不顧地方乏食. 幷有奸牙囤戶."

39 리보중에 따르면 1620년대 강남 지역 인구는 2,000만 명 정도였다고 한다. 그 뒤 전란으로 17세기 중후반에는 2,000만 명 이하로 감소했지만 1690년대에 다시 2,000만 명을 회복하였 다. 그 뒤 착실히 회복하여 1850년대에는 3,600만 명까지 증가하였다고 한다. Li Bozhong, *op.cit.*, 1997. pp. 19~20. 한편 경지면적의 경우 1580~1583년에는 450만 무였는데 이는 1820년대와 거의 동일한 수준으로, 경지 면적 자체는 변화가 거의 없었다고 할 수 있다 (*Ibid.*, 1997, pp. 26~27).

40 리보중, 위의 책, 2002, 102~114쪽; 足立啓二, 『明淸中國の經濟構造』, 汲古書院, 2012, 제3장 '明末淸初の一農業經營-「沈氏農書」の再評價.'

41 리보중, 위의 책, 2002, 93~95쪽.

42 黃卬, 『錫金識小錄』卷1「備參上」「風俗變遷」.

43 홍성화, 「청대 강남 농민의 소득 구조─송대와의 비교를 중심으로」, 『명청사연구』 54, 2020.

44 鈴木中正, 『淸朝中期史硏究』, 燎原書房, 1952, 37~46쪽.

45 龔勝生, 앞의 책, 1996, 29~33쪽.

46 당시 湖南巡撫 楊錫紱의 다음과 같은 언급 참조. 楊錫紱, 「陳明米貴之由疏乾隆十三年 (1748)」『淸經世文編』卷39「戶政」「倉儲上」, "甫交冬春, 即須糴米而食. 農民日食, 亦取 給市鋪." 청대 호남성의 미가를 통하여 시장 통합에 대해 고찰한 로빈 웡과 피터 퍼듀의 연 구에 따르면 미곡시장이 없는 호남성 주변부조차 미곡 수출과 깊이 연결되어 있다고 한다. Bin Wong and Peter C. Perdue, "Grain Markets and Food Supplies in Eighteenth−Century Hunan", Rawski and Li eds., *Chinese History in Economic Perspective*, University of California Press, 1992.

47 田尻利, 『淸代農業商業化の硏究』, 汲古書院, 1999, 16쪽.

48 하세봉, 「淸中期 三省交界地方의 수공업과 상인자본」, 『중국문제연구』 2, 1988.

49 허핑티, 앞의 책, 1994, 179~181쪽; 이준갑, 『중국 사천사회 연구 1644-1911』, 서울대학교 출판부, 2002, 211쪽.

50 森紀子, 「淸代四川の移民經濟」 『東洋史硏究』 45-4, 1987, 142쪽.

51 吳承明, 『中國的現代化: 市場與社會』, 三聯書店, 2001, 246쪽.

52 E. Rawski, *Agricultural Change and the Peasant Economy of South China*, Harvard University Press, 1972, p. 114.

53 정철웅, 『역사와 환경─중국 명청 시대의 경우』, 책세상, 2002, 104쪽.

54 山田賢, 『移住民の秩序─淸代四川地域社會史硏究』, 名古屋大學出版會, 1995. 제I부 제1장 「四川省雲陽縣─嘉慶白蓮敎反亂前夜の移住民社會」 참조. 당시 湖南巡撫 楊錫紱의 다음과 같은 언급 참조. 同, 「陳明米貴之由疏乾隆十三年(1748)」, 『淸經世文編』 卷39 「戶政」 「倉儲上」, "夫國家休養生息, 百餘年於玆. 荒土盡闢, 宜乎民之日富, 而反貧者, 積漸之勢然也. …… 國初地餘於人, 則地價賤. 承平以後, 地足養人, 則地價平. 承平旣久, 人餘於地, 則地價貴. 向日每畝一二兩者, 今至七八兩, 向日七八兩者. 今至二十餘兩, 貧而後賣, 旣賣無力複買. 富而後買, 已買可不複賣. 近日田之歸於富戶者, 大約十之五六." 명말청초 호광지역의 생산관계에 대해서는 安野省三, 『明淸史散論』(汲古書院, 2013) 제4부 「明末淸初, 揚子江中流域の大土地所有に關する一考察」 참조.

55 嚴中平, 『中國近代經濟史統計資料選輯』, 附錄 「淸代乾嘉道咸同光六朝人口統計表」, 中國社會科學出版社, 2012.

56 山田賢, 위의 책, 1995, 제II부 제3장 「雲陽縣移住民社會の嘉慶白蓮敎反亂」 참조.

57 이준갑, 앞의 책, 2002, 342쪽.

58 Richard Von Glahn, *op.cit.*, 2016, p. 361.

59 17세기에 들어 전 세계의 부유층이 다른 대륙에서 들어온 기호품을 즐기게 된 것은 전 지구적 현상이었다고 한다. 포메란츠 외, 앞의 책, 2003, 162쪽.

60 홍성화, 앞의 책, 2015.

61 鈴木中正, 앞의 책, 1952, 66~68쪽.

62 D. H. 퍼킨스, 앞의 책, 1997, 48쪽.

63 Yeh-chien Wang, "Secular Trends of Rice Prices in the Yangzi Delta", 1638‑1935, Rawski and Li eds., *Chinese History in Economic Perspective*, University of California Press, 1992, pp. 52~54.

64 우후이吳慧 등의 연구(『淸代糧食畝産量硏究』, 中國農業出版社, 1995, 38쪽)에 따르면 1662~1722년에는 무당 4석을 유지하였는데, 1796년 무당 3석으로 하락한 뒤에는 아편전쟁까지 끝내 예전의 높은 생산량을 회복하지 못하였다. 이 연구에서는 청대 후반 농업 생산량의 저하 요인으로 '생태환경 악화'를 가장 중요한 요소로 꼽았다. 강남 지역에 한정한 농업 생산량의 저하에 대해서는 강판권, 『청대 강남의 농업경제』, 혜안, 2004, 제4장 1절 '자연재

해와 곡물 수확량의 저하' 참조.

65   D. H. 퍼킨스, 앞의 책, 1997, 94~95쪽.

66   洪亮吉, 『洪北江詩文集』 「意言」, 「生計篇」.

67   龔煒, 『巢林筆談』 卷5 「吳俗奢靡日甚」.

68   陶澍, 『陶澍集』 上, 「抵蘇後陳奏地方情形摺子」, 嶽麓書社, 1998.

69   Richard Von Glahn, *op.cit.*, 2016, p. 365.

70   청대 임금 변화에 대한 연구로는 魏金玉, 「明淸時代農業中等性雇傭勞動向非等給性雇傭
     勞動的過渡」, 李文治 等, 『明淸時代的農業資本主義萌芽問題』, 中國社會科學出版社,
     1983; 劉永成趙岡, 「十八十九世紀中國農業雇工的實質賃金變動趨勢」, 中國第一歷史
     檔案館 編, 『明淸檔案與歷史硏究』 下, 中華書局, 1988 참조. 18세기 광동 지역의 고공 수
     입에 대해서는 陳春聲, 「市場機制與社會變遷-18世紀廣東米價分析」, 中山大學出版社,
     1992, 173쪽 참조.

유영성·조강의 연구는 맬서스의 '최적 인구이론'에 입각하여 『형과제본刑科題本』 중 176건
의 문건 가운데에서 각종 동전으로 표시되어 있는 고공 임금 데이터를 은량銀兩으로 환산
하고 다시 이를 왕업건이 제시한 물가지수로 바꾸어 실질임금을 계열화한 것이다. 그들은
1744년부터 1820년까지 청대의 실질임금은 완만하게 낮아지고, 쌀값 상승이 두드러지는
추세였다고 주장한다. 다만 여기에서는 지역적·업종별 고찰이 이루어지지 않았기 때문에
'추세' 이상의 것을 설명할 수 있을는지는 의문이다. 또 당시 전체 인구에서 고공은 소수였
기 때문에 이 자체만으로 전체 중국의 실질소득으로 환원하는 것 역시 곤란하다고 생각된
다. 그리고 이 추세를 보는 한 18세기 내내 경기변동이 있었지만 실질임금은 그다지 변화가
있다고는 생각되지 않고, 완만하면서도 지속적으로 하락하는 것은 19세기 초였다고 생각
된다. 이런 의미에서도 18세기 내내 '스미스적 성장'이 지속되었고 19세기 초에 들어와서야
'맬서스적 함정'에 빠졌다고 보는 것이 타당하다고 생각된다.

청대 고공의 임금 변화

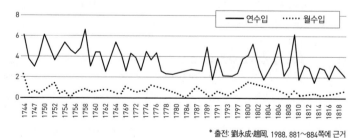

* 출전: 劉永成·趙岡, 1988. 881~884쪽에 근거

71 宋敘五趙善軒, 『清朝乾嘉之後國勢衰頹的經濟原因』, 香港樹仁學院, 2004, 84쪽.

72 斎藤修, 『プロト工業化の時代—西欧と日本の比較史』, 日本評論社, 1985, 제3장 'フラン ドル・モデル' 참조.

73 허핑티, 앞의 책, 1994, 87쪽.

74 P. E. 빌, 정철웅 옮김, 『18세기 중국의 관료제도와 자연재해』, 민음사, 1995.

75 포메란스, 앞의 책, 2016, 91쪽; 鬼頭宏, 『圖說 人口で見る日本史』, PHP研究所, 2007, 97~99쪽.

76 이계황, 『일본근세사』, 혜안, 2015, 261~268쪽.

참고문헌

1장

안승택, 「한 현대 농촌일기에 나타난 촌락사회의 계 형성과 공동체 원리」, 『농촌사회』 24-1, 한국
　　농촌사회학회, 2014.

에릭 R. 울프, 박현주 옮김, 『농민』, 청년사, 1988.

이용기, 「19세기 후반~20세기 중반 洞契와 마을자치-전남 長興郡 語西里 사례를 중심으로」,
　　서울대학교 국사학과 박사학위논문, 2007.

정근식, 「구림권의 장기구조사의 구상」, 정근식 외, 『구림연구: 마을 공동체의 구조와 변동』, 경인
　　문화사, 2003.

정승진, 「羅州 草洞洞契의 장기지속과 변화, 1601~2001」, 『大東文化硏究』 54, 성균관대학교출
　　판부, 2006.

페르낭 브로델, 이정옥 옮김, 「역사학과 사회과학들: 장기지속」, 『역사학논고』, 민음사, 1990.

페르낭 브로델, 주경철 옮김, 『물질문명과 자본주의』 Ⅲ-2, 까치, 1997.

アラン·マクファ レン, 酒田利夫 옮김, 『イギリス個人主義の起源: 家族·結婚·社會変化』, リ
　　ブロボ ト, 1990.

ロバ ト·レッドフィ ルド, 安藤慶一郎 옮김, 『文明の文化人類學 : 農村社會と文化』, 誠信書
　　房, 1960.

미야지마 히로시, 「家族,親族制度からみた東アジア三國社會」, 경원대학교 『아시아문화연구』 8,
　　2004.

宮嶋博史, 「東アジア小農社會の形成」, 『アジアから考える6 長期社會變動』, 東京大學出版會,
　　1994.

本田 洋, 『韓國農村社會の歷史民族誌: 産業化過程でのフィ ルドワ ク再考』, 風響社, 2016.

上田 信, 『傳統中國』, 講談社, 1995.

2장

공제욱·정근식 편, 『식민지의 일상, 지배와 균열』, 문화과학사, 2006.

마쓰모토 다케노리, 윤해동 옮김, 『조선농촌의 식민지 근대 경험』, 논형, 2011.

미야지마 히로시, 『나의 한국사 공부』, 너머북스, 2013.

역사문제연구소 민중사반, 『민중사를 다시 말한다』, 역사비평사, 2013.

윤해동 외, 『근대를 다시 읽는다—한국 근대 인식의 새로운 패러다임을 위하여』 Ⅰ·Ⅱ, 역사비평
　　사, 2006.

윤해동, 『탈식민주의 상상의 역사학으로』, 푸른역사, 2014.

윤희면, 『조선 후기 향교연구』, 일조각, 1990.

이타가키 류타, 홍종욱·이대화 옮김, 『한국 근대의 역사민족지—경북 상주의 식민지 경험』, 혜안,
　　2015.

이훈상, 『조선 후기 향리연구』, 일조각, 1990.

정승진, 『한국근세지역경세사—전라도 영광군 일대의 사례』, 경인문화사, 2003.

김희태, 「『定岡日記』: 일제 말~광복 직후 장흥 유생의 일기」, 『지방사와 지방문화』 1, 역사문화학
　　회, 1998, 359~373쪽.

마쓰모토 다케노리·정승진, 「근대 한국촌락의 중층성과 일본모델—사회적 동원화와 '전통의 창
　　조' 개념을 중심으로」, 『아세아연구』 131, 고려대학교 아세아문제연구소, 2008, 197~225쪽.

미야지마 히로시, 「유교적 근대론'과 한국과 일본의 역사적 위치」, 미야지마 히로시·배항섭 편,
　　『동아시아는 몇 시인가?』, 너머북스, 2015, 36~61쪽.

박경하, 「18세기 주현향약의 성격」, 향촌사회사연구회, 『조선후기 향약 연구』, 민음사, 1990,
　　169~184쪽.

박찬승, 「서론: 연구의 목적과 방법」, 충남대학교 내포지역연구단, 『근대이행기 지역엘리트 연구』
　　Ⅰ, 경인문화사, 2006, 3~24쪽.

박찬승, 「1920·30년대 강진의 민족운동과 사회운동」, 『지방사와 지방문화』 14-1, 역사문화학회,
　　2011, 151~201쪽.

배항섭, 「동아시아사 연구의 시각: 서구·근대 중심주의 비판과 극복」, 미야지마 히로시·배항섭
　　편, 『동아시아는 몇 시인가?』, 너머북스, 2015, 62~93쪽.

심상훈, 「1920년대 경북 북부지역 유학적 지식인들의 사회주의운동과 성격」, 『국학연구』 4, 한국
　　국학진흥원, 2004, 201~235쪽.

이기훈, 「1920년대 전남지방의 청년단체와 청년운동—사회정치적 공간의 구성과 변화를 중심으로」, 『역사문제연구』 26, 역사문제연구소, 2011, 171~208쪽.

이선옥, 「일제시기 진주지역 사립고등보통학교 설립과 운영을 둘러싼 주도세력의 동향」, 『청람사학』 24, 청람사학회, 2015, 125~178쪽.

이영훈, 「호남 고문서에 나타난 장기추세와 중기파동」, 정구복 외, 『호남지방 고문서 기초연구』, 한국정신문화연구원, 1999, 303~350쪽.

이용기, 「19세기 후반~20세기 중반 洞契와 마을자치—전남 장흥군 용산면 어서리 사례를 중심으로」, 서울대학교 박사학위논문, 2007, 1~379쪽.

이용기, 「일제시기 지역사회에서 전통적 권위질서의 지속과 변용—전남 장흥군 향교 교임 분석을 중심으로」, 『역사문제연구』 21, 역사문제연구소, 2009(a), 251~293쪽.

이용기, 「일제시기 면 단위 유력자의 구성과 지역정치—전남 장흥군 용산면 사례를 중심으로」, 『대동문화연구』 67, 대동문화연구원, 2009(b), 37~85쪽.

이용기, 「식민지기 민중의 셈법과 '자율적' 생활세계—생활문서의 화폐기록을 통하여」, 『역사문제연구』 23, 역사문제연구소, 2010, 97~131쪽.

이용기, 「일제시기 지역 사회운동의 주도세력 변화와 그 함의—전남 장흥군 사례를 중심으로」, 『역사문제연구』 31, 역사문제연구소, 2014(a), 167~198쪽.

이용기, 「전후 한국 농촌사회의 '재전통화'와 그 이면—전남 장흥군 용산면 사례를 중심으로」, 『역사와 현실』 93, 한국역사연구회, 2014(b), 417~465쪽.

이용기, 「한국 농지개혁의 가능성과 한계—혈연적 관계망에 주목하여」, 유용태 편, 『동아시아의 농지개혁과 토지혁명』, 서울대학교출판부, 2014(c), 55~89쪽.

이정우, 「19~20세기초 공주지방 유림의 동향과 향촌활동의 성격변화」, 『충북사학』 11·12, 충북대학교 사학회, 2000, 379~406쪽.

이훈상, 「조선후기의 향리와 근대 이후 이들의 진출—중재엘리트의 담론과 귀결」, 『역사학보』 141, 역사학회, 1994, 243~274쪽.

정근식, 「구림권의 장기구조사의 구상」, 정근식 외, 『구림연구—마을공동체의 구조와 변동』, 경인문화사, 2003, 13~76쪽.

정근식, 「지역전통과 정체성 연구의 시각」, 정근식 외, 『지역전통과 정체성의 문화정치—장성 황룡연구』, 경인문화사, 2004, 11~33쪽.

정승진, 「동아시아 촌락 담론을 통해 본 한국 촌락의 위상—동아시아지역학에서의 농민문화라는 관점」, 『담론 201』 11-1, 한국사회역사학회, 2008, 219~253쪽.

정진상, 「해방직후 사회신분제 유제의 해체—경남 진양군 두 마을 사례연구」, 지승종 외, 『근대사회변동과 양반』, 아세아문화사, 2000, 183~211쪽.

조형근, 「비판과 굴절, 전화 속의 한국 식민지근대성론」, 『역사학보』 203, 역사학회, 2009, 303~321쪽.

지수걸, 「구한말—일제초기 유지집단의 형성과 향리」, 연세대학교 국학연구원, 『한국근대이행기 중인연구』, 신서원, 1999, 513~536쪽.

지수걸, 「일제하 충남 서산군의 '관료—유지 지배체제'」 『역사문제연구』 3, 역사문제연구소, 1999, 13~75쪽.

지수걸, 「일제시기 충남 부여·논산군의 유지집단과 혁신청년집단」 『한국문화』 36, 서울대학교 규장각한국학연구원, 2005, 193~247쪽.

지수걸, 「일제하 지방통치 시스템과 군 단위 '관료—유지 지배체제'」 『역사와 현실』 63, 한국역사연구회, 2007, 345~379쪽.

지수걸, 「지방유지의 '식민지적' 삶」 『역사비평』 90, 역사문제연구소, 2010, 156~180쪽.

지승종, 「갑오개혁 이후 양반신분의 동향」 지승종 외, 『근대사회변동과 양반』, 아세아문화사, 2000, 11~37쪽.

한상구, 「일제시기 지역사회의 '이중권위구조'에 대한 연구시론」, 역사문제연구소 토론마당 발표문, 2002, 1~11쪽.

한영규, 「한말 일제하 나주유림의 逸民 의식과 伯夷 이해」, 하원호 외, 『한말 일제하 나주지역의 사회변동연구』, 성균관대학교 대동문화연구원, 2008, 561~584쪽.

홍성찬, 「한말—일제하의 사회변동과 향리층—전남 곡성의 사례를 중심으로」, 연세대학교 국학연구원, 『한국근대이행기 중인연구』, 신서원, 1999, 457~508쪽.

3장

『羅州郡金川面歸屬分配農地簿』(1948~1998).

『羅州郡金川面一般農地償還臺帳』(1950~1966).

『農地代價收納簿(金川面)』(1961).

『농지상환개인별내력(귀속·일반)』(1963).

『全羅南道羅州郡郡勢一斑』(1928).

『나주군군세일람』(1962).

『나주군통계연보』(1965년판, 1966년판).

『박경춘(竹村里상춘), 민향남(鳥江里벽류), 이의심(鳥江里벽류) 償還證書』

이기원, 「金川水利組合設立의 經緯」, 『農隱實錄 1』, 연대미상.

佐堀伸三, 『榮山浦における日本人町の形成』, 非賣品, 2000.

『朝鮮農會報(舊 韓國中央農會報)』

『大東輿地圖』(1861).

『羅州郡誌』(1980).

『朝鮮土地改良事業要覽』(1941).

김성보, 『남북한 경제구조의 기원과 전개: 북한 농업체제의 형성을 중심으로』, 역사비평사, 2000.

김성호·장상환 외, 『농지개혁사연구』, 한국농촌경제연구원, 1989.

김용택, 『한국 농협의 뿌리와 성립과정』, 역사비평사, 2015.

미야지마 히로시, 「장호원 공여 수리조합의 창설 과정」, 이영훈 외, 『근대조선수리조합연구』, 일조각, 1992, 91~105쪽.

박이준, 『한국근현대시기 토지탈환운동 연구』, 선인, 2007.

배항섭, 「나주지역 동학농민전쟁과 향리층의 동향」, 『동학연구』 19, 한국동학회, 2005, 59~83쪽.

손정목, 『한국지방제도·자치사연구』(상), 일지사, 1992.

안병태, 『한국근대경제와 일본 제국주의』, 백산서당, 1982.

오창현, 「농지개혁과 마을 공동체의 변형: 경기 동남부의 두 지역을 중심으로」, 『비교문화연구』 14-2, 서울대학교 비교문화연구소, 2008, 77~121쪽.

우대형, 「농지개혁의 생산성 증대효과 분석」, 홍성찬 편, 『농지개혁 연구』, 연세대학교출판부, 2001, 225~246쪽.

유용태 편, 『동아시아의 농지개혁과 토지혁명』, 서울대학교출판부, 2014.

이규수, 「전남 나주군 '궁삼면'의 토지소유관계의 변동과 동양척식주식회사의 토지집적」, 『한국독립운동사연구』 14, 독립기념관 한국독립운동사연구소, 2000, 185~221쪽.

이규수, 「일제하 토지회수운동의 전개과정: 전남 나주군 궁삼면의 사례」, 『한국독립운동사연구』 16, 독립기념관 한국독립운동사연구소, 2001, 233~267쪽.

이용기, 「한국 농지개혁의 가능성과 한계: 혈연적 관계망에 주목하여」, 유용태 편, 『동아시아의 농지개혁과 토지혁명』, 서울대학교출판부, 2014, 55~89쪽.

장석흥, 「광주학생운동의 사회경제적 배경: 영산포를 중심으로」, 『역사비평』 8, 역사비평사, 1989, 196~210쪽.

장석흥, 「일제하 영산포 식민기지의 형성」, 『한국학보』 58, 일지사, 1990, 1043~1076쪽.

장시원, 「지주제 해체와 자작농체제 성립의 역사적 의의」, 『광복50주년기념 학술대회—한국 경제발전의 회고와 전망』, 한국경제학회·경제사학회, 1995(박지향·김철·김일영·이영훈 편, 『해방 전후사의 재인식 2』, 책세상, 2006 所收, 345~389쪽).

정근식 편, 『구림연구: 마을공동체의 구조와 변동』, 경인문화사, 2003.

정승진, 『한국근세지역경제사: 全羅道 靈光郡 일대의 사례』, 경인문화사, 2003.

정승진, 「1930년대 羅州 榮山江 유역의 농업변동」, 『대동문화연구』 44, 성균관대학교 대동문화연구원, 2003, 41~81쪽.

정승진, 「20세기 전반 전통 농촌지역의 사회변동 양상: 全南 羅州郡 多侍面의 사례」, 『대동문화연구』 48, 성균관대학교 대동문화연구원, 2004, 235~276쪽.

정승진, 「나주 초동 동계의 장기지속과 변화, 1601~2001」, 『대동문화연구』 54, 성균관대학교 대동문화연구원, 2006, 303~340쪽.

정승진·松本武祝, 「토지대장에 나타난 농지개혁의 실상(1945~70): 全北 『益山君春浦面土地臺帳』의 분석」, 『한국경제연구』 17, 한국경제연구학회, 2006, 41~77쪽.

조석곤, 「'토지대장'을 통해 본 토지생산성의 변화(1910~1961): 김제시 죽산면 사례연구」, 『농촌경제』 36-4, 한국농촌경제연구원, 2013, 1~29쪽.

조석곤, 「토지 등급으로 살펴본 식민지기와 농지개혁기 토지생산성의 변화: 원주시 호저면 사례」, 『동향과 전망』 94, 한국사회연구소, 2015, 204~250쪽.

조석곤, 「한국 농지개혁 당시 수배농가의 변동: 경기도 광주시 남종면 사례」, 유용태 편, 『동아시아의 농지개혁과 토지혁명』, 서울대학교출판부, 2014, 25~53쪽.

함한희, 「해방 이후의 농지개혁과 궁삼면 농민의 사회경제적 지위 및 그 변화」, 『한국문화인류학』 23, 1991, 21~62쪽.

함한희, 「朝鮮末·日帝時代 宮三面農民의 社會經濟的 地位와 그 變化」, 『한국학보』 18-1, 일지사, 1992, 1002~1052쪽.

홍성찬 편, 『농지개혁 연구』, 연세대학교출판부, 2001.

暉峻衆三 編, 全雲聖 譯, 『日本農業經濟史: 자본주의의 전개와 농업문제』, 강원대학교출판부, 1991[1981].

權寧旭, 「東洋拓植株式會社と宮三面事件」, 『朝鮮研究』 8, 1968, 52~61쪽.

久間健一, 『朝鮮農業經營地帶の研究』, 農業總合研究刊行會, 1946.

松本武祝, 『植民地權力と朝鮮農民』, 社會評論社, 1998.

李圭洙, 『近代朝鮮における植民地地主制と農民運動』, 信山社, 1996.

河合和男 外, 『國策會社·東拓の研究』, 不二出版, 2000.

ワリンスキ― 編, 齊藤仁 外 譯, 『ウォルフ ラデジンスキ―農業改革―貧困への挑戰』, 日本經
　　濟評論社, 1984(원저: Ladejinsky, Wolf, *Agrarian Reform as Unfinished Business*, Oxford,
　　1977).

1960년대 중반 전라남도 나주군 개황도

4장

『비변사등록』

『현종실록』

『철종실록』

『고종실록』

『승정원일기』

『고성부총쇄록』

『경상도함안군총쇄록』

『임술록』

『경세유표』

『역주목민심서』 Ⅱ.

「동비토록東匪討錄」(『동학농민전쟁사료총서』 6).

『주한일본공사관기록』 1.

「鄕約辦務規程」 및 「鄕會條規」, 『內部請議書 2』.

정교, 『대한계년사』(상).

정교, 조광 편, 김우철 역주, 『대한계년사』(3), 소명출판, 2004.

김준형, 『조선 후기 단성사족층연구』, 아시아문화사, 2000.

김현영, 『조선시대의 양반과 향촌사회』, 집문당, 1999.

망원한국사연구실, 『1862년 농민항쟁』, 동녘, 1988.

박시형·홍희유·김석형, 『봉건지배계급에 반대한 농민들의 투쟁―이조편―』, 열사람(재간행본),
　　1989.

고석규, 「19세기 전반 향촌사회 지배구조의 성격」, 『외대사학』 2, 1989.

고석규, 「19세기 농민항쟁의 전개와 변혁주체의 성장」, 한국역사연구회 편, 『1894년 농민전쟁연구』(1), 역사비평사, 1991.

김광억, 「관계의 망과 문화공동체」, 한국정신문화연구원 편, 『조선양반의 생활세계』, 백산서당, 2004.

김동철, 「19세기 말 함안지방의 향전」, 『한국문화연구』 2, 1989.

김선경, 「조선 후기의 조세수취와 面里운영」, 연세대학교 석사학위논문, 1984.

김선경, 「'1862년 농민항쟁'의 都結혁파요구에 관한 연구」, 『李載襲博士還曆紀念 韓國史學論叢』, 1990.

김성윤, 「吳宖默(1834~?)을 통해서 본 수령 군현통치의 과정과 전략 -"善政" 목민관의 모델과 관련하여-」, 『朝鮮時代史學報』 53, 2010.

김용민, 「1860年代 農民蜂起의 組織基盤과 民會」, 『史叢』 43, 1994.

김용섭, 「朝鮮 後期의 賦稅制度 釐正策」, 『韓國近代農業史研究』(增補版), 1988

김인걸, 「조선 후기 향촌통제책의 위기」, 『진단학보』 58, 1984.

김인걸, 「19세기 전반 관주도 향촌통제책의 위기」, 『국사관논총』 6, 1989.

배항섭, 「19세기 동아시아 민중운동과 여성의 참여」, 『역사교육』 152, 2019.

배항섭, 「19세기 지배질서의 변화와 정치문화의 변용—仁政 願望의 향방을 중심으로-」, 『한국사학보』 39, 2010.

배항섭, 「19세기 후반 민중운동과 公論」, 『한국사연구』 161, 2013.

송양섭, 「19세기 良役收取法의 변화-洞布制의 성립과 관련하여-」, 『韓國史研究』 89, 1995.

송찬섭, 「1862년 농민항쟁의 조직과 활동」 『한국사론』 21, 1989.

송찬섭, 「농민항쟁과 민회」 『역사비평』 37, 1997.

송찬섭, 「1890년 함창농민항쟁의 성격」, 정만조 외, 『조선의 정치와 사회』, 집문당, 2002.

안병욱, 「19세기 민중의식의 성장과 민중운동」 『역사비평』 1, 1987.

안병욱, 「19세기 賦稅의 都結化와 封建的 收取體制의 해체」, 『國史館論叢』 7, 1989.

우인수, 「18~19세기 산림의 기능 약화와 성격 변화」 『대구사학』 55, 1998.

우인수, 「畝忠錄을 통해 본 寒州 李震相의 國政改革論」 『퇴계학과 유교문화』 38, 2006.

이규대, 「19세기 동계와 동역」, 김호일 편저, 『한국 근현대이행기 사회연구』 신서원, 2000.

이용기, 「19세기 후반 반촌 동계의 기능과 성격변화」 『사학연구』 91, 2008.

이윤갑, 「경상도 성주의 1862년 농민항쟁과 사회변동」 『대구사학』 115, 2014.

장영민, 「고성민요연구」, 『윤병석교수화갑기념 한국근대사논총』, 지식산업사, 1990.

장영민, 「1894년 고성민요연구」(Ⅱ), 『상지대논문집』 11, 1990.

정진영, 「18, 19세기 사족의 촌락지배와 그 해체과정」, 『조선후기 향약연구』, 민음사, 1990.

정진영, 「19세기 향촌사회의 지배구조와 대립관계」, 한국역사연구회 편, 『1894년 농민전쟁연구』
    (1), 역사비평사, 1991.

정진영, 「19~20세기 전반 한 몰락양반가의 중소지주로의 성장」, 『대동문화연구』 52, 2005.

정창렬, 「조선 후기 농민 봉기의 정치의식」, 『韓國人의 生活意識과 民衆藝術』, 1983.

한명기, 「19세기 전반 반봉건항쟁의 성격과 그 유형」, 한국역사연구회 편, 『1894년 농민전쟁연구』
    (2), 역사비평사, 1992.

5장

「寧海槐市里幼學南孝稷等上書」

「寧海大小民人等狀上書」

「寧海大小民人等狀」

「寧海都護府使牒呈」

「寧海鄕中牒呈」

「寧海大小民人等狀」

「寧海大小民人等狀」

「寧海鄕中牒呈」

「寧海大小民人等狀上書」

「寧海鄕中牒呈」

「寧海鄕中牒呈」

「寧海戶籍色減戶捧賂條」

「寧海戶籍色縮戶捧賂條」

「寧海新舊籍戶數區別」, 「巡相國金公諱明鎭永世不忘碑」(1891, 대구 소재).

『寧海府地圖』(藏書閣, K2-4583).

『寧海郡邑誌』(1899).

『承政院日記』

『日省錄』

「道先生案」, 『甲午式成冊規式』

『居官大要』

『牧綱』

『牧民心書』

『玉山文牒抄』

『戶籍所謄錄』

곽동찬, 「고종조 토호의 성분과 무단양상－1867년 암행어사토호별단의 분석」, 『한국사론』 2, 1975.

권기중, 『조선시대 지방사회와 향리』, 경인문화사, 2010.

권내현, 「조선후기 호적의 작성과정에 대한 분석」, 『단성호적대장연구』, 성균관대학교 대동문화연구원, 2003.

권내현, 「조선후기 호적·호구의 성격과 새로운 쟁점」, 『한국사연구』 135, 2006.

권내현, 「조선후기 호적에 대한 이해－논쟁과 쟁점」, 『한국사연구』 165, 2014.

김건태, 「호명을 통해 본 19세기 직역과 솔하노비」, 『한국사연구』 144, 2009.

김선경, 「조선후기 조세수취와 면리운영」, 연세대학교 석사논문, 1984.

김용섭, 「조선후기 無田農民의 문제－『林川郡家座草冊』의 분석」, 『증보판조선후기농업사연구』 I, 지식산업사, 1995.

김정미, 「‘親親愛人’을 실천한 호은 남흥수와 괴시파 사람들」, 『영양남씨괴시파영감댁－한국국학진흥원소장 국학자료목록집』, 한국국학진흥원, 2015.

김필동, 『차별과 연대－조선사회의 신분과 조직』, 문학과지성사, 1999.

山內弘一, 「李朝後期の戶籍編成について特に地方の場合お中心に」, 『朝鮮後期の慶尙道丹城縣における社會動態の硏究(Ⅱ)』, 1997.

서호철, 「조선후기의 인구와 통치－『일성록』 ‘헌민수’ 자료의 검토」, 『사회와 역사』 74, 2007.

손병규, 「산 자와 죽은 자의 기재: 호적과 족보에 대한 인구역사학의 관점」, 『조선시대사학보』 79, 2016.

송양섭, 「18~19세기 단성현의 군역파악과 운영－단성호적대장을 중심으로」, 『단성호적대장연구』, 2003.

송양섭, 「조선후기 신분·직역 연구와 ‘직역체제’의 인식」, 『조선시대사학보』 34, 2005.

송양섭, 「1896년 지도군 창설과 서남해 도서지배구조의 재편－오횡묵의 『지도군총쇄록』을 중심으로」, 『한국사학보』 26, 2007.

송양섭, 「『목민심서』에 나타난 다산 정약용의 ‘인시순속’적 지방재정 운영론」, 『다산과 현대』 7, 2014.

송양섭, 『목민심서』에 나타난 정약용의 수령인식과 지방행정의 방향」, 『다산학』 28, 2016.

영남대학교 민족문화연구소, 『동해안 지역 반촌의 사회구조와 변화』, 경인문화사, 2008.

이수건, 「밀암 이재의 가문과 영남학파」, 『밀암이재연구』, 영남대학교출판부, 2001.

이영훈, 「조선시대의 주호·협호관계 재론」, 『고문서연구』 25, 2003.

이종범, 「19세기 후반 부세제도의 운영과 사회구조-전라도 구례현의 사례」, 『동방학지』 89·90.

이창언, 「동해안지역 정기시장의 변화에 관한 연구」, 『민족문화논총』 48, 2010.

장영민, 「1840년 영해향전과 그 배경에 대한 소고」, 『충남사학』 2, 1987.

장영민, 「1871년 영해 동학란」, 『한국학보』 13-2, 일지사, 1987.

井上和枝, 「대원군의 지방통치정책에 관하여-「토호별단」의 재검토」, 『민족사의 전개와 문화-벽
사이우성교수정년퇴직논총-』상, 1990.

정진영, 「'경자향변'일기 해설 및 자료(Ⅰ)」, 『민족문화논총』 9, 영남대 민족문화연구소, 1988.

정진영, 「조선후기 호적 '호'의 이해와 새로운 전망」, 『단성호적대장연구』, 성균관대학교출판부,
2003.

최승희, 『한국고문서연구』, 1981.

최승희, 「호구단자·준호구에 대하여」, 『규장각』 7, 1983.

허원영, 「18세기 후반 순천부 농민의 존재양태와 농업경영-「순천부서면가좌책」(1744) 분석을 중
심으로」, 『역사문화연구』 47, 2013.

6장

『淸世祖實錄』(臺灣華文書局本).

弘治『徽州府志』(成文出版社有限公司).

康熙『徽州府志』(成文出版社有限公司).

道光『徽州府志』(成文出版社有限公司).

康熙『休寧縣志』(成文出版社有限公司).

『徽州府賦役全書』(明代史籍彙刊, 屈萬里主編), 臺灣學生書局, 1970.

『明淸兩朝丈量田畝條例(附田形圖式)』, 중화민국 26년(1937) 11월, 歙縣集成書局.

『休寧縣都圖地名字號便覽』(中國社會科學院 歷史硏究所藏).

『休寧縣都圖里役備覽』(安徽省圖書館藏).

『明嘉靖淸嘉慶承當都長丈量公正里役排年合同議約』(南京大學歷史系資料室藏).

『康熙陳氏置産簿』(南京大學歷史系資料室藏).

『徽州千年契約文書』清民國編 제1권(花山文藝出版社), 1991序.

『徽州千年契約文書』清民國編 제19권(花山文藝出版社), 1991序.

張傳璽 主編, 『中國歷代契約會編考釋』下, 北京大學出版社, 1995.

韋慶遠, 『明代黄册研究』, 中華書局, 1961.

陳支平, 『淸代賦役制度演變新探』, 廈門大學出版社, 1988.

欒成顯, 『明代黄册研究』, 中國社會科學出版社, 1998.

張研, 『淸代經濟簡史』, 中州古籍出版社, 1998.

張研, 『淸代經濟簡史』, 雲龍出版社, 2002.

嚴桂夫 主編, 『徽州歷史檔案總目提要』, 黄山書社, 1996.

王鈺欣 等編, 『徽州文書類目』, 黄山書社, 2000.

鶴見尙弘, 『中國明淸社會經濟研究』, 學苑出版社, 1986.

權仁溶, 「明末淸初 徽州의 里甲制에 관한 硏究」, 고려대학교 박사학위논문, 2000.

權仁溶, 「明末 徽州의 土地丈量과 里甲制: 祁門縣 '謝氏分爭'을 中心으로」, 『東洋史學硏究』 63,
  1998.

吳敵·卓元, 「淸順治間魚鱗圖册殘本辨析」, 『四川師範學院學報(哲學社會科學版)』 1991년 제2기.

周紹泉, 「徽州文書與徽學」, 『歷史硏究』 2000년 제1기.

趙岡, 「簡論魚鱗圖册」, 『中國農史』 2001년 제20권 제1기.

夏維中·王裕明, 「也論明末淸初徽州地區土地丈量與里甲制的關係」, 『南京大學學報』 2002년
  제4기, 제39권(총 148기).

趙贇, 「納稅單位'眞實'的一面-以徽州府土地數據考釋爲中心」, 『安徽史學』 2003년 제5기.

汪慶元, 「淸代順治朝土地淸丈在徽州的推行」, 『中國史硏究』 2007년 제3기.

汪慶元, 「淸初徽州的'均圖'魚鱗册研究」, 『淸史研究』 2009년 제2기.

楊國安, 「淸代康熙年間兩湖地區土地淸丈與地籍編纂」, 『中國史硏究』 2011년 제4기.

欒成顯, 「徽州魚鱗圖册文書的遺存及其研究價値」, 『黄山學院學報』 제7권 제1기.

西村元照, 「淸初の土地丈量について －土地臺帳と隱田をめぐる國家と鄕紳の對抗關係を基
  軸として－」, 『東洋史研究』 33-3, 1974.

周紹泉·安本美緒 譯, 「徽州文書の分類」, 『史潮』 신32, 1993.

高嶋航, 「淸代の賦役全書」, 『東方學報』(京都) 72, 2000.

7장

구범진, 『청나라 키메라의 제국』, 민음사, 2012.

김호동, 『근대 중앙아시아의 혁명과 좌절』, 사계절, 1999.

문명기, 「1920년대 한국·대만의 자치운동에 대한 비교사적 접근—지배층의 존재양태와 '중국' 요인을 중심으로」, 『중국근현대사연구』 39, 2008.

문명기, 「19세기 후반 대만의 개항과 경제변동, 1861~1895—이중종속(double dependency) 개념의 보완을 위한 시론」, 『중앙사론』 27, 2008.

문명기, 「대만 건성 시기(1886~1891) 유명전의 재원확보 노력과 대외교섭—이금 개혁과 장뇌 전매를 중심으로」, 『명청사연구』 27, 2007.

문명기, 「대만·조선총독부의 전매정책 비교연구—사회경제적 유산과 '국가' 능력의 차이」, 『사림』 52, 2015.

문명기, 「대만사건(1874) 이후 청조의 대만 경영과 건성 방안의 형성」, 『역사학보』 194, 2007.

문명기, 「청말 대만 건성과 유명전재원확보 방안을 중심으로」, 서울대학교 동양사학과 박사학위논문, 2007.

문명기, 「청말 대만의 번지개발과 족군정치(ethnic politics)의 종언」, 『중국근현대사연구』 30, 2006.

문명기, 「청말 신강 건성과 재정대만 건성과의 비교를 겸하여」, 『중국학보』 63, 2011.

문명기, 「청말(1886~1889) 대만의 지세개혁과 그 성격」, 『동양사학연구』 95, 2006.

민두기, 『시간과의 경쟁—동아시아근현대사논집』, 연세대학교출판부, 2001.

커즈밍, 문명기 옮김, 『식민지시대 대만은 발전했는가 쌀과 설탕의 상극, 1895~1945』, 일조각, 2008.

柯志明, 『番頭家—清代臺灣族群政治與熟番地權』, 中央研究院 社會學研究所, 2001.

戴炎輝, 『清代臺灣之鄕治』, 聯經, 1979.

戴維遜(James Davidson), 蔡啓恒 譯, 『臺灣之過去與現在』, 臺灣銀行, 1972.

鄧孔昭, 「臺灣建省初期的福建協餉」, 『臺灣研究集刊』 1994年 4期.

藤井志津枝, 『理蕃日本治理臺灣的計策』, 文英堂, 1997.

藍奕青, 『帝國之守日治時期臺灣的郡制與地方統治』, 國史館, 2012.

林滿紅, 『茶·糖·樟腦業與臺灣之社會經濟變遷(1860~1895)』, 聯經, 1997.

林玉茹, 『清代竹塹地區的在地商人及其活動網絡』, 聯經, 2000.

司馬嘯青, 『臺灣五大家族(上·下)』, 自立晚報, 1987.

施添福,「淸代臺灣竹塹地區的土牛溝和區域發展」,『臺灣風物』40-4, 1990.

楊騏駿,「日治前期臺灣樟腦業的發展以産銷爲中心的觀察(1895~1918)」, 國立臺北大學 歷史學系 碩士學位論文, 2012.

吳學明,「金廣福墾隘硏究」(上), 新竹縣立文化中心, 2000.

王世慶,「霧峰林家之歷史」, 黃富三·陳俐甫 編,『霧峰林家之調査與硏究』, 國立臺灣大學歷史系, 1991.

王振勳,『林獻堂的社會思想與社會活動新論』, 稻田出版, 2009.

王興安,「植民地統治與地方精英-以新竹·苗栗地區爲中心(1895~1935)」, 國立臺灣大學 歷史學研究所 碩士學位論文, 1999.

劉銘傳,『劉壯肅公奏議』(臺灣文獻叢刊第27種), 臺灣省文獻委員會, 1958.

李文良,「晚淸臺灣的地方政府與社會-廣泰成墾號事件的觀察」,『曹永和先生八十壽慶論文集』, 樂學書局, 2001.

張麗芬,「日本統治下的臺灣樟腦業(1895~1919)」, 國立成功大學 碩士學位論文, 1995.

張本政 主編,『淸實錄臺灣史資料專輯』, 福建人民出版社, 1993.

張正昌,『林獻堂與臺灣民族運動』, 益群書局, 1981.

鄭鏞,「臺灣建省前後國家與巨族的互動以臺灣板橋林家·霧峰林家爲研究對象」,『東南學術』2007년 2기.

周婉窈,『臺灣歷史圖說』, 聯經, 2000(2판 7쇄).

曾迺碩,「淸季大稻埕之茶業」,『臺北文物』5-4, 1957.

陳孔立,『淸代臺灣移民社會研究』, 九州出版社, 2003.

許雪姬 編,『霧峰林家相關人物訪談紀錄』, 臺中縣立文化中心, 1998.

許雪姬,「日治時期霧峰林家的産業經營初探」, 黃富三·翁佳音 主編,『臺灣商業傳統論文集』, 中央研究院 臺灣史研究所籌備處, 1999.

許雪姬,「評論」, 國立臺灣大學歷史學系 編,『日據時期臺灣史國際學術研討會論文集』, 國立臺灣大學歷史學系, 1993.

洪安全 總編輯,『淸宮月摺檔臺灣史料(八)』, 國立故宮博物院, 1999.

黃富三,「試論霧峰林家之族性與族運」,『國史研究通訊』2, 2012.

黃富三,「日本領臺與霧峰林家之肆應以林朝棟爲中心」, 國立臺灣大學歷史學系 編,『日據時期臺灣史國際學術研討會論文集』, 國立臺灣大學歷史學系, 1993.

黃富三,「從劉銘傳開山撫番政策看淸廷·地方官·士紳的互動」,『中華民國史專題第五屆研討會(國史上中央與地方的關係)』, 國史館, 2000.

黃富三, 「淸季臺灣之外來衝擊與官紳關係以板橋林家之捐獻爲例」, 『臺灣文獻』62-4, 2011.

黃富三, 『霧峯林家的中挫(1861~1885)』, 自立晚報, 1992.

黃富三, 『霧峯林家的興起-從渡海拓荒到封疆大吏(1729~1864)』, 自立晚報, 1987.

黃富三, 『林獻堂傳』, 國史館 臺灣文獻館, 2004.

黃富三·翁佳音, 「淸代台灣漢人懇戶階層初論」, 『近代中國區域硏討會論文集』(上册), 中央硏究院 近代史硏究所, 1986.

黃富三·陳俐甫 編, 『霧峰林家之調查與硏究』, 國立臺灣大學歷史系, 1991.

黃富三等 解讀, 『霧峰林家文書集』(全二卷), 國史館, 2013.

黃通·張宗漢·李昌槿 合編, 『日據時代臺灣之財政』, 聯經, 1987.

「臺灣の素封家」, 『臺灣慣習記事』1권 12호, 1901.

高橋龜吉, 『現代臺灣經濟論』, 千倉書房, 1937.

臺灣總督府 史料編纂委員會 編, 『臺灣樟腦專賣志』, 臺灣日日新報社, 1924.

大藏省 編, 『明治大正財政史』(제19권: 대만총독부), 1958.

涂照彦, 『日本帝國主義下の臺灣』, 東京大學出版會, 1975.

岩井茂樹, 『中國近世財政史の硏究』, 京都大學出版會, 2004.

鷹取田一郎, 『臺灣列紳傳』, 華夏書坊, 2009(1916).

伊能嘉矩 編, 『理蕃誌稿』(第一編), 臺灣總督府 警察本署, 1918.

伊能嘉矩, 『臺灣蕃政志』, 臺灣日日新報社, 1904.

Meskill, Johanna, *A Chinese Pioneer Family: The Lins of Wu-feng, Taiwan, 1729~1895*, Princeton University, 1979.

Shepherd, John R., *Statecraft and Political Economy on the Taiwan Frontier 1600~1800*, Stanford Univ. Press, 1993.

8장

미야지마 히로시·배항섭 편, 『동아시아는 몇 시인가?』, 너머북스, 2015.

손병규, 『조선왕조 재정 시스템의 재발견』, 역사비평사, 2008.

Pomerantz, K. "The Great Divergence: China, Europe, and the Making of the Modern World

Economy", Princeton University Press, 2000.

江戸文化歴史檢定會, 『江戸博覽强記』改定新版, 小學館, 2013.

岩井茂樹, 『中國近世財政史の研究』, 京都大學學術出版會, 2004.

速水 融, 『歴史人口學の世界』, 岩波書店, 1997.

고은미, 「글로벌 히스토리와 동아시아론; 일본의 연구성과를 중심으로」, 『동아시아연구, 어떻게 할 것인가』, 성균관대학교출판부, 2016.

권기중, 『「부역실총」에 기재된 지방재정의 위상」, 『역사와 현실』 70, 한국역사연구회, 2008.

권내현, 「17세기 후반~18세기 전반 조선의 은 유통」, 『역사학보』 221, 2014.

김영진, 「전통 동아시아 국제질서 개념으로서 조공체제에 대한 비판적 고찰」, 『한국정치외교사논총』 38-1, 2016.

김재호, 「조선 후기 중앙재정의 운영; 『六典條例』의 분석을 중심으로」, 이헌창 편, 『조선후기 재정과 시장: 경제체제론의 접근』, 서울대학교출판문화원, 2010.

배항섭, 「동아시아사 연구의 시각: 서구·근대 중심주의의 비판과 극복」, 『역사비평』 109, 역사비평사, 2014.

손병규, 「조선 후기 재정구조와 지방재정운영-재정 중앙집권화와의 관계-」, 『조선시대사학보』 25, 조선시대사학회, 2003.

손병규, 「갑오시기 재정개혁의 의미-조선왕조 재정 시스템의 관점에서-」, 『한국사학보』 21, 고려사학회, 2005.

손병규, 「조선 후기 국가 재원의 지역적 분배―賦役實總의 상하납 세물을 중심으로」, 『역사와 현실』 70, 한국역사연구회, 2008.

손병규, 「조선 후기 비총제 재정의 비교사적 검토-조선의 賦役實摠과 明淸의 賦役全書」, 『역사와 현실』 81, 2011.

송양섭, 『「부역실총」에 나타난 재원파악 방식과 재정정책」, 『역사와 현실』 70, 2008.

윤영인, 「서구 학계 조공제도 이론의 중국 중심적 문화론 비판」, 『아세아연구』 45-3, 2002.

윤영인, 「10-13세기 동북아시아 多元的 國際秩序에서의 冊封과 盟約」, 『동양사학연구』 101, 2007.

梁方仲, 「明代一條鞭法年表」, 『嶺南學報』 第12卷 第1期, 1952.

朝尾直弘, 「中世から近世へ」 『日本近世史の自立』, 校倉書房, 1989(2쇄).

鳥海靖, 「明治國家の發足」 『日本近代史』, 放送大學教育振興會, 1992.

大口勇次郎, 「幕府の財政」, 新保博/齋藤修 編 『日本經濟史 2; 近代成長の胎動』, 岩波書店,

1990(2쇄).

飯島千秋, 「第1編 江戸幕府の財政」, 『江戸幕府財政の研究』, 吉川弘文館, 2004.

浜下武志, 「朝貢貿易システムと近代アジア」, 『近代中國の國際的契機』, 東京大學出版會, 1990.

藤井讓治, 「アジアにおける官僚制と軍隊」, 荒野泰典・石井正敏・村井章介 編, 『アジアのなかの日本史；Ⅰ アジアと日本』, 東京大學出版會, 1992.

9장

顧炎武, 『日知錄集釋』.

龔煒, 『巢林筆談』.

陶澍, 『陶澍集』.

洪亮吉, 『洪北江詩文集』.

賀長齡編, 『淸經世文編』.

『湖南省例成案』.

이준갑, 『중국 사천사회 연구 1644−1911』, 서울대학교출판부, 2002.

정철웅, 『역사와 환경─중국 명청 시대의 경우』, 책세상, 2002.

그레고리 클라크, 이은주 옮김, 『맬서스, 산업혁명 그리고 이해할 수 없는 신세계』, 한스미디어, 2009.

더글러스 C. 노스, 이병기 옮김, 『제도·제도변화·경제적 성과』, 한국경제연구원, 1996.

드와이트 H. 퍼킨스, 양필승 옮김, 『중국경제사 1368−1968』, 신서원, 1997.

로이드 이스트만, 이승휘 옮김, 『중국 사회의 지속과 변화 1550−1949』, 돌베개, 1999.

리보중(李伯重), 이화승 옮김, 『중국 경제사 연구의 새로운 모색』, 책세상, 2006.

마크 엘빈, 이춘식 외 옮김, 『중국역사의 발전형태』, 신서원, 1989.

사이토 오사무(齋藤修), 박이택 옮김, 『비교경제발전론역사적 어프로치』, 해남, 2013.

제임스 Z. 리·왕펑, 손병규·김경호 옮김, 『일류 사분의 일』, 성균관대학교출판부, 2012.

케네스 포메란츠 외, 박광식 옮김, 『설탕, 커피, 그리고 폭력』, 심산, 2003.

케네스 포메란츠, 김규태 외 옮김, 『대분기─중국과 유럽, 그리고 근대 세계 경제의 형성』, 에코리브르, 2016.

클리퍼드 기어츠, 김형준 옮김, 『농업의 내향적 정교화: 인도네시아의 생태적 변화 과정』, 일조
　　각, 2012.

황쭝즈, 구범진 옮김, 『중국의 감춰진 농업혁명』, 진인진, 2016.

허핑티(何柄棣), 정철웅 옮김, 『중국의 인구』, 책세상, 1994.

龔勝生, 『淸代兩湖農業地理』, 華中師範大學出版社, 1996.

宋敍五·趙善軒, 『淸朝乾嘉之後國勢衰頹的經濟原因』, 香港樹仁學院, 2004.

嚴中平, 『中國近代經濟史統計資料選輯』, 中國社會科學出版社, 2012.

吳承明, 『中國資本主義與國內市場』, 中國社會科學出版社, 1985.

吳承明, 『中國的現代化: 市場與社會』, 三聯書店, 2001.

吳承明·許滌新, 『中國資本主義發展史第1卷-中國資本主義萌芽』, 人民出版社, 1985.

吳慧, 『淸代糧食畝産量硏究』, 中國農業出版社, 1995.

李伯重, 『發展與制約: 明淸江南生産力硏究』, 聯經出版, 2002.

蔣建平, 『淸代前期米穀貿易硏究』, 北京大學出版社, 1992.

陳春聲, 『市場機制與社會變遷-18世紀廣東米價分析』, 中山大學出版社, 1992.

ス ザン·B. ハンレ , 指昭博 譯, 『江戶時代の遺産—庶民の生活文化』, 中央公論社, 1990.

大澤正昭, 『唐宋變革期農業社會史硏究』, 汲古書院, 1996.

山田賢, 『移住民の秩序—淸代四川地域社會史硏究』, 名古屋大學出版會, 1995.

岸本美緒, 『淸代中國の物價と經濟變動』, 硏文出版, 1997.

安部健夫 『淸代史の硏究』, 創文社, 1971.

安野省三, 『明淸史散論』, 汲古書院, 2013.

鈴木中正, 『淸朝中期史硏究』, 燎原書房, 1952.

田尻利, 『淸代農業商業化の硏究』, 汲古書院, 1999.

足立啓二, 『明淸中國の經濟構造』, 汲古書院, 2012.

中島樂章, 『徽州商人と明淸中國』, 山川出版社, 2009.

重田德, 『淸代社會經濟史硏究』, 岩波書店, 1975.

Huang, Philip, *The Peasant Family and Rural Development in the Yangzi Delta, 1350-1988*,
　　Stanford University Press, 1990.

Kuznets, Simon, *Modern Economic Growth: Rate, Structure, and Spread*, Yale University Press,

1966.

Li Bozhong, *Agricultural Development in Jiangnan*, 1620–1850, St. Martin's Press, 1997.

Maddison, Angus, *Chinese Economic Performance in the Long Run: 960-2030 AD,* OECD, 2007.

Maddison, Angus, *The World Economy: A Millennial Perspective*, OECD Publishing, 2007.

Mokyr, Joel, *Lever of Riches: Technological Creativity and Economic Progress*, Oxford University Press, 1992.

Rawski, E., *Agricultural Change and the Peasant Economy of South China*, Harvard University Press, 1972.

Von Glahn, Richard, *The Economic History of China: From Antiquity to the Nineteenth Century*, Cambridge University Press, 2016.

차명수, 「산업혁명」, 배영수 편, 『서양사강의』, 한울아카데미, 2007.

최지희, 「明代 徽州 상인의 전당 운영 배경과 분포의 특징」, 『역사학연구』 39, 2010.

하세봉, 「清中期 三省交界地方의 수공업과 상인자본」, 『중국문제연구』 2, 1988.

홍성화, 「清中期 전국시장과 지역경제」, 『역사와 세계』 48, 2015.

홍성화, 「청대 강남 농민의 소득 구조—송대와의 비교를 중심으로」, 『명청사연구』 54, 2020.

劉永成·趙岡, 「十八·十九世紀中國農業雇工的實質賃金變動趨勢」, 中國第一歷史檔案館 編, 『明清檔案與歷史研究』 下, 中華書局, 1988.

范金民, 「明代江南絲綢的國內貿易」, 『史學月刊』 1992-1.

范金民, 「清代江南絲綢的國內貿易」, 『清史研究』 1992-2.

魏金玉, 「明清時代農業中等性雇傭勞動向非等給性雇傭勞動的過渡」, 李文治 等, 『明清時代的農業資本主義萌芽問題』, 中國社會科學出版社, 1983.

林滿紅, 「世界經濟與近代中國農業—清人汪輝祖一段乾隆糧價記述之解析」, 中央研究院近代史研究所編, 『近代中國農村經濟史論文集』 中央研究院近代史研究所, 1989.

稻田淸一, 「西米東運考—清代의 兩廣關係をめぐって」, 『東方學』 71, 1986.

浜口福壽, 「明代の米價表示法と銀の流通—明代貨幣史覺書」 2, 新潟縣立新潟中央高等學校, 『研究年報』 15, 1968.

森紀子, 「清代四川の移民經濟」, 『東洋史研究』 45-4, 1987.

森永恭代, 「清代四川における移民開墾政策—清朝政府から見た「湖廣塡四川」」 『史窓』 68, 2011.

Bin Wong and Peter C. Perdue, "Grain Markets and Food Supplies in Eighteenth—Century Hunan", Rawski and Li eds., *Chinese History in Economic Perspective*, University of California Press, 1992.

Feuerwerk, Albert, "Presidential Address: Questions About China's Early Modern Economic History That I Wish I Could Answer", *The Journal of Asian Studies*, Vol. 51, No. 4, Nov., 1992.

Kuznets, Simon, "Modern Economic Growth: Findings and Reflections", *American Economic Review*, Vol. 63, No. 3, June, 1973.

Lee and Wong, "Population Movements in Qing China and Their Linguistic Legacy", Journal of Chinese Linguistics Monograph Series, No. 3, *Language and Dialects of China*, 1991.

Yeh—chien Wang, "Secular Trends of Rice Prices in the Yangzi Delta", 16381935, Rawski and Li eds., *Chinese History in Economic Perspective, University of California Press*, 1992.

찾아보기

[ㄱ]

가좌성책家座成冊 177, 178

간지干支 64, 65

갑오개혁 47, 158, 304

『강희손씨치산부康熙孫氏置産簿』243

『강희진씨치산부康熙陳氏置産簿』228

건성建省 250

격리전략 251, 253

결사체 31

경자유전耕者有田 72, 110, 114, 116, 117, 131

경자향변庚子鄕變 165

계契 60

고성민란 139, 149, 154, 156

공동납 138, 139, 141, 142, 145, 146, 149, 155

공동성 28, 30, 157, 160

공동체 30, 31, 37

공의公議 148, 153, 195

관료제 국가체제 24

관법寬法 188, 189, 190, 196, 198, 199, 202, 205

관신질서官紳秩序 252

교임 51, 52, 54, 55

구로즈미 이타로黑住猪太郎 95, 96, 98, 99, 105, 107

국가권력 249~251, 277

국역國役 281, 282, 289, 294, 298, 299, 301, 303, 304

군역 197, 281, 282, 289, 295, 297~300, 302~304

궁방전(궁장토) 82~85, 87

궁삼면 82, 84~92, 94, 98, 100, 105, 107, 108, 114, 119, 120, 127, 130

귀속농지 101, 103~105, 108, 109, 111, 113, 114, 116, 118, 120, 123

귀호歸戶 227, 239

균분상속 31, 37

[ㄴ]

남흥수南興壽 165

납적納籍 171, 185, 192, 195, 196

내지화內地化 255

네트워크 50

노동집약화 27

농지개혁 28, 45, 48, 73~75~77, 83, 89, 92, 99, 101~103, 109, 111, 114~121, 123~127, 129~132

누구漏口 188, 205

누호漏戶 190, 194, 205

[ㄷ]

단독상속 37

대만성정부 250, 256~258, 263, 264, 276, 277

대만신정臺灣新政 250, 255~257, 263~265

대만의회설치청원운동 250, 265, 266, 277

대만총독부 250, 257, 258, 263, 266, 267, 272, 275, 276

대민 137, 138, 142, 143, 145~151, 153, 155~158, 176

대분기Great Divergence 311, 334

대소민인 149, 181, 182

대의기구 155, 156

도결都結 141, 148

도圖 218

도都 218

동계 137, 144, 145

동계洞契 63, 64

동심원적 구조 144, 158

동척 83~85, 87~89, 91~93, 95, 98, 99, 100, 105~107, 114, 120, 130, 131

동태적 균형 31, 32

등소等訴 176, 185, 196, 200~202

등장等狀 142, 146, 148, 165, 170, 177, 179, 181

[ㅁ]

매디슨Angus Maddison 309, 310

맬서스적 함정 312, 313, 327, 330, 332~337

면장 54, 55

면회 143, 159

무론반상론毋論班常論 46

무봉 임가霧峰 林家 249~251, 256, 258, 259, 261, 262, 264~267, 272~277

문중사우門中祠宇 52, 54

민중공론 157, 159

민회 143, 149, 158, 160

민회소民會所 149, 150, 153~157, 159

[ㅂ]

반적頒籍 171, 179, 185, 196

번지 255~258, 267

번지개발 255~258, 260~262

변동국면conjoncture 33, 35, 36

병농분리 281, 298, 301, 302, 304

병농일치 281, 282, 288, 298, 299, 304

병호幷戶 190, 194, 205

본속주의本俗主義 251

봉뢰감호捧賂減戶 172, 191, 194, 195, 196, 200, 201, 205

부계 친족 27

『부역실총賦役實摠』 295

부역전서賦役全書 210, 213, 226, 227, 242, 244~246, 300

부총府總 227, 244

분할상속 27

붕충朋充 234, 235, 238

브로델Fernand Braudel 24, 25, 33, 35, 36

빈농 27, 29, 141

[ㅅ]

사감査監 155, 156

사대부 23

사리査吏 154

사색査色 155, 156

사실도감査實都監 153

사실소査實所 150, 154, 156, 159

사적 무장력 259, 264, 267, 275

사적史的 시스템론 34, 35

사전방매事前放賣 109, 115, 116, 118

사족 49, 50

사회운동가 58

산업화 33, 34, 47, 281, 283

3·1운동 56, 89

생번生番 251~256, 261

생활공동체 63

생활공동체 63

서수書手 217, 228, 234, 236

성총省總 227

세무稅畝 224

소농 37, 38, 39

소농사회 22, 23, 27, 32, 36, 37, 39, 49, 58, 59, 61, 131

소민 137, 138, 141~143, 145, 146, 150~153, 155~157

소작농 27, 72, 73, 100, 101, 108

소전통 59~62, 69, 70

수배농가受配農家 109~111, 114, 115~117, 118, 121, 124, 129, 131, 132

숙번熟番 251~254

스미스적 성장 319, 320, 322, 327~330, 334~337

시장통합도 330

식민지 경험 32, 33, 35, 36, 48, 49, 59, 70, 85

식민지 근대 42, 43, 45, 59, 60, 67, 68, 71

식민지 근대화론 43

식민지수탈론 43

신한공사新韓公社 92, 107

쌀값 79, 329

[ㅇ]

양수量手 217, 234~236

양천良賤 304

어린도책魚鱗圖冊(어린책/어린노책/어린청책) 209, 213, 217, 227, 239, 241, 242, 245, 246

연공年貢 293, 302

연돌호煙突戶 197

연호 64, 65, 67

엽전 67

영산포 77, 79, 80~83, 85, 93~96, 99, 103, 105~107, 110, 113, 130

영세과소농零細過小農 74, 118

영양남씨 162~164, 173, 176, 201

영해부민 163, 204

왕휘汪輝祖 321

요민饒民 147

우청밍吳承明 317, 324

원액주의元額主義 300

유명전劉銘傳 253, 256, 257, 260, 261, 276

유향분기儒鄕分岐 140

『육전조례六典條例』 294

윤일찬 166, 170~174, 176, 178~183, 187, 193, 199, 200, 202~205

윤주길 173, 176, 182, 183, 200

은납화銀納化 290, 303

은호隱戶 178, 180, 198, 199

의회설립론 158~160

이번사업理番事業 267

이족吏族 50

이향 136, 140, 147, 148

이회 143~145, 149, 159

인별장人別帳 292

인정仁政 151, 189

임조동林朝棟 260~262, 264, 265, 277

임헌당林獻堂 265, 273, 274, 277

입호立戶 194, 205

[ㅈ]

자영농 27, 28, 30

자작농창정사업自作農創定事業 91

장기지속 22, 24, 25, 31~34, 36, 37, 39, 69

장뇌樟腦 254, 256, 262

장두狀頭 145, 153, 154

장량丈量 209, 210, 212~214, 216~220, 223, 226~228, 233~236, 238, 239, 242, 244

장량조례 216, 245

적리籍吏 178, 191

전매(전매매) 76, 118, 262

전통산업 272, 273

전통적 엘리트 52~55, 69

절실전折實田 244

정약용丁若鏞 148, 189~192, 195, 198

조공무역朝貢貿易 284, 286, 287

조책造册 226, 227, 239

족군정치族群政治 250, 252, 254, 258, 275

존성계尊聖契 53, 54

종가 27

주자학 23, 24, 28

중농표준화中農標準化 125

중재자 137

증호增戶 172, 174, 176~180, 191, 196, 203, 204

지방자치연맹 265, 277

지역개발 82, 96, 324

지역사회 43, 45, 46, 48, 49, 52~58, 68, 69

지역엘리트 46~48, 50, 51, 68, 250, 256~260, 263, 264, 267, 275~277

지역유지 46, 61, 70

지역정치 57, 265, 275

지정은地丁銀 291, 300

직역職役 289, 304

집약적 농업경영 24

[ㅊ]

책봉체제册封體制 281, 282, 287~289, 292, 301, 305

「청금록靑衿錄」 53

청장淸丈 208, 209, 210, 212~214, 216~218, 220, 221, 223, 224, 226, 227, 233, 239, 242~246

초호抄戶 194, 205

촌락 커뮤니티community 26, 27, 30, 31

총액제 138, 139, 141, 142, 149, 155, 294

축호縮戶 190, 194, 205

춘포전春布錢 173, 185, 190, 203

침기부砧基簿 196

[ㅋ]

쿠즈네츠적(근대적) 성장 312, 335

[ㅌ]

타이코 켄치太閤檢地 302

탈호頉戶 190, 194, 205

토지개혁 73, 74, 103, 115

토지혁명 73, 75, 103

토호 147

[ㅍ]

판교 임가板橋 林家 249, 257, 259, 260, 273, 275

편심編審 209, 210

폐번치현廢藩置縣 306

포메란츠Kenneth Pomeranz 309, 311, 318, 334

[ㅎ]

함안민란 138

합의법 158

해책解冊 226, 227, 239

핵법覈法 188, 190, 198, 199, 202, 205

향교 51, 52, 54, 147, 180, 189

향권 140, 147

향리약진론 46, 47

향리층 46, 47, 56, 57

향소 139, 140, 147

향임 140, 146

향중공론鄕中公論 51, 138, 143, 145~150, 155, 156

향중鄕中 170, 193

향회 143~147, 149~152, 155, 156, 158, 159

향회개설론 158, 160

현총縣總 227, 242, 244

협상능력 266, 275~277

협호挾戶 190, 194, 205

호광숙천하족湖廣熟天下足 336

호구분쟁 165, 164, 170, 171, 184~186, 191, 201~205

호구운영 163, 164, 171, 184, 186, 190, 194, 199, 201~206

호적개수 163, 164, 171, 176, 178, 184, 185, 192, 202~207

호총戶總 163, 166, 171~173, 176~178, 180, 183~190, 193~195, 197, 198, 203~205

혼다 히로시本田洋 26

화교華僑 284, 286

화수畵手 217, 228, 234, 236

화폐단위 65, 67

환과고독류鰥寡孤獨類 198

환폐 137

휘주상인 314